基础物理学与哲学的另一半对话

基础物理学对辩证唯物主义基本原理的验证

赵建 著

天津大学出版社
TIANJIN UNIVERSITY PRESS

内 容 简 介

本书依据基础物理学300多年发展形成的理论和实验事实，对辩证唯物主义基本观点、基本原理进行了较为体系化的验证。首先从牛顿力学、经典电磁学、热力学、相对论、量子理论以及现代宇宙观所体现的世界的物质统一性，验证了唯物论战胜了唯心论；其次从电磁学、热力学、相对论、量子理论的发展过程，验证了世界处于普遍联系和运动变化中，说明辩证法战胜了形而上学；随后以大量的基础物理学事实，主要是相对论、量子理论、现代热力学等现代基础物理学的成果，验证了辩证唯物主义对立统一规律、量变质变规律、否定之否定规律；再后以大量的事实，从实践是认识的基础、认识是实践基础上主体对客体的能动反映，以及认识是实践、认识、再实践、再认识螺旋上升的认识过程，验证了辩证唯物主义认识论的主要观点；最后集中对基础物理学中在哲学上存在争议的一些热点话题，如双缝干涉实验、量子测量、量子纠缠、薛定谔的“猫”实验进行了专题探讨。

本书对利用自然科学知识学习、理解辩证唯物主义的基本观点、基本原理具有直接的促进作用，有助于纠正一些现代基础物理学热点问题带来的对辩证唯物主义认识的误解。

从哲学和自然科学的相互作用看，本书还对从哲学的角度、借助哲学的高度更好地理解基础物理学，特别是相对论、量子理论和现代热力学的难点问题有帮助，对全面认识基础物理学的整体发展有帮助。

图书在版编目(CIP)数据

基础物理学与哲学的另一半对话: 基础物理学对辩证唯物主义基本原理的验证 / 赵建著. -- 天津: 天津大学出版社, 2023.1（2025.4重印）

ISBN 978-7-5618-7410-3

Ⅰ. ①基… Ⅱ. ①赵… Ⅲ. ①物理学一研究②辩证唯物主义一研究 Ⅳ. ①O4②B02

中国国家版本馆CIP数据核字(2023)第007287号

JICHU WULIXUE YU ZHEXUE DE LINGYIBAN DUIHUA:
JICHU WULIXUE DUI BIANZHENG WEIWU ZHUYI JIBEN YUANLI
DE YANZHENG

出版发行	天津大学出版社
地　　址	天津市卫津路92号天津大学内（邮编:300072）
电　　话	发行部:022-27403647
网　　址	www.tjupress.com.cn
印　　刷	北京盛通数码印刷有限公司
经　　销	全国各地新华书店
开　　本	787mm×1092mm　1/16
印　　张	17
字　　数	435千
版　　次	2023年1月第1版
印　　次	2025年4月第2次
定　　价	68.00元

序

Preface

本书的作者赵建本来在通信界工作，最近几年却消失了，我曾感到诧异，还曾向业界的同仁询问过他的情况。最近他带了两本书找我，特别提出如果可能的话，可否给他的第二本书写个序。用他的话说，这几年他写了两本书，第一本书是《写给未来工程师的物理书》，面向青年学生，系统性地介绍基础物理学，并帮助他们利用哲学，特别是辩证唯物主义哲学理解基础物理学的重点、难点问题，侧重体现哲学对具体自然科学学科的指导作用；第二本书是《基础物理学与哲学的另一半对话》，利用基础物理学来验证辩证唯物主义基本原理，侧重体现具体自然科学学科对哲学的检验作用，旨在帮助青年学生借助基础物理学的知识理解辩证唯物主义的基本原理，增强辩证唯物主义的素养。尽管我知道这是很有意义的事情，但我既不是物理学界的人士，也不是哲学界的人士，自然不敢答应，只是说我先看看再说。

翻看了第二本书，感觉这本书很有些新意。或许不是科班出身的原因，作者能突破一些常规的约束和条条框框，从比较独特和易于理解的视角进行论述。

在论证世界的物质统一性时，作者利用相对论、量子理论、现代热力学以及天文观测的成果，从科学的角度给出了代表物理学最新成就的现代宇宙观，并以折合成一年日历的方式，描绘了138亿年前宇宙诞生到现在的演进过程，讲述了为什么组成地球上所有生命和物质的每个原子其实都来自数十亿年前、乃至上百亿年前的某颗爆炸的恒星，讲述了这些来自宇宙“五湖四海”的原子如何在数十亿年前凝聚在一起，产生了太阳，孕育出我们的地球和地球上的生命，地球上弱小的生命又如何在严酷的宇宙环境下顽强地生存、进化，进而在全年日历最后一分钟的几十秒内诞生出人类，在全年日历最后一分钟的最后一秒出现以工业革命为代表的近现代文明，这使我们形象、生动地理解了宇宙的运行规律、我们人类在宇宙中的位置以及我们人类是多么的幸运和了不起，也充分理解了辩证唯物主义关于世界的物质第一性原则。

在检验辩证法的基本观点——世界处于普遍联系和运动变化

时，作者从爱因斯坦寻求时间、空间、能量、惯性和引力等基础物理量普遍联系的角度分析了狭义相对论和广义相对论的形成过程。在狭义相对论中，爱因斯坦提出时间和空间是有联系的，随着运动速度的改变，空间是可伸缩的，时间是可伸缩的，时间和空间联系在一起共同构成了一个统一的平直的四维时空。通过质能方程，爱因斯坦还发现质量和能量也不再相互独立，可以相互等效。到了广义相对论，爱因斯坦将狭义相对论中平直的四维时空拓展为弯曲的四维时空，提出了造成时空弯曲的原因来自质量/能量（引力）。于是通过相对论，时间、空间、质量、能量、引力等基础物理量不再是各自“独立”的量，而是存在于深度的普遍联系中，说明狭义相对论和广义相对论的提出是对“普遍联系”这个辩证法基本观点的有力验证。同时，相比利用同时性、光锥、闵可夫斯基时空等抽象、深奥的专业概念，这种从辩证唯物主义联系观点出发的视角，使得相对论更易被理解，甚至一个普通的现代人也能理解相对论的实质和精髓了。同样的例子还有作者利用物质和联系的观点对于电磁场理论中麦克斯韦方程组的分析、对于热力学四大定律的分析、对于量子观点下微观世界不可分割的普遍联系和运动变化的描述等，这些都是十分生动和易于理解的，这里不再具体展开。

在辩证法基本规律部分，作者选择了基础物理学中有代表性的成果验证了矛盾的观点、对立统一规律、量变质变规律、否定之否定规律等辩证法的核心内容。在这部分，作者从物理学历史上粒子性和波动性的长期矛盾出发，提出量子力学的基本出发点就是利用对立统一的观点解决这个长期困扰物理学界的问题，形成波粒二象性、物质波、玻尔互补原理等体现对立统一观点的基本观点，并分别从波动性和粒子性出发，阐述波动力学和矩阵力学两大等效的量子力学理论的形成，不仅验证了矛盾普遍存在的观点，而且从对立统一的角度出发，抽象的量子力学理论也比较好理解了。作者还创新性地提出，在物理学上具有极其重要地位的对称的概念本质上也是对立统一的。由于对不同对称性认识的不断突破是推动现代物理学理论发展的动力，由此围绕不同对称性的矛盾运动就成为现代物理学理论发展的动力，为此作者具体分析了从牛顿力学到狭义相对论再到广义相对论发展过程中的矛盾运动、量子理论中电弱强三种基本相互作用统一过程中的矛盾运动、现代粒子理论中粒子获得质量的希格斯机制以及夸克模型形成过程中的矛盾运动，以现代物理学有代表性的重大成果验证了矛盾是事物发展的根本动力这个辩证唯物主义的基本观点。此外，作者利用现代热力学理论提供了量变质变规律的演绎模型；利用现代热力学的耗散结构理论，具体分析了地球上的生命演化为什么会是从低级到高级、从简单到复杂而不是相反，从而说明事物发展中前进性的一面；通过实际的水波、量子力学中的物质波、广义相对论中弯曲时空下的非直线运动，说明了即使事物在最基本、最简单的物理层面的运动也不是完全理想和直线式的，而是曲折和非直线式的，从而说明事物发展中曲折性的一面。可以说，在这一部分，哲学和物理学也是相得益彰的，基础物理学的重大理论成果生动验证了唯物辩证法的各个基本规律，而利用唯物辩证法基本规律，原本非常难以理解的现代物理学理论也变得不那么难懂了。

在认识论部分，作者以大量的物理学事实验证了实践是认识的基础、认识是实践基础上主体对客体的能动反映，以及实践、认识、再实践、再认识的认识发展过程等辩证唯物主义认识论的基本观点。本书的一个创新点是解释了基础物理学发展过程中有时存在的“再实践”和“再认识”发生“错位”的现象，如麦克斯韦根据麦克斯韦方程组首先预言了电磁波的存在——“再认识”，然后才有了赫兹对电磁波的发现以及后续的电磁波的应用——“再实践”。作者通过分析，指出这种情况是一个多因素共同作用下认识发展的过程，其中在一个因素上可能表现为先有“再认识”，后有“再实践”，但在其他因素上却依然是先有“再实践”，后有“再认识”，因此综合起来在整体上仍然符合实践—认识—再实践—再认识的认识发展过程。这样就解决了目前经常遇到的具体自然学科发展和认识论过程表象上不一致的问题。

量子力学理论出现以后，由于其所表现的和人们所熟悉的宏观运动规律的不同，也带来了哲学上的冲击。在最后一章，作者对双缝干涉实验、量子测量、量子纠缠和薛定谔的“猫”实验等诸多对哲学产生影响的著名的量子力学议题进行了探讨，对这类当下“比较敏感”且“仁者见仁，智者见智”的问题，作者没有“人云亦云”或“泛泛而谈”，而是从物理学基本定律出发，从多个层次做了较为细致的分析，并给出了自己的看法，也有一些“不同凡响”和“抛砖引玉”之效。

关于哲学有没有用、哲学与自然科学的关系，钱学森曾说过一句生动而经典的话：“没有科学的哲学是跛子，没有哲学的科学是瞎子。”哲学素养和思维可以帮助科学家在必要的时候跳出对旁枝末节和细枝末叶的过度纠结，着眼于具有普遍性和深刻性的大问题。从历史上看，许多具备引领性创新能力的科学家，特别是在科学革命中发挥关键作用的科学家，往往都兼备哲学思维头脑和禀赋，尽管他们的哲学思维来自领悟和思考，而不是来自专门的哲学学习和训练。因此，哲学与自然科学的关系其实是十分密切的，自然也比较复杂。不过，在实际中鲜有人去探讨一门具体自然学科和哲学的关系，自然学科和哲学之间呈现出渐行渐远的趋向，这显然不是一件好的事情。

党的二十大已经明确提出，科技是第一生产力，人才是第一资源，创新是第一动力。高质量的科技工作，需要懂点哲学；高素质的人才，需要懂点哲学；高水平的创新工作，也需要懂点哲学。以上三者都离不开哲学，特别是离不开辩证唯物主义哲学的指导。围绕基础物理学和哲学，特别是物理学和辩证唯物主义哲学，作者“勇敢地”进行了体系化的探讨，提出了一些有意义的观点，这对引起更多青年学生对于哲学的兴趣，对于辩证唯物主义的兴趣，以及对于提高青年学生的哲学素养，特别是辩证唯物主义的哲学素养，无疑是很有意义的，因此这种尝试也是难能可贵的。

想起十五六年前的情形，我随中国代表团去国际电信联盟参加世界无线电大会。中国代表团在农历除夕出发，整个正月恰好是会议的会期。会议开得紧张、激烈，会议间隙我和作者等几位好友不忘创造条件开个小小的聚会，庆祝下中国传统的节日。在宾馆的小房间里，大家围坐在简陋的小桌旁，吃着用玻璃杯为面杖做出的水饺，品尝着披风挂雪从商店买回的美酒，欣赏着窗外漫天的雪花，畅谈着天下事。外面是冰天雪地，我们的心里却是热气腾腾的，因为代表团是为国家利益而来的，那次大会中国代表团的一个重要任务就是为自主创新的中国移动通信技术争取新的频率资源，正是“心中有梦想，现实有力量”。

过去20年里，移动通信技术取得飞速的发展。4G使高速率通信能力达到空前的高度，远隔万水千山也可通过无线网络实现高速连接。5G将人与人的通信扩大至人与物的通信、物与物的通信、机器与机器的通信，把万物都赋有一定的通信功能。我国的移动通信事业也实现了从3G跟随，到4G并跑，再到5G领先的跨越式发展，目前来到6G发展的启动阶段。面对6G，我们需要思考一下是否要做些改变，因为过去20年间移动通信的发展基本是以相对单纯的技术发展为引领，经过长时间的“使用”，这种模式可能正面临遭遇“天花板”的困境，这种情况下，哲学思维或许可以为我们提供一些帮助。按照辩证唯物主义的观点，物质决定意识，意识对物质具有能动作用。移动通信技术是人类在改造自然的过程中创造的、体现意识能动性作用的系统，它的一个典型特征是交互，不过现在它有些过于“冰冷”，重于通信，缺少“达意”，这种缺陷在今后大量存在物与物、机器与机器通信的万物互联的时代会更加突出。如果我们在移动通信中引入一些仿真的“意识”成分，我们称之为“灵”，就可以使移动通信系统具有灵动的功能，不仅能通信，而且能“达意”。这样，可以使得人的通信实现更高的效率、更广阔的空间、更自然的体验，使得物的通信、机器的通信实现智能连接，让移动通信系统实现更高的创造性和更大的能动性。未来，移动通信技术通过与脑科学、脑机通信、意识数字化等前沿科技的结合，解决人类意识或智慧参与通信的问题，实现移动通信技术“质”的飞跃。

“20年归来依旧是少年”，作者有闯劲也有社会责任感，作者的这本书也算是通信界学人跨界对哲学的一点贡献，对辩证唯物主义哲学的一点贡献，对社会的一点贡献吧。

是为序。

中国工程院院士、北京邮电大学教授　张平

2022年10月31日

前　言

Foreword

经过多年的潜心思考，我2021年出版了《写给未来工程师的物理书》(以下简称《物理书》)。也就是在这本书的撰写过程中，我惊奇地“发现”基础物理学的发展与唯物论和辩证法的发展之间存在惊人的契合关系，基础物理学的发展轨迹几乎完美演绎了辩证唯物主义的胜利和强大生命力，具体表现是：经典牛顿力学标志着唯物主义对唯心主义的第一次胜利，但这时的唯物主义是形而上学的；经典电磁学、经典热力学标志着唯物主义对唯心主义的第二次胜利，但这时的唯物主义是半形而上学半辩证法的；相对论、量子理论、现代热力学不仅是唯物主义对唯心主义的第三次胜利，而且全面体现了辩证法的思想，可以说是辩证唯物主义思想的完美胜利。

也正是基于物理学和哲学这样的关系，使得我在《物理书》一书中，得以借助辩证唯物主义的思想，带领我自己和读者跨越相对论、量子理论和现代热力学中难以理解的艰难险阻，到达现代物理学的彼岸。

现在看来，《物理书》一书中充分体现了哲学思想对基础物理学这门自然学科的指导性作用，因此我把它称为基础物理学与哲学的一半对话。

一半对话是不完整的，于是这促使我产生了一个想法，决定在物理学与哲学，特别是基础物理学与辩证唯物主义哲学间完成另一半对话，即在基础物理学的理论和实践对于辩证唯物主义的科学验证和发展的作用上做进一步探索。当然使我下定决心做这件事还有其他方面的原因。归总起来，做这件事的理由具体如下。

其一，既然已经“发现”了很多基础物理学与辩证唯物主义哲学之间优美的故事、优美的对话，为什么不把它们呈现出来呢？为什么不从基础物理学发展的角度对辩证唯物主义基本原理的相关内容进行一个科学的验证呢？

其二，在基础物理学发展过程中，特别是以量子理论、相对论和现代热力学为代表的现代物理学发展过程中，有很多印证辩证唯物主义基本原理的活生生的例子，但不幸的是这些例子有时反而被曲解了，成为对辩证唯物主义基本原理产生怀疑甚至形成否定的例子。本来马克思主义学说自产生以来，所遭受到的曲解、辩驳和争论，就比任何其他学说都来得更频繁、更尖锐，所以多一次的曲解和争论也不足为奇。但是如果本来印证辩证唯物主义基本原理的例子被曲解为反证，肯定的事情被解释为否定，终究是难以被接受的。

其三，我自知在哲学上的水平有限，难以进行过多的哲学上的论证，但以基础物理学理论和实验实践为依据，把它们印证辩证唯物主义基本原理的事实讲出来还是可以做到的。按照这个思路进行梳理，最后发现近现代基础物理学中的大部分理论和实验实践成果都被包含进来、联通起来，构成了一个印证辩证唯物主义基本原理的生动且成体系的案例集合。

这些因素最终促使我把基础物理学理论发展中所体现的自然科学对哲学，特别是对辩证唯物主义哲学的印证、丰富和促进作用的内容整理出来，这也就是本书书名《基础物理学与哲学的另一半对话》的由来。

本书正文的核心内容是把基础物理学理论和实验实践成果作为“试金石”，完成对辩证唯物主义基本观点、基本原理的系统化的验证。在内容组织上，本书以辩证唯物主义基本原理和主要内容为框架，以基础物理学理论和实验实践为事实，全面、成体系地验证辩证唯物主义哲学的基本观点、基本原理。本书的主体内容主要分为唯物论、辩证法基本观点、辩证法基本规律、认识论几大部分，分别对应第 1 章到第 4 章，第 5 章专门就目前一些看法上存在分歧的开放式议题进行了讨论，这些议题包括双缝干涉实验、量子测量、量子纠缠和薛定谔的“猫”实验。

第 1 章是世界的物质统一性，从基础物理学看唯物论如何战胜了唯心论。由于唯物和唯心的问题是哲学最基本的问题，是首先要回答的问题，因此本章用了较长的篇幅进行论述，具体包括以下内容。①牛顿力学开辟唯物论的新纪元。②电磁学形成的对电、磁的物质性认识是唯物论的又一次胜利。③经典热力学体现的物质观。④相对论体现的物质观，包括狭义相对论统一了物质和能量，广义相对论将时间和空间统一于物质。其中，重点从现代物理学的角度剖析了为什么时间和空间是物质的广延，时间和空间统一于物质的问题。⑤量子理论体现的物质观。从哲学上看，物质世界由少数基本成分构成的事实是世界物质统一性的有力证据，是对唯物论观点的有力支撑。如果说体现朴素唯物观的古希腊原子论是古希腊哲学家基于想象提出的假说，那么量子理论则是从实验出发以科学的方法（经历了从现代原子到原子核，从原子核到原子核内部的质子、中子，从质子、中子再到构成质子、中子的夸克，最后形成粒子物理标准模型理论）指出千差万别的物质世界不过是由十几种基本粒子复合构成的，从而揭示了世界万物的组成和物质内部结构的统一性。⑥现代宇宙观为我们提供了一个基于现代物理学理论所描绘的宇宙诞生、演化的巨幅物质画卷。宇宙观是任何一个哲学学派都无法回避的重大问题，也是直接体现唯物和唯心区别的显著标志。现代宇宙观是现代物理学的重大成就，是人类科学发展历史上的重大成果，现代宇宙观体现的是唯物观还是唯心观，对于是唯物主义胜利还是唯心主义胜利具有重要决定性作用。本书通过对宇宙大爆炸理论、太阳的诞生和演化、地球的诞生和演化、地球上生物的产生和进化以及人类的诞生等过程的分析，得出从目前可观察的宇宙的诞生起直至人类诞生的全过程，都是自发产生、自发运行的过程，既不需要“上帝”的初始推动，也不受“上帝”的干预。包括人类在内的文明不过是客观世界长期发展历史长河中某些区域、某些瞬间的产物，文明可以认识宇宙，可以依据自然规律改变宇宙中物质的某些形态，但无论文明存在与否，宇宙都会按照自身的客观规律运行并生生不息。因此，基于现代物理学的现代宇宙观表明，物质是第一性的，体现了鲜明的唯物观。本书依据广义相对论并引用著名物理学家霍金的观点，特别论证了时间开端的相对性问题，从而否定了上帝创世论的可能。

第 2 章用基础物理学论证了辩证法的基本观点，即世界处于普遍联系和运动变化之中，从而说明辩证法战胜了形而上学，具体包括以下内容。①电磁学理论中的辩证法。其要点包括：麦克斯韦方程组体现的普遍联系和运动变化的辩证法思想；洛伦兹力公式体现的电荷和场在电磁力中的相互联系；依据狭义相对论看到的是一体化的电场和磁场，而不是分离的电场和磁场；量子电动力学不仅解决了经典电磁学理论中麦克斯韦方程组和洛伦兹力公式不相容的矛盾，还为我们提供了一幅物质世界普遍联系和运动变化的生动画卷。②经典热力学理论的四个定律体系化地体现了物质世界的普遍联系和运动变化。第零定律中温度概念的实质是不同物质都具有分子热运动，分子热运动作为物质世界最具普遍性的一种运动形式，体现了物质世界的一种普遍联系和物质世界的运动性；热力学第一定律指出通过做功和热交换，这种普遍的运动性还可以传递，并且遵循能量守恒的准则，这意味着这种普遍的运动性只能传递，不能消失；热力学第二定律指出一个孤立系统运动变化的方向是走向死寂，这也间接说明离开普遍联系的一个完全孤立的系统是不能长时间存在的；热力学第三定律指出绝对零度的温度不能达到，这意味着分子的热运动永远都不会消失，体现了运动绝对性的一面。③从相对论理论看物质世界的普遍联系和运动变化。相对论就是寻求时间、空间、能量、惯性和引力等基础物理量普遍联系的理论。爱因斯坦依据相对性原理和光速不变原理，导出了洛伦兹变换，发现随着运动速度的改变，时间和空间都是可伸缩的，而且时间和空间不是相互独立的，而是联系在一起，构成了一个统一的四维时空；随后爱因斯坦发现了质能方程，提出质量和能量也不再相互独立，可以相互等效；爱因斯坦将狭义相对论中平直的四维时空拓展为弯曲的四维时空，指出造成时空弯曲的原因在于存在的质量（能量）。这样，时间、空间、能量、惯性和引力等基础物理量之间深层的普遍联系就建立起来了。④从量子理论看世界的普遍联系和运动变化。量子理论内容庞杂，这里我选择了几个点：一是分析指出不确定原理和绝对静止是矛盾的，并利用不确定原理，分析了存在零点能的原因，即使在温度趋向绝对零度的极端情况下，粒子仍能具有一定的能量值保持运动而不能完全静止，直接而形象地证实了辩证法中运动具有绝对性的论断；二是分析了量子理论中占有重要地位的狄拉克方程本身的产生过程及其重要结论中所包含的普遍联系和运动变化的思想；三是利用直观而形象的费曼图给出了几个典型的利用量子场论处理电磁相互作用的示例，形象地展示了物质的普遍联系和运动变化；四是对夸克禁闭问题进行了讨论，从人类尚未认知的时空范围、夸克禁闭理论本身的局限、宇宙大爆炸时的历史表现、现实的实验条件等方面，说明夸克具有禁闭性是目前阶段对夸克的一个近似的、有限的、阶段性的结论，如果把它当作无限的、“终极性”的结论，是难以成立的。目前，所谓的基本粒子的不可分性是相对的，未来一定会认识到它们具有更加精细的结构。在物质结构问题上，辩证法不会停滞，它会跟随人类对物质世界的认识不断深入下去。

在第 2 章的最后一节指出基础物理学的发展充分验证了唯物论战胜了唯心论，辩证法战胜了形而上学，由两个胜利者——唯物论和辩证法有机地结合在一起产生的辩证唯物主义无疑是最后的胜利者。前面两章为了分析上的方便，对唯物论和辩证法分开进行阐述。其实，唯物论和辩证法的结合是如此紧密，要把它们完全分割开描述是很困难的。在此节把两者结合起来，选取了几个典型的示例，包括麦克斯韦方程组、爱因斯坦引力场方程、不确定原理、物质结构、热力学定律等，同时讨论唯物论和辩证法的内容，说明相关的基础物理学内容是如何具体地体现唯物论和辩证法的有机结合的，以及是如何更全面地印证辩证唯物主义的科学性的。

第 3 章是辩证法基本规律部分，延续了辩证唯物主义中以矛盾和矛盾法则为核心的组织方式，内容上构成一个小的体系，具体包括：矛盾普遍存在、矛盾有主次之分、矛盾有内外之分；矛盾是事物发展的根本动力，事物的发展过程就是事物的矛盾运动过程，这是对立统一规律的核心；事物的矛盾运动表现为量变和质变的形态，这是量变质变规律的内容；事物的矛盾运动是前进性和曲折性的统一，这是否定之否定规律的表现。

关于矛盾，首先利用基础物理学验证了矛盾普遍存在的观点，典型的事例有：①粒子性和波动性是长期困扰物理界的一对矛盾；②对称-守恒-变换不变性构成物理学的一个基础性矛盾；③粒子-反粒子构成粒子世界的一个重要矛盾；④物质、暗物质与暗能量构成宇宙学中引力和斥力的矛盾；⑤黑洞也是一个矛盾体等。其次利用基础物理学验证了矛盾有主次之分的观点，基础物理学中广泛使用的理想化模型、理想实验是抓主要矛盾的典范；正粒子和正物质世界是矛盾主要方面的一个生动体现。最后利用基础物理学验证了矛盾有内外之分的观点，具体分析了内外因关系在牛顿定律、相对论和热力学中的表现。

关于对立统一规律，利用基础物理学验证了矛盾是事物发展的根本动力的观点，具体的事例有：①粒子性和波动性的矛盾如何直接催生了量子理论的产生；②对称-守恒-变换不变性这个物理学的基本矛盾的矛盾运动如何推动了狭义相对论的产生，如何推动了基本相互作用的统一，如何推动了夸克模型的产生，又如何推动了粒子获得质量的希格斯机制的产生。其中，希格斯机制是由两对矛盾同时驱动的矛盾运动，夸克模型是由三对矛盾同时驱动的矛盾运动，它们都突破了常规只由一对矛盾驱动的矛盾运动的具体方式，是基础物理学对辩证唯物主义矛盾运动具体方式的丰富和发展。

关于量变质变规律，基础物理学有两方面的验证：一是来自现实的物理现象即实践和事实方面的验证，可以视为归纳意义上的验证，给出的具体事例是水相变过程中量变和质变的表现；二是现代热力学理论为量变质变规律提供了一个理论上的证明，可以视为演绎意义上的验证。对于量变质变规律归纳意义上的验证可以来自除物理学外其他的自然学科和社会学科，如生物学、社会学等，而对于量变质变规律演绎意义上的验证则是现代热力学理论对量变质变规律一个“特色化”的贡献。

关于否定之否定规律，主要是利用基础物理学验证了事物的矛盾运动是前进性和曲折性的统一、是螺旋式上升的观点。在前进性方面，利用现代热力学的耗散结构理论，具体分析了地球上的生命演化为什么会是从低级到高级、从简单到复杂，而不是相反。在曲折性方面，通过实际的水波、量子力学中的物质波、广义相对论中弯曲时空下的非直线运动，说明了即使事物在最基本、最简单的物理层面的运动也不是完全理想和直线式的，而是曲折和非直线式的。

第 4 章是辩证唯物主义认识论部分，由于基础物理学是既强调实验又强调理性思维的科学，即既强调实践又强调理论的科学，因此它为辩证唯物主义认识论相关观点的验证提供了极其丰富的素材。

关于实践是认识的基础，本章给出了基础物理学在八个方面的验证：①伽利略的斜板实验开创现代科学的新纪元；②物理学实验中的一些蛛丝马迹往往带来物理学理论的一片新天地；③物理学测量中经常想办法将不易感知的度量转化为易感知的度量，以获得更直观的感性认识；④在实验和实践过程中，也需要去伪存真、由此及彼、由表及里；⑤通过人的主观能动性提高实验和实践的预见性和针对性；⑥实验和实践活动有时投桃报李，达到预期不到的效果；⑦重大物理学实验非常艰难，但往往会取得重大成果；⑧没有感性认识，就没有真正的理性认识。

关于认识是实践基础上主体对客体的能动反映，聚焦理性认识是认识的高级阶段，从以下方面重点讨论了基础物理学中理性认识过程主体的能动性作用：①从物理学和数学的关系入手，说明物理学如何借助和数学的密切关系获得抽象思维的优势；②如何采用数学化的表达，体现理性认识的高层次；③如何利用数学的表达，使主观能动性获得更大的发挥空间，带来物理学概念和原理方面的超常规增益；④在物理学理论发展的关键时期，一些物理学家如何通过"天才般的灵感"，实现了理论的重大突破；⑤在体系化层面，不仅基础物理学的五个主要理论可以构成一个大的有机体系，而且每个物理学理论又构成各自完整的体系，充分体现了"理论体系是思维反映客观对象的系统形式"的论断，也是对认识是实践基础上主体对客体的能动反映的有力验证。

关于实践—认识—再实践—再认识的螺旋上升的认识发展过程，首先分析了牛顿力学开辟的创立现代理论体系的方法论与辩证唯物主义认识论关于认识的发展过程在本质上的高度契合性，该方法论具有普遍性，同样指导了化学、生物学等现代自然科学的创立和发展，由此也说明辩证唯物主义认识论关于认识过程的观点在现代自然科学的发展中得到了广泛的验证。然后以基础物理学的事实为依据，分别给出基础物理学中一些重大理论成果的螺旋上升发展的事例，包括：①经典力学在认识论上的螺旋上升发展的事例，如牛顿第二定律的螺旋发展、动量守恒定律和动能守恒定律的螺旋发展、万有引力和万有引力定律的螺旋发展；②经典电磁学理论在认识论上的螺旋上升发展的事例，如麦克斯韦方程组相关的电磁场理论的螺旋发展、洛伦兹力公式相关的电磁力作用理论的螺旋发展；③经典热力学在认识论上的螺旋上升发展的事例，如热力学第一定律的螺旋发展、热力学第二定律的螺旋发展；④物质结构组成在认识上的螺旋上升发展，人们对物质结构组成的认识已经从原子到夸克，完成了几个层次的跨越，呈现出多个螺旋上升的过程，而且必将随着实践的发展更加深入、不断向前。最后是基础物理学发展过程中有时存在"再实践"和"再认识"的"错位"现象，即先有"再认识"——理论预言，后有"再实践"——实验和实践验证，典型的如麦克斯韦根据麦克斯韦方程组首先预言了电磁波的存在——"再认识"，然后才有了赫兹对电磁波的发现以及后续的电磁波的应用——"再实践"。针对这种现象，通过分析，指出这种情况是一个多因素共同作用下认识发展的过程，其中在一个因素上可能表现为先有"再认识"，后有"再实践"，但在其他因素上却依然是先有"再实践"，后有"再认识"，因此综合起来在整体上仍然符合实践—认识—再实践—再认识的认识发展过程。这也是本书对辩证唯物主义认识论关于认识发展过程的具体表现形式的一个扩充。

综上，基础物理学（包括理论和实验实践）为辩证唯物主义提供了全面的、体系化的检验，以事实验证了辩证唯物主义基本观点、基本原理的科学性和正确性，特别是相对论、量子理论、现代热力学等现代基础物理学更好地体现了唯物论和辩证法的统一，更好地体现了辩证唯物主义的基本观点、基本原理的内涵。

对于这样一个事实，自然就会带来一个疑问：**辩证唯物主义基本观点、基本原理是马克思、恩格斯在19世纪中叶创立的，而现代基础物理学是在这之后100多年发展起来的，为什么100多年以后的现代基础物理学反而能更好地体现辩证唯物主义的基本观点、基本原理？**绪论回答了这个疑问，并分析指出：①辩证唯物主义基本原理的另外两个来源——社会实践和哲学成果的时间周期都以千年计，这样自然在时间上可以覆盖100多年以后的现代基础物理学理论；②辩证唯物主义基本原理创立所依据的三个自然科学成果对哲学的内在逻辑至今依然成立而没有失效；③辩证唯物主义是一个开放性的理论，保证了它的不断发展和强大生命力；④辩证唯物主义在其创立后走在了现代基础物理学发展的前面。于是在事实上呈现出基础物理学和哲学在发展上拥有以下对应关系：牛顿力学大致对应“唯物主义+形而上学”，经典电磁学和经典热力学大致对应“唯物主义+半形而上学半辩证法”，相对论、量子理论、现代热力学大致对应“唯物主义+辩证法”。

自创立起，辩证唯物主义就是一个开放的体系，它不断也必然随着实践的发展而发展。作为和哲学同根同源以及在研究物质世界中高度“重叠”的学科，具有300多年历史的基础物理学的发展和实践，特别是近100多年现代基础物理学的理论和实践不仅为验证辩证唯物主义基本观点、基本原理的科学性提供了坚实的基础，而且也为丰富和发展辩证唯物主义提供了生动的素材，这主要集中表现在对辩证唯物主义基本观点、基本原理具体表现形式的丰富和发展上，例如前面提到的矛盾推动事物的发展从一对矛盾的表现形式发展到多对矛盾的表现形式，认识发展的过程从一组实践—认识—再实践—再认识的表现形式发展到多组实践—认识—再实践—再认识相交织、共同作用的表现形式等。

最后，基础物理学还处于发展过程中，人类关于物质世界的认识远远没有结束，这可以简单地从以下几方面体现出来：①从可探知的空间范畴来看，基础物理学目前还十分狭窄，如人们目前可观测的最小尺度大致是10^{-18} m，距离普朗克尺度10^{-35} m还有巨大的差距；②对于已知的或者预测到存在的事物，如中微子、暗物质、暗能量等都没有真正的认识；③在理论方面，广义相对论和量子理论之间不兼容的问题也还没有解决，等等。因此，人类目前还远远无法回答关于物质世界组成和运动的全部问题。这样，在一些现有基础物理学议题上就可能带来对它们在哲学上的不同看法，不妨把这些基础物理学议题视为开放式的议题。通常认为目前引起哲学争议的关于基础物理学的开放式议题大致可以分为三类：第一类是通过更加细致的分析能够澄清的，它们没有超出现有哲学原理的范畴；第二类可能需要在局部对哲学概念做一些补充；第三类则需要等待新的物理学理论和进展出现。一部分开放式议题，如时间开端问题、夸克禁闭问题等，在第1章到第4章中的相关内容处做了延伸讨论。第5章对大部分开放式议题进行了集中探讨，并提出了一些相关的思考，包括：①基于双缝干涉实验，利用多层次的、多重物理学定律对实验现象进行了具体分析，说明双缝干涉实验的现象依然符合科学决定论的要求，依然符合物质第一性原则，提出应以“辩证的”科学决定论代替“机械的”科学决定论；②对于量子测量，通过量子测量和经典测量的对比，并结合双缝干涉实验中测量现象的分析，指出量子测量的新特点使得物质与意识的关系更加紧密，但量子测量仍然符合物质第一性原则，只是在微观粒子世界里，作为意识载体的测量对象、测量设备都成为测量系统的一部分，意识通过测量对象、测量设备，在客观规律的作用下以客观的方式影响测量结果。这样，物质概念中物质的客观实在性的根本特征没有变，但意识对物质作用的具体表现形式除“复写、摄影、反映”外得到了丰富，因此在原有的物质概念内容之后，可以考虑增加一个注脚以说明这种丰富；③对于量子纠缠，从概念入手，分析指出量子纠缠是一种基于波粒二象性和量子态叠加原理的客观实在，不是玄幻的，不过其微观本质上的解释可能需要等待新物理学理论的出现；④对于薛定谔的“猫”实验，更多的是认识上的误解，需要澄清，既不能把宏观世界的规律照搬到微观世界，也不能把微观世界的规律照搬到宏观世界，否则就会得到一个现实生活中的猫“既死又活”的荒唐结论。

本书涉及比较多的基础物理学理论知识，由于篇幅所限，在涉及的地方往往不能详细展开，一般会给出相关内容所在参考文献及具体位置，以供读者参考。

感谢中国工程院院士、北京邮电大学张平教授给予的关心以及为本书写序，感谢中国电信集团科技委员会委员孙震强博士给予的帮助和提出的宝贵意见，感谢中国信息通信科技集团副总裁、总工程师、专家委主任陈山枝博士给予的一如既往的支持，感谢北京信息科技大学于肇贤教授对本书的审读以及给出的积极洋溢的评价，感谢天津大学出版社宋雪峰总编在本书成稿之初就给予充分的肯定和指导，感谢天津大学出版社李源、常红等诸位编辑为本书出版付出的辛勤努力。

感谢我的父母以及家人对我所做事情的理解和支持，特别感谢我的夫人陈晖女士，她和我一样对辩证唯物主义哲学有着浓厚的兴趣，我们关于哲学问题的探讨往往使我受到启发和获得灵感。

感谢所有给予我支持和帮助的人。

作者深知，无论在哲学方面，还是在基础物理学方面，本书都有很多不足之处和偏颇之处，欢迎读者朋友批评指正。

目　录

Contents

绪　论

首先，本书通过对基础物理学的发展演进和哲学上唯物论与唯心论、辩证法与形而上学两组世界观和方法论的对应关系的分析，指出这样一个总的事实——从基础物理学的发展演进看到了辩证唯物主义的胜利，并指出辩证唯物主义的胜利来自其强大的生命力；其次，从多个角度讨论辩证唯物主义的强大生命力的来源，从而回答基于前面总的事实所产生的一个总的疑问——辩证唯物主义基本原理是马克思、恩格斯在19世纪中叶创立的，为什么100多年以后的现代基础物理学更能体现辩证唯物主义基本原理的思想精神；再次，提出验证哲学问题结论正确与否的最好办法是科学验证，即通过实践检验的方法，辩证唯物主义自然也不例外，并分析基础物理学在这方面所具有的得天独厚的优势，那就是基础物理学可以为辩证唯物主义提供全面、体系化的检验，且给出本书在完成这种检验时在内容组织上的总的思路；最后，讨论宗教对科学的影响问题，由于一直以来宗教是影响自然科学和哲学关系的一个重要而现实的因素，因此指出在分析有关问题时应当尽量屏蔽掉这种影响，减少干扰，以便准确把握自然科学和哲学的关系。

0.1 从基础物理学发展演进看辩证唯物主义的胜利

基础物理学的发展起始于牛顿力学，后续演进发展出经典电磁学、经典热力学，再后来发展出相对论、量子理论和现代热力学。如果我们把基础物理学的演进和哲学上唯物论与唯心论、辩证法与形而上学两组世界观和方法论放在一起（图0-1），它们之间就呈现出以下明显的对应关系：17—18世纪的牛顿力学对应的是“唯物主义+形而上学”的世界观和方法论，19世纪的经典电磁学和经典热力学对应的是“唯物主义+半形而上学半辩证法”的世界观和方法论，20世纪初至今的现代物理学理论（相对论、量子理论、现代热力学）对应的是“唯物主义+辩证法”的世界观和方法论。以下是具体的分析。

牛顿力学是人类历史上第一个现代科学理论。它是在17—18世纪主要由伽利略和牛顿所创立的。我们认为，它不仅是科学发展

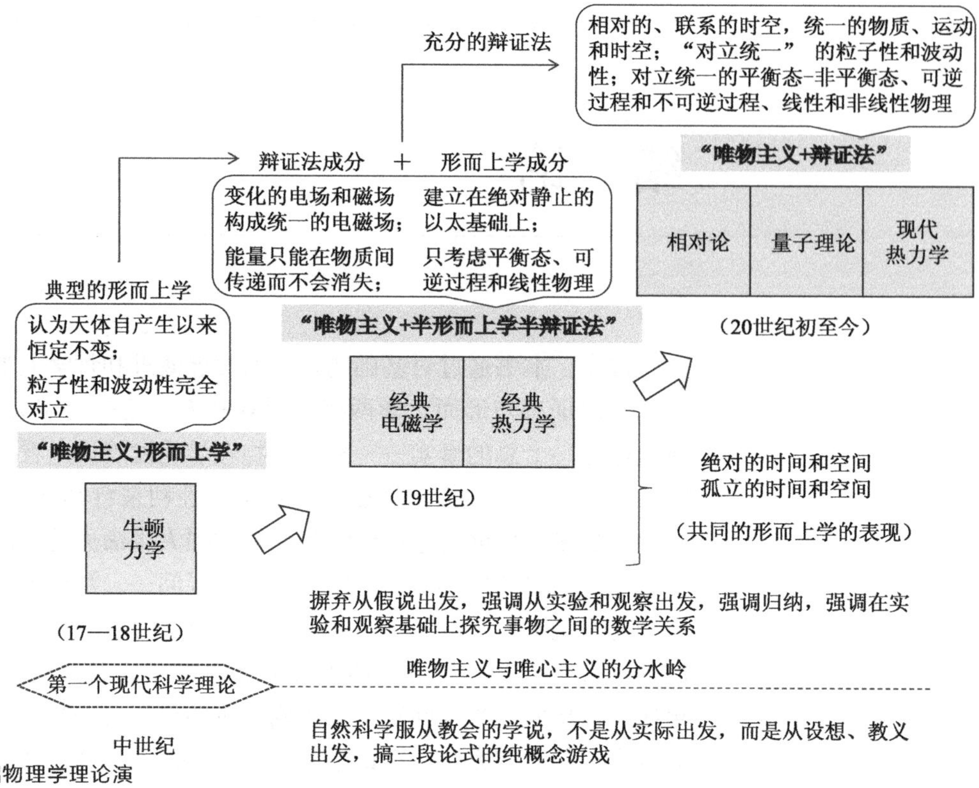

图 0-1 基础物理学理论演进与唯物主义和辩证法的契合关系示意图

上的一个分水岭，也是哲学发展上的一个分水岭，其巨大作用和影响力体现在以下三个方面。

首先，在科学的方法论上，伽利略和牛顿摒弃了统治欧洲近千年的从假说出发的经院哲学的方法论，强调从实验和观察出发，强调归纳，强调在实验和观察基础上探究事物之间的数学关系，从而开辟了实验和科学推理相结合的道路，将科学的方法论引上了历史的舞台。伽利略说：“科学的真理，不应该在古代圣人的蒙着灰尘的书上去找，而应该在实验中和以实验为基础的理论中去找。真正的哲学是写在那本经常在我们眼前打开着的最伟大的书里边的，这本书就是宇宙，就是自然界本身，人们必须读它。”牛顿曾说：“在自然哲学中，应该像在数学中一样，在研究困难的事物时，总是应当先用分析的方法，然后才用综合的方法。这种分析方法包括做实验和观察，用归纳方法从中作出普遍结论……因为在实验哲学中是不应该考虑什么假说的。虽然用归纳法从实验和观察中进行论证不能算是普遍的结论，但它是事物的本性所许可的最好的论证方法。”[1]

其次，正是基于上述的科学方法论，伽利略和牛顿才取得了一系列的开创性成果，成为牛顿力学的基石。伽利略进行的斜板实验

1 [美] I. B. 科恩：《牛顿革命》，颜峰，弓鸿午，欧阳光明译，13 页，南昌，江西教育出版社，1999。

及从中发现的落体定律，开实验和科学推理结合之先河，在这之前，人们对自然科学的研究仍然习惯于观察、思考和空洞的辩论，学者 S. 德雷克曾评价道：“当伽利略出生时，已有两千年历史的物理学还没有导致对实际运动的哪怕是粗略的测量。”[2] 伽利略还制作了望远镜，并首次将望远镜对准天体，测出金星的位相，观察到木星的卫星、土星的环和太阳黑斑，其中金星的位相、木星的卫星是有利于太阳中心说的不容争辩的论据。牛顿力学的核心是牛顿第二定律和万有引力定律。牛顿在归纳形成第二定律时就是以伽利略提供的宝贵数据为基础的。在发现万有引力时，牛顿也是从观察到的现象入手比对“地上地球对物体的引力”和“天上地球对月球的引力”，证明它们符合相同的规律，是同一种力，即万有引力。牛顿用万有引力定律成功解释了月球的运动，说明了木星的卫星和太阳系行星的运动与月球绕地球的运动都是同一类型的运动，他对行星运动的解释与大量的天文学观测的数据相符；他还采用太阳和月球对海洋的万有引力解释了海洋的潮汐，并证明了彗星的轨道是扁长椭圆或抛物线。牛顿力学的三大定律和万有引力定律把天体和地上物体的运动规律统一到可以通过数学公式表述的经典物理学框架中，牛顿用刚性的、机械的“力”取代了天体运行中的神秘因素，以数学公式表述其规律，并得到事实的有力证实，表明天体不是中世纪宣称的那样具有神圣的性质。从力学的角度来讲，天体的运动规律和地球上的自然现象并无二致。

2 [美]威廉·H.克劳普尔：《伟大的物理学家：从伽利略到霍金 物理学泰斗们的生平和时代》，13页，北京，当代世界出版社，2007。

最后，牛顿力学在哲学上的影响促进了近代形而上学唯物主义的形成。哲学家把力学的规律当作整个宇宙的普遍规律，从而形成了近代机械唯物主义的哲学世界观，它从根本上批判了宗教神学的荒谬性，对把人们从神学的禁锢中解放出来和促进科学的发展都发挥了积极的作用。

但牛顿力学具有鲜明的形而上学性，即在关键性问题上它采取的是静止而不是运动变化、孤立而不是相互联系的观点。具体表现如下：牛顿力学体系中的时间和空间不仅是永恒不变的，而且是绝对孤立的，绝对时间和绝对空间的形而上学观的最后，就很容易滑向客观唯心主义；同时，由于没有考虑天体的形成和变化，牛顿认为天体自产生以来就恒定不变，所以在对待太阳、地球、月球以及其他天体的观点上，也认为它们自产生以来就不再发生变化，而且会永远按部就班地运转下去，从而也会因为需要上帝提供“第一推动力”而滑向客观唯心主义；而在方法论上，往往把相互联系的整体分成彼此孤立的部分，把连续发展的过程划分成彼此无关的阶段。

因此，总体来说，17—18 世纪的物理学——牛顿力学在哲学上体现的是“唯物主义+形而上学”的世界观和方法论。基于牛顿力学，17—18 世纪在欧洲形成了机械唯物主义哲学观，即把世界万物的运动都理解或归结为机械运动，用机械运动来解释自然界的一切运动。

经典电磁学理论是牛顿力学之后在 19 世纪后半叶形成的又一个物理学理论，它在总体上体现的是“唯物主义+半形而上学半辩证法”的世界观和方法论。

电磁学理论首先是“唯物主义的”，到 19 世纪中叶，电磁学理论的物质性基础已经具备，无论是电荷还是电场、磁场都被认为是客观存在的。不过，最初很长的时间里，电学和磁学始终是两门独立发展的学科，因此体现了“很强的形而上学性”。但这种状况在 1820 年丹麦物理学家奥斯特发现了电流的磁效应以后发生了改变，奥斯特实验揭示了电现象和磁现象的联系，宣告了电磁学作为一个统一学科的诞生，之后一系列揭示电磁场相互作用的定律、定理相继形成。电磁学理论的最大成果是麦克斯韦方程组的形成。1864 年，麦克斯韦对前人和自己的工作进行了概括，提出了联系电荷、电流和电场、磁场的基本微分方程组。这一方程组经后来者的整理和改写，成为经典电动力学的主要基础——麦克斯韦方程组。麦克斯韦方程组发展了法拉第的成就，提出了“位移电流”的概念，表明不仅变化的磁场产生电场，而且变化的电场也产生磁场。这种变化的电场和磁场构成统一的电磁场。根据对麦克斯韦方程组的求解，在一个振动的电偶极子附近，变化的电场产生垂直方向上的变化的磁场，而该变化的磁场又在与它垂直的方向产生一个变化的电场，如此循环交替。麦克斯韦由此预测了电磁波的存在，并给出了电磁波的传播速度，正好等于光速。这时的电磁学理论已经具有很强的唯物辩证法思想。以麦克斯韦方程组为例，我们可以归纳出简单的四句话分别对应麦克斯韦方程组的四个方程：电场是物质的，表现为电场源于电荷（方程一）；实践发现，有磁场没有磁荷（方程二），磁场需要其他的物质来源；于是发现电流产生磁场（方程四），这样磁场也是物质的，磁场源于联系；实践中又发现变化的磁场产生电场（方程三），说明联系又是相互的。这样来看，麦克斯韦方程组以及由麦克斯韦预测的电磁波体现了唯物辩证法物质普遍联系和运动变化的基本观点。经典电磁学的另一大支柱是洛伦兹力公式，它是洛伦兹融合了电磁学中“场论”和“源论”两派的观点，克服了原来场和力的孤立性，把二者有机地结合在一起而形成的，它揭示了电磁作用的规律，也体现了相互联系的辩证法思想。

但经典电磁学理论并没有完全克服形而上学的影响，主要表现在以下方面。

首先，经典电磁学理论建立在“孤立的”绝对时间和绝对空间之上，因此重新提出以太的概念。麦克斯韦通过数学推导成功预测了电磁波，但他对电磁波产生机制的解释在现代物理学看来是错误的。根据预测，除存在电磁波外，电磁波在真空中的传播速度和参照系无关，且是一个常数 c，即光速。而根据经典力学中的伽利略变换，在不同的参照系，观察到的光速应该是不同的。为解决光速不变和伽利略变换之间的矛盾，就需要一个假设：麦克斯韦方程组只有在一个特殊参照系里才能成立，即对于这个特殊参照系，光速 c 为恒值。对于这个特殊的参照系，麦克斯韦含含糊糊地说是静止不动的以太，这样在经典电磁学里就需要一个特殊的“以太参照系”。“以太参照系”和其他参照系地位不等价，具有明显的优越性。这样，牛顿力学中的“绝对空间”，终于有了“具体实物”做衬托[3]。由此，经典电磁学在时空概念上仍然建立在“孤立的”绝对时间和绝对空间之上，在时空概念上体现了明显的“形而上学性”。后面我们会看到，爱因斯坦正是抓住了经典电磁学这个“形而上学的”弱点，提出“相互联系”且“相对变化”的时间和空间的概念，即体现辩证法的时空观，才发现并提出狭义相对论，进而发展到广义相对论，后面我们再具体解释。

3 杨建邺:《物理学之美》，118 页，北京，北京大学出版社，2019。

其次，在经典电磁学理论中，麦克斯韦方程组和洛伦兹力公式是不兼容的，它们各自在电磁场运动变化的规律和电磁作用的规律方面发挥作用，但二者还是相对分离的，都不能解释全部的电磁相互作用的问题。如果说麦克斯韦方程组体现的是场和波动性，则洛伦兹力公式更多体现的是力和粒子性。这样，在经典电磁学理论中，波动性和粒子性处于各自“孤立”的状态，这是经典电磁学理论“形而上学性”的另一个表现。根据后来发展的量子力学理论，波动性和粒子性应该是对立统一的辩证关系。针对经典电磁学理论这个“形而上学性”的表现，1947 年美国物理学家费曼、施温格和日本物理学家朝永振一郎把量子化的电磁场理论与相对论量子力学结合起来，发展出量子电动力学理论，成功实现了麦克斯韦方程组及波动性和洛伦兹力公式及粒子性的统一，它也成为现代量子理论中第一个成功的理论。

综上，就是为什么我们认为经典电磁学理论体现的是“唯物主义+半形而上学半辩证法”的世界观和方法论。

经典热力学理论是牛顿力学、经典电磁学理论之后第三个经典物理学理论，它总体上体现的同样是“唯物主义+半形而上学半辩证法”的世界观和方法论。

经典热力学首先从早期人们对热本质的探索开始，有两种观点：一种是热质说，认为存在一种热质的东西，它由没有质量的细微粒子组成，可以从一个物体流向另外一个物体；另一种是热动说，认为不需要热质的东西，热现象的直接原因是物质内部自身的运动。其实，两种观点都是唯物的观点，当然后来当焦耳测得热功当量的精准结果后，热质说逐渐衰落，人们开始普遍接受热动说。可以说经典热力学开始就源于唯物的观点。随后，在热动说的基础上，人们基于热交换等热现象，发现了几个基本的热力学定律。首先，人们基于最基本的热交换事实，给出了“温度相同”的定义：在隔绝外界影响的条件下，如果物体 A、B 分别与处于确定状态下的物体 C 达到热平衡，则物体 A 和 B 也是相互热平衡的，这就是热力学第零定律或热平衡定律，可见热平衡定律中采用联系的观点，体现了辩证法的思想。其次，人们发现在热交换过程中，能量是守恒的，即在一个热力学过程中既做功又传热，那么系统的内能的增量等于外界对系统所做的功与外界传递给系统的热量的和，这就是热力学第一定律。在热力学第一定律的基础上，人们把能量的概念从机械运动扩展到热、电、磁乃至生命过程，提出了普遍的能量守恒原理，即能量只能在物质间传递而不会消失，可见热力学第一定律体现了很强的唯物观点和联系的辩证法思想。再次，人们发现热量只能自发地从高温物体传递到低温物体，而不是相反。在此基础上，人们提出了熵的概念，将其作为对系统混乱程度的度量，并指出在一个孤立的系统中，遵循熵增加原理，这就是热力学第二定律。热力学第二定律指出了系统运动发展的方向，即在一个孤立的系统中，熵只能增加，不能减少，这意味着系统只能从有序向无序发展，可见热力学第二定律体现了辩证思想的发展观。

但和经典电磁学理论一样，经典热力学在体现唯物论和辩证法思想的同时，由于时代和科学水平的限制，还体现着很强的形而上学性。首先，经典热力学仍然建立在“孤立的”绝对时间和绝对空间之上。因此，在经典热力学中实际上还存在两个独立的守恒——质量守恒和能量守恒，在热力学第一定律的基础上建立的能量守恒定律还不是一个普遍的守恒定律，后来在爱因斯坦提出狭义相对论之后，质量和能量等价，质量守恒、能量守恒和动量守恒三个守恒定律统一为一个守恒公式，才可以说是更加广泛意义上的能量守恒定律。其次，热力学第二定律只反映了孤立系统的发展方向，也具有片面性。如果从这样一个片面的角度来看，任何系统最后只能走向死亡（沉寂），这和自然界所看到的物质世界从低级到高级、从简单到复杂的发展事实刚好相反。其原因在于实际系统往往处于与外部的普遍联系之中，是开放性系统，而且经典热力学多建立在单一的平衡态、可逆过程、线性物理的概念上，而实际系统往往还存在非平衡态、不可逆过程、非线性物理，所以经典热力学的片面性在一些重大问题上得出的结论是完全不符合实际的。经典热力学的片面性在现代热力学中得到克服。现代热力学理论从研究平衡态和可逆过程转向研究非平衡态和不可逆过程，实现了二者的对立统一，在综合中产生了耗散结构理论等现代热力学理论，这些理论成功解释了从自然界中所看到的物质世界从低级到高级、从简单到复杂的发展规律。

所以，总体来看，经典热力学体现的也是“唯物主义+半形而上学半辩证法”的世界观和方法论。

20世纪初，爱因斯坦首先对牛顿力学中孤立存在的绝对时间和绝对空间的概念提出了质疑，其基本依据有两个：光速不变原理和相对性原理。爱因斯坦依据电磁场理论的结论和有关的实验结果提出光速不变原理，并且利用相对性原理把光速不变原理推广到所有惯性系，认为在所有的惯性系中光速不变原理都是成立的，没有哪一个惯性系特殊。在此基础上，他导出了洛伦兹变换[4]，并发现随着运动速度的改变，空间长度是可伸缩的，时间是可伸缩的，质量也是变化的，时间和空间不再是相对独立的，质量和能量也不再相互独立，这就是狭义相对性原理的基本内容。进而爱因斯坦又把光速不变原理利用相对性原理推广到所有惯性系和非惯性系，认为所有惯性系和非惯性系也是平权的，即在所有的惯性系和非惯性系中光速不变原理都成立，没有哪一个成员特殊，这样就引入了弯曲的时间和空间。爱因斯坦进一步提出弯曲的时间和空间是由物质的质量引起的，并提出爱因斯坦引力场方程，这就是广义相对性原理的基本内容。从另一个角度来看，相对论反映了时空、物质和运动统一性，反映了时间、空间、质量、能量、惯性、引力这些和物质运动相关的基本物理量是如何从相互孤立走向相互联系和统一的。狭义相对论突破了牛顿力学绝对、孤立的时间和空间概念，实现了时间和空间的关联，突破了能量和质量相对独立的观念，实现了能量和质量的统一，而广义相对论进一步实现了质量、惯性和引力的统一，并最终完成时空、物质和运动到物质的大统一[5]。后来的科学家依据广义相对论发展起现代宇宙学和现代天体学，建立了动态的宇宙学模型，揭示了宇宙及其中的天体都是按照客观规律动态演变的事物，而不是被一次创立并静止不变的事物[6]。从经典物理学理论到狭义相对论、再到广义相对论，比较彻底地体现了辩证唯物

4 其实这里用到物理学中另一个基本原理——对称-守恒-变换不变性原理，即在物理学中，一种对称对应着一个守恒（一个常数），还对应着一种变换不变性，三者是一体的，这意味着其中一个改变的话，另外两个也要改变。在牛顿力学中，对称性是指时间和空间各自独立的均匀不变性，守恒是指单独的动量守恒和动能守恒，变换不变性是指伽利略变换对应的空间的平移不变性，三者等效。爱因斯坦引入光速不变，实际上是一种新的不变量（新的守恒），所以一种新的守恒势必要带来新的对称性和新的变换。这种新的变换就是洛伦兹变换，它成为爱因斯坦创立狭义相对论的突破口。在狭义相对论中新的对称性是指时间和空间为一体的均匀不变性。

5 赵建：《写给未来工程师的物理书》，前言6-7页，天津，天津大学出版社，2021。

6 其中还利用了现代量子理论和现代热力学理论。

主义的物质性和运动、变化、联系的辩证法思想，体现的是比较彻底的“唯物主义+辩证法”的世界观和方法论[7]。

在物理学的另外一个方向上也产生了突破，这就是量子力学。在经典物理学理论中，一般认为物理学量都是连续的量。1900年，普朗克通过对黑体辐射实验的分析，提出不同的辐射在产生和接收过程中必须是离散的，并提出能量子的概念，即能量在产生和接收过程中必须是一份一份的，这样才能满足由实验得到的统一的黑体辐射公式。从哲学的角度来看，离散和连续是一对矛盾，二者构成一种对立统一的关系，这种对立统一的关系本就应该存在于物质世界中，只是在这之前我们看到和感知的度量物质世界的量在感官上都是连续的，这实际上是片面的、不完整的、形而上学的，只有增加了离散的一面，我们的认识才更全面。在连续和离散的对立统一之后，是粒子性和波动性的对立统一[8]。之前，牛顿力学主要是关于质点做粒子运动的理论，经典电磁场理论主要是关于连续场变化关系的理论，在经典物理学理论中，粒子性和波动性是完全对立的，集中体现在光的粒子说和波动说的长期对立上。1905年，爱因斯坦在普朗克能量子概念的基础上提出光量子的概念，成功解释了光电效应，指出光具有波粒二象性，粒子性和波动性首先在光上得到对立统一。后来，德布罗意提出物质波的概念，将波动性扩展，认为不仅是所有的微观粒子，包括宏观物体也具有波粒二象性，只是后者的波动性太弱，在宏观尺度下可以完全忽略不计。其间，玻尔还将离散的观点引入原子核外电子轨道的描述中，并获得成功。于是，微观粒子具有波粒二象性的观点被完全接受，在波粒二象性的基本概念之上人们发展出不同的理论，这就是量子力学理论。再后来，人们又将相对论引入量子理论，并将二者进行了结合，提出“真空不空”和“反粒子”的概念，提出通过交换粒子实现物质相互作用的机制，提出电磁作用理论、弱相互作用理论、强相互作用理论以及夸克模型，基于规范不变性实现电弱作用理论的统一和电弱强作用的大统一，最终形成一个至关重要的成果——粒子物理标准模型，它阐释了丰富多彩的物质世界其实是由种类极为有限的基本粒子组成的。在量子理论中，可以说物质粒子是基础，对立统一是驱动力[9]，运动变化是特征，它们集中体现了唯物主义和辩证法的统一，体现了“唯物主义+辩证法”的世界观和方法论[10]。

如前所述，经典热力学主要解决以平衡态、可逆过程、线性物理为特征的分子热运动的统计规律问题。显然，这是片面的，具有很大的形而上学性。因为实际中还存在非平衡态、不可逆过程和非

7 由于相对论还不能完全解释宇宙产生的所有的问题，关于一些理论点在哲学看法上还有一些分歧，我们在后面章节中将具体讨论。

8 两对关系不完全相同，但有密切对应关系，一般波动性的量都是连续的，因此和连续关联；粒子性意味着离散，因此和离散关联。

9 现代量子理论中最大的成就是基于规范不变性实现电弱作用理论的统一和电弱强作用的大统一过程，该过程就是典型的矛盾驱动过程，后面有具体描述。

10 同样，由于当前认识水平的限制，在量子理论中还有一些物理现象我们尚无法做出完全的物理解释，关于一些理论点在哲学看法上还有一些分歧，我们在后面章节中将具体讨论。

线性物理，而且从现在的角度看，后者往往较前者更重要，往往是矛盾的主要方面。经典热力学伴随人们对蒸汽的认识和运用，促进了第一次工业革命的出现，也继续为人类的动力应用提供指导，间接为第二次工业革命做出贡献。后来随着量子理论、相对论等近现代物理学新领域的大发展，热力学似乎沉寂了一段时间，但从 20 世纪 30 年代起，热力学的研究发生了重大改变，普里戈金对非平衡态、不可逆过程、非线性物理的研究从根本上改变了这门学科，使之重新充满活力，他所创立的理论打破了化学、生物学领域和社会科学领域之间的隔绝，使之建立起新的联系。耗散结构论、信息论、生命科学、一般非线性科学等新兴学科的兴起，开启了人类和自然的新对话，展示了热力学的“新生”和“现代”。而霍金用现代热力学、广义相对论、量子理论共同提出和解释了著名的“霍金辐射”，从而使黑洞从“恒星生命的死亡归宿”变成“充满生命力的活跃之星”，彻底改变了人类对黑洞的认知，从而引发人类对宇宙发展和演变的认知[11]。现代热力学理论同样以物质系统为基础，体现了平衡态与非平衡态、可逆过程与不可逆过程、线性物理与非线性物理的对立统一，指出在一个有外部能量输入的开放系统中将遵循从低级到高级、从简单到复杂的发展的运动变化规律，因此也同样集中体现了唯物主义和辩证法的统一，体现了“唯物主义+辩证法”的世界观和方法论。

11 赵建:《写给未来工程师的物理书》，290 页，天津，天津大学出版社，2021。

依据以上基础物理学发展所呈现出来的与唯物论和辩证法的关系，很容易产生这样一个疑问：辩证唯物主义理论是 19 世纪由马克思、恩格斯创立的，而且在自然科学方面依据的是以能量守恒与转化定律、细胞学说和进化论为代表的 19 世纪的科技成果，从那时起到现在，科学已经有 100 多年的发展历史，辩证唯物主义理论为什么反而能和 100 多年以后的现代物理学理论所体现的世界观和方法论更加匹配？更有人以此来质疑科学技术较辩证唯物主义创立的时代已经有巨大发展的今天，辩证唯物主义的基本原理是不是已经不再成立。这就涉及辩证唯物主义的生命力问题。以下我们就从多个角度来分析辩证唯物主义的生命力问题。

0.2 多角度看辩证唯物主义的生命力

在本节我们分别从以下角度来分析辩证唯物主义的生命力问题：①辩证唯物主义的三个来源；②创立辩证唯物主义时所依赖的三个自然科学来源；③辩证唯物主义在其创立后走在了基础物理学发展的前面；④辩证唯物主义自身是一个开放式体系，也在不断发展中。

0.2.1 辩证唯物主义的三个来源

马克思主义哲学创立于19世纪中叶，它包括辩证唯物主义和历史唯物主义。辩证唯物主义和历史唯物主义的产生是哲学上的一场革命。这场革命的实质在于历史上第一次创立了既把握自然界，又把握社会、科学的哲学世界观[12]。一般认为，马克思主义哲学有三个主要来源：社会发展实践、哲学发展成果和科学发展成果。恩格斯把唯物主义辩证法称作关于自然界、社会和思维的运动和发展的最一般规律的科学。这里我们对辩证唯物主义和历史唯物主义的关系不做过多阐述，但可以肯定，辩证唯物主义也来源于上述三个方面，即社会发展实践、哲学发展成果和科学发展成果。以下我们从这三个来源的时间长度讨论辩证唯物主义的生命力问题。

12 [苏]费·瓦·康斯坦丁诺夫:《马克思列宁主义哲学原理》，28页，北京，人民出版社，1985。

如图0-2所示，首先从社会发展实践来源看，截至19世纪中叶，人类社会的发展经历了从原始社会到奴隶社会，到封建社会，再到资本主义社会的几个历史发展阶段。其间的时间跨度至少有2000年。因此，在这个跨度上总结出来的一般性规律，即可用的时间长度或者说生命力应是以千年为单位计。所以，辩证唯物主义作为从自然界、社会和思维的运动和发展中归纳出来的最一般规律，覆盖19世纪中叶到现在100多年自然科学发展的成果是完全可能的，由于物理学和哲学的“亲密”关系，现代物理学理论（相对论、量子理论、现代热力学）自然不会例外，不仅不会例外，反而是最好的证明。其次从人类历史上的哲学发展成果来源看，辩证唯物主义的创立者批判和总结了人类在许多世纪的哲学发展中所创造的一切优秀的、先进的成果，自公元前6世纪古希腊哲学始，包括16—18世纪欧洲哲学以及德国古典哲学。即便扣除中世纪宗教神学的禁锢时期，时间跨度也在千年以上。因此，在这样的时间跨度上总结出的最一般规律，可用的时间长度或者说生命力同样应是以千年为单位计。这同样说明，辩证唯物主义基本原理适用于并覆盖现代物理学理论是完全可能的。关于近代自然科学的发展成果来源问题，在下面一个子节专门讨论。

0.2.2 创立辩证唯物主义时所依赖的三个自然科学来源

马克思、恩格斯创立辩证唯物主义时依赖的是当时自然科学三个最显著的成果，即能量守恒与转化定律、细胞学说和进化论。马克思、恩格斯把它们作为来自自然科学的主要依据，完成对辩证唯物主义的基本观点的支撑。100多年来，随着科学技术的进步和具体自然学科的发展，三大自然科学成果相关的内容比100多年前都

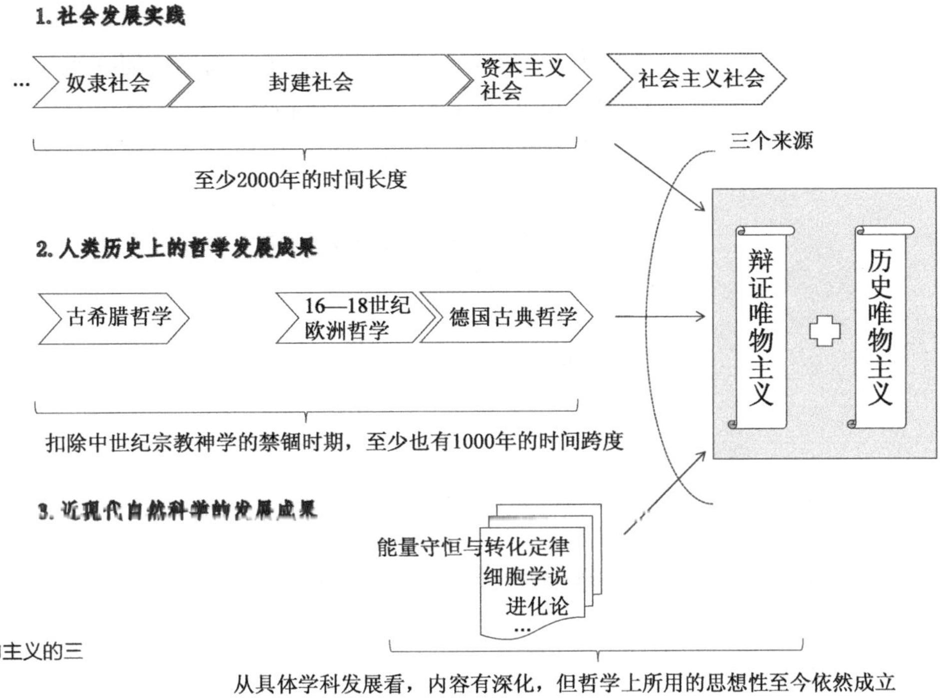

图 0-2 辩证唯物主义的三个来源

有了巨大的发展。在这里，我们不试图重复马克思、恩格斯当初在创立辩证唯物主义时利用三个自然科学成果的过程，而是站在当代，以一个“后人”的后发优势，“模拟”以下的推理过程，如图 0-3 所示，考察一下能否从 100 多年前的能量守恒与转化定律、细胞学说和进化论三大自然科学成果，导出物质、联系和运动这三个辩证唯物主义最重要的基本观点，并且根据三大自然科学成果在当今条件下的发展检验上述的推理在 100 多年后的今天是否依然成立。如果是，则说明创立之时，马克思、恩格斯凭借“超越时代”的洞见力和归纳能力，在当时的三大自然科学成果之上创造出既基于三大自然科学成果，又高于三大自然科学成果的，且更体现一般规律的辩证唯物主义成果，使得辩证唯物主义自创立伊始就具有了强大的生命力。

1. 细胞学说的贡献

如图 0-3 所示，站在辩证唯物主义创立之时，细胞学说的第一个贡献是支持物质的观点。细胞学说是关于生物有机体组成的学说，它指出细胞是动植物结构和生命活动的基本单位，细胞学说论证了整个生物界在结构上的统一性。它和 19 世纪初道尔顿提出的道尔顿原子论在思想上是一脉相承的。它们都体现了物质组成的结构思想。道尔顿原子论认为原子是组成物质世界的最小单位，即物质世界是由不同的、独立的、不可分割的原子构成的，原子在化学变化中保持着稳定的状态。原子论指出任何物质都是统一地由最小的物质单元组成的，即任何物质不是别的，首先都是物质的。同样，在自然界中，除了简单的无机物和有机物，细胞学说指出所有的比无机物和有机物更复杂的生命体，无论是植物还是动物，都是由细胞构成的。综合起来，不难得出世界由物质组成的结论，这是唯物论的基本观点。

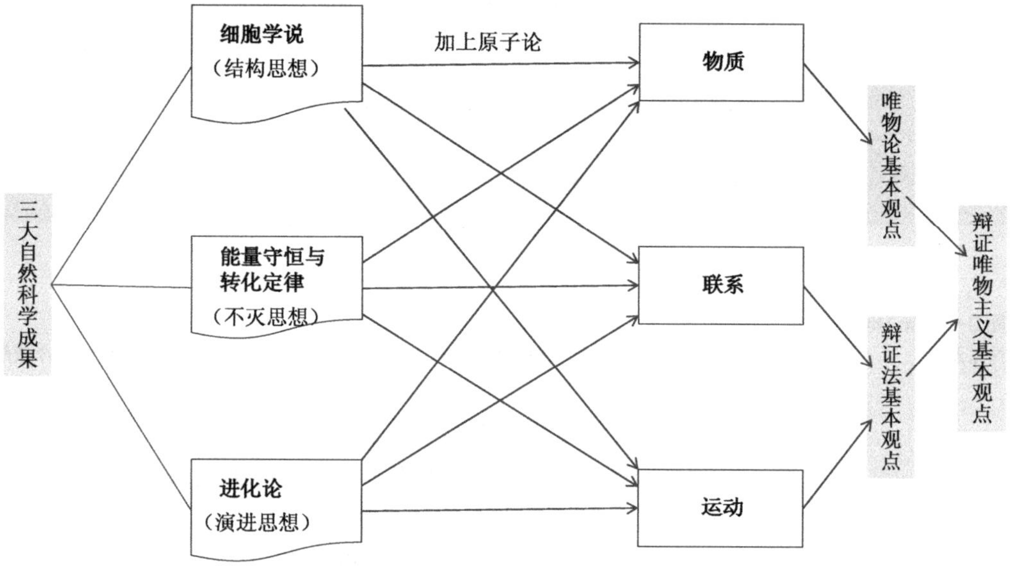

图 0-3　从三大自然科学成果导出辩证唯物主义主要观点的逻辑示意图

下面我们站在现代科技发展的角度来看上述的支撑逻辑是否还成立。首先细胞是动植物结构和生命活动的基本单位的观点在当前依然成立，只是生物学的研究早已从细胞深入细胞内部。细胞学说支撑哲学上物质观点的逻辑是结构思想，即物质由基本的物质单元结构构成。以下我们就考察这种思想在 100 多年以后的现在是否还成立。回答这个问题的最好素材恰恰来自现代物理学的现代量子理论。现代量子理论不仅被视为物理学发展至今的最高成就之一，甚至也被认为是科学发展至今的最高成就之一。现代量子理论一个至关重要的成果是粒子物理标准模型，它表明多彩的物质世界其实是由种类极为有限的基本粒子构成的，包括夸克、轻子、作用交换子、希格斯粒子等。不同的夸克组合构成质子、中子和其他强子，质子、中子构成原子核，原子核和轻子中的电子构成原子，作用交换子完成上述过程所需的三种相互作用（强相互作用、弱相互作用、电磁相互作用），希格斯粒子为相关粒子提供质量。可以看出，粒子物理标准模型“不过”是原子模型向更微观层次的深化，其蕴含的物质组成的结构思想并没有改变，只是更加丰富了。原有支撑逻辑的基础并没有改变，所以原来的结论仍然是成立的。

站在辩证唯物主义创立之时看，细胞学说思想的第二个贡献是支持联系的观点。该支撑逻辑的基础是只要物质在结构上存在统一性，物质之间就存在相互联系。细胞学说指出了整个生物界在结构上的统一性，这也反映出整个生物界的联系性，至少共同的细胞的概念就成为整个生物界相互联系的纽带，这意味着它们拥有共同的“根”“共同的祖先”，也就具有了相互作用、相互转化的基础，即发生联系的基础。在辩证唯物主义创立的时代，生物界统一的结构概念是细胞，到了现代科技阶段，生物界统一的结构概念已经发展到分子和基因层面。从辩证唯物主义创立之时到现代科技阶段，生物界统一结构概念的具体形态发生了改变，得到了深化，但生物界存在统一结构概念的共同特性仍然存在，原有支撑逻辑的基础并没有改变，所以原来的结论仍然是成立的。

细胞学说思想的第三个贡献是支持运动的观点。其实细胞学说不仅仅是有机体构造的学说，而且是有机体发育的学说。19 世纪 50 年代人们就已经证明，卵子和精子原来只是简单的细胞，细胞本身可以复制，经过不断的复制，生物体完成发育过程。因此，细胞学说体现的是一种生物体运动、发展的思想。恩格斯曾明确指出“细胞是差不多一切生物发展的基本形式”[13]。到了现代科技阶段，现代生物学将这种思想在分子和基因层面进行了具体阐释。原有支撑逻辑的基础并没有改变，所以原来的结论仍然成立。

13 马克斯，恩格斯:《马克思恩格斯选集》第三卷，454 页，北京，人民出版社，1995。

2. 能量守恒与转化定律的贡献

能量守恒与转化定律是自然界中最为普遍的规律之一。其一般表述如下：能量既不会凭空产生，也不会凭空消失，它只会从一种形式转化为另一种形式，或者从一个物体转移到其他物体，而能量的总量保持不变。在认识的过程中，人们把能量的概念从机械运动[14]推广到热[15]、电、磁，乃至生命过程。

14 牛顿力学中的机械能守恒定律和动能定律。

15 热力学第一定律。

能量守恒与转化定律的第一个贡献是支持联系的观点。它体现的是能量不灭的思想，成为事物普遍联系的一条纽带。由于能量不会消失，而只会在不同物质间流动，于是不同物质间通过能量的交换、转化建立起广泛的联系。在 19 世纪，人们对它的理解还是基于原子核外电子的作用或反应（物理做功、化学反应、物理反应等），还比较局限。20 世纪初，爱因斯坦发现了著名的质能方程 $E = mc^2$，即质量和能量其实是等价的。这样，能量守恒与转化定律有了更加丰富的表现形式：自然界中一切物质都具有能量（包括物质根据相对论可转换成的能量和通常意义上的能量两部分），能量有各种不同的表现形式，并能从一种形式转化为另一种形式，从一个物体传递给另一个物体（包括相对论式物质和能量的转换），而总能量保持不变。这实际上是将物质间的联系由原来原子核外电子层面深入原子核内部，物质间联系的形式得到了深化。因此，原有支撑从能量守恒与转化定律到联系观点的逻辑基础并没有改变，所以原来的结论仍然成立。

能量守恒与转化定律的第二个贡献是支持运动的观点。基于动能的概念，19 世纪人们已经认识到能量和运动间密不可分的关系。既然能量不会消失，能量会在不同物质间相互传递，而能量往往又意味着运动，这就意味着运动也不会消失。这个结论在今天依然成立，只是到了现在，人们认识到更多的能量形式，如来自原子核的核能等。

当然，站在现代科技阶段看，能量守恒与转化定律还可以有第三个贡献，即支持物质的观点。质能方程表明物质和能量本质上是一个东西，广义的能量守恒就是广义的物质守恒，能量只会转化不会消失，就是物质只会转化不会消失，这进一步说明了世界的物质性。

3. 进化论的贡献

拉马克是进化论的伟大先驱者，他提出了物种进化的学说。他认为，生物的进化遵循一个从低级到高级、从简单到复杂的发展序列。在进化机制方面他提出有两种力量推动着生物的进化：一是生物体内具有固定的进化倾向，二是外部环境对进化的影响[16]。1871 年，达尔文发表《物种起源》，进一步阐述了生物普遍进化的思想，不过他强调不同物种由同一祖先沿着不同路径分化而来，并提出了物竞天择、适者生存的进化机制。

16 吴国盛:《科学的历程》，第 2 版，313 页，北京，北京大学出版社，2017。

进化论的第一个贡献是支持运动的观点。进化论将生命世界看作一个运动中的有序物质体系，并且指明了生命世界运动变化发展的方向，即自然界遵循一个从低级到高级、从简单到复杂的运动变化发展方向。从进化论创立至今已有 2 个多世纪，现在通过基因科学，进化论的研究得到深化，已经能达到分子水平，但进化论所揭示的生命世界从低级到高级运动发展的规律依然成立。进化论支持运动观点的结论自然依然成立。

进化论的第二个贡献是支持物质的观点。进化论表明生命和物种来自大自然，是长期自然选择、长期发展的产物，而不是上帝创造出来的。美国进化生物学家弗朗西斯科 · J. 阿亚拉在 2007 年写道："达尔文彻底完成了哥白尼式革命，他为生物学带来全新概念，将自然世界看作一个运动中的有序物质体系——人类不需要借助任何超自然力量就可以解释这个概念。"[17] 现代的生物学研究不过是在更加深入的层面验证了进化论的正确性。进化论支持物质观点的结论自然依然成立。

17 《环球科学》杂志社：《生命与进化》，8页，北京，电子工业出版社，2012。

进化论的第三个贡献是支持联系的观点。列宁指出："达尔文推翻了那种把动植物物种看作彼此毫无联系的、偶然的、'神造的'、不变的东西的观点，第一次把生物学放在完全科学的基础上，确定了物种的变异性和承续性。"时至今日，这个论断依然成立，并被更多的生物学研究丰富和发展。进化论支持联系观点的结论依然成立。

可以说，马克思、恩格斯在创立辩证唯物主义时，依据当时自然科学的三项最新发展成果——能量守恒与转化定律、细胞学说、进化论，通过合理的推理，"天才般"总结归纳出辩证唯物主义关于物质、联系和运动的基本观点，构筑了辩证唯物主义的基石。站在当今，从具体学科来看，能量守恒与转化定律、细胞学说、进化论在内容上都得到大大的深化、丰富，但三项成果的结论依然成立。而且站在现在的角度来看，这三项成果对于辩证唯物主义关于物质、联系和运动的基本观点的支撑作用不仅没有削弱，更谈不上消失，而是更加增强、更加丰富了，这也更加增强了辩证唯物主义理论的生命力。

0.2.3 辩证唯物主义在其创立后走在了基础物理学发展的前面

可以说，通过对周期更长的社会发展实践、哲学发展成果的深刻归纳总结，通过对同时代最新、最显著的三大自然科学成果的"超前性"的归纳总结，辩证唯物主义在其创立后即走在了自然科学发展，包括基础物理学发展的前面。

一个显著的表现是在现代基础物理学发展过程中，很多大的科学成果都是相关科学家自觉或不自觉地采纳了一些辩证唯物主义思想后取得的。典型的如爱因斯坦在创立相对论时，始终处于寻求时间、空间、物质、引力这些原来被视为独立存在的事物之间的普遍联系的哲学思想指导下，爱因斯坦探索相对论的过程体现了明显的物质观。在量子力学发展过程中，为解决在物理学领域争论不休、无法解决的"波动性"和"粒子性"矛盾，玻尔在哲学上提出著名的互补理论，这实际上就是辩证唯物主义对立统一观点的一种体现[18]。在现代粒子理论发展的初期，著名的坂田模型就是在辩证唯物主义关于物质具有无限层次思想的指导下提出的[19]。这样的例子

18 赵建：《写给未来工程师的物理书》，244页，天津，天津大学出版社，2021。

19 赵建：《写给未来工程师的物理书》，271页，天津，天津大学出版社，2021。

有很多，这里不再一一列举。

0.2.4 辩证唯物主义自身是一个开放式体系，也在不断发展中

辩证唯物主义是时代的产物，并随着时代、实践和科学的发展而不断发展。它的理论体系是开放式体系，它不断吸取人类最新的文明成果来充实和发展自己。例如，20世纪初列宁依据最新的科技进展，对辩证唯物主义哲学中物质的概念进行了完善，提出了更加科学的物质的定义。20世纪三四十年代，在《实践论》《矛盾论》等一系列论著中，毛泽东根据中国社会实践对唯物辩证法三大基本规律和认识论等内容进行了丰富和发展。辩证唯物主义的开放体系保证了它强大的生命力。

总之，辩证唯物主义无论是在创立还是在发展过程中都显示了它高度的科学性和强大的生命力，但如果要验证辩证唯物主义的科学性，上面的内容显然是远远不够的，还需要提供全面、系统的验证，在这方面基础物理学能起到很大的作用，这也是本书的主要内容。

0.3 基础物理学对哲学问题的验证

验证哲学问题的结论是否正确不是一件容易的事情。单纯的逻辑推理方法并不完全适用。列宁曾指出，“单靠论据和三段论法是不足以驳倒唯心主义的，这里的问题不在于理论上的论证”。德国物理学家普朗克在批评马赫的“物是感觉复合”的观点时，对此也提出过一种解释：“值得注意的是，这种说法无法从逻辑上加以否定，因为逻辑学本身并不能引导我们超出我们自己的感觉范围之外，甚至也不能迫使一个人承认他本身之外还有其他人独立存在。”这就是说，逻辑只是一种分析方法，它本身不仅不会引导我们超出自己的感觉，而且逻辑分析的结果只是把早已包含在前提中的东西析离出来而已，实质上对知识的内容并无增加[20]。

20 周林东:《人化自然辩证法》，158页，北京，人民出版社，2008。

因此，验证哲学问题的结论是否正确的最好办法还是科学的方法，即通过实践检验的方法。在这方面，基础物理学具有得天独厚的优势。

其一，物理学是和哲学关系最紧密的自然学科，这源于物理学与哲学在研究对象上具有共同的交集——物质世界[21]，尽管二者对物质世界研究的角度有所不同，物理学侧重于研究物质世界中物质的组成和物质的运动规律，哲学侧重于研究物质世界的本质、发展的根本规律，但两种研究又是紧密关联和互相影响的。

21 哲学的研究范畴更广泛，除物质世界外，哲学的研究范畴还有意识范畴。

其二，也是更为重要的一点，就是物理学是基于实验的学科，即物理学所有被承认的定律、定理和结论都必须经过实际观测、实

验检验，即经过实践的检验。利用已经被实验、实践证明了的物理学的定律、定理和结论去检验哲学问题的正确性，也就相当于用实践去检验哲学问题的正确性。

其三，物理学和哲学在历史上几乎是相伴而生，又相伴而行的。建立在实验基础之上的基础物理学经过牛顿力学、经典电磁学、经典热力学到相对论、量子理论和现代热力学已有超过300年的发展历史，就单个自然学科而言，基础物理学可以为哲学问题的检验提供最丰富的实践检验素材。

以上就是我们选择利用基础物理学及其发展来全面检验辩证唯物主义科学性和正确性的原因。

如何把庞大的基础物理学理论中众多的定律、定理和结论组织起来完成对辩证唯物主义的检验确实具有很大的挑战性。在本书中，我们以辩证唯物主义基本原理、理论体系为纲，以基础物理学理论中的定律、定理和结论以及实验实践活动为据，将相关的定律、定理和结论以及实验实践活动分门别类地总结在辩证唯物主义基本原理、理论体系的纲目之下，形成唯物论、辩证法基本观点、辩证法基本规律、认识论等几大部分，每部分具体的内容框架在前面已做介绍，这里不再展开。

0.4 宗教对科学的影响

在研究自然科学（包括基础物理学）与哲学的关系时，一个不可避免的影响因素是宗教。与上面采取的以事实和实践检验哲学问题结论是否正确的客观的科学方法不同，宗教往往以教义作为检验的标准，即用主观的东西去验证主观的判断。显然，这不符合科学的态度和方法，是不可靠的。因此，宗教和科学往往站在对立面上。一般来说，科学每进步一分，宗教就会后退一分。但事实上，在历史上二者不是简单的“你进我退”的关系。宗教对人们认识哲学基本问题有巨大的影响。以西方为例，“数千年中，我们的宇宙观都是建立在宗教和造物主的观念上的，任何敢于用更加科学的方法挑战这一观念的人都倒了大霉”[22]。由于这个原因，在科学知识已经高度进步的今天，很多西方的科学家即使已经拥有足够的依据可以说明上帝不存在，但往往也会模糊或回避这个问题。也就是说，由于宗教因素的影响，原本清晰的问题可能不清晰了。因此，我们在分析哲学基本问题时还应考虑宗教带来的影响因素，尽量去除宗教带来的干扰，回归问题的本源。

22 保罗·帕森斯:《万物的历程：极简宇宙科学史话》，青年天文教师连线译，8页，长沙，湖南科学技术出版社，2019。

第 1 章　世界的物质统一性：唯物论战胜了唯心论

物质和意识的关系问题是哲学的基本问题，对基本问题的回答是解决其他一切哲学问题的前提和基础。凡是赞成物质是第一性的，称为唯物论。凡是赞成意识是第一性的，称为唯心论。本章我们充分利用基础物理学来检验唯物论战胜唯心论的结论，内容包括：牛顿力学开辟唯物论的新纪元；经典电磁学、经典热力学的物质基础；相对论的全新时空观，即时间、空间也不可能脱离物质而单独存在；量子理论揭示的微观物质结构；相对论、现代量子理论、现代热力学共同描绘的现代宇宙观。基础物理学提供的事实一次又一次地验证了世界的物质统一性，小到微观世界，大到浩瀚宇宙，都是由物质构成的，而且物质的运动不需要外界干预，都是按照自身客观规律运行的。

1.1 牛顿力学开辟唯物论的新纪元

1.1.1　牛顿力学出现前欧洲占统治地位的世界观

在西方世界，在大约公元前 300 年到公元 1600 年间，亚里士多德世界观是占主导地位的世界观。亚里士多德世界观并不特指亚里士多德本人所秉持的观念的集合，而是指亚里士多德死后，西方主流文化共享的一系列观点，而这一系列观点在很大程度上以亚里士多德的观点为基础。

亚里士多德本人当初所秉持的观点与后面被发展的亚里士多德世界观中的观点有一些不同。我们首先来看亚里士多德原有的主要观点，具体如下。

（1）地球位于宇宙中心。

（2）地球是静止的，它既不围绕任何其他天体（如太阳）运行，也不围绕自身轴线旋转。

（3）月球、其他行星和太阳围绕地球运行，大约每 24 小时运行一圈。

（4）在月下区，即地球和月球之间的区域，包括地球本身，物体由四种基本元素——土、水、气和火构成。

（5）在月上区，即月球以外的区域，包括月球、太阳、行星和恒星，物体由第五种基本元素——“以太”构成。

（6）以上每一种基本元素都有一种基本性质，每一种基本元素的基本性质都通过这些元素的运动趋势表现出来。例如，土元素有一种向宇宙中心运动的天然趋势，这就是为什么石头会直着掉下来，因为地球的中心就是宇宙的中心。

（7）组成行星和恒星等物体的元素以太，有一种进行完美的圆周运动的天然趋势。这就是为什么行星和恒星持续围绕地球，也就是围绕宇宙中心做圆周运动。

（8）在月下区，一个运动的物体会自然趋于静止，一个静止的物体会保持静止，除非有一个运动来源（如力）来改变其静止状态。[1]

亚里士多德的以上观点主要来源于观察和想象，尽管包含一些积极因素，例如物质由基本元素组成，圆周运动是天然趋势等[2]。但其主要观点“地球是静止的，并且是宇宙的中心”“月下区是不完美的区域，而月上区是完美的区域”等和主要教会的观点是一致的。也正是由于存在这样的契合点，在历史的多个时间点上，犹太教、基督教和伊斯兰教的哲学神学家都把亚里士多德世界观与宗教信条进行了融合。特别是欧洲基督教会出于统治需要，“扼杀了亚里士多德学说中有生命的东西，而把他的死的东西永远保存下来”。

经过以下的结合和改造，形成了统治欧洲近 2000 年的亚里士多德世界观，基督教神学和亚里士多德世界观已经紧密地融合在一起，对其中一个提出挑战，就意味着同时挑战另一个。

首先，“地球是静止的，并且是宇宙的中心”和《圣经》所说的“地球静止不动，上帝把人类安置在宇宙中心”的说法相合，成为上帝创世说的有力依据。

其次，“月下区是不完美的区域，而月上区是完美的区域”被进一步阐述，其中“月上区被认为是一个完美地方”的依据，来自地心说的创始人、古希腊哲学家柏拉图的观点，柏拉图主张用匀速圆周运动来解释天体运动。他提出，天上的星体代表着永恒的、神圣的、不变的存在，因此它们肯定沿着最完美的轨道，以最完善的方式运动，而最完善的运动是匀速圆周运动，因此它们一定是围绕着地球做匀速圆周运动。而月上区的完美也正好与基督教中的“天堂”关联，“天堂”本身就被认为存在于这个完美区域里[3]。

再次，力是维持物体运动的原因，因此需要有上帝存在，“上帝在宇宙运转中扮演着一个无所不在的角色”，这也是天体能够保

1　[美]理查德·德威特：《世界观》，孙天译，3-4 页，北京，机械工业出版社，2020。

2　按照现代广义相对论的观点，依赖引力的天体圆周运动是天然趋势，不需要外部推动。

3　[美]理查德·德威特：《世界观》，孙天译，216 页，北京，机械工业出版社，2020。

持运动的原因。

最后，亚里士多德世界观还包括一种称为等级观的观点，即就像每个物体在宇宙中都有其天然的位置一样，每个人在其所处的整体环境中同样有自己天然的位置。这背后的逻辑是，成为国王的人命中注定要成为国王，这是他在自己所处的整体环境中合适的位置[4]。

4 [美]理查德·德威特:《世界观》，孙天译，235 页，北京，机械工业出版社，2020。

于是，在中世纪的欧洲，科学成了教会恭顺的“婢女”，“它不得超越宗教信仰所规定的界限”，人们只能根据《圣经》和教会所支持的几种学说解释一切事物，科学技术停滞不前，生产力发展缓慢，教会的统治愚昧而野蛮，这一时期被称为欧洲的黑暗时期。

欧洲中世纪的封建制度和基督教会几乎使科学完全窒息了。然而，社会总是要前进的，统治者力图使科学成为神学的奴婢，但科学却不是恭顺的，它自身的发展规律必然要使它摆脱奴婢的地位。也正是在这种作用下，酝酿了近代科学发展的新时代。

近代自然科学诞生于 15 世纪下半叶，从那时起，人类对自然界的认识进入了一个新阶段。与古代人把自然界作为一个整体加以考察的方法不同，近代自然科学把自然界划分为不同的领域和侧面，例如划分为动物界、植物界和矿物界，或者划分为物理运动、化学运动和生命运动等，分门别类地加以研究。自然科学也从统一的哲学中分化出来，形成了研究某一类自然现象（物质运动形式）的各门学科。

在近代自然科学的各学科中，发展最快、成熟最早的是牛顿力学。其原因有：其一，力学的发展受到工场手工业时期经济和技术需要的推动；其二，力学的发展受到天文学发展的影响；其三，力学的研究对象是自然界中最常见、最简单的运动形式，除了物体的位置变动之外，它不考察物体的其他性质，从运动形式入手去探索自然界的规律，比较符合从简单到复杂的认识秩序[5]。

5 潘永祥:《自然科学发展简史》，163 页，北京，北京大学出版社，1984。

于是，牛顿力学出现了，而随着从亚里士多德的“地心说”到牛顿力学的三大定律和万有引力定律的跃迁，人类世界观发生了脱胎换骨的变化。

1.1.2 牛顿力学的突破

牛顿是 17 世纪自然科学的集大成者。牛顿完成的《自然哲学的数学原理》是科学史上一部划时代的巨著，是人类对自然规律的第一次理论概括和科学归纳，也是经典力学的第一部经典著作。在该书中，牛顿对近代天体力学和地面力学的成就进行了全面总结，在此基础上提出了力学的三大定律和万有引力定律，从而使牛顿力学成为一个相对完整的理论体系。他将继承与创新、创造融为一体。他所提出的力学三大定律和万有引力定律是在总结伽利略、开普勒、惠更斯、笛卡儿、胡克、哈雷等科学巨匠的研究成果的基础上形成的。例如，牛顿相对性原理源于伽利略相对性原理；牛顿第一定律源于伽利略的惯性定律，第二定律以伽利略提供的宝贵数据为基础，第三定律则是由于他从惠更斯、雷安、胡克的研究成果中获得了有益的启示；另外，在研究万有引力定律时，他还利用了开普勒所提出的科学知识及数学计算。

万有引力定律消除了以前人们头脑中认为天体运动与地上物体运动有天壤之别和不可跨越的鸿沟，给出了引力是宇宙间一切物体的本性，天上的引力和地上的引力是一样的，遵循相同的规律。因此，亚里士多德把运动区分为完善的天体运动和不完善的地面上的运动，这是一种人为的划分。亚里士多德体系中“月下区是不完美的区域，而月上区是完美的区域”的观点自然也就不成立了。

利用万有引力定律还可以证明月球绕地球的运动、木星的卫星绕木星的运动以及太阳系行星绕太阳的运动都是同一类型的运动，用物理的理论、数学的计算以及实际的观测证明了太阳是太阳系的中心，行星围绕太阳运动。亚里士多德世界观中“地球是静止的，并且是宇宙的中心”的观点也就不成立了。

在这样的体系中，太阳系中的各个行星及相关的卫星按照可以计算出的规律一天一天保持运转，就像钟表每天滴滴答答准确地走个不停，以往神秘莫测、预示灾象的彗星大部分也不过是围绕太阳周期运行的星体，其出现的周期甚至可以通过计算得到。“上帝”和“天堂”在太阳系至少是不存在了。

而依照牛顿力学三大定律的联合作用，我们可以根据物体在某一给定时刻的运动状态推知它在之前或之后的任何时刻的运动状态。这样一来，一切力学事件不再是孤立的、偶然的事件，每个事件成为一连串力学事件中的一个环节。这些事件连接起来就会形成一个统一的因果链条，整个自然界就像一台机器一样，有秩序地按照力学规律运转着，其运转也无须“上帝”的干预。而且依照这种思想，对于自然界的任何一种现象（物理、化学、生命等），只要找出它背后的力和这种力起作用的规律，就可以像力学那样对这些现象进行成功的解释。这种信念导致了指导物理学发展甚至影响整个自然科学达数百年之久的机械自然观的形成。

另外，来自伽利略惯性定律的牛顿第一运动定律指出，力是改变物体运动状态的原因，而不是维持物体运动状态的原因；维持物体的运动不需要力，而是物体自身的特性——惯性。这样就推翻了亚里士多德上千年来的观念，纠正了被亚里士多德观点所扭曲的力与运动的关系问题。惯性概念在世界观上体现的是个体自身属性是事物发展变化的依据和关键，从根本上否定了神灵的决定性力量，强调应该重视事物自身的因素，强调个体和人的发展，这是符合当时社会发展潮流的。

因此，牛顿力学三大定律和万有引力定律对于破除自中世纪以来统治欧洲思想的神学和主观唯心主义的桎梏作用是巨大的，有力推动了机械唯物主义的形成。

1.1.3 先天局限性和形而上学观

如果用哲学的观点来看，牛顿力学最大的局限在于它的形而上学观，即在关键性问题上它采取的是静止而不是运动变化，孤立而不是相互联系的观点。其突出的表现有以下几方面。

1. 绝对时间和绝对空间

绝对时空观是整个牛顿力学的假设条件和出发点。在《自然哲学的数学原理》的附注部分，牛顿给出的绝对时间的定义如下："绝对的、真实的、数学的时间。这种时间由其本身的特性决定，它均匀地流逝着，与外在的所有事物没有任何关系……" 牛顿对绝对空间的定义如下："绝对空间始终保持着一种不变和静止的状态，它也与一切外在的事物无关。"

从以上的描述可以看出，牛顿力学体系中的时间和空间不仅是永恒不变的，而且是绝对孤立的，这实际上是一种典型的形而上学观。绝对时间和绝对空间形而上学观的最后，就很容易滑向客观唯心主义，"实际上，在有恒星的遥远区域，或者更遥远的地方，极有可能存在着一些所谓的绝对静止物体"。

后面我们会提到，爱因斯坦的狭义相对论正是利用光速不变原理和相对性原理，在牛顿绝对时间和绝对空间的假设上实现了突破，论证了在不同的参考系下，时间和空间不仅都会变，而且时间和空间密切相关，实际上构成一个四维时空有机体，而广义相对论则进一步指出该时空有机体结构与引力或者说对应的物质分布密切相关。

2. 没有考虑天体的形成和变化，认为天体自产生以来恒定不变

除了绝对时间和绝对空间的假设，牛顿在对待太阳、地球、月球以及其他天体时，也认为它们自产生以来就不再发生变化，而且会永远按部就班地运转下去，即只要在当初一次产生、一次推动，

就可以永远运转下去。所以，按照牛顿力学，天体在产生后需要第一次推动，而这个第一推动力只能来自“上帝”。牛顿主张上帝创造世界，又认为上帝的作为不是“奇迹”，而是自然规律在起作用，他主张“第一推动”，认为上帝在一开始把物质均匀地散布在空间，赋予各种微粒以万有引力，在推动宇宙体系之后，世界上的一切就像时钟那样按机械的规则运转，上帝就不再干预了[6]。这也是牛顿形而上学观的典型表现，而形而上学观的最后结果必然倒向客观唯心主义。

6　陈昌曙，远德玉：《自然科学发展简史》，128 页，沈阳，辽宁科学技术出版社，1984。

现代宇宙学和现代天文观测已经表明，恒星、行星乃至星系都有其诞生、成长到最后灭亡的过程，即不是一成不变的，而是按自身的客观规律来完成，不需要外部因素，如“上帝”来做第一次推动和干预。这反映的是发展、变化的辩证法。

3. 单独的质量和能量，独立的动能守恒定律和动量守恒定律

在牛顿力学中，质量就是质量，能量就是能量，两者是相对“孤立”的两个概念，相似的还有能量守恒定律和动量守恒定律，它们也是两个独立的定律。这也反映了一种形而上学的观点。

相对论在论证了时间、空间是变化的且相互联系的观点后，进一步说明了质量和能量是密切联系的，是“等效的”；能量守恒定律和动量守恒定律不是两个独立的定律，而是一个统一的守恒定律。这反映的是普遍联系的辩证法。

从以上对牛顿力学的局限性分析，可以看出牛顿力学所反映出来的形而上学唯物主义是不全面、不完备的，也是不彻底的。

相比牛顿力学，相对论是在牛顿力学唯物观的基础上改变了其“静止不变”和“孤立”的形而上学观，代之以“变化发展”和“普遍联系”的辩证法，从而使物理学理论实现一次巨大的质的飞跃，并且为人类社会的发展带来巨大的变化，而其正确性也被实践所证明。

1.1.4　后续发展

牛顿力学解释了日心说的运转机制，但曾一直受“太阳系如何形成”和“地球如何形成，为何当初会围绕太阳公转”等问题的困扰，由于形而上学观的影响，牛顿在论证万有引力定律时把地球和其他行星看作始终绕太阳运转的天体，而没有考虑其形成过程，所以牛顿也难以回答以上问题，最后只好求助神学，把启动运动的最终原因归于“上帝的第一推动”。

形而上学的、机械论的自然观在 18 世纪还居于统治地位。但

也就是在18世纪，自然科学领域中的某些发现已经开始在突破这种僵化的自然观。1745年，法国博物学家布丰提出了“灾变说”，主张地球和太阳系的其他行星是彗星与太阳相撞而产生的。1755年，德国哲学家康德提出了“星云说”，认为太阳和行星都是由原石弥漫物质即星云逐步凝聚形成的。18世纪末，法国科学家拉普拉斯独立地提出了一个与康德“星云说”类似的假说，即认为太阳系是由一团星云物质通过万有引力等自然规律作用而逐渐形成的。他认为太阳系最初是一团灼热旋转的星云，因冷却凝缩和旋转速度加快，使星云呈扁平状，当离心力超过引力时逐次分裂出诸多环状物，最终星云中心部分凝聚成太阳，各个环状物碎裂并凝结成为围绕太阳运行的地球和其他行星；月球和其他卫星以相同方式由行星分裂而成。该假说解释了太阳系的自然形成过程和主要特征。虽然康德学说比拉普拉斯学说早41年提出，但当时康德的观点是以匿名形式发表的，而且其著作只印了几十本，其中哲理多于科学，因而鲜为人知。而拉普拉斯则是用数学和力学定律再一次提出该学说，才使它风靡一时，并取得了空前的成功。

星云说带来了宇宙观的变革，它指出宇宙是在自然界自身运动中发展产生的，将上帝逐出了宇宙。所以，当拿破仑问拉普拉斯为什么他的学说中没有上帝时，拉普拉斯说“我不需要那个假设”。这成为当时无神论者蔑视上帝的名言。

需要说明的是，以现在的眼光来看，星云说关于宇宙是在自然界自身运动中发展产生的这种发展观思想是正确的，星云说也为现代宇宙、恒星的形成理论提供了思路借鉴，但单靠万有引力理论和牛顿力学是不能说明宇宙以及恒星的形成机制的，而是需要综合广义相对论、量子理论、现代热力学等多个现代物理学的理论成果，具体情况在后面再做介绍。

1.2 电磁学形成的对电、磁的物质性认识是唯物论的又一次胜利

1.2.1 早期的静磁、静电、电流的物质性认识

人类很早就观察到一些电现象和磁现象，如雷电、摩擦起电、磁石吸铁等。早在公元前585年，希腊哲学家泰勒斯就记载了用木块摩擦过的琥珀能吸引碎草等轻小物体，以及天然磁矿石能吸引铁的现象。关于绝缘体摩擦后能吸引轻小物体的静电现象在我国古籍中也很早就有记载。而我国古代对磁石吸铁的认识比静电现象还要早得多，并且还有实际应用。例如，北魏郦道元所著《水经注》中提到，秦始皇建阿房宫时，使用磁石造北阙门，使身怀刀刃者入门被吸，从而防止刺客进入。指南针更是我国古代四大发明之一，应

用广泛，影响深远。但人们对于电和磁到底是什么，在近代之前却没有认识。

1600 年，英国著名医学家、物理学家吉尔伯特出版《论磁》，记录了磁石的吸引与排斥；磁针指向南北；烧热的磁铁磁性消失；用铁片罩住磁石，它的磁性将减弱等现象。吉尔伯特还意识到，地球是一个大磁体。在《论磁》中，还包括他对电现象的研究内容，他第一个提出电吸引的原因为电力，对电的本质也试图加以解释。他认为，存在一种“电液体”，带电体吸引其他物体时，“电液体”就从带电体流向被吸引的物体。他提出的概念说明电是地地道道的物质，从哲学的角度来看这有特殊的意义。

1733 年，法国科学家杜非将不同材料经摩擦产生的电分为玻璃电（正电）和松脂电（负电），总结出静电的基本特性：同性相斥，异性相吸。杜非把电想象为二元流体，当它们结合时彼此中和。

1747 年，美国物理学家富兰克林根据自己的实验提出了单元电流体理论。他认为，在正常条件下电是以一定量存在于所有物体之中的一种流体，可以流动，摩擦时电流体从一个物体转移到另一个物体，缺少电流体的物体带负电，多余电流体的物体带正电。正电、负电可以相互抵消，但不能创造。富兰克林提出的正负电概念（用于取代杜非提出的玻璃电和松脂电）以及电荷守恒的观点是合理的内核，沿用至今。

富兰克林还统一了天电和地电，彻底破除了人们对雷电的迷信。早在 1749 年，他就注意到天上的闪电和地面上放电时产生的电火花有许多类似之处，两者都能在一瞬间发出黄白色的光和声响，都能在空气中造成异常气味，都能流过金属和破坏磁性，都能使物体着火和危害人畜。因此，他提出地上的静电和天上的雷电是一样的，雷电是大气中的强力放电，其原理和莱顿瓶放电相同。当时的一些学者接受了富兰克林的观点，但更多的权威学者则反对和讪笑。为此，1752 年富兰克林冒着生命危险，用自制的风筝进行了著名的捕捉雷电的实验——“风筝实验”，他在风筝的骨架上固定一根尖细的铁丝，使它伸出一尺有余，风筝的拉线是一根粗糙的麻绳，与手拉的丝绳（非导体）经一把金属钥匙相连。在雷电交加的时候，把风筝放入云层。他发现，当闪电发生时，被雨打湿的麻绳上的纤维向四周翘起，如果用手靠近钥匙，火花便向手上飞来，他确信这就是电。随后，富兰克林用钥匙上的电给莱顿瓶充电，使酒精燃烧等，证实天电与地电相同。富兰克林对闪电的认识是开拓性的探索。在富兰克林之前，流行的看法认为雷电是“上帝之火，天神发怒”。因此，富兰克林的这一实验的成功轰动了当时的科学界。富兰克林发明了避雷针，并且相信只要对电的性质有足够的认识，就可以掌握它，使其为人类服务。

需要说明的是，由于当时科学水平的限制，电子还没有被发现，人们对电本质的认识和现在的观点还是有距离的。但是，关于电的“物质性”，或者说关于电的“唯物论”的观点已经被广泛接受，这为后续开展电和磁的定量研究打下了基础。

1.2.2 从独立的电磁学原理看电、磁的物质性

18 世纪后期，在具备一定实验设备的条件下，人们首先开始了对静止电荷相互作用规律的定量研究。1785 年，库仑设计了精巧的扭秤实验，得出电引力与距离的平方成反比。

在很长的时间里，电学和磁学始终是两门独立发展、彼此无关的学科，虽然电作用和磁作用看起来很像，都是非接触、隔真空的相互作用，且都遵循平方反比关系。

丹麦物理学家奥斯特深受康德哲学关于各种“自然力”统一观点的影响，相信电与磁之间可能存在着某种关系，电一定可以转化为磁。他发现库仑研究的对象全是静电和静磁，确实不可能转化。于是他猜测，非静电、非静磁可能是转化的条件，应该把注意力集中到电流和磁体有没有相互作用上。经过努力寻找，他终于在 1820 年发现了电流的磁效应：长直载流导线可以使与之平行放置的磁针受力偏转。奥斯特实验揭示了电现象和磁现象的联系，宣告了电磁学作为统一学科的诞生。

安培将奥斯特发现的电流对磁针的作用，推广到电流与电流之间的相互作用。特别是，安培在实验的基础上摒弃了“磁荷”观点，提出磁现象的本质是电流，物质的磁性来源于其中的“分子电流”，指出了磁性的物质性来源，从根本上揭示了电与磁的内在联系。毕-萨定律提供了任意电流源产生磁场的公式。

1831 年，法拉第发现了电磁感应现象，即放在变化磁通量中的导体会产生电动势，若将此导体闭合成一回路，则该电动势会驱使电子流动，形成感应电流。1834 年，楞次给出了确定感应电流方向的方法——楞次定律。电磁感应现象的发现是电磁学领域中伟大的成就之一。它不仅揭示了电与磁之间的内在联系，而且为电与磁之间的相互转化奠定了实验基础，为人类获取巨大而廉价的电能开辟了道路。

法拉第是一位具有深刻物理思想的实验物理学家，物理学中的场观点就是他首先提出并倡导的。法拉第认为，带电体以及电流或

磁体的周围空间存在着某种特殊的状态，他用电力线和磁力线来描述这种状态。法拉第认为，力线或场是独立于物体的另一种物质，弥漫在空间里。电力和磁力并非超越空间的超距作用，而是以电力线和磁力线为媒介物传递的近距作用[7]。另外，1839 年高斯证明了静电学的高斯定理。

7　陈秉乾:《电磁学》，7 页，北京，北京大学出版社，2014。

总之，在麦克斯韦整合电磁场理论形成一个完整的体系之前，电磁场理论包含一系列的来自实验归纳的定律（定理）。从唯物论的角度来看，它们反映了电和磁的物质性，这可以从它们反映的“源”与“流”的关系上体现出来。“源”与“流”的思想可以说是朴素的物质不灭思想的一种体现。以下是两个典型的例子，为方便后面与麦克斯韦理论进行对比，我们这里采用了麦克斯韦方程组的形式。

1. 高斯电场定律

高斯电场定律就是将静电场的空间特性与产生电场的电荷分布关联起来。这里的“源”是静电荷，“流”是静电场，体现的是静电场是由静电荷产生的。

如图 1-1 所示，我们分别标注了方程式中各个量的含义，可以看出，方程的左边代表的是电场通过任意闭合曲面的通量，方程的右边分子代表曲面所包围的电荷总量，二者由一个常数 ε_0（真空电容率）联系成正比关系。该方程是电场（这里是静电场）来源于电荷的“生动”表达。

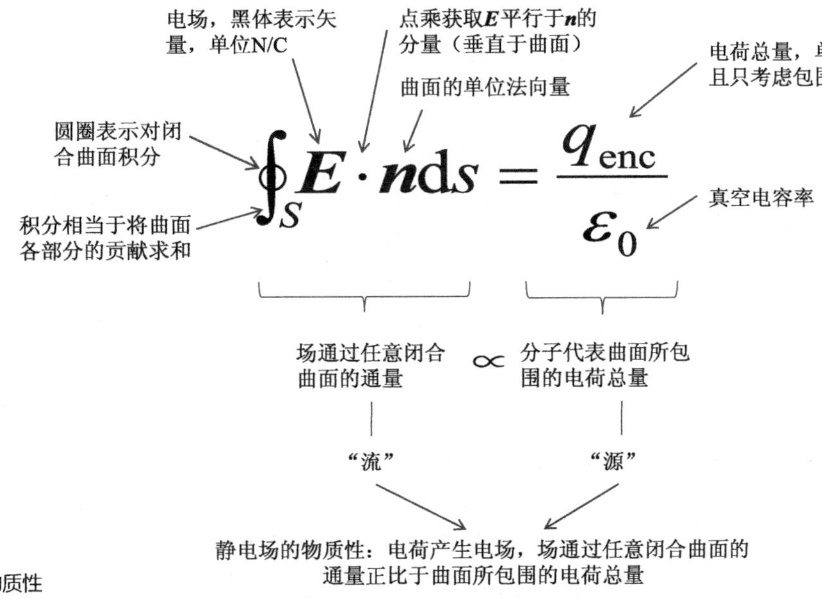

图 1-1　静电场的物质性

2. 法拉第定律

法拉第定律的核心要义是穿过一个曲面的磁通量的变化（“源”）会在该曲面的任意边界路径上感生出电动势（“流”），变化的磁场会感生出环绕的电场，如图 1-2 所示。

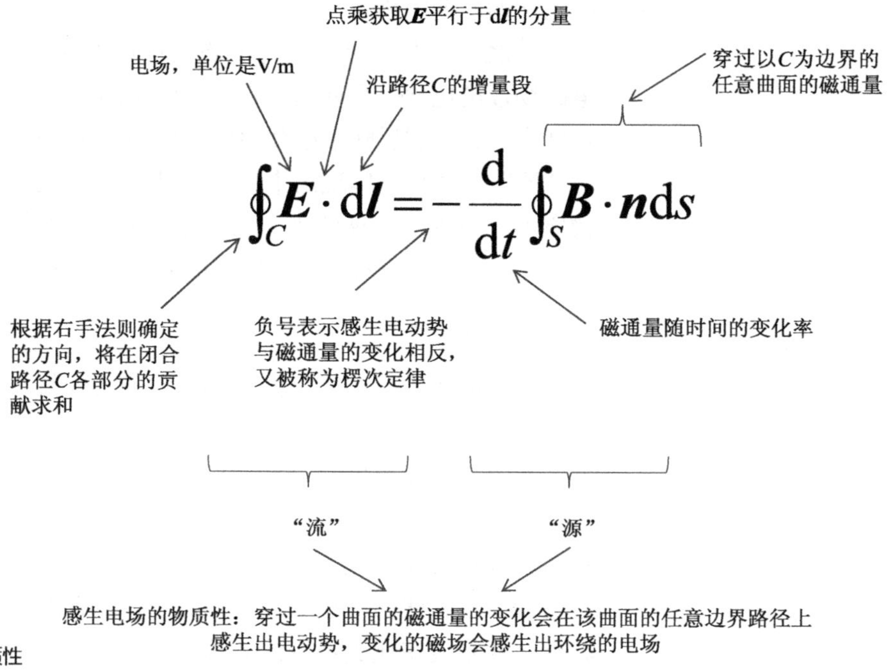

图 1-2　感生电场的物质性

1.2.3　早期电磁学中存在的典型的形而上学观

从哲学来看，我们认为到 19 世纪中叶，电磁学理论的物质性基础已经具备，无论是电荷，还是电场、磁场，都被认为是客观存在的。尽管电磁学的发展突破了以往形而上学观的一些局限，对电磁现象的研究已经从静止、恒定的特殊情形扩展到运动、变化的普遍情形，但是，此时电磁学的发展似乎还没有完全走出形而上学观的“阴影”：第一个具体表现是在描述电磁场运动变化方面，各个局部的规律还“各自为立”，电磁场理论没有形成一个有机的整体，电磁场理论的整体效能在此时还没有完全发挥出来[8]；第二个具体表现是在描述电磁场作用方面，存在“场派”和“源派”之分，其割裂甚至对立了场和粒子的关系，也大大限制了对电磁场中带电粒子的完整受力情况的分析[9]。

需要说明的是，上述早期电磁学中存在的典型的形而上学观的第一个具体表现在经典电磁场理论——麦克斯韦方程组中得到克服，而第二个具体表现直到第一个现代量子理论——电动量子理论出现才最终得到克服。

8　如无法从各自孤立的电磁场运动变化规律中发现电磁波的存在，而电磁波的发现是经典电磁场理论的重大成果，深刻改变了人类的社会生产和生活，后面我们会具体分析。

9　离开对电磁场中带电粒子的完整受力情况的分析，一些重大发现（如电子的发现等）、重大发明（如加速器、质谱仪等）也不可能实现。

1.3 经典热力学体现的物质观

人类很早就认识到一些热现象，如人类对火（最简单的热现象）的认识和运用，为人类文明的产生和进展起到重要作用；近代人类对蒸汽的认识和运用，直接导致第一次工业革命的出现，使人类文明发展进入新的阶段，而且发展起来的经典热力学理论也继续为人类应用动力提供指导，间接为第二次工业革命做出了贡献。

在经典热力学中，有一个基本的问题，那就是热是什么？对这个问题的回答经历了从热质说、热动说到近代分子运动说三个不同的发展阶段。这三个阶段有一个共性，就是都体现出基于物质性的出发点，经典热力学体现的也是物质观。

热质说认为热是一种没有质量、善于流动的物质，称其为热质。它具有以下的性质：热质不能产生，也不会消失，只能在物体之间传递；温度越高的物体所含热质越多；热质只能从高温物体传递给低温物体，最终达到一种热质分布的平衡。热质说可以很好地解释热传递的问题，但在解释摩擦生热问题上遇到了困难。

热动说认为热是组成物质的微观粒子（原子）运动的表现，它可由物体的机械运动转化而来。这显然也是一种物质观，只是热动说还体现了运动观。

18 世纪末，英国的伦福德在兵工厂监制大炮镗孔工作时发现，铜炮在钻孔很短一段时间后，就会产生大量的热。他推断，只要摩擦长时间地持续下去，便会产生越来越多的甚至无限多的热量，这一点用热质说是无法解释的。伦福德说："在我看来，在这些实验中被激发出来的热，除了把它们看作'运动'之外，似乎很难把它们看作其他任何东西。"之后，英国化学家戴维做了如下实验：在一个与周围环境隔离开来的真空容器里，让两块冰互相摩擦融化为水。在此过程中，冰融化需要吸收热，而热质不可能从外边跑进去。戴维由此断言："热质是不存在的""热现象的直接原因是运动，它的转化定律和运动转化定律一样，同样是正确的"。

尽管伦福德和戴维的实验以及提出的证据很有力，但他们的观点并没有被同时代的大多数人所接受。直到半个世纪以后，焦耳重复这类实验，并发表他测得热功当量的精准结论时，能量守恒定律才得以建立，热质说才衰落下来，热动说才得以确立[10]。

10 赵凯华，罗蔚茵：《新概念物理教程：热学》，第 2 版，10-11 页，北京，高等教育出版社，2005。

19 世纪，道尔顿的原子-分子模型已经被接受，热动说的微观粒子（原子）运动还需要事实来支持。在当时人们是无法直接观察到分子的，但可以观察到水中的花粉。英国植物学家布朗在显微镜下观察到悬浮在静止液体里的花粉不停地做无规则的运动，这就是布朗运动。后来人们认识到布朗运动的实质：花粉粒子在周围液体分子无规则的撞击下做无规则跳动。布朗运动是液体分子不断做无规则运动的凭据。

20 世纪初，尚未成名的爱因斯坦和朗之万等发表了关于布朗运动的理论分析的一些结论，这些理论结论随即被实验证实。于是，分子的无规则运动，即分子热运动的概念才被接受。热现象的本质就是分子的热运动。

1.4 相对论统一了物质和能量，将时间和空间也统一于物质

1.4.1 相对论是关于时间、空间和物质（引力）三者之间关系的理论

相对论是主要由爱因斯坦创立的一个关于时间、空间和物质（引力）三者之间关系的理论。它分为狭义相对论和广义相对论两个部分[11]。

在相对性原理和光速不变原理两个核心原理的基础上，狭义相对论揭示了时间、空间的可变性，揭示了时空结构是时间和空间构成的一个不可分割的、统一的、平直的四维结构，而不是一个独立存在的三维空间加上一个独立存在的一维时间组成的四维结构。同时，狭义相对论还揭示了物质和能量的实质是等价的。广义相对论在狭义相对论的基础上，不再把引力（物质）看作一种外力，而是将其作为时空结构的一部分，认为引力（物质）可以引起时空弯曲，受到引力作用的物体其实是在弯曲时空中在弯曲时空的约束下运动，即广义相对论的时空观是对狭义相对论的时空结构的进一步推广，时间和空间不仅构成一个不可分割的、统一的四维结构，而且该四维结构不再是平直的，而是被引力（物质）弯曲了的，即是一个被引力（物质）弯曲的不可分割的、统一的四维结构。从而相对论建立起一种新的时空观、运动观、物质观[12，13]。

具体而言，爱因斯坦从狭义相对性原理（所有的惯性系都平权）和光速不变假设出发，首先导出了洛伦兹变换，打破了牛顿力学中绝对时间和绝对空间及二者相互独立的观念，提出了时间和空间随着物体运动速度的不同而变化，并给出了变化的定量公式；在洛伦兹变换的基础上，爱因斯坦推导出了著名的质能方程，其反映了质量和能量其实是“一回事”；随后又导出质量随速度变化的公式，以及狭义相对论下的动能、动量公式；最后，闵可夫斯基根据狭义相对论下的时空特征提出了闵可夫斯基时空理论，即时间和空间构成了一个不可分割的、统一的四维结构，闵可夫斯基时空理论很好地解释了狭义相对性原理，为狭义相对论向广义相对论的进一步发展打下了基础。

在狭义相对论之后，爱因斯坦从广义相对性原理（所有的惯性

11 赵峥:《相对论百问》，1 页，北京，北京师范大学出版社，2012。

12 [美]爱因斯坦:《相对论》，183 页，北京，新世界出版社，2014。

13 [美]Laurie M. Brown，Abraham Pais，Brian Pippard:《20 世纪物理学》(第 1 卷)，刘寄星译，212 页，北京，科学出版社，2014。

系和非惯性系都平权）出发，想到还要继续消除惯性系和非惯性系的差异。爱因斯坦分析了引力质量和惯性质量的关系，指出引力场和加速度的效应等价，这就是等效原理。根据该原理，惯性系和非惯性系的差异等于是否引入引力作用，或者说在新方程中引入引力就可以消除只存在引力时惯性系和非惯性系的差异。如何引入引力？由于引力来源于物质间的相互作用，即来源于物质，因此只要在新方程中引入物质的影响即可。于是，爱因斯坦找到了基于弯曲时空的黎曼几何，推想如果是质量（能量）引起了时空的弯曲，即在四维的闵可夫斯基时空中以弯曲的黎曼几何代替原来平直的几何，就实现了在新方程中引入引力的目的。于是，广义相对论物质（引力）、时空、运动逻辑链条就打通了：为了消除惯性系和非惯性系的差异需要引入引力作用，引力来源于物质，物质引起了时空的弯曲，时空中运动的物体要受到时空弯曲的约束。这就是广义相对论的核心思想。爱因斯坦在这个思想的指导下，推导出体现物质产生时空弯曲的新的方程，这就是著名的爱因斯坦引力场方程，它是广义相对论最重要的成果。该方程体现了明显的物质观。

1.4.2 狭义相对论统一了物质和能量

1905 年 9 月，爱因斯坦在发表关于狭义相对论的第一篇论文 3 个月后，又发表论文提出了著名的质能方程 $E=mc^2$。在应用上，这是一个改变世界面貌和进程的方程。在理论上，这也是带来观念性变革和重大理论突破的方程。该方程不仅表明质量和能量可以相互转化，而且其真正意思是能量和质量是等价的，质量就是凝结了的能量。对此，爱因斯坦在一次演讲中有过精彩的总结：“质量和能量在本质上是等同的，它们只是同一事物的不同表达形式而已，物体的质量不是一个常量，它随着其能量的变化而变化。”在哲学上，我们认为这个方程也具有重大的、多方面的意义，这里我们先讨论其在世界的物质统一性方面的意义。

在质能方程提出之前，自然科学中存在两个单独的守恒定律：质量守恒定律和能量守恒与转化定律。19 世纪，在人类的认识进入原子核结构之前，两个守恒定律都是各自成立的。在哲学上，质量守恒定律和能量守恒与转化定律，特别是能量守恒与转化定律对于支持世界的物质统一性具有现实意义。如前所述，能量守恒与转化定律是 19 世纪辩证唯物主义创立所依赖的最重要的三大自然科学成果之一。但 20 世纪，在人类的认识进入原子核结构之后，由于核反应基本都涉及质量和能量间的转化，于是以前的两个单独的守恒定律——质量守恒定律和能量守恒与转化定律都不能单独成立了。而在引入质能方程之后，质量守恒定律和能量守恒与转化定律成为一个统一的守恒定律[14]，在物质和能量成为“大物质”和“大能量”的概念以后，能量守恒与转化定律仍然是成立的，它涵盖了质量守恒定律，适用范围从原子核外拓展到更微观的原子核内，在更大范围、更大深度上支持了世界的物质统一性的观点。

14 其实还包括动量守恒，因为涉及较多的物理学公式，这里不展开，可参考赵建：《写给未来工程师的物理书》，177 页，天津，天津大学出版社，2021。

1.4.3 狭义相对论将时间和空间构成一个统一的时空四维客体

在经典物理学中，存在一个独立的三维空间和一个独立的一维时间，确定一个事件需要一个距离值 $ds^2 = dx^2 + dy^2 + dz^2$ 和一个时间值 dt^2。根据狭义相对论，时间和空间不是无关的，而是相关的，确定一个事件只需要用一个度量（又称度规）$ds^2 = dx^2 + dy^2 + dz^2 + (idt)^2$。即对一个事件而言，该事件对应的时间和空间不再相对孤立、绝对不变，而是联系在一起组成一个共同的四维空间中的客体。

尽管我们生活在三维空间里，难以想象出这样一个四维时空的场景，但可以肯定的是一个事件 j 会对应一个度量值 $ds_j^2 = dx_j^2 + dy_j^2 + dz_j^2 + d(ict_j)^2$。其中，$ds_j^2$ 反映了事件 j 在四维时空里的客观实在性，这个客观实在性和我们去不去观察，或者在我们所在的三维空间里的哪个惯性系下去观察都是没有关系的。

我们在三维空间里的某个惯性系下去观察该事件时，就如同对该四维客体进行投影，由于拍摄角度的不同，就可以有正影、背影、侧影的差别。又或者说，不同惯性系下的观测者，对于时间和空间的测量，其实只是“转个角度看世界”，不同惯性系下的观测者所看到的时间和空间是这个四维客体在不同角度下的不同的投影。

这样就消除了人们之前产生的一个误区：在经典牛顿力学（绝对时间和绝对空间）中，对于一个客观的运动事件的观察，选择不同的惯性系，看到的运动状态（如速度）是不一样的。于是，就容易产生客观的运动事件会因观察者观察角度的不同而不同的错觉，即产生客观服从主观的错觉，这显然是一种倾向于唯心主义的错误认识。

事实上，按照狭义相对论，在低速、宏观条件下的牛顿力学中，由于速度远小于光速，不同速度对应的时间改变基本显现不出来，而只看到了不同坐标系下空间属性的改变，忽略了时间属性的改变，因此产生了上述的错误认识。而如果将时间和空间视为一体，对于一个客观的运动事件而言，其四维时空里的度量还是不变的，即一个客观的运动事件本身并不随观察者所在坐标系（观察的角度）的变化而改变。这就如同对人体进行拍照，人体还是那个人体，拍摄者从不同的角度可以获得多张照片（投影），但不能因为拍摄角度不同形成的人像投影不同，就得出人体取决于具有主观意识的拍摄者或拍摄角度的结论。

在牛顿力学中，由于割裂了时间和空间，其实质是将客观存在的四维客体消除了，而狭义相对论则恢复了该四维客观存在的应有的本来面目。因此，与其说狭义相对论强调的是对坐标或观察者的依赖性，不如说其更侧重的是与坐标选择的无关性[15]。

15　赵光武：《现代科学的哲学探索》，64 页，北京，北京大学出版社，1993。

从以上狭义相对论将时间和空间构成一个统一的时空四维客体的解释，我们进一步体会到时间和空间的客观性。而要回答时间和空间的物质性问题，则需要利用广义相对论，并且在实际的进程中，又分为前后两个阶段：第一个阶段是广义相对论创立时期，爱因斯坦认为物质可以使时空产生弯曲，在不存在物质的时候可以有平直的时空存在；第二个阶段是爱因斯坦晚年，他认为脱离物质的时空是不存在的，时间和空间是物质的广延。我们在后面会给出专门的介绍和分析。

1.4.4　从爱因斯坦引力场方程看物质产生时空弯曲

如前所述，爱因斯坦通过等效原理，发现在只有引力的情况下，引力的作用和非惯性系下加速度的效能是一样的。这样，如果能将引力考虑在运动方程中，就能消除惯性系和非惯性系的差别，将惯性系和非惯性系的情况统一起来，从而满足广义相对性原理的要求。爱因斯坦进一步发现，在按照上述逻辑将惯性系和非惯性系的情况统一、消除引力影响后，物体所在的四维时空将不再是均匀平直的，而是弯曲的，于是推测这个时空弯曲的原因来源于引力，而引力又最终来源于物质，因此得到时空弯曲（或者称时空结构）来源于物质的推论，基于该结论，得到广义相对论中最重要的成果——引力场方程。

在此，我们不妨看一下引力场方程的具体结构，如图 1-3 所示。

这里，我们可以屏蔽掉方程中复杂参数的具体含义，而聚焦于该方程的整体含义：方程的左边是四维时空的弯曲参数，方程的右边是物质分布参数。方程右边的物质分布决定了左边的四维时空弯曲结构，即爱因斯坦引力场方程告诉我们：时空和物质（能量）之间存在关系，物质（能量）的存在造成了时空的弯曲。在上述方程中包含了这种可能：如果物质消失了，时空依然存在，只不过从弯曲的时空变成了平直的时空，也就是没有物质也可以存在平直的

“空虚空间”。这是爱因斯坦在创立广义相对论时的看法。

$$R_{\mu\nu} - \frac{1}{2} g_{\mu\nu} R + \Lambda g_{\mu\nu} = \frac{8\pi G}{c^4} T_{\mu\nu}$$

四维时空的弯曲参数　　物质分布参数

决定

图 1-3　引力场方程体现的物质观

1.4.5　时间、空间是物质的广延

爱因斯坦晚年的时候对自己的这种看法产生了怀疑。1952 年，爱因斯坦为《狭义与广义相对论浅说》英译本第 15 版写了一个说明，内容如下：“在这一版里，我加进了第五个附录，来说明我对空间问题的一般看法，以及我对我们关于空间的概念在相对论的观点影响下逐步修改的看法。我要指出，空间时间未必能被看作一种可以离开物理实在的实际客体而独立存在的东西。物理客体不是在空间之中，而是这些客体有着空间的广延。因此，‘空虚空间’的概念就失去了它的意义。”[16] 从这个说明，我们可以看到两个最基本的点：没有物质的平直的“空虚空间”不存在；上述认识是对广义相对论认识的一个修改，体现出对广义相对论认识的不断深化的过程。

而在《狭义与广义相对论浅说》英译本第 15 版增加的附录五“相对论和空间问题”中，爱因斯坦具体给出了否定原来认为的离开物质的平直的“空虚空间”存在的理由。

首先，爱因斯坦从存在没有物质的平直的“空虚空间”面临的矛盾谈起。没有物质的平直的“空虚空间”是把牛顿力学中独立的绝对时间和绝对空间变成一个一体化的时间和空间四维结构，但仍保留了牛顿力学中假定的“箱子”的概念，即认为时空如同一个独立的箱子，物质都被包含在这个箱子中。在早期的广义相对论认识中，箱子内部的物质可以使箱体产生一些弯曲，但箱子还可以独立于其内部的物体单独存在；当箱子里没有物体时，箱子的空间似乎就是空的。但是，爱因斯坦提出以下的疑问。①既然箱体的大小因其中包含物体的大小而改变，“即构成箱子空间的存放可能性并不依赖于箱壁的厚薄。难道不能将箱壁厚度缩减为零，又不使这个‘空间’消失吗？这样一种极限过程当然是很自然的。于是，我们的思想中就有了一个没有箱子的空间，一种自存的东西……”[17] 也

16　爱因斯坦：《爱因斯坦文集》（第一卷），731 页，北京，商务印书馆，2019。

17　爱因斯坦：《狭义与广义相对论浅说》，附录 89 页，北京，商务印书馆，2018。

就是说，时空可以是物质自存的东西，原来的箱子是不需要存在的。②在箱子的模型中，如果按填满箱子的经验进行推论，这个空间首先是一个有界的空间。但另一方面，我们似乎总能用一个较大的箱子把较小的箱子包含进去，这样来看空间又像是某种无界的东西[18]。于是，这就产生了逻辑上的矛盾。

其次，爱因斯坦根据场的概念的发展史指出：没有物质的地方就没有场的存在。通过引力场方程，我们用 g_{ik}（作为坐标的函数）描述了一个纯引力场。如果设想将引力场即函数 g_{ik} 移去，那么留下的将是绝对的无，也不是“拓扑空间”。一个空的空间，亦即没有场的空间，是不存在的[19]。

此外，爱因斯坦还引用了笛卡儿关于空间的描述：空间与广延本质上是同一的，但广延是与物体相联系的，因此没有物体就没有空间，也即没有空的空间。爱因斯坦认为，广义相对论迂回确证了笛卡儿的看法[20]。

在 1955 年逝世前，爱因斯坦一直坚持认为，时空是物质伸张性和广延性的表现，不存在一无所有的时空，时空应该和物质同生同灭[21]。这回答了时间、空间的物质性问题。

18　爱因斯坦：《狭义与广义相对论浅说》，90 页，北京，商务印书馆，2018。

19　爱因斯坦：《狭义与广义相对论浅说》，102-103 页，北京，商务印书馆，2018。

20　爱因斯坦：《狭义与广义相对论浅说》，88-89 页，北京，商务印书馆，2018。

21　赵峥：《物含妙理总堪寻：从爱因斯坦到霍金》，261 页，北京，清华大学出版社，2018。

1.5 量子理论从万物的组成和内部结构探索物质的统一性[22]

22　一部分内容在物理学划分上属于原子核物理，但依据的理论基础仍然是量子理论和相对论，因此这里暂时放到了量子理论中介绍。

从古至今，人类一直在寻求由少量简单的基本成分来构成丰富多彩的大千世界。粗略想来，这是非常有实际意义的。如果物质世界果真都是由少数基本成分构成的，并且我们准确了解和掌握了这些基本成分的结构组成和相互作用的规律，那么人类在道理上就可以认识全部的客观世界，并且能创造出我们所希望的一切物质来。

如果说古希腊的原子论是基于想象的开始，那么近代以后伴随科学技术的发展，客观世界由基本成分组成并相互作用的论断从猜想走到了科学，并且随着科学特别是物理学的发展，一步一步地不断深化。经过几百年的发展，截至目前其大致经历了以下几个发展阶段：19 世纪，人们认为原子是组成物质的最小单元且原子不可再分，形成原子不可分的道尔顿原子理论；后来由于电子的发现和原子核的存在，在 20 世纪初人们又提出几个基于原子可分的原子模型；20 世纪二三十年代，随着量子力学的提出，人们对原子核外电子的分布规律有了新的认识，开始形成基于量子力学理论的核外电子分层模型；20 世纪三四十年代，人们又发现原子核也是可分的，它由质子和中子构成，形成原子核质子-中子模型；20 世纪 50 年代以后，随着大型加速器的使用，人们发现质子、中子和其他强子也都是可分的，它们由夸克在作用子（胶子）作用下结合而成；20 世

23 基本粒子中同一类型的基本粒子有“冗余”，如电子有三种，而目前人类观察到的物质在构成原子时只使用其中的一种。

纪六七十年代以后，随着电场相互作用、弱相互作用、强相互作用三种基本相互作用的统一，形成了粒子物理标准模型，该模型包含几十种目前我们不能再分的粒子（称为基本粒子），而目前人类所能了解到的物质世界其实是由几十种基本粒子中的十几种经过一级一级的结合而形成的[23]，量子理论使得我们对物质组成结构的认识达到一个阶段性的顶峰。

从人类发展的历史来看，人类对物质组成结构认识的每一次深化都带来了科学技术和人类生产生活的巨大进步。举几个典型的例子：电子的发现使人类走入电力时代和无线电应用时代；核外电子分布模型奠定了现代化学的理论基础；量子力学下的电子理论带来了半导体技术，使人类进入计算机和信息时代；原子核结构理论为人类带来了核能，使人类进入核时代。科学技术和人类生产生活的巨大进步史几乎就建立在人类对物质组成结构认识的发展史上。因此，也验证了物质世界都是由少数基本成分构成的基本事实，而且表明人类对组成物质的基本成分的认识会不断深化，从而促进人类社会不断进步。

从哲学来看，物质世界由少数基本成分构成的基本事实是世界物质统一性的有力证据，是对唯物论观点的有力支撑，而对基本成分认识的不断深化又体现了唯物论基础上的辩证法。正是由于对基本组成的认识的作用越来越大，因此对基本组成的认识的难度也越来越大。

下面我们对近现代以来人类对物质组成规律认识的发展过程做一些具体介绍。

1.5.1 原子论：古代先贤们探索物质统一性的一个猜想

人类的原始祖先在长期的生产过程中，逐渐认识到物质的某些性质和某些简单联系。后来进入奴隶社会以后，生产力有了很大发展，人们开始对众多的物质现象进行理性概括，产生了古代的哲学物质观，即从万物的组成成分和内部结构来寻找一切外部可见特性的基础。这其中的最高成就就是古希腊时期的原子论（原子结构论）。

原子结构论由古希腊哲学家德谟克利特创立。他认为，世界万物的本源是原子和虚空。物质是指构成万物的“不可毁坏的、极小的、数目上无限的微粒，叫作原子”。原子外面是空无物质的虚空，原子在虚空中运动。原子是一种最后不可分的物质微粒。原子没有性质的区别，只有形状、大小的不同。万物的区别就在于组成物体的原子的形状、大小和排列顺序以及位置不同。众多原子集聚在一起就产生事物，原子分散开，事物就消亡，但原子本身并不消亡。正是原子的运动产生了纷繁复杂的各种现象。后来伊壁鸠鲁进一步发展了原子结构论，指出原子不仅有大小和形态的不同，而且有质量的不同。原子结构论是人类物质观认识上一个巨大的进步。它使人们对物质的认识从外部可感觉的性质深入物体内部结构中，开辟了从物质内部组成因素和结构方式来说明外部特性的道路，是现代物质层次结构论的萌芽[24]。

24 《哲学原理发展概述》编写组：《哲学原理发展概述》，25 页，福州，福建人民出版社，1981。

原子结构论相对于它所处的时代具有很大的先进性，甚至说具有一定的超前性。它对自然的解释虽然是直观的、幼稚的，但从本质上看是唯物主义的。不过由于它是建立在直观经验基础之上的哲理的思辨和天才的猜测的结果，没有相应的科学实验、事实做支撑，因此我们不妨说它是古代先贤们在探索物质统一性上的一个猜想，它在思想和方法上对后世都有深刻的影响。在科学上，原子论比起它之前和之后的古希腊的各种学说都更接近现代科学的观点。但后来，它受到了柏拉图和亚里士多德毁灭性的批判，发展过程举步维艰。柏拉图反对它，是因为它具有唯物主义的思想，而柏拉图主义是唯心主义的代表。亚里士多德反对它，是因为在原子论中，并不存在绝对的上下轻重，如果没有反抗，运动也不会停止，虽然这些见解现在看是正确的，但亚里士多德并不相信。尽管由于条件的限制，原子论不可能有相应的科学实验、事实做支撑，但它建立在唯物基础之上的原子猜想，虽无法在事实上证实原子的存在，但其关于原子行为的描述还是具有一些理想实验的影子，所以在同时代的各种学说中还是具有一点科学性的。所以，有学者认为原子论在其产生后被批判，这在科学上来说也应该是不幸的。后来科学精神之所以在地球上绝迹了长达 1000 多年，根本原因就在于之后的几个时代，各种形式的柏拉图主义成了古希腊思想的代表。虽然在哲学方面柏拉图是一个大家，但在实验科学史上却是一块拦路石[25]。

25 [英]W. C. 丹皮尔：《科学简史》，40 页，柏林译，北京，中国华侨出版社，2021。

在漫长的中世纪，唯心的神学占据了绝对的统治地位，古希腊的原子论自然不被接受而暂时消失了。直到 17 世纪中期随着强调实验的近现代科学的兴起，原子概念又被重新提起。首先是波义耳重新提出了原子的假设，他认为宇宙中普遍存在的物质可分为大小不同、形状千变万化的微小粒子。牛顿也是一个原子论者，他认为气体由粒子组成，这些粒子间的相互作用在距离小时特别强，以至于使它们结合起来而发生化学变化；当粒子间的距离较大时，粒子间的相互作用力就十分微弱，几乎显示不出什么作用。1803 年，英国化学家道尔顿引入化学元素原子量的概念，才使近代原子论真正建立起来。[26]

26 潘永祥：《自然科学发展简史》，297 页，北京，北京大学出版社，1984。

1.5.2 从原子不可分到原子可分并具有特定的结构

自道尔顿提出近代原子论（认为原子不可分），到发现原子可分并具有特定的结构，大致经历了以下几个小的阶段：原子不可分的道尔顿原子模型、三大物理学发现说明原子可分、电子和原子核的发现、几种原子模型的提出、原子核外电子的分布规律的认识等。

1. 道尔顿原子模型

18 世纪末，一些科学家根据酸碱反应列出酸碱当量表，即一些酸和碱或氧化物相互反应的质量比例关系，后来又发现每种化合物都有完全确定的组成定律，并称之为定比定律。酸碱当量表和定比定律成为道尔顿建立原子论和计算原子量（相对原子质量）的主要依据。道尔顿发现，只要引入原子的概念，并确定各种原子都有独立的相对原子质量，就能圆满地解释这些定律。可以看出，道尔顿原子论是在实验的基础上经过一番理论思辨而得到的科学命题，这样道尔顿将古希腊思辨的原子论改造成了定量的近代原子论。

道尔顿提出了以下命题：化学元素是由非常微小的、不可再分的物质粒子即原子构成的；原子是不可改变的；化合物由分子构成，而分子由几种原子化合而成，原子是化合物中的最小粒子；同一元素的所有原子均相同，不同元素的原子不同，主要表现为质量的不同；只有整数比例的元素的原子相结合时，才会发生化合；在化学反应中，原子仅是重新排列，而不会创生或消失。[27]

27 吴国盛:《科学的历程》，第 2 版，344 页，北京，北京大学出版社，2017。

道尔顿近代原子论经过不断完善，成为当时说明化学现象的统一理论，对当时化学的发展具有重大意义。

2. 电子、X 射线、放射性的发现说明原子可分

19 世纪中期以后，随着电磁场理论的发展，电的应用日益广泛，电力工业迫切需要研究高压输电过程中产生的漏电问题，这促使人们对气体中发生的放电现象进行深入的研究。在利用放电管研究气体放电效应时，人们发现了阴极射线。

1897 年，J. J. 汤姆孙进行了著名的汤姆孙阴极射线实验。首先，借助更好的抽真空技术，汤姆孙发现外加的电场和磁场能使阴极射线偏转，证明阴极射线是某种带负电的粒子流。随后，汤姆孙把该粒子流引入设计好的电磁场中，通过研究带电粒子在外加电场、磁场作用下的运动，得到阴极射线带电粒子的荷质比，该值大约是已知的氢离子荷质比的 2000 倍。汤姆孙敏锐地意识到这一始料未及的结果的重大意义。他做了进一步的测量，包括采用不同的

金属材料做阴极，在放电管中放入不同的气体，采用其他产生阴极射线的方法等。最后的结果相近，得到的阴极射线带电粒子的荷质比总是已知的氢离子荷质比的大约 2000 倍。综合以上实验结果，经过推理，1899 年汤姆孙得出以下结论："原子不是不可分割的，因为借助于电力的作用、快速运动的原子的碰撞、紫外线或发热都能够从原子中扯出带负电的粒子；这些粒子具有相同的质量，并带有相同的负电荷，无论它们是从哪一种原子中得到的，并且是一切原子的一个组成部分；这些粒子的质量小于一个氢原子质量的千分之一……" 电子的发现，使原子丧失了曾经具有的作为世界万物不可分割的最小单元的地位。

1895 年，德国物理学家伦琴在研究阴极射线激发玻璃壁而发生荧光的现象时，偶然发现用黑纸严密包好的照片底片放在真空管的附近会被曝光，即使把放电管用黑纸包起来，发出的射线也能使 2 m 以外的照片底片曝光。他意识到这是一种之前没有发现的新的射线，他把这种穿透力极强的射线称为 X 射线。原子内部能够发出这么强烈的射线，说明原子内部具有自己的结构，也暗示着原子应该是可分的[28]。

28　后来人们才知道 X 射线大致有两种产生机制：一是由原子核外内层电子在不同能级上的跃迁产生；二是由高速运动的电子被原子核吸引而陡然降速产生。

19 世纪末，人们首先发现铀具有放射性，即能自发地产生一种射线，该射线只与铀自身有关；随后发现钍也有放射性，在提取钍时，又发现了放射性更强的镭。在放射性现象中，人们发现有以下两点不同之处：一是放射性元素在放出某种射线后就变成另外一种元素，打破了人们以往的一种元素不可能转变为另一种元素的传统观念；二是天然放射性原子放出的能量比化学变化中放出的化学能大 100 万倍[29]，说明原子性质的根本变化不是化学变化引起的，只能来自原子的内部。以上两点都说明，原子内部具有自己的结构并且可变。

29　我们现在知道，化学能一般以 eV 为单位，而放射性射线对应的能量一般以 MeV（10^6 eV）为单位。

电子、X 射线和放射性的发现，以实验事实使 19 世纪关于原子不可分、不能变化的形而上学观点发生了动摇。在原来认为不可分的原子世界内，还存在着一个丰富多彩的微观世界，人们开始打开这个微观世界的窗户。

3. 卢瑟福实验发现原子核的存在

1902 年，卢瑟福和索迪提出解释放射性现象的元素蜕变假说。他们认为，放射性现象和一般化学反应不一样，不是原子之间的结合方式的变化，而是源自原子自身发生了变化，原子不单是可以分割的，而且原子结构是复杂的。

为了探索原子的结构，卢瑟福指导他的助手盖革和马斯登进行了用α射线透射金属片的实验，这就是著名的卢瑟福实验。

在实验中发现，绝大多数的α粒子都穿过金属片，但是有极少数α粒子会发生大角度偏转，极个别α粒子会被弹回来，卢瑟福把这个现象称为α粒子的散射现象。

为了解释α粒子的散射现象，卢瑟福提出原子核的概念。他认为原子的质量和正电荷都集中在原子内部很小的一个原子核上，电子在核外绕原子核运动。如果原子体积像一座大楼，原子核的大小如同篮球。因此，在实验中α粒子碰到原子核的机会很小，绝大部分α粒子通过金属片时运动轨迹不变；但是极少数的α粒子接近原子核的时候，由于α粒子和原子核都带正电而互相排斥，从而发生大角度偏转；而极个别的α粒子方向正对着原子核，就会被反弹回来。卢瑟福提出的原子核概念合理解释了α粒子的散射现象，因此很快被广泛接受。原子核的概念是现代物理学的重要基础之一。

4. 几种原子模型

发现电子以后，汤姆孙提出过一个原子结构模型。他认为，原子中的负电荷完全集中在电子上，而正电荷依然是连续分布的。当这些电子静止在平衡位置上时，原子是稳定的；当电子偏离各自的平衡位置时，它们会振动，原子便发出光。汤姆孙的原子模型是一种很机械的模型，有人叫它葡萄干蛋糕模型，即电子如同葡萄干镶嵌在正电荷的蛋糕中。汤姆孙的原子模型实际上并不能解释原子的发光，更无法说明原子为什么能发射高能的射线，无法使人信服，但它开辟了人们探索原子内部结构的先例。

卢瑟福在提出原子核的概念之后，在1911年提出了新的原子结构模型，这就是原子的行星模型。在该模型中，带正电的原子核犹如太阳系的中心——太阳，带负电的电子则像行星那样绕原子核运行，原子核只占原子空间范围的极小部分，但却占有原子质量的极大部分。卢瑟福的原子模型比较好地解释了α粒子的大角度散射现象且易于理解，但后面我们会看到，卢瑟福原子模型只是人类认识原子结构的一个初级阶段。

5. 原子核外电子的分布规律

20世纪初开始，由于实验条件的限制，人们还无法开展对原子核结构的研究，人们对原子结构的研究首先集中在对原子核外电子分布规律的研究上，这又和量子力学的发展联系在一起。

卢瑟福提出的原子行星模型十分形象，但看似完美的模型背后却存在难以克服的障碍。那就是如果电子绕原子核做圆周运动，由于其带有负电荷，根据电磁场理论，它将不可避免地向外发出电磁波而失去部分能量，而带来的结果是它环绕的半径将减小。这样在电子环绕原子核运行的过程中，环绕半径会越来越小，电子会不断靠近原子核，直至最后撞向原子核，因此这样的体系构成的原子应该是不稳定的，由原子构成的世界会因为原子自身的塌缩而毁于一旦。但事实是实际的原子结构很稳定，我们的世界也很稳定，显然“原子行星模型”存在严重的缺陷。

20 世纪初，普朗克提出能量子的概念，开启了量子力学时代。爱因斯坦利用光量子成功解释了光电效应，取得了巨大成功。在这种背景下，玻尔将普朗克和爱因斯坦开创的量子概念引入原子结构，与卢瑟福的原子行星模型结合，提出了玻尔原子模型。该模型建立在两点假定之上：定态假定，即原子中电子只能处于分离的定态，具有特定的能量，沿着特定的轨道绕原子核做圆周运动，既不吸收也不辐射能量，即处于稳定状态；跃迁假定，即因某种外部原因，电子由一特定轨道移入离原子核或近或远的另一特定轨道时即产生能级跃迁，这时将伴随着光的发射与吸收。玻尔原子模型开启了早期量子理论研究阶段。

玻尔原子模型在解释氢光谱方面取得了引人注目的成功，但其两个核心假定——定态假定和跃迁假定，缺少理论依据，注定只能是描述原子核外电子运动的一个过渡理论。20 世纪 20 年代，基于量子概念的量子力学理论开始形成。特别是波动量子力学的薛定谔方程和泡利不相容原理提出以后，科学家终于成功描述了原子核外电子的分布和运动规律。

可简单地描述如下：根据量子力学理论和薛定谔方程，核外电子所能处的位置不是连续的，而只能位于一些离散的驻留位置（对应于波函数在势阱条件下的驻波位置）上。由于电子具有量子效应，受不确定原理的作用，这些驻留的位置将会发散，形成发散的区域，有时被形象地称为“轨道散开”[30]。这样就可以解释玻尔提出的定态假定，这些驻波的位置就是定态，在定态位置上，电子并没有围绕原子核做圆周运动，因此并不发射电磁波，也不损失能量，但因为“轨道散开”的效应，使得电子出现的轨迹看似一个以原子核为中心的圆环，造成电子围绕原子核做圆周运动的“视觉效果”。在此基础上，玻尔提出的能量跃迁假定也得到了很好的解释，因为不同的驻波位置对应不同的势能，离核越远，势能越大，电子由一特定“轨道”移入另一特定“轨道”时，势能的变化（离散值）即产生能级跃迁，这时将伴随着光的发射与吸收。

当然，从量子力学和薛定谔方程可以得到对核外电子分布更加

30　人们还习惯沿用轨道的概念，称它们为轨道，但其实它们和传统的轨道形似但神不同，有着本质的区别，可参见[美]乔治·伽莫夫:《物理世界奇遇记》，陈玉立译，172 页，香港，中国文化发展出版社，2020。

全面的认识，再结合泡利不相容原理就得到了完整的核外电子分布规律。根据薛定谔方程，在三维空间下，可以解得三级驻波，分别对应于三个轨道量子数：主量子数、副量子数、磁量子数。再考虑电子自旋和泡利不相容原理，电子的组合方式总是两个自旋相反的电子结成一对，不允许两个以上的电子处在同一轨道上，就如一个房间已经有一对电子居住，就绝不允许别的电子闯进去。如果再以入住宾馆打比方，一个轨道就如同一个房间，房间（轨道）有分层[31]，一般来说楼层低的能级低，楼层高的能级高，客人（电子）按能级从低到高依次入住。由此，不同原子由于具有不同的电子数，在核外形成不同的电子分布。又由于当一个楼层住满时，原子最为稳定，因此相邻原子间往往通过得失、交换、共享外层电子的方式来实现相邻原子间的最稳定状态，而这就是形成各种化学键的基本原理。波动力学成功解释了原子核外电子能级的划分、分布和相互结合的机制，以及元素周期律、元素周期表、化学键等基础化学概念，而它们构成了整个化学学科的理论基石。

31 核外电子的分层可以由薛定谔方程加上约束条件具体解得，以楼层打比方是很粗略的，实际上它比日常的楼层要复杂，大致可认为是每一楼层又分为若干子层，同一子层还有错层，每个楼层房间数量也不一样。

原子可分以及原子核外电子分布规律的认识是人类基于现代科学理论对物质结构组成规律认识迈出的第一步。在这个过程中，科学家通过实验事实说明了原子是可分的，发现了电子和原子核，认识了核外电子的分布规律。一方面，对核外电子的分布规律的认识不仅极大地推动了物理学、化学学科的发展，而且带来了电子在科学技术上的广泛应用，把人类带入了电子时代、信息时代，作用延续至今，可见影响之大。另一方面，在核外电子分布规律的认识问题上，人类花费了几十年的时间，而且是在物理学大师辈出、物理学发展的黄金时代才完成的，足见难度之大。可以说，人类在物质结构组成规律认识上每深入一步都很艰难，但同时每突破一步意义又都很巨大，往往会“改变”一次世界。

在完成对核外电子分布规律的认识以后，人们又把目光转向了原子核，原子核可分吗？它又有什么规律？

1.5.3 从原子的可分再到原子核的可分

人类对原子核的研究主要是从放射性现象开始的。在 19 世纪末 20 世纪初，人类已经陆续发现 α 射线、β 射线和 γ 射线三种射线是从原子核中放射出来的，而且已经确认 α 射线是带正电的氦核，β 射线是带负电的电子流。这说明原子核不是不可分割的实体，它应该具有自己的内部结构。

于是，科学家想到利用重的放射性元素释放出的高能粒子对轻的元素的原子核进行轰击。例如用镭放射出来的α粒子轰击氮原子核，检测轰击后释放出的粒子。结果表明，氮原子核受α粒子轰击后衰变为氧，并释放出一个质子。人们用不同材料进行上述实验，结果证明绝大部分轻的元素都可以在衰变中放出一个质子，同时转变为元素周期表中的下一个元素，这说明质子可能是原子核中的组成部分。尽管原子核在β衰变过程中放出电子，但根据量子理论估算可以确定原子核内是不能存在电子的，因为如果存在电子的话，根据粒子的波动性估算出的动量要比实际观察的动量大得多。

1920 年，卢瑟福根据其轻核分裂的实验，提出“原子核由质子和电子构成，中子是一个质子和一个电子的复合物”的观点。1932 年，詹姆斯·查德威克的α粒子轰击实验，证实了电中性的中子的存在，但当时他仍然认为中子是一个质子和一个电子的复合物。1934 年，查德威克和戈德哈伯精准测定了中子的质量，发现其略大于质子加电子的质量，而根据爱因斯坦质能方程，如果中子是一个质子和一个电子的复合物，中子的质量应当略小于质子和电子的质量之和才对，显然实验结果不能满足原来的假设。1936 年，默尔·图夫、海登伯格、霍夫斯塔特进行的质子对质子的散射实验表明，质子与质子间的作用力和质子与中子间的作用力恰好一样强大，核力与电荷无关，核力对质子和中子的作用就好像它们是孪生兄弟一样。从此以后，人们开始认为中子和质子基本一样[32]。

32 [美]斯蒂芬·温伯格：《亚原子粒子的发现》，杨建邺，肖明译，168-179 页，长沙，湖南科学技术出版社，2018。

在确定原子核质子-中子组成模型时还有一个困难，那就是如何解释β射线——从原子核中发出的电子流的能谱是连续分布的，而不是离散的？ 1933 年，泡利提出了中微子假设。他认为，在β衰变过程中能量是一定的，这部分能量被β粒子（电子）、中微子和剩下的原子核所占有，从而使β粒子（电子）的能量可以从零连续地变化。后来该假设被费米进一步完善，费米认为，β衰变的本质在于原子核中的一个中子转变为一个质子，而中子与质子可以看作同一核子的两个不同的量子状态，它们之间的相互转变相当于核子从一个量子状态跃迁到另一个量子状态，在跃迁过程中放出电子和中微子（实际上是我们今天所说的反中微子）。

也就是说，人类大概用了近 40 年的时间确定原子核也是可分的，它包含质子和中子[33]。也就是从这时起，科学家开始研究原子核的内部结构问题，即质子和中子是如何构成原子核的？质子和中子是不是构成其他粒子的、不可再分的基本粒子？

33 而如果以中微子和反中微子的发现为证据的话，时间则会长很多，1953 年科学家从原子反应堆所提供的极强中子源中捕获中微子，1956 年证实了反中微子的存在，1965 年探测到了来自太空中的中微子。

原子核由带正电的质子和不带电的中子组成，这样传统的电磁力理论显然已经不能解释质子和中子间的结合力，况且核子间的结合力非常强，也远大于电磁力的量级。人们把这种新的结合力命名为强力，并开始了新的理论探索。

第一个著名的强力理论由汤川秀树在1935年提出，这就是关于强力的介子理论。受到电磁场作用是交换光子作用的启发，汤川秀树提出了用交换力的思想来揭示强力，他认为质子和中子等核子之间的核力也是由于交换某种粒子而产生的，他还利用不确定关系、质能方程预言了这种粒子的质量。由于这种粒子的质量介于质子和电子之间，因此称其为介子。1947年从宇宙射线发现的π介子符合这种要求。

20世纪30年代中期发明的粒子加速器将带电粒子加速到高能量进行碰撞，加上人类对宇宙射线中粒子的接收观测，科学家发现许多新的粒子，特别是50年代随着现代粒子加速器和“气泡室”的使用，各种新的粒子在实验室源源不断地被发现，它们往往由强力结合而成，被称为强子，总数达到上百种之多。显然，这么多强子不可能都是基本粒子，科学家笃信它们应该是由少量基本粒子构成的。

1949年，费米和杨振宁首先尝试用质子和反质子、中子和反中子等来解释π介子，由于质子和中子都不是奇异粒子，所以由它们也就不可能构成奇异粒子，因此费米-杨模型不能很好地解释奇异粒子[34]。1955年，日本物理学家坂田昌一提出了强子的复合模型，该模型认为所有强子都由三种更为“基本”的粒子构成，这三种基本粒子是质子、中子和一种奇异粒子——Λ粒子（超子）。坂田模型利用质子、中子和超子这三个基本粒子复合出了当时已知的强子，这是将物质具有无限层次这一思想具体化的一次可贵的尝试[35]。坂田模型预言了η^0粒子的存在，并为以后的实验所证实。但其在考虑质量因素的时候遇到了问题，如从量子数的角度来看，坂田模型可以认为π介子是由一个质子与一个反中子复合而成的；但从质量的角度来看，就难以解释了，因为一个核子与一个反核子，总的静止质量约为1880 MeV，而一个π介子的静止质量约为140 MeV，两者相差十几倍，两个较重的基本粒子如何“复合”成一个轻得多的复合粒子呢？另外，对于后来发现的Ω^-粒子，坂田模型也无法解释。从这个角度来看，破除质子、中子为“基本粒子”的认知，引入更小的组成单元也就是必然的选择了。

1961年，美国物理学家盖尔曼等提出了用SU（3）群对强子进行分类的“八正道”方案（或称为八重法）。该方案是对称性理论和奇异数相结合的分类方案，即把具有相同自旋和宇称对称性，但奇异数不同的粒子放在一起作为同一粒子的超多重态，例如八重

34 奇异粒子具有两个明显的特点：产生快，衰变慢；成对（协同）产生，单个衰变。由于起初对此无法解释，故称之为奇异粒子。我们现在知道奇异粒子总是在强相互作用中很快地、至少两个一起同时产生，而后分别通过弱相互作用慢慢地衰变成为非奇异的粒子。

35 町田茂：《日本基本粒子物理学中的方法论》，载《自然辩证法通讯》，1964（4）。

态、十重态等。这样 SU（3）群对强子进行的分类就体现了强相互作用的要求：宇称对称且奇异数“可变”[36]。1964 年，盖尔曼等进一步根据 SU（3）群的分析，提出了强子的夸克模型，这可以认为是赋予 SU（3）群物理含义的直接结果，与 SU（3）群的三维基础表示对应的是三种粒子，重子、介子等所有的强子都是由这三种粒子及其反粒子构成的。这三种粒子分别被称为上夸克（u）、下夸克（d）和奇夸克（s）。其中，重子（如质子、中子）由三个夸克构成，介子则由两个夸克构成。

36 这里只有奇异数可变可以理解为这样分成的一组粒子通过弱相互作用可以转化，从而暗含这样一组粒子由更小的单位组合而成。

在夸克模型提出后的一年内，就有人提出了盖尔曼-茨威格模型的延伸方案，预测有第四种夸克存在，并把它叫作“粲”[37]。

37 后来又补充了两种，目前共六种夸克：上夸克，下夸克，粲夸克，奇夸克，顶夸克，底夸克。

斯坦福线性加速器中心（SLAC，国家加速器实验室）的深度非弹性散射实验在 1968 年指出，质子含有比自己小得多的点状物，因此质子并非基本粒子。在 SLAC 所观测到的粒子，后来被鉴定为上夸克及下夸克。

粲夸克在 1974 年被两个研究小组几乎同时发现：一组在 SLAC；另一组则在布鲁克黑文国家实验室，由丁肇中领导。观测到的粲夸克在介子里面，与一个反粲夸克束缚在一起。这个发现终于使物理学界相信夸克模型是正确的。

依据前面提到的交换粒子实现相互作用的机制，物理学家认为夸克间的强相互作用是通过交换“胶子”的方式来实现的，胶子成为传递夸克之间强相互作用的粒子，三种夸克对应有八种胶子，胶子把夸克“捆绑”在一起，使之形成质子、中子及其他强子。

综上所述，人们对物质结构的理解目前已经深入核子（质子和中子的统称）的内部：夸克和胶子。质子核的半径约是原子的十万分之一，约为 10^{-15} m 量级，夸克和胶子的尺度比质子还小几个量级，约为 10^{-19} m 量级。严格来说，我们对质子性质的认识还很不深入，具体体现在对质子质量结构和质量半径的了解上。质子的性质包括电磁性质和引力性质等。其中，质子的电荷半径属于电磁性质，已被精确测量；质子的质量结构和质量半径属于引力性质。然而，由于夸克和胶子之间的相互作用非常复杂，直接测量非常困难，科学家对质子质量结构和质量半径的了解还非常有限。最新的实验分析给出的质子质量半径的值为（0.67 ± 0.03）飞米（10^{-15} m），质子质量结构和质量半径的研究已经取得一些初步的结果。然而，我们要彻底地理解这些物理问题，还有很漫长的路要走[38]。

38 http://www.impcas.ac.cn/kyjz2017/202 105/t20210512_6 012 721.html

因此，只能说人类对原子核的组成有了比较全面的认识，但是对原子核结构的认识还远未完成，还在深化中。

1.5.4 现代粒子理论描绘了由基本粒子构造的大千物质世界

通过对能够观察到的所有现象进行归纳，物理学家发现物质间所有的作用可以被归结为四种基本作用：电磁相互作用、弱相互作用、强相互作用和引力作用。按照发现的顺序，首先是万有引力，3 个多世纪以前由牛顿发现；其次是电磁相互作用，由麦克斯韦在 19 世纪下半叶发现，它体现在日常生活中一些物质的内聚力中；最后是弱相互作用和强相互作用，弱相互作用于 20 世纪 30 年代被发现，它通常引起原子核和粒子的衰变，控制着某些放射性过程，而强相互作用与弱相互作用几乎同时被发现，它们稳定地将原子核的不同组成部分连接在一起[39]。

39 [法]埃蒂安·克莱恩：《物质的秘密：藏在微观粒子里的神奇世界》，龚蕾，郭彦良译，77 页，桂林，广西师范大学出版社，2018。

20 世纪 30 年代以来，物理学家通过一系列的创造性成果，如场的量子化、交换粒子实现相互作用的机制、"真空不空"等，在围绕对称和规范不变性的探索过程中，实现了电磁相互作用、弱相互作用、强相互作用三种基本相互作用的统一，构造了一套体系完整的粒子物理标准模型，如图 1-4 所示。所谓基本粒子，是指物质无法继续分割的最小单位[40]。

40 严格来说，应当是相对的含义而不是绝对的含义，即当前无法分割，正如 19 世纪原子论阶段认为原子是不可分割的最小单位一样。

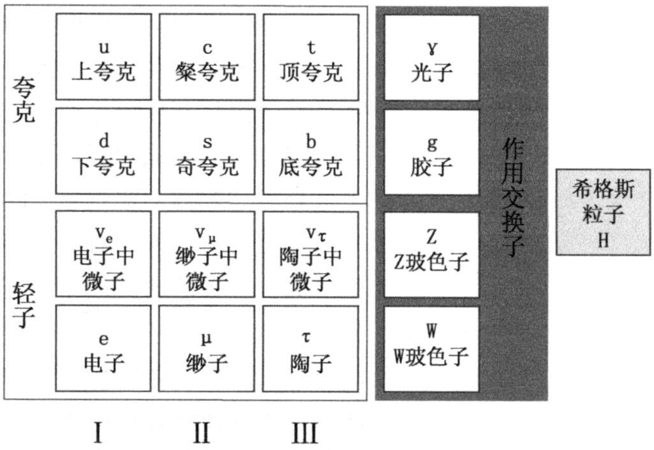

图 1-4 粒子物理标准模型

利用该基本粒子模型，物理学家在根源层次上解释了自然界结构组成，在一定程度上圆了我们古代先贤关于物质组成的梦想。

如图 1-5 所示，它示意了从基本粒子开始，在四种基本相互作用下一级一级不断结合，经过基本粒子—强子—原子—分子—宏观世界—宇观世界等层次，形成丰富多彩、千姿百态的物质世界的过程。截至目前，人类所能观测到的物质世界是由十几种基本粒子不断"复合"构成的。从下向上大致的顺序如下：基本粒子相互作用构成质子、中子等粒子；不同数目的质子和中子相互作用构成不同的原子核；不同的原子核和核外电子相互作用构成不同的原子；一定种类和数目的原子相互作用（通过借用、交换、分享它们的电子）构成不同的分子（包括无机分子和有机大分子），原子是化学元素的最小单元，分子是表征物质特性的最小单元，它们成为构造物质大厦的砖石；原子和分子构成千姿百态的宏观世界和尚远离人类的宇观世界，当然宇观世界也可能直接由一些下层的粒子构成，如已经观察到的中子星就可能由中子直接构成，另外宇宙空间还可能有更加复杂的、我们目前尚不了解的物质结构。

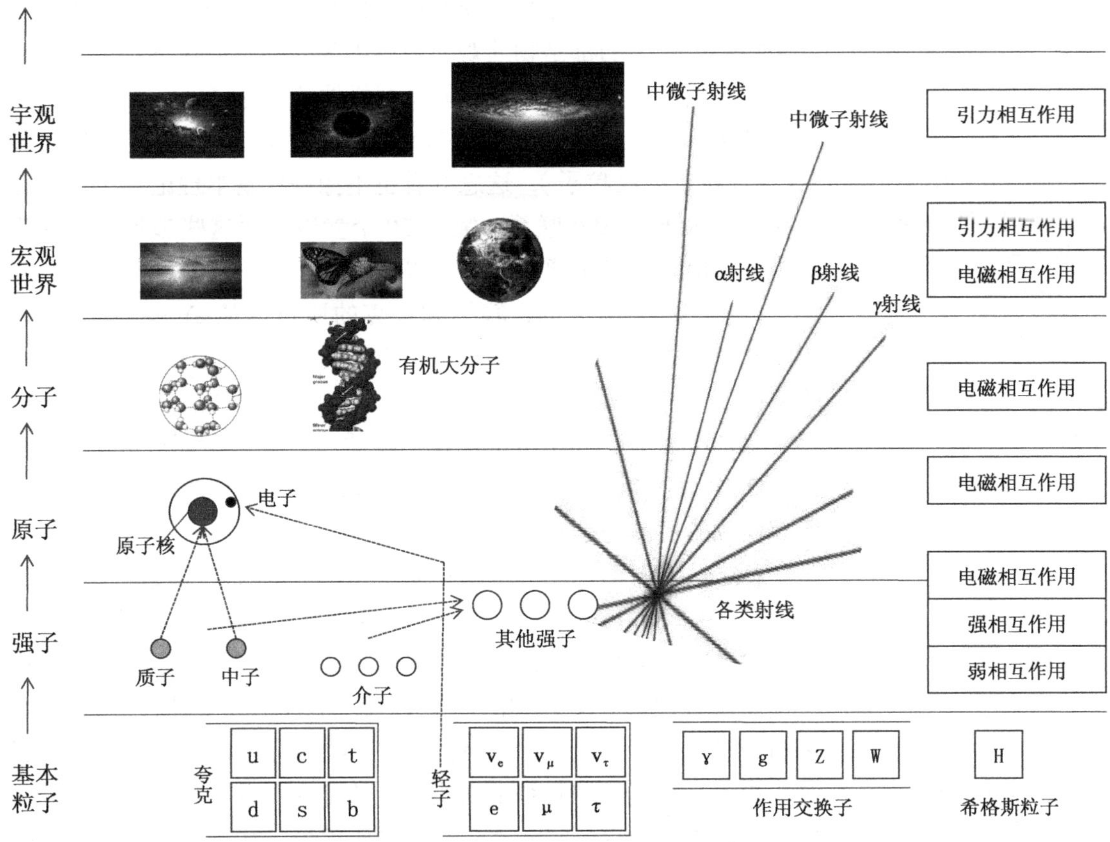

图 1-5　从基本粒子到物质世界的过程

不管怎么说，山川河流、星辰大海、万物生灵、浩瀚宇宙，这些表面看似没有联系、纷繁复杂的现象，形形色色的物质和千变万化的形态背后，物理学家走了许多弯路，最后终于找到了构成它们的物质单位，所有物体都有一个共性，即由相同的基本物质单位构成。从这个角度来说，在各种形体之间存在着“素材的共同体”，而它们以物质的方式呈现出来[41]。因此，可以说现代粒子理论描绘了由基本粒子构造的物质世界，这是对世界物质统一性的有力支撑。

20 世纪 70 年代至今，粒子物理标准模型经受了大量的实验检验，是截至目前人们关于物质结构研究的结晶和最高成果，但它也

41　[法]埃蒂安·克莱恩：《物质的秘密：藏在微观粒子里的神奇世界》，龚蕾，郭彦良译，3 页，桂林，广西师范大学出版社，2018。

面临着一系列的问题和挑战。

首先，从理论上讲，量子物理学和广义相对论还不能完全兼容，量子粒子的时空是平面的、绝对的和不易弯曲的，而广义相对论的时空却是易弯曲的、动态的，这类时空总是被它所包含的物质的运动改变形状[42]。这也就是现有的标准模型能包含电磁相互作用、强相互作用、弱相互作用三种作用，而无法包含引力相互作用的原因。不过，我们前面已经分析，广义相对论的时空观也是物质的，标准模型反映的也是物质组成上的物质观，因此量子物理学和广义相对论代表的都是物质观，只是因为人类目前科学水平和认识水平的限制，还不能把两种物质观有机地统一起来。

42 [法]埃蒂安·克莱恩：《物质的秘密：藏在微观粒子里的神奇世界》，龚蕾，郭彦良译，128页，桂林，广西师范大学出版社，2018。

其次，标准模型必须容纳数量相当惊人的基本粒子，共61种（含各种粒子的反粒子），这怎么看也不像一种基本理论[43]。61种粒子在一个框架内相互联系，需要20个参数，而这些参数无法从理论中推导出来，必须通过测量获得[44]。

43 如同化学上的元素周期表，代表的是存在更深一级的组成元素的物质基本单位。

44 [英]吉姆·巴戈特：《量子通史：量子物理史上的40个重大时刻》，徐彬，于秀秀译，357-358页，北京，中信出版社，2020。

再次，在质量方面，轻子和夸克的质量谱从eV一直到GeV，相差9个量级，如此宽广的质量谱也反映了很可能有更深层次的物质结构。

此外，目前已知宇宙中发现的物质仅占宇宙质能成分的4.9%，还有26.8%的暗物质和68.3%的暗能量，这些暗物质和暗能量是由什么构成的目前还是谜。

总之，物质由相同的基本物质单位构成的观念经过原子到核子（质子、中子）再到粒子物理标准模型中的基本粒子几个发展阶段，已经被多次验证和广泛认可。粒子物理标准模型的基本粒子是目前为止还没有被进一步分割的物质单元，不过已经有种种迹象表明，它们仍然有更深的结构[45]。因此，粒子物理标准模型的基本粒子目前不能被分割毫不妨碍基本物质单位的存在对世界物质统一性的有力支撑，并且恰恰表明人类对基本物质单位的认识会随着实验实践水平和理论水平的提高而不断深化。

45 陆埮，罗辽复：《物质探微：从电子到夸克》，3页，北京，科学出版社，2016。

1.6 现代宇宙观：现代物理学描绘的宇宙诞生演化的巨幅物质画卷

人从哪里来？宇宙从哪里来？自古至今，这都是哲学家首先面临的、需要回答的一个问题。因此，宇宙观成为任何一个哲学学派都绕不开的问题。不同的宇宙观也成为一个哲学学派属于唯物学派还是唯心学派的重要区分标准。

基于广义相对论、现代粒子学理论、现代热力学并结合其他学科的知识，物理学家和其他领域的科学家已经绘制了一幅自宇宙诞生到人类诞生演化的巨幅物质画卷。

以下我们就从科学的角度，以物理学理论和成果为主导，来了解宇宙的产生、我们赖以生存的太阳及地球的由来和人类自身的由来，在物理学描绘的宇宙诞生演化的巨幅物质画卷下审视世界物质统一性的观点。

我们首先介绍建立现代宇宙观所依据的来自广义相对论、现代粒子学理论和天文观测在理论和实验实践方面的背景知识；然后利用上述知识，通过反演描述宇宙的诞生和演化过程，进而具体介绍太阳及地球的诞生和演化、生命的诞生和演化乃至最后人类的诞生过程；再后为更加形象化地理解全过程，我们把从宇宙大爆炸诞生至今的 138 亿年折合成 1 年，给出上述各个重大事件在 1 年总日历的一个位置示意；最后是对宇宙的诞生和演化问题的进一步讨论，说明宇宙诞生时间的相对性，排除宇宙诞生时的“上帝创世论”。

1.6.1　广义相对论、现代粒子学理论、天文观测促成现代宇宙观的形成

通过广义相对论的引力场方程的求解，人们可以得到不同的宇宙模型，为宇宙诞生和演化的研究提供基础性参照。利用现代粒子学理论，人们可以推算宇宙诞生和演化不同阶段、不同条件下组成物质的粒子的演变过程，为宇宙诞生和演化的研究提供物质支撑。而现代多种观测手段下的天文观测可以为宇宙诞生和演化的研究提供实践检验的依据。它们共同促成现代宇宙观的形成。

1. 广义相对论的引力场方程求解宇宙模型

在广义相对论创立不久，爱因斯坦就开始考虑求解宇宙的引力场方程，构建宇宙模型。1917 年，他的研究成果《根据广义相对论对宇宙学所做的考察》，为现代宇宙学奠定了理论基础，并提出了静态宇宙模型。要求解宇宙的引力场方程，就要确定边界条件和初始条件。针对边界条件，爱因斯坦提出了一个大胆的设想：宇宙空间是有限无界的，即体积有限但没有边界，其实这是时空弯曲带来的一个自然的推论。在宇宙弯曲的时空中，我们认为自己沿着直线的方向一直向前，实际上是在沿着弯曲的曲线前进，如果时间足够长，也只是绕一个大圈子，这就如同大航海时代的探险者认为自己是在一直向前走，但其实是绕着地球的曲线在走，如果时间足够长，就会再次回到起点。爱因斯坦还假设宇宙具有均匀质量密度，即具有均匀同向性，人们将这个假设称为宇宙学原理。另外，爱因斯坦又假设在宇观尺度上宇宙是静态的，初始的质量密度和现在的质量密度一样，不随时间变化。在上面三个假设的基础上，爱因斯坦解得宇宙是一个体积有限但没有边界的静态弯曲封闭体，在宇观

尺度上，宇宙是静态的，不随时间改变。这是人类历史上第一个现代宇宙学模型。在方程中，因为引力的影响是单向的，无法生成静态宇宙模型，因此爱因斯坦在引力场方程中人为地引入了一个参数来平衡引力的影响，这个参数称为宇宙常数。

1922年，俄国数学家弗里德曼在不考虑宇宙常数的情况下，由爱因斯坦引力场方程导出宇宙动力学方程，这是一个关于时间的非线性微分方程，并由此提出了一个动态宇宙模型。弗里德曼动态宇宙模型包括两种截然不同的结局，其取决于宇宙物质的平均密度大小。即存在一个临界值，如果宇宙物质的平均密度小于或等于某个临界值，那宇宙是无穷的，会永远膨胀下去，物质会变得越来越稀薄；但如果宇宙物质的密度大于这个临界值，那物质产生的引力场就会使宇宙弯曲并回到自身，即引力又阻止宇宙继续膨胀，并最终塌缩，重新形成无穷大的密度。这个模型理解起来有些困难，著名物理学家史蒂文·温伯格曾给出一个形象的类比，他说弗里德曼动态宇宙模型和我们从地面向上抛起石头的运动有些相似：如果抛起石头的速度足够快，石头就会脱离地球，进入无穷的宇宙，这对应着宇宙密度小于或等于临界密度的情况；如果抛起石头的速度不够快，那它将会在上升到最大高度后回落，这对应着宇宙密度大于临界密度的情况。但两种情况都说明爱因斯坦静态宇宙学方程是难以成立的，这就像当我们看到石头从地面抛起或向地面降落时不以为奇，但我们却不可能看到石头悬浮在半空中静止不动一样。同时，这一模型的这一类比还有助于避免对宇宙膨胀产生一个常见的误解，即星系不是因为某些神秘的力量才迅速分离开来的，就像抛起的石头不是受地球的排斥而向上运动一样；相反，星系的分离是由于过去发生了某种类型的爆炸而造成的[46]。1929年，美国天文学家哈勃总结了当时的一些观测数据，提出了哈勃定律，即河外星系的退行速度与它们和我们的距离成正比。哈勃定律反映的就是宇宙膨胀的规律。于是不考虑宇宙常数的弗里德曼模型符合根据天文观测总结出的哈勃定律，使得宇宙模型的研究取得重大进展。后来，天文观测和宇宙背景辐射及同向性的发现，还证实了宇宙均匀、各向同性的假设是成立的。

46 [美]史蒂文·温伯格:《最初三分钟：关于宇宙起源的现代观点》，王丽译，38-40页，重庆，重庆大学出版社，2018。

但到1998年，越来越多的天文观测表明宇宙不但在膨胀，而且在加速膨胀，而不考虑宇宙常数的弗里德曼模型中，膨胀的加速度都为负，因此不考虑宇宙常数的弗里德曼模型就又不符合最新的天文观测规律了。于是，物理学家又重新借用爱因斯坦当初提出的想法，转向考虑包含宇宙常数的弗里德曼模型，主张在引力之外还存在着反引力，物理学家称之为暗能量，其质量占据了整个宇宙质量的近 70%，并且其质量随着宇宙的膨胀而不断增加，正是暗能量造成了宇宙的加速膨胀，但人类目前对其性质和原理还都一无所知，暗能量是当代科学界面临的重大挑战之一。

宇宙膨胀模型的建立为人类建立现代的宇宙观奠定了基础，也为人类探索宇宙的诞生和演化提供了方向指引，既然现在的宇宙是在加速膨胀，人们自然想到如果反演回去，宇宙就应该在一个极小的环境下诞生，这样就有了宇宙大爆炸理论的诞生。

2. 现代粒子理论提供了早期宇宙的量子化描述

如果说广义相对论为宇宙诞生的溯源提供了定性的方向性指导，现代粒子理论则为宇宙的诞生提供了定量的量子化描述，并且这些定量的量子化描述还能得到一些实验数据的支持，这是非常了不起的成就，因为在这之前，我们关于宇宙的来源只能依赖各种创世传说或故事。

著名天体物理学家约翰·巴罗在其著作《宇宙的起源》中指出："从现代科学的角度来看，古代的各种创世故事都算不上科学理论，因为它们并未试图揭示任何关于宇宙结构的新知识，它们的目的仅仅是消除人类想象中的未知恐惧……现代科学需要达到的目标远不限于此，它必须足够深刻，才能告诉我们更多未知的宇宙信息；现代科学的知识储备必须广博到能够做出预测，以证明和解释当前的宇宙；现代科学还应该为我们指出隐藏在一系列不相关事实背后的内在连贯性和统一性。"[47]

47　[英]约翰·巴罗：《宇宙的起源》，黄静译，序言 2-3 页，天津，天津科学技术出版社，2020。

1979 年，诺贝尔物理学奖得主史蒂文·温伯格在其著作《最初三分钟：关于宇宙起源的现代观点》中也提到："能够说出在最初一秒钟、最初一分钟或最初一年，宇宙是什么样子，那真是一件非常了不起的事情。对于一个物理学家来说，令人兴奋的是能够量化地把情况弄清楚，能够说出某个时刻宇宙的温度、密度和化学成分是这样的或那样的数值。到目前为止，我们对这些数值的准确性都没有绝对的把握，但起码我们现在在谈论这些事情的时候能够有一点自信，这就足以让人兴奋不已了。"[48]

48　[美]史蒂文·温伯格：《最初三分钟：关于宇宙起源的现代观点》，王丽译，38-40 页，重庆，重庆大学出版社，2018。

1932 年，勒梅特从宇宙膨胀的结论逆向思考，首次提出关于宇宙诞生的大爆炸设想。1948 年，移居美国的苏联物理学家伽莫夫在勒梅特的基础上正式提出宇宙大爆炸的理论。按照这种理论，如果我们把时间倒退回去，宇宙应该不断地收缩、收缩……直至变成一个体积无穷小，密度和温度趋于无穷大的"奇点"。于是就可以由此推断宇宙在最初是由一个无限致密灼热的"奇点"开始的一次大爆炸后膨胀形成的。

但如前所述，要成为一个物理学理论，还需要“说出在大爆炸发生后某一个时刻宇宙的温度、密度和化学成分是这样的或那样的数值”，并接受实验或观察数据的检验，才能成为理论。在理论上，现代粒子学理论承担起这样的角色。现代粒子学理论，包括粒子物理标准模型、四种基本相互作用以及电磁相互作用、弱相互作用、强相互作用三种基本相互作用的统一等理论成果提供了早期宇宙的量子化描述，使得我们对宇宙物质成分演进过程的认识更加具体、量化，成为现代宇宙观建立的重要组成部分。以下我们仅以时间-温度-能量间的推算过程为例示意性地说明这个过程。

根据现代粒子学理论，人们推测在宇宙的最初时刻，引力相互作用、强相互作用、弱相互作用和电磁相互作用这四种相互作用是同一种自然力，后来才逐个分离出来成为四种不同的相互作用。现在已知组成物质的各种粒子是伴随四种基本相互作用的分离逐步产生，并随着宇宙的不断膨胀和温度的不断降低合合分分、分分合合，一步一步结合成现有物质的。

根据早期宇宙的动力学方程、理想气体模型，物理学家在理论上可以导出早期宇宙在某一时刻下能量、时间、温度、半径等之间的相互关系。例如可以导出温度与对应半径的三次方成反比，而能量和时间存在以下关系：

$$E(\text{MeV}) \approx t(\text{s})^{-1/2}$$

其中，E为能量，以 MeV（兆电子伏）为单位；t为时间，以 s（秒）为单位。

而再根据统计热力学，在温度 T=10^4 K 时，有以下关系：

$$kT \approx 1\ \text{eV}$$

其中，T是温度，k是玻尔兹曼常数。上式表明 1 eV 的能量与普通单位下 10^4 K 的温度相当，这样能量与温度也可以折算了。

于是，通过以上的关系，科学家就可以对早期宇宙中的时间、温度、能量、半径在确定其一的情况下进行相互估算。

普朗克曾经最早利用万有引力常数G、光速c和普朗克常数h三个基本的物理常数，通过量纲关系[49]计算出一个时间值 10^{-43} s，其被称为普朗克时间，是目前人类所知道的最小时间单位。后来，物理学家认为普朗克时间 10^{-43} s 大致对应宇宙大爆炸初期引力从自然力中分离出来的时间，依据上面给出的关系，科学家就大致估算出在宇宙发生大爆炸后 10^{-43} s 的时刻，宇宙大致的能量为 10^{22} MeV，对应的温度为 10^{35} ℃，相应的半径是 10^{-66} m。为了有一个直观的概念，我们可以简单加以对比：太阳中心沸腾的、炽热的

49 计算公式为$\sqrt{Ch/c^5}$。

温度是 1.5×10^{7}℃；质子的半径是 10^{-15} m；到目前为止，人类通过粒子加速器获得的最高能量是由欧洲大型强子对撞机 LHC 产生的，约为 10^{6} MeV。显然，人类目前所能达到的能量、温度、半径的量级数和宇宙大爆炸普朗克时间对应的值相比，相差太大，完全不具有可比性。

同样，根据被学界认可的理论预测，强相互作用与弱相互作用分离前（大统一的时间点）对应的能量为 10^{18} MeV，对应的温度为 10^{28} K，对应的时刻为 10^{-35} s。[50] 根据推算，弱相互作用和电磁相互作用分离的时间大概在 10^{-12} s。

根据理论上的一些要求 [51]，物理学家还推测在大统一的时间之后曾经历了一次短暂而猛烈的爆胀阶段。在 $10^{-36}\sim10^{-32}$ s 的瞬息之间，宇宙膨胀了 10^{80} 倍，相当于由一个原子膨胀到一个太阳系。截至 10^{-32} s 时刻，宇宙中形成了各种基本粒子（夸克、电子、光子及对应的反粒子等）。

在宇宙膨胀过程中有一个重要的特征，就是随着时间的不断增长，宇宙温度在不断降低，这对后来形成我们所看到的现有物质是非常重要的，它为粒子间结合形成稳定的复合粒子提供了保障。因为无论是基本粒子结合形成强子，还是质子、中子结合形成原子核，抑或是原子核和电子结合形成原子，如果所处时刻宇宙的温度足够高，宇宙中大量存在的光子的能量也就足够高，这些能量足够高的光子就会重新打开已结合的复合粒子，相应地也就不可能存在稳定的强子、原子核或原子。而如果随着时间的不断增长和宇宙温度的不断降低，光子不再能打开已经形成的复合粒子，才依次形成强子、原子核、原子等现在宇宙的物质组成结构。例如，原子核的结合能典型值是 MeV 量级，根据前面给出的公式，可以推算出 MeV 对应的宇宙发生大爆炸的时间大概是 1 s 左右，而原子核与电子形成原子的结合能典型值是 eV 量级，对应的宇宙发生大爆炸的时间大概是 10^{12} s（即 30000 年）左右。这意味着在原子核出现后的几万年以后，才随着宇宙温度降低到足够低而出现了稳定的原子。从理论上来看，在宇宙发生大爆炸 0.01 s 以后，各种粒子结合、分离、再结合直至形成稳定的复合粒子的过程根据现代粒子学理论和宇宙学理论都能比较自信地计算出来。

总之，现代粒子学理论为宇宙的诞生和演进过程提供了很多量化的支撑。

不过，如史蒂文·温伯格所说，由于我们对基本粒子物理学的了解还不够，对于微观物理学的无知，就如同一个面纱，遮挡住了

50 [英]约翰·巴罗：《宇宙的起源》，黄静译，72-73 页，天津，天津科学技术出版社，2020。

51 宇宙均匀性、磁单极子问题，可参考[英]约翰·巴罗：《宇宙的起源》，黄静译，85-87 页，天津，天津科学技术出版社，2020。

我们对宇宙初始研究的视线。另外，还有很多重大的理论问题没有真正解决，例如宇宙反物质的消失之谜、什么是暗能量等。而在实验能力方面，目前人类对能量远高于 10^3 GeV 的粒子的规律尚不能确切掌握，这些都还需要人类不断地进一步探索。

3. 天文观测技术进步为现代宇宙观提供了有力支撑

如前所述，物理学作为科学理论与宗教或传说的最大不同是它的结论需要通过实验或实际的观测来检验。因此，前面提到的宇宙模型和膨胀理论都需要利用实际的天文观测结果做支撑。

天文观测有很多指标，距离和速度是其中的两个基本指标，这里我们简要介绍在天文学上进行测距和测速的基本原理及不同阶段的观测手段。

在天文学上进行测距依据的基本原理被形象地称为标准烛光方法。将一根蜡烛放在近处看就亮，放在远处看就暗，这是我们的日常常识，更进一步说就是一根绝对亮度保持不变的蜡烛，在某个位置处单位面积上接收到的光子数（通常的亮度）与该处与蜡烛的距离的平方成反比。如果我们能找到绝对亮度相等的天体作为标准烛光，就可以用它来测量宇宙学尺度的距离。

20 世纪初，人们发现造父变星[52]可以作为标准烛光，因为造父变星的绝对亮度与其光变周期成正比，因此只要选择光变周期完全相同的造父变星，就能得到一批绝对亮度完全相同的天体。不过，以现代的眼光来看，造父变星可测量的距离很有限，而且会因为和其他类型变星的混淆而产生差错。20 世纪末，经过几十年的研究，人们把 Ia 型超新星[53]发展成为标准烛光，因为它比造父变星要亮很多倍，所以就用它来测量更为遥远的宇宙学距离。

在天文学上进行测速依据的基本原理是宇宙学红移[54]。由于宇宙的膨胀，星系离我们远去，在光离开星系的那一刻，光的波长已经增大了，到达地球的时候观测者会看到发生了光向红外方向移动的情况，这种现象称为红移，这就如同远去的火车的汽笛声逐渐变低。根据红移的幅度就可以估算出星系离我们远去的速度。

尽管天文学上测距和测速的基本原理并不复杂，但实际实现测量的过程要困难复杂得多。如前面提到的哈勃定律，它是由哈勃在 1929 年通过对一组观察数据的总结提出的，指出河外星系的退行速度与它们与我们的距离成正比，为宇宙膨胀模型提供了重要的观测依据。而且根据哈勃常数可以简单地得到宇宙年龄的数值（哈勃常数的倒数）。哈勃当时给出的哈勃常数是 500 km/（s · Mpc）[55]，根据该值估算出的宇宙年龄不足 20 亿年，而当时已知地球的年龄

52 造父变星是演化到一定程度的质量为太阳的 5~20 倍的恒星，因为引力和辐射压力的平衡被打破，会发生周期性的膨胀和收缩。在膨胀时会变亮，在收缩时会变暗，因此恒星的亮度发生周期性的变化。

53 Ia 型超新星起源于白矮星的爆炸，因为爆炸时的质量总是钱德拉塞卡极限，即太阳质量的 1.44 倍，并且所有的质量全部转化为光的能量，因此 Ia 型超新星爆发时释放的总能量是固定不变的。

54 表现和光的多普勒效应相似，只是天体的移动是由空间膨胀引起，不是常规意义上的运动，速度值可以超过光速。

55 秒差距是天文学上的一种长度单位，英文缩写是 pc，一秒差距约等于 3.26 光年。

大约为 46 亿年，显然计算出的数值不合理。后来发现是因为哈勃用错了变星类型，这个错误在 20 世纪 50 年代被改正，哈勃常数降为 250 km/（s · Mpc）。2006 年，天文学家根据美国宇航局钱德拉 X 射线天文台的发现，将哈勃常数修正为 77 km/（s · Mpc）。2012 年，天文学家使用美国宇航局的斯皮策红外空间望远镜精确计算出哈勃常数，其结果为（74.3 ± 2.1）km/（s · Mpc）。根据该值计算出的宇宙年龄约为 138.2 亿年。

在人们发明望远镜以来的 300 多年里，直到 20 世纪下半叶，天文观测都用光学望远镜进行，即只能在可见光波段探测，具有很大的局限性。20 世纪后半叶起，人们陆续开发出射电波、红外线、紫外线、X 射线等不可见光波段的探测设备，并且为消除地球大气层的影响，把它们安装在卫星上。这些先进的设备为我们研究宇宙开拓了广阔的视野，为现代宇宙的诞生和演化研究提供了有力支撑。

1.6.2　由宇宙模型反演并结合现代粒子理论共同描述宇宙的诞生和演化[56]

56　我们认为这里提到的宇宙的诞生其实具有相对性，因为宇宙是一个诞生、灭亡、再诞生、再灭亡……反反复复永恒变化的过程，指定一个诞生时刻只具有相对意义。具体我们在后面探讨。

在介绍了广义相对论和现代粒子理论在理论方面以及天文观测在实践方面的有关内容后，下面我们就可以给出一个由宇宙模型反演并结合现代粒子理论共同描述宇宙的诞生和演化过程，这就是宇宙大爆炸模型，它可以分为以下几个特征时期。

作为对爱因斯坦引力场方程的解，逆向外推到 $t = 0$ 的初始时刻，人们认为在大爆炸发生的时刻，宇宙中所有的质量都集中在一个无穷小的体积之内，宇宙的密度无穷大，这时的空间与时间毫无差别，人们把这种状况称作奇点。由于目前所有的物理理论都不适用于奇点状态，因此对奇点本质的认识现在都无从谈起，但完成了相应的数学上的证明。

1. 普朗克时期（$0 < t < 10^{-43}$ s）

这个时期被定义为宇宙历史的最初时期。在此之后，我们总算可以用已知的物理定律来研究宇宙的行为。这个时期，空间、时间、物质、能量都被紧裹在一个难以想像的小的无限致密、无限高温的火球里。目前定义的引力、强力、弱力、电磁力四种相互作用在此时没有区分，被认为是一种统一的自然力。我们对这一时期的宇宙状态的理解仍然非常模糊。

2. 粒子宇宙学阶段（10^{-43}s≤t<1s）

在 $t=10^{-43}$ s 时刻，引力率先从统一的自然力中分离出来，随后在大约 $t=10^{-35}$ s 时刻，强力也与弱力和电磁力分离。有观点认为，引力和强力的分离都会引起对称的崩溃和真空的相变，使宇宙产生一个极大的正能量，同时可能还有一个负能量形式，后者也被认为可能是前面提到的使现在宇宙加速膨胀的暗能量的源头。

在引力和强力分离产生的极大正能量的驱动下，在 10^{-36} ~ 10^{-32} s 宇宙经历了一次指数式的爆胀过程，每 10^{-36} s 宇宙大小就增加 1 倍。爆胀结束后，充斥整个空间的能量转化为物质，这是夸克等基本粒子形成的原因，宇宙重新变得炽热，成为充满各种基本粒子和辐射的粒子汤。这种状态持续到 10^{-12} s，随着温度降低（大于 10^{15} K），能量也降低（大于 100 GeV），这时发生了电弱相变，原来在高能状态下统一的电磁力和弱力分离成两种不同的力。这个时期宇宙的温度仍然足够高，夸克无法结合形成强子（质子和中子），宇宙中充满高密度的热夸克-胶子等离子体。在 10^{-6} s 以后，粒子的平均能量降到强子的结合能量之下，强子就出现了。后来，宇宙的能量密度急速下降，无法继续支持强子的形成，于是以当前这种密度存在的能量开始转变为轻子（电子、μ子和中微子）和反轻子（正电子、反μ子和反中微子）[57]。强子和轻子的正反粒子间不断地湮灭、产生，最后由于某个未知的物理过程，正反物质的不对称性形成，即正物质的量稍多于反物质的量。宇宙的温度还足够高，形成强子、轻子和辐射的粒子汤。

应该说，对宇宙的这段历史，目前还难以说得透彻，研究上带有试探性，还没有最终的结果，因为粒子物理对能量远高于 10^3 GeV 的规律尚不能确切掌握，还存在悬而未决的理论问题，但不管怎样，物理学家已经大致描述出了这段时期宇宙演进的大体轮廓。

不过，在大爆炸发生的 1 s 以后，就要发生原子核的合成，这是物理学家目前相对能够说得清楚的阶段。

3. 原子核宇宙学阶段（1 s≤t<10^{12} s）

大约在 1 s 时，宇宙温度降至约 10^9 ℃（对应的能量约 1 MeV）以下，宇宙进入核物理的能量范围。这时，碰撞中的质子和中子通过核聚变结合，形成最简单的化学元素氢、氘和氦。大约 20 min 之后，宇宙大幅度冷却，宇宙中第一次大规模的核聚变结束[58]。在这一时期，宇宙充满了炙热、暗黑的原子核和电子，称为等离子

57 [英]巴赫拉姆·莫巴舍尔:《起源: NASA 天文学家的万物解答》，李永学译，89 页，长沙，湖南科学技术出版社，2021。

58 下一次大规模的核聚变将在第一批恒星诞生以后重新开始。

汤。由物质和反物质湮灭产生的所有光子被囚禁在等离子汤里，与质子和电子做着无休止的碰撞。

4. 原子宇宙学阶段（自 10^{12} s 起，到第一批星系和恒星形成前）

自 10^{12} s 开始，在大约 38 万年时，宇宙温度降到 3000 ℃（对应的能量约为 0.3 eV）以下，宇宙进入原子宇宙学阶段。此刻，带正电的原子核俘获带负电的自由电子，生成中性的原子，宇宙辐射产生的热光子的能量已小于原子核和自由电子的结合能，即不再能够将结合在一起的原子核和自由电子分开，宇宙介质变成了普通的中性原子气体，原来宇宙辐射产生的热光子也就不再被吸收，作为背景光子从而保留下来，一直存在到今天，称为宇宙背景辐射。不过这些背景光子的波长后来随着宇宙的膨胀而不断被拉长[59]，到了现在可以计算得到它们所具有的温度约为绝对温度 5 K，对应的波长已经达到微波波段。20 世纪 60 年代末，科学家偶然测到了它们，测量结果和理论预测符合得很好，因此其成为宇宙大爆炸模型最有力的证据。另外，宇宙大爆炸模型在理论上还指出，任何今天在宇宙中发现的轻元素（主要是氢和氦）都是从上述的大爆炸核合成时代遗留下来的，测量今天的这些元素的丰度，可以帮助我们获得宇宙早期条件的线索。现代观测的结果证实，人们在当今宇宙中观察到的氢和氦的丰度与大爆炸模型预言的丰度相似。这成为宇宙大爆炸模型的另一个证据。

59 波长拉长等于能量幅度降低，也可等效了温度降低。

5. 结构宇宙学阶段（自第一批星系和恒星形成到现在）

自 38 万年以后，原始形成的氢、氦气体分子由于量子涨落等原因，基本均匀一致的质量分布上出现了局部汇聚的情况，质量的不均带来引力“凹陷”[60]。在千百万年里，氢原子和氦原子粒子在“凹陷”里聚集起来，形成越来越稠密的气体云，这就是原星系。更多的物质意味着更强的引力，更强的引力则吸引更多的物质，形成雪球效应。

60 也有观点认为，除正常物质的质量作用外，还需要暗物质的看不见的质量提供必需的引力。

经过漫长的积累，原星系聚集了足够多的质量（在 10 万至 100 万倍太阳质量之间），并且引力的吸引作用超过了空间的膨胀，于是这些凹陷处聚集起的物质块开始在自身引力作用下塌缩，在塌缩过程中，巨大的势能转化为内能，从而使塌缩中心的温度急剧增大，当超过 1.5×10^7 ℃时，就触发了氢核聚变反应，第一批星系和恒星开始形成。根据现代观测和理论分析，第一批恒星的质量很大（太阳质量的 10~100 倍）。根据现代物理学理论，恒星的质量越大，寿命越短，因此第一批恒星的寿命一般只有几百万年。但也正是因为质量大，塌缩引起的温度足够高（超过 6×10^8 ℃），第一批恒星可以触发多次核聚变，由氢聚合产生氦，由氦聚合产生碳和氧，由碳聚合还可以产生镁、铝，直至产生铁。在这类大质量恒星演变的最后阶段，星核的极高密度将原子核外的电子重新压入核内，与质子结合形成中子，异常紧密排列的中子阻止了恒星的进一步收缩，系统向外反弹，产生巨大的冲击波，导致猛烈的爆炸，这就是Ⅱ型超新星。星核首先形成中子星，如果爆炸后形成的中子星的质量大于或等于太阳质量的 3 倍，中子星将继续塌缩形成黑洞。

现在一般认为，第一批恒星和星系的形成大概在宇宙大爆炸发生后数亿年完成。形成的天体（类星体、第三星族恒星、原始星系）能发出高能紫外辐射，这些辐射随即电离周围的电中性物质，在宇宙学上称之为再次电离。再次电离是我们今天能够看到宇宙遥远部分的原因，再次电离时期处于可观测宇宙的边缘。今天，通过对宇宙最遥远区域采用最深度成像的方法，我们已经能够观测这个时期的第一批恒星和星系[61]。

第一批恒星和星系形成以后，进入现代宇宙阶段。目前已经发现，自那时起气体云塌缩形成不同质量与类型的恒星，这些恒星又接着形成了称作星系的物质岛，星系平均由 1000 亿颗恒星组成。这些星系相互吸引，形成星族和集团，它们构成宇宙中最大的结构，一直演变至今天。

恒星从诞生到死亡的演化过程在宇宙学中占有极其重要的地位。在其生命周期内，通过内部的核聚变及后续的核衰变，恒星可以产生氦、碳、氮、氧、硅、硫、镁、铝以及铁等多种元素。而恒星的死亡则是最后的辉煌，它将产生的物质元素无私地撒向太空，成为新的恒星、行星和各种物质和生命体形成的原料[62]。而大质量恒星的死亡，就是更加盛大的“婚礼”，它会产生超新星爆发。超新星爆发能产生如金等比铁更重的元素。同时，超新星爆发会产生异常强大的冲击波，将周围的星际天体以及分子云（有时又可以称为恒星育婴室）炸个粉碎。不过，超新星爆发在带来毁灭的同时，又带来新生。超新星冲击波的威力会随着传播距离的增大而不断减小，超新星的冲击波就不会毁灭远方的分子云，相反会帮助这些分子云进行分裂。这意味着，虽然超新星爆发会摧毁孕育自己的恒星育婴室，但却能在遥远的地方形成新的育婴室，并且原来被摧毁的恒星育婴室中的物质又会回归星际介质，等待下一次的新生。在物质周而复始的轮回中，宇宙生生不息。[63]

在宇宙大爆炸发生约 90 亿年后，太阳和太阳系诞生了。

61 [英]巴赫拉姆·莫巴舍尔:《起源: NASA 天文学家的万物解答》，李永学译，112 页，长沙，湖南科学技术出版社，2021。

62 可以说，组成我们身体的碳元素和周围环境中的碳元素没有区别，它们都是在百亿年或数十亿年前某个恒星的核聚变中诞生的。

63 王爽:《宇宙奥德赛: 穿越银河系》，182 页，北京，清华大学出版社，2019。

1.6.3　太阳、地球的诞生和演化

与其他恒星一样，太阳也是由庞大的气体云在其自身引力作用下收缩形成的，它们是由几十亿年间在星际介质中循环使用的材料（元素）所组成的，富含重元素。起初，由于它们以极大的半径伸展，范围极大，所以这些气体云起始的温度和密度很低，气体云表面受到的引力很弱，并不能形成塌缩。在宇宙大爆炸发生约 90 亿年后，周围一定范围之外的超新星爆发产生的冲击波引起了这些气体云最初的塌缩，随后引力控制太阳和太阳系的诞生过程。

气体云的收缩使得密度增加、引力增大，增大的引力又使得气体云更加集中，发生更大的收缩。当气体云收缩时，引力势能被不断转化为分子的热能，温度不断增加。当中心的密度和温度增加到足够程度时，核聚变开始，太阳便在气体云的中心诞生了。另外，气体云在塌缩的同时，也还在自转，由于半径变小，根据角动量守恒的要求，自转速度增加，这种转动的结果是组成气体云的物质向外分散，形成了太阳系平面。在塌缩过程中，气体云的物质块相互碰撞，破碎的物质块得到了旋转系统的平均速度，原来的气体云变成了不均匀、形象扁平、向外伸展的旋转圆盘，这就是最初的太阳系。

太阳质量适中，按照恒星形成理论，如果质量过大会形成温度很高但特别短命的蓝巨星；如果质量过小会形成温度很低还常常爆发超级耀斑的红矮星。如太阳这样的主序星，其中心有 1.5×10^{7} ℃以上的高温，还有极高的压强，内部不断进行氢核聚合成氦核的热核反应，并不断放出能量。太阳这类恒星（主序星）会维持这种状态相当长一段时间，且比较稳定。根据推算，太阳目前的状态还可以持续 50 亿年。那时，太阳中心部分的氢将烧完，开始燃烧外层的氢，太阳会慢慢膨胀起来，形成红巨星。太阳形成红巨星会扩展开来，首先把水星、金星都吞进它的肚子里，把地球上的江河湖海都烤干，然后也吞进去，并一直延伸到火星的轨道[64]。最后，太阳会演变成一颗白矮星。由于质量过小，不会演变为中子星和黑洞。

64　赵峥：《物含妙理总堪寻：从爱因斯坦到霍金》，67 页，北京，清华大学出版社，2018。

太阳在银河系中处于一个恰到好处的位置，它位于银河系半径 2/3 开外的地带，被称作银河系中的“生命适宜带”。现代天文观测表明，银河系中心有一个巨大的黑洞，太阳远离了来自银河系中心黑洞冲击波的影响。而且银河系中心天体的活动比边缘要剧烈得多，发生伽马射线暴的概率要大得多，伽马射线暴中发出的强大的伽马射线能够杀死一定范围内的宇宙生命。太阳的产生可能源于较大范围的一次超新星爆炸，但自太阳产生后，周围的宇宙空间没有

发生过超新星爆炸，这样就避免了由于过近超新星爆炸带来的灭顶灾难。

如前所述，在太阳系形成的过程中，核心的气体云塌缩形成了位于太阳系中心的太阳，太阳的质量占太阳系总质量的98%~99%。在中心塌缩的过程中，周围的其他星际物质由于绕中心自转的作用，在太阳周围形成两类行星：类地行星和类木行星。由于旋转的选择性作用，来自其他死亡恒星的星际物质中较重的元素（其他金属和铁等）会逐步聚集在太阳系的内层区，并形成种子，且逐渐吸引其他小粒子，使其质量和大小都增大，后来种子逐步成长壮大，引力最终接掌大权，或大或小的物体相互吸引在一起，体积变大，形成星子，由于运动速度很快，星子之间发生狂暴的碰撞。结果是大的星子保留下来，围绕太阳旋转，这就是类地行星，它们相对较小，由石质构成，富含其他金属和铁。在太阳系的外围区域，则形成类木行星，其中包含大量的冰，同时也有金属和岩石，它们吸引了氢气和氦气，体积变得庞大，成为含有丰富气体的较大的行星，如木星质量是地球的317.89倍，而体积则是地球的1316倍。一些稍小的星子被形成行星的大的星子俘获而演变成它们的卫星。有些星子未能与其他星子携手形成行星，而成为彗星，也在太阳系中绕太阳运动。

在太阳系的8颗行星中，地球由于有生命和人类的存在，被视为奇迹。单纯从与太阳的距离来看，恒星宜居带除了地球还有火星，另外金星在大小、密度、化学组成上与地球很相似。是什么特殊原因造就了地球上生命和人类的奇迹呢？现在的研究和分析显示，关键性的原因可能是地球形成过程中的一个特别之处，即在地球刚刚形成以后（大约45亿年前），被一个火星大小的天体（直径是地球的一半）击中，正是这次剧烈的碰撞，带来一系列根本性影响，这些根本性影响创造了地球上生命诞生、演化所需要的必要条件，成为地球有别于其他类地行星（如金星、火星、水星）的关键。

首先，这次碰撞使地球自转轴相对于轨道平面发生了倾斜，产生了一个合适的倾角（23.5°），正是这个合适的倾角带来了地球上的四季划分，四季划分带来了地球上自然界的可持续发展和演化。

其次，这次碰撞造就了地球在太阳系8颗行星中独有的板块构造。这次撞击把巨大的热量注入了地球内部，热量输入和巨大的撞击力在地球完全形成之前的吸积阶段便铸造了地核，地核具有很高的内部温度，从而使熔融的铁穿过地幔下沉到达核心，经过演变形成板块构造。板块构造可以让地球大气中温室气体二氧化碳的含量保持相对稳定，这成为地球温度始终保持在适合生物生长的狭窄范围的关键。相比而言，火星形成的早期与地球十分相似，但由于缺少地球这样的板块运动，火星无法使二氧化碳再次循环到它的大气中，从而无法产生意义重大的温室效应。因此，即使把它拉到与地球距太阳同等距离的位置，火星表面的温度仍比地球低得多。而金星则可能相反，强烈的火山爆发使得大量的二氧化碳释放到其大气中，但因为没有板块运动，其大气中的二氧化碳无法循环回到地面[65]，这可能就是金星稠密的大气多由二氧化碳组成，产生的温室效应使金星表面温度超过 400 ℃、大气压力约为 93 个标准大气压（相当于地球海洋深 1 km 处的压力）的原因。另外，板块构造还是保持地球上存在液态水以及形成生物多样性的重要因素。[66]

再次，碰撞后形成的地核温度可能高达 4000 ℃以上，压力可达 200 万个标准大气压，在这样的高温高压下，地核物质应该是具有高导电性的等离子体，而地核内部的热不均匀性和成分不均匀性会引起地核等离子体物质的对流，这样就产生了全球型的磁场，称为地磁场。地磁场是地球环境的隐形卫士，如果没有地磁场的保护，致命的太阳辐射会很快撕裂大气层，蒸发掉海洋。火星曾拥有更稠密的大气层和水，但由于失去了磁场的保护，太阳风的侵蚀导致其大气层和水都消失了，而地球一直拥有一个强有力的磁盾牌，使得它适宜人类居住。[67]

最后，这次碰撞还使地球拥有了月球这颗巨大的卫星，撞击产生的一部分物质被抛入太空，其中一些留在绕地轨道上，这些物质通过撞击和黏合形成了月球。月球非常特殊，由于它显得过大了，月球直径几乎是地球直径的 1/3，所以从某些方面来看，它更像是地球的双胞胎，而不是随从[68]。月球对地球很关键，它影响到地球生命的演化和存活。月球稳定了地球自转轴的倾斜程度，如果没有月球，地球倾斜程度会因受太阳和木星的引力而摇摆不定，巨大的月球每月一次的环绕运动阻止了地球倾斜程度的任何潜在变化，这对稳定地球上的温度是至关重要的，因为倾斜角会严重影响地球上温度的分布。水星是一个极端的例子，它是离太阳最近的行星，其大部分表面十分灼热，但其两极却覆盖有冰，原因就在于水星几乎没有倾斜。

地球的初期形成过程中，既有行星形成的一般性规律的体现，又有客观的、巧合的偶然作用的影响，这使得地球具备了适合生命生存的基本潜质，如适宜的温度、原始的大气、全球性的磁场、炽热的地核等，但这时的地球还不具备生命存在的条件，随后经过一系列宏伟而复杂的长期演化，地球才拥有了充沛的水和允许生命诞

65　简单来说，地球大气中的二氧化碳可以溶解在水中形成碳酸，然后被岩石吸收，并以石灰石和方解石的形式沉淀下来。

66　[美]彼得·D. 沃德，唐纳德·布朗利：《稀有地球：为什么复杂生命在宇宙中如此罕见》，刘夙译，224–229 页，北京，商务印书馆，2021。

67　赵建：《写给未来工程师的物理书》，148–151 页，天津，天津大学出版社，2021。

68　[美]彼得·D. 沃德，唐纳德·布朗利：《稀有地球：为什么复杂生命在宇宙中如此罕见》，刘夙译，239 页，北京，商务印书馆，2021。

生并进化几十亿年的大气和生态，以及供生命发展的各种化学物质。

45亿年前地球刚刚形成的时候，地球的表面是熔融的，还没有形成固体地壳。这是因为此刻地球面临来自陨石的狂暴轰击，天体碰撞带来的动能被转化为热能，这股极大的热能与化学元素的放射性衰变产生的热能结合，使地球保持熔融状态。大约44亿年前，由于半衰期较短的放射性元素已经全部衰变完毕，天体碰撞也大大减弱，二者所产生的热能大大降低，地球的地壳开始形成并固体化。从那时起，构造板块的运动，大陆的形成与漂移，海底的扩张，山脉的形成以及伴随的侵蚀、地震等地理作用，使地球的表面经历了天翻地覆的变化，逐步形成我们今天所看到的地球的面貌。

最初地球上没有海洋。火山的脱气过程释放了来自地球中心的物质和化学元素，这些物质包括水、甲烷、氨、氢气、氮气、二氧化碳、二氧化硫等。其中的水蒸气在地表较低的环境下变成了液态水，第一批海洋可能形成于大约44亿年前。

初始地球的大气层中不含氧气，大部分是甲烷、氨、二氧化碳和水蒸气，这一时期大气毒性很大。我们在寿命为35亿年的岩石中发现了以细菌和绿色藻类形式存在的最早的生命迹象。厌氧的蓝绿色藻类通过二氧化碳和水的光合作用生成并释放出氧气。同时，来自太阳的紫外辐射将水蒸气分解，生成氢气和氧气。生成的氢气由于质量很小，逃逸到太空，不会留在地球的大气中。生成的氧气则与已存在的甲烷和氨反应，生成二氧化碳、氮气和水。在原始大气中的甲烷和氨用尽以后，氧气的积蓄还会加速，因为水蒸气还在分解，而与氧气反应的其他反应物已经没有了。同时，在海洋形成以后，大气中的二氧化碳在海洋中溶解，降低了二氧化碳在大气中的比例。另外，来自太阳的紫外辐射将氧分子分解为自由氧原子，自由氧原子与氧分子结合形成臭氧，臭氧的存在对于生命的发展也很重要，它能使地球不受太阳发射的高能紫外辐射的伤害。这样，地球上满足生物生存的大气环境就逐步形成了。

至此，在地球上初步形成了适合生物生存的海洋、大气、生态环境，开始了漫长的生物演化进程，从而最终产生了人类。

1.6.4 生物进化与人类的诞生

目前，生物学家已经给出地球上生物进化与人类诞生的演进过程。36亿年前，原核生物出现。26亿年前，真核生物出现。在距今5.41亿年前的元古宙与显生宙界线附近，出现了带硬壳的动物。在早古生代寒武纪，三叶虫特别繁盛。在距今4亿多年前的志留纪晚期，裸蕨类植物登陆成功，使地球的陆地逐渐披上了绿装。在晚古生代泥盆纪，地球的各种水域里生活着各种各样的鱼。在泥盆纪晚期，一些可以用“肺”进行呼吸的鱼类用肉质鳍登上潮湿的沙滩，演化为两栖动物。在距今3亿多年前的石炭纪早期，由两栖动物演化产生了爬行动物。又经过将近1亿年的演化，在距今2亿多年前的中生代三叠纪晚期，由爬行动物演化产生了哺乳动物。在距今1.5亿多年前的侏罗纪晚期，由爬行动物演化产生了鸟类。在距今6600万年的新生代，哺乳动物取代爬行动物而占据优势地位，故新生代又被称为哺乳动物时代。人是由动物演变而来的，与人亲缘关系比较接近的灵长类动物有大猩猩、黑猩猩等。人和现代的猿有着共同的祖先，人和猿的共同祖先在距今五六百万年前分道扬镳。在距今200多万年前，现代人种的直接祖先能人出现，从此生物的演化由哺乳动物时代进入人类时代。伴随动物界的进化，植物界也在不断进化，由最初的菌藻类演化产生了蕨类，再由蕨类演化产生了裸子植物，裸子植物又演化产生了被子植物。[69]

69　殷鸿福，周修高:《生物演化与人类未来》，9-10页，武汉，湖北科学技术出版社，2016。

纵观生物的历史，在总体上体现了由简单到复杂、由低等到高等、由水生到陆生的历史发展过程，旧的生物类群先后灭绝，新的生物类群相继诞生，地球上的生命就是这样生生不息、不断发展的。

下面我们从物理学的角度，分析一下生物进化与人类诞生过程背后的物理学“道理”。

1. 生物进化与演进总过程的理论解释

物理学中有一个重要的概念熵，它的核心含义是当我们从一个纯态变成一个混合态时，这个熵将增加[70]，即正熵意味着混乱、混合，负熵意味着有序、单纯。关于熵的一个重要原理是熵增原理，即一个系统的熵会自然增加，自然产生无序，产生正熵，这是一条自然法则。因此，在没有外部负熵输入的情况下，一个孤立的系统将会越来越混乱，越来越失去生气，最后走向死寂。而一个持续有负熵输入的系统却正好相反，它会走上一个更加有序的进程。

70　[比利时]普里戈金:《从存在到演化》，曾庆宏，严士健，马本堃，沈小峰译，40页，北京，北京大学出版社，2007。

现代热力学理论告诉我们，对于一个开放系统，当它从外部接收的负熵大于系统内部所产生的正熵时，开放系统呈现出生长状态。在一个持续有负熵输入的开放系统中，会产生非平衡的定态，而在远离平衡态的区域，微小的涨落会被放大，从而导致系统突变，进入一个全新的稳态，这样系统就可能走上一个更加有序的进程，即呈现从渐变到突变、从低级到高级的有序发展。一个简单形象的理解就是外部源源不断输入的“有序”成分被源源不断地“存储”到系统不断进化的越来越有序的结构中，使得系统体现出从低级到高级的发展态势。

当把地球放在太阳系和宇宙中时，地球就是一个典型的持续有负熵输入的开放系统。对地球而言，太阳是主要的外部能量的提供者。太阳每年输送给地球的能量大约相当于100亿亿度电，相当于每人约1.4亿度电。三峡水电站全面发电后的发电量是840亿度/年，也就是说，太阳每年输送给地球的能量相当于1200万个三峡水电站的年发电量。地球上的生物质能、风能、水能、海洋温差能及部分潮汐能都来自太阳，即使是地球上的化石燃料（如煤、石油、天然气等）从根本上说也是远古以来储存下来的太阳能。在后面我们会介绍，太阳带给地球的能量主要是通过太阳光输入的，而太阳光的主要成分是红外线、可见光、紫外线三种形态的电磁波，从熵的角度来看，就是三种纯态（有序）物质，因此可视为负熵。正是依靠太阳在几十亿年间不间断地为地球提供的巨大能量、巨大负熵，地球上形成了极其复杂的生态系统，并且又经过这个生态系统，这些负熵被转化成千千万万种不断进化的结构形态，使地球上的生命演化呈现出从简单到复杂、从低级到高级的发展趋势，这就是物理学对地球上生物进化总过程提供的一个总体性的理论解释。

在地球上的生物演化过程中，人们还发现一种奇怪的现象，在每一次大规模的物种灭绝之后，往往又会出现一次生物物种的大爆发。下面我们从物理学的角度分析一下产生这种现象的可能原因。

大规模的物种灭绝往往是来自地球外部的重大自然灾难导致的。首先就是小行星碰撞，它对地球上生物生存的影响是致命的。小行星与地球的碰撞会引起大规模的、剧烈的火山爆发，火山排入大气中的过量二氧化碳、甲烷等气体会改变大气结构；喷出的二氧化硫、爆发物质和冲击热产生的二氧化氮、氰化物等有毒物质会产生严重的污染效应；火山爆发烟尘的避光效应会使气温下降，造成10至千年级的“火山冬天”，并且抑制光合作用，造成光合生物灭绝；火山活动产生的二氧化硫会破坏平流层的臭氧，导致紫外线辐射增强，可能对陆地植被造成灭绝效应。小行星碰撞还可能带来地球磁场（地磁场）的翻转，在地磁场翻转过程中，外部高能射线以及来自太阳的紫外线辐射增强，对地球生物带来伤害。[71] 以上因素，都会导致地球上生物物种的大规模减少。

71 殷鸿福，周修高:《生物演化与人类未来》，144页，武汉，湖北科学技术出版社，2016。

上述外部高能射线以及来自太阳的紫外线辐射对生物体的伤害主要是对生物分子的损伤。其大致机理是生物体中的水在射线的照射下分解成活泼的离子和自由基，分解出的自由基可以导致核酸碱基的改变、DNA链的断裂、蛋白质空间结构的破坏，造成生物物种的灭绝。但另一方面，上述过程又会通过改变生物体内的DNA结构产生大量的变异。随着碰撞后地球“劫后余生”的自我恢复，这些伴随灾难产生的巨大数量的变异，又为物种的进化和新物种的产生创造了极为有利的条件，因此又会导致一次生物物种的大爆发。

伽马射线暴是造成地球上大规模的物种灭绝的另一个可能原因。伽马射线暴是已知的宇宙中最强的爆射现象，是巨大恒星在燃料耗尽时塌缩爆炸或者两颗邻近的致密星体（黑洞或中子星）合并时产生的，会在短时间内释放出巨大能量，其发射的单个光子能量通常是典型太阳光光子的数十万倍甚至更高。这样的高能粒子在杀死生物分子的同时，也会带来生物体内DNA结构的大量变异，同样会为又一次生物物种的大爆发创造条件。科学家发现，在过去的5亿年左右，银河系内的伽马射线暴事件让生命在银河系大部分地区都无法生存，地球在过去的岁月中也受到过伽马射线暴的“洗礼”，不过地球生命却顽强生存了下来。

2. 来自太阳的能量如何被接收和利用

太阳之所以能够每时每刻向外释放巨大的能量，首先是因为在太阳的中心时刻发生着核聚变反应，在这个过程中能量主要以伽马射线的形式释放出来，这些伽马射线并不能直接到达地球，它们会被太阳外层的一个高温等离子层吸收，再之外是一个主要以氢气为主的稀薄的高温气体层。在高温环境的激发下，氢原子中的电子先是被激发到能量高的能级，然后又以不同的路径回到能量低的能级，在这个过程中释放出不同频率的电磁波。氢原子中的电子主要形成三类不同的能级跃迁，这三类跃迁分别形成了三类不同的电磁波，即红外线、可见光和紫外线，三者大致各占太阳光的48.3%、43%、8.7%[72]。三者的频率范围从低到高，对应的能量从小到大，它们都为地球上环境的形成、生命的存在发挥了各自独特的作用。

72 按不同的划分标准，可能略有差异。

我们知道，宏观物体是由各种原子通过各种化学键结合而成的。组成宏观物体的原子并不是固定不动的，而是在各种化学键的约束下在某个平衡位置上不断振动。红外线的微妙之处在于，红外线能够穿透原子间的缝隙，而不能穿透到原子内部，其能量大小会使原子的振动加快、间距拉大，即增加热运动能量，但一般又不破坏化学键，这样原子在吸收红外线以后表现为热能增加而化学性质不变，即红外线是最理想的加热手段。

太阳光中的红外线能够被地球的大气、陆地、海洋吸收并相互作用，在“无害”的条件下保证了地球上生命所需要的温度环境。不仅如此，温度升高后的地面释放的红外线不断加热地面附近的空气，在垂直方向上造成不同高度大气的温度不同，在水平方向上由于太阳光强度的不同造成低纬度区域的大气温度高于高纬度区域的大气温度，这些是形成地球上各种大气环流、大气对流的最基本的条件。

可见光的频谱介于红外线和紫外线之间，因此其能量也介于红外线和紫外线之间。可见光启动了光合作用——地球上最重要的反应过程，通过一系列的化学反应过程，产生了富有能量的有机物，它们成为地球上几乎所有生命生存的最基础的支撑；但同时，可见光的能量大小又恰如其分，使得叶绿素这样的色素分子以“累计”“平缓”的过程捕获太阳能，并以化学键能的形式储存于有机物分子中，而叶绿素色素分子自身的结构又没有受到伤害。

此外，可见光为动物和人类提供了视觉信息，成为动物和我们生存的另一个必要条件。通过对古生物化石的研究，研究人员认为，能产生视觉的眼睛最早出现于距今约 5.3 亿年前的寒武纪早期，那时的很多动物已经具备了眼睛。眼睛的出现不仅使当时的动物能观察到丰富多彩的世界，更重要的是为生物的演化奠定了基础。一方面，对一些动物而言，眼睛的出现使得动物拥有了良好的空间视觉，由视觉引导成为良好的猎食者，进而进化成为移动更快、体形更大的捕食动物。另一方面，捕食者的出现又给其他动物带来了巨大的选择压力，迫使其他物种演化出多种防御手段，如生成护甲和外壳，藏匿于地下以躲避捕食者，同样演化出眼睛和增强视觉，以避免成为其他动物的食物。眼睛产生的视觉成为大部分动物从外部获取信息的最重要的来源。

从物理学的角度来看，光合作用为动物和人类提供了生存需要的食物，视觉为动物和人类提供了生存需要的大部分信息。而根据现代热力学的知识，食物和信息都是负熵，一个系统只有源源不断地从外部输入负熵，大到自然界和人类社会，小到一个生命个体，才能维持各自的生存和发展。从这个层面上看，可见光对于自然界和我们人类社会的生存和发展至关重要。如果换个角度，太阳光中的可见光为地球上的生命提供了主要的外来能量[73]，按照进化理论，地球上的生物结构、生物功能可以说是长期适应可见光的自然选择和长期演进的结果。

73　另外一部分是太阳光中的红外线为地球提供的热能量。

除红外线、可见光外，太阳光中还含有少量波长较短的紫外线。红外线、可见光一般不足以破坏原子结构，而紫外线的高频率赋予了它从原子中剥离电子的能力，它可以使原子分裂发生电离。紫外线具有的这种电离能力使得太阳光中的紫外线对人类健康具有双重作用：一方面，紫外线可以致癌；另一方面，紫外线可以帮助人体产生维生素 D。但在长期的发展演进中，大自然又奇迹般地形成了一套机制，能够对太阳光中的紫外线产生趋利避害的作用：大气中的臭氧层可以吸收掉绝大部分能对人体致癌的波长短的紫外线，留下对人体有益的波长长的紫外线。

3. 从熵和能量角度看人类社会的诞生和发展

从物理意义来讲，宇宙万物最根本的自然特性就是其能量特性。在前面宇宙诞生和演化的过程中，我们已经看到从宇宙诞生之初极高的能量中产生了物质，在后续的演化过程中由物质又产生了结构。不仅如此，能量在宇宙万物间还可以进行转化、传递，能量的转化、传递就带来一个效率问题。从物理学的角度来看，能量的转化、传递一般通过做功的方式实现，而熵是衡量一个物体（或系统）做功能力高低的指标，它所度量的是一个物体（或系统）能量退化、耗散或稀释的程度。因此，一个物体（或系统）的熵越低，做功能力就越强；熵越高，做功能力就越弱。人和动物的最大区别在于进化过程中产生了发达的大脑，产生了语言，最后形成了文字。大脑使得人类可以获得对自然界越来越规律的认识，获得越来越多的知识。而语言和文字，使得人类所获得的关于自然界的知识可以进行快速的传递，并完成逐代的积累。知识可以认为是一种负熵，在一定的社会阶段，知识越多，就意味着负熵越大，也就意味着该阶段人类的平均做功能力越强，每个人可支配的平均能量就越大，使得人类有更多的时间和精力从事生产以外的其他活动，从而社会的分工就更加多样化，社会的组织越来越复杂化，社会越来越进步。下面我们就循着上述的逻辑，简要描述人类社会的诞生和发展的过程。

灵长目动物是人和现代的猿共同的祖先，它们是林栖动物，在树上生活为它们开辟了重要的食物来源，同时也让它们躲避了地面上捕食者的追逐。后来由于气候变迁，一些地方森林开始消失，结果出现了更多的草地和热带稀树草原。一些灵长目动物从树上下来，成为早期人科物种，开始在草原上生活，它们需要警惕捕食者中的猛兽并自己打猎，由于采取直立姿势可以看得更远，而且直立行走还解放了双手，能够让它们携带工具或者幼崽，从而具有更强的生存能力，于是现代人类的祖先早在 500 万年前便已经是直立的双足步行者[74]。

直立行走解放了双手，解放的双手可以使用最简单的工具，工具的使用又促进了大脑尺寸的增加。大脑的扩容开始于 250 万到 200 万年前。大脑尺寸的增加，在人类语言能力方面扮演了重要角

74　[英]巴赫拉姆·莫巴舍尔：《起源：NASA 天文学家的万物解答》，李永学译，380-381 页，长沙，湖南科学技术出版社，2021。

色。目前，我们已经知道，在人类的大脑中有两个神经区域——左侧额叶的布洛卡区和左侧颞叶的韦尼克区，它们的协调和共同进化为我们提供了翻译和理解语言的能力。人科动物在直立行走阶段，头盖骨的形状和大小的变化影响了它们的声道，上下颚与牙齿也缩小了。变化了的声带，结合舌头、嘴唇和上颚的调整，人类能够发出许多声音。在两个神经区域的控制配合下，人类的祖先产生了早期的有声语言。语言的产生对于人类至关重要，有了语言，人类开始能够非常精准、清晰地分享知识和信息，知识和信息可以认为是负熵，知识和信息的分享就意味着负熵可以在群体内瞬时传递，意味着更多的人可以获得更高的做功能力，获得更高的能量转化的能力，即获得更高的劳动效率。

人类早期的大部分食物都是通过狩猎、捕鱼和采集各种不同的植物获得的。后来先人发现，有些落在地上的种子会长出新的植物，于是他们把种子种在地里，得到新的植物，在长成后把它们作为食物收割回家，这个过程被称为植物驯化过程。几乎同时，先人还发现可以将一些动物圈养起来，不仅可以作为备用的食物，而且还可以承担其他作用，如狗可以协助先人狩猎或充当护卫，这个过程被称为动物驯化过程。驯化可以让单位面积的土地提供更多数量的食物，人们通过驯化取得的植物和动物食物逐步取代了来自荒原的食物。通过驯化，先人开始可以控制食物的种类和数量，还可以选择储存食物。人类社会的发展逐渐进入农耕阶段。在农耕阶段，先人开始定居下来，通过耕种生产食物，使出现更大的人类群体成为可能。根据估算，在狩猎生产阶段，养活一个人需要 200~500 亩（1 亩 ≈666.7 m^2）土地，因此群体的规模不会超过 300 人。而到了农耕阶段，养活一个人需要 3~5 亩土地，这样群体的规模就大大增加了。不仅如此，有效地农耕还会导致食物盈余，使人们可以从事除农耕以外的其他活动，从而带来了文明和文化的发展，产生了更多的知识，如天象、水利、冶炼、几何等，这些知识反过来又提高了农耕效率。在一些地方出现了文字，文字的出现大大加快了知识的传递和发展过程。于是，更多的能源、资源、人口、知识造成了一种正反馈机制，在人口聚集的地方逐渐出现了城市。随着城市体量和复杂性的增加，需要建立权威机构加以管理，社会结构、社会组织、社会关系也就形成了。

近代以后，现代科学逐渐建立，科学知识以更加迅猛的速度发展，以更加快捷的方式传递。人类生产先后从手工时代进入蒸汽时代、电力时代、核能时代、信息时代，人类支配能量的能力越来越强，人类社会的组织化程度也越来越高。

因此，从熵和能量的角度，可以帮助我们更好地理解人类社会的诞生及人类发展过程。

1.6.5　从宇宙诞生到现在的总日历

按照目前最新的估算，自宇宙大爆炸到今天，宇宙已存在 138.2 亿年。为了更形象地获得从宇宙诞生到人类诞生及人类发展进程的直观感受，我们不妨把 138.2 亿年的时间折合成 1 年，大致计算出从宇宙诞生到现在一些标志性事件对应在 1 年中的时刻，这样就可以得到一个从宇宙诞生到现在的全年总日历，如图 1-6 所示。

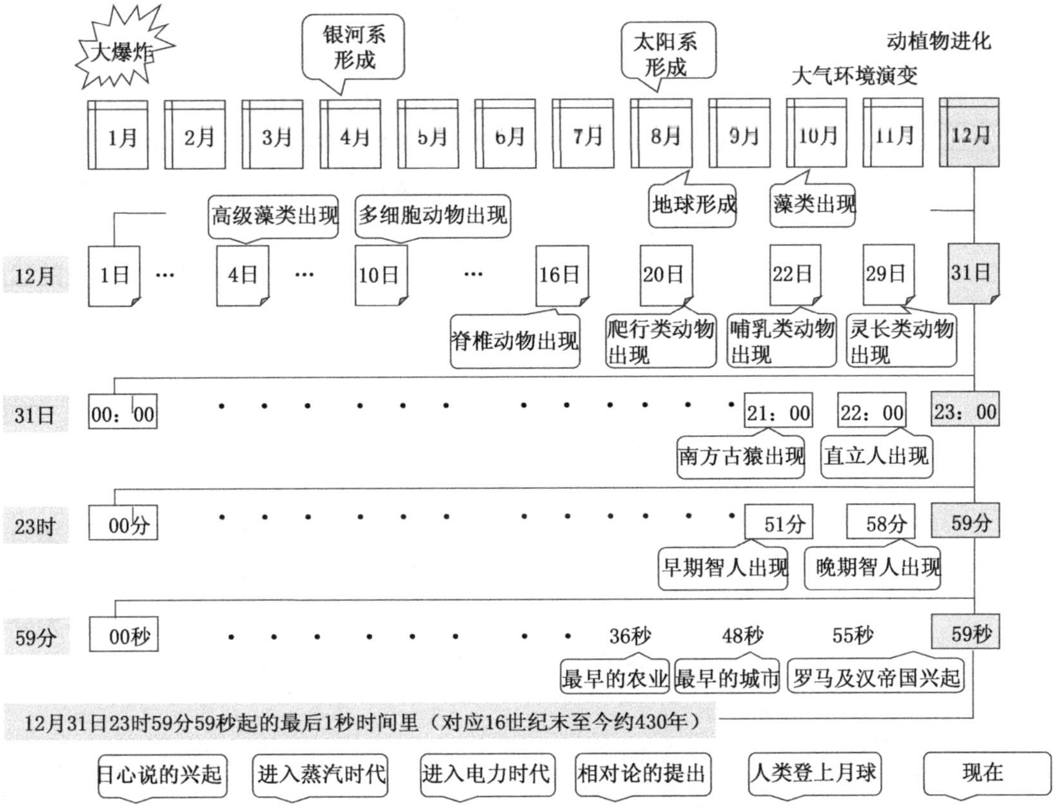

图 1-6　从宇宙诞生到现在的全年总日历

大约 138.2 亿年前，宇宙为无限小，密度为无穷大，温度为无限高，能量为无限大，宇宙在这一时刻发生大爆炸。

随后，随着膨胀的进行和温度的降低，能量在涌现的同时开始凝结成最初的物质粒子，物质粒子不断结合成更为复杂的结构，生成原始的氢、氦气体分子。由于量子涨落等原因，原始的氢、氦气体分子在分布上出现了局部汇聚的情况，经过漫长的积累，形成稠密的气体云。当引力作用超过空间的膨胀作用时，气体云开始在自身引力作用下塌缩。在塌缩过程中，巨大的势能转化为内能，使塌缩中心的温度急剧增大，触发了核聚变反应。

在图 1-6 中，1 月（大爆炸后的数亿年），第一批星系和恒星开始形成。第一批恒星是大质量恒星，寿命短，形成碳、氧、镁、铝、铁等元素，并且这些恒星在即将寿终正寝之际发生爆炸，将所产生的上述元素抛向四周，为生成下一代恒星提供了原材料。从此，宇宙进入星系、恒星生生死死的变化过程中。

大约在 4 月（距今约 100 亿年），银河系形成。银河系是目前可观测到的数千亿个星系中的一个。它是一个缓慢自转的星系，尺度约为十万亿光年，有若干条旋臂，旋臂上的恒星绕着星系中心做轨道运动，大约每 1 亿年转一周。银河系大约有 1000 亿颗恒星。

8 月（距今约 50 亿年），太阳形成。太阳是银河系中一颗中等大小的普通黄色恒星，它是第二代（或第三代）恒星，是银河系中大约 1000 亿颗恒星中的一个，位于银河系的一条旋臂的外边缘。

在 8、9 月交接处，作为太阳的行星，地球形成（距今约 46 亿年）。地球上的物质由其他恒星爆炸产生的原子构成。地球在最初形成时，是一个熔融状态的火球，而且受到彗星和小行星的猛烈轰炸。在 9 月下旬（距今约 38 亿年），彗星和小行星的猛烈轰炸开始减弱，地球逐渐冷却，大约在 9 月末，地球上出现原始的地壳岩石、海洋、大气。这时，地球上出现了最早的生命有机体——原核生物。关于生命起源，目前有不同的假设。化学起源说是被很多学者接受的假说。这一假说认为，地球上的生命是在地球温度逐步下降以后，在极其漫长的时间内，由非生命物质经过极其复杂的化学过程，一步一步地演变而成的。其大致包括从无机小分子生成有机小分子、从有机小分子物质生成生物大分子物质、从生物大分子物质组成多分子体系以及从有机多分子体系演变为原始生命四个阶段[75]。

75 人类目前还难以还原地球在最初几亿年里极端复杂的环境条件，关键性的有机多分子体系演变为原始生命的过程还无法通过实验验证。不过，上述四个过程反映的是一个开放系统中，结构从初级到高级、从简单到复杂不断结合的过程，总体上是符合能量持续输入情况下开放系统的演进规律的。

进入 10 月初（距今约 30 亿年），地球上出现蓝藻，它是大型单细胞原核生物，可进行产氧性光合作用，它的广泛出现促进整个地球大气从无氧状态发展到有氧状态。当氧的含量增加并稳定在 21%的时候，一些细胞可以通过呼吸氧的方式产生一种新的能源（ATP）。于是，细胞可利用的一种“新能源方式”诞生了，这些细胞进化成了一种新细胞，被称为真核细胞。这是生命进化过程中的一次飞跃。相比原核细胞，真核细胞具有分工有序的复杂结构，形成核的薄膜使细胞核独立出来，细胞核内部是染色体，染色体上拥有由 DNA 链条组成的基因组，细胞核成为细胞遗传与进化的控制中心，在此基础上，细胞进化出有性繁殖方式。真核细胞的外部区域有更多的薄膜交织，组成不同的细胞器：质体或叶绿体可以将光转化成化学能量；线粒体可以将食物转化为化学能量；核糖体是蛋白质合成的场所。真核细胞还包含便于运动的鞭毛。从原核细胞到真核细胞是生命进化过程中的一次飞跃，它为植物和动物的出现奠定了基础，今天所有的多细胞生物皆由有核细胞构成。而从物理学角度来看，这次飞跃是一个自然的过程和结果，正是因为一种“新能源方式”的出现，促进了生命的演化从相对简单、粗放的原核细胞走向复杂、有序的真核细胞，这仍然是前面介绍的熵和能对一个开放系统（把细胞看作一个开放系统）作用过程的又一种表现。当然，地球上生命从原核细胞到真核细胞的发展是一个极其漫长的过程，时间超过了十几亿年。

11 月初（距今约 23 亿年），真核细胞生物出现。真核细胞和有性繁殖方式使得细胞开始更加彻底地聚集在一起，最终发展成为植物和动物。当然，这又是一个极其漫长的过程，又经历了十几亿年。

我们现在熟悉的植物、动物大都出现在进入 12 月以后。12 月 4 日，高级藻类出现；10 日，多细胞动物出现；16 日，脊椎动物出现；20 日，爬行类动物出现；22 日，哺乳类动物出现；29 日，灵长类动物出现。

人类的祖先则大致出现在 12 月 31 日的后几个小时。12 月 31 日 21 时，南方古猿出现；22 时，直立人出现；23 时 51 分，早期智人出现；23 时 58 分，晚期智人出现。

人类文明则出现在全年最后一分钟的后几十秒。12 月 31 日 23 时 36 秒，最早的农业出现；48 秒，最早的城市出现；55 秒，罗马及汉帝国兴起。近现代文明则出现在全年最后一分钟的最后一秒，大致对应 16 世纪末至今约 430 年这段时间。典型的事件有日心说的兴起，人类进入蒸汽时代，人类进入电力时代，相对论的提出，人类登上月球等，最后时间来到现在。

从宇宙大爆炸到人类诞生的总日历中可以看出，地球上的人类只不过是宇宙中的普通栖居者，并非存在于它的中心而优越地成为特殊生物。

我们生存在一个奇妙无比的宇宙中，只有凭借非凡的想象力才能够鉴赏其年龄、尺度、狂暴甚至美丽。在这个极其广袤的宇宙中，我们人类所处的地位似乎微不足道[76]。我们的家园——地球，作为一个行星，围绕着一颗普通的恒星，在一个普通的星系中旋转，隐藏在宇宙中一个非常普通的角落。当然，我们人类也不必妄自菲薄。我们毕竟是宇宙中的幸运者，我们的太阳系和地球在无数个竞争者中脱颖而出，为人类的诞生提供了特殊的环境，而我们人

76　[英]斯蒂芬·霍金，列纳德·蒙洛迪诺：《时间简史》（普及版），吴忠超译，1 页，长沙，湖南科学技术出版社，2015。

类在短暂的瞬间已经创造出了灿烂的文明，并且开始了解创造了我们人类的宇宙。

1.6.6 关于宇宙诞生和演化的进一步讨论

以上我们利用人类已有的知识积累讨论了宇宙的诞生和演化过程，指出宇宙最初诞生于138.2亿年前的一次大爆炸事件。这里已经隐含了一个不恰当的表述，即时间是有起点的。而事实上，这个所谓的起点只具有相对意义，不具有绝对意义。大爆炸事件指出宇宙的一个相对起点，即在这一时刻，我们现在所知道的宇宙在这样一次大爆炸事件中诞生了。由于目前人类知识的局限，在这个时刻之前，我们对现在这个宇宙的前世是完全不了解的。

尽管如此，我们还是可以利用人类已有的知识，重新回到时间和空间的基本特征上，在基本的“法理”层面做一些探讨。

著名的物理学家霍金对时间开端有过精彩而形象的论述。他认为时间开端的问题，有点类似于地球上世界边缘（地理边缘）的问题。最初，人类认为地球是平坦的，沿一个方向可以永远走下去，可以无限地延伸，这样就一定存在一个最初的点，即绝对的起点。后来，人们发现地球是球体，即表面是一个“有限无界”的曲面。如果我们在地球表面上沿着某个确定的方向一直不停地走下去，那么永远不会遭遇到不可逾越的屏障，也绝不会从边缘处跌落下去，我们最终会回到旅行开始时的出发点[77]。从这个意义来看，世界边缘是不存在绝对起点的。爱因斯坦的相对论理论把时间和空间统一在一起称为时空，即时间和空间不是各自独立的存在，而是一个四维的时空统一体，并且这个四维的时空统一体的结构被物质（引力）所弯曲。爱因斯坦的相对论理论目前已经被大量的天文观测结果所证实。于是，根据相对论理论就可以得到，在弯曲的时空里，时间也具备了原来空间的类似特征，即宇宙具有“有界无边”的特征，这也是目前科学家基本的共识。于是，在一个“有限无界”的曲面上，理论上我们似乎可以绕着宇宙一直走下去，并最终回到出发点。尽管这并不现实，因为可以证明，在我们还没来得及兜上一圈时，宇宙的尺度早已重新缩为零了。要想在宇宙寿终正寝之前赶回起点，我们的旅行速度必须超过光速，而这是不可能实现的[78]。

意识到时间可以像空间中另一方向那样行为，意味着与我们摆脱世界边缘的方法类似，我们也可以摆脱时间有一个起点的问题[79]。从这个角度来看，所谓宇宙的起源问题，其提出本身就不合逻辑。假如说时空几何如同地球一样是球形的（当然维度更多），那么探讨宇宙时间的起源，便如同在网球上寻找起点一样徒劳无

77 [英]斯蒂芬·霍金:《宇宙简史：起源与归宿》，赵君亮译，19-20页，南京，译林出版社，2012。

78 目前时空有限而无界的这种概念还是一种设想，无法从某个原理推演导出。但广义相对论和量子理论结合起来，可能可以做到这一点。可参考[英]斯蒂芬·霍金:《宇宙简史：起源与归宿》，赵君亮译，20页，南京，译林出版社，2012。

79 [英]斯蒂芬·霍金，列纳德·蒙洛迪诺:《大设计》，吴忠超译，116页，长沙，湖南科学技术出版社，2011。

益。因为宇宙时空本来就不曾有所谓的起点，时间没有边界或起点，正如球形的地球表面不存在所谓的边缘一样[80]。而在宇宙大爆炸发生的零点时刻，则可能显示了“有限无界”特征的一种极端情况，即时间和空间被无限大的质量无限弯曲，蜷缩成为一点，在这一点上，自然更没有起点所言了。

80 [美]大卫·克里斯蒂安：《起源：万物大历史》，孙岳译，17 页，北京，中信出版社，2019。

因此，大爆炸并不标志着宇宙的绝对起点，它标志的是我们对于物理理论认识目前能达到的终点[81]。大爆炸发生的时刻是一个相对起点，从这一个时刻起，我们利用掌握的现有知识可以去解释这个阶段宇宙的起源和演化过程。关于大爆炸的理论中还有很多理论和实际问题目前我们给不出真正的解释，还需要进一步的探索。

81 [美]肖恩·卡罗尔：《大图景：论生命的起源、意义和宇宙本身》，方弦译，53 页，长沙，湖南科学技术出版社，2019。

如果说时间的起点具有相对性，宇宙大爆炸事件是时间的一个相对起点，那么宇宙在大爆炸之前来自何处？宇宙又会走向何处？由于人类知识的局限性，目前我们还无法给出确切的说法。不过，已经有一些分析和观点对此做了探索。

根据弗里德曼宇宙模型，宇宙的发展可能有两种形态：无限膨胀宇宙和循环宇宙。如果宇宙密度小于临界密度，宇宙将永远膨胀下去；如果宇宙密度大于临界密度，宇宙将先膨胀，然后停止膨胀，取而代之的是宇宙加速收缩，最终接近奇特的无穷密度状态，之后会再度爆炸，进入循环宇宙状态。

霍金把费曼路径积分即“历史求和”的量子理论思想应用于宇宙的起源，提出多宇宙思想，认为宇宙自发出现时以所有可能的方式开始，量子涨落导致微小宇宙从无中创生出来，如同沸水中蒸汽泡的形成。许多微小气泡生生灭灭，但其中的一些达到临界尺度，然后以爆胀的方式膨胀，形成星系、恒星，以及至少在一种情况下形成像我们这样的生命。因此，存在许多拥有不同族物理定律的宇宙。

这些理论的具体观点有所不同，但具有共同点。其中一个共同点是都体现了科学决定论的思想。科学决定论的思想在牛顿创立第一个现代科学理论以后逐渐形成。正如著名物理学家霍金在其著作《大设计》中指出的，“必定存在一套定律完备集合，只要给定宇宙中在某一特殊时刻的状态。它们就指明宇宙从那个时刻往前将如何发展。这些定律应在任何地方、任何时刻都成立，否则的话它们就不是定律，不可能有例外或者奇迹。神祇或魔怪都不能干涉宇宙的运行。”[82] 在前面介绍的宇宙大爆炸理论中，我们看到物理学家沿着这条道路已经可以解释该理论中很多极其复杂的相关过程了。而沿着这条道路，随着我们人类认识水平的提高，新定律将被渐次发

82 [英]斯蒂芬·霍金，列纳德·蒙洛迪诺：《大设计》，吴忠超译，145 页，长沙，湖南科学技术出版社，2011。

现，我们就可以解释更多原来不能被解释的现象。[83]

在这些理论中，我们还可以看出它们都是围绕物质（能量）展开的。只不过，这里的物质（能量）具有更大的广泛性。真空也是物质，最初真空的涨落可以形成无穷大的能量（正能量）和暗能量（负能量），如同在一个相等的正数和负数后面可以加任意多个相同数目的零而它们的和仍为零一样。能量可能形成我们现在看到的物质（可能还包括暗物质）和对应的引力。而目前我们并不了解暗能量，尽管我们已经确信它们的存在，它们形成一种斥力（反引力），推动当前宇宙的加速膨胀。引力与反引力、能量与暗能量之间的相互作用与力量对比的变化，可能决定了宇宙的形态和未来，决定了宇宙永远运动变化的进程。

宇宙大爆炸理论和对应的时间起点的相对性特征，再次说明了世界的物质统一性观点。宇宙因物质（能量）而诞生，依据其自身客观规律运行，不需要外来的干预和启动，而且会生生不息地运动变化下去。

在宇宙大爆炸理论提出后，曾出现了有意思的现象。天主教会就曾宣称大爆炸理论模型与《圣经》相一致，把大爆炸理论模型作为上帝创世论的一个支撑。但这实际上是对大爆炸理论的一种误读和误用。

首先，它遮挡了时间开端具有相对性的这个重要特征，把宇宙大爆炸时刻作为绝对时间起点，从而为神灵干预提供了机会。时间开端具有相对性，即宇宙时空本来就不曾有所谓的绝对的起点来源于时空“有限无界”的特性，它实际上排除了上帝对宇宙起源进行干预的机会。巧合的是，霍金第一次提出时空“有限无界”的看法，是在梵蒂冈召开的一次宇宙学讨论会议上[84]。霍金回忆到，“当时人们并没有注意到它对宇宙创生过程中上帝说起作用的含义，对我来说也同样如此。”[85]事后，他本人也有些后怕，“我可不想重蹈伽利略命运之覆辙，我对伽利略抱有很大的同情……”[86]

其次，在宇宙的创立和演进过程中，依据科学决定论的思想，宇宙大爆炸理论终将可以自洽，不需要外力的推动，上帝没有存在的必要。18世纪的拉普拉斯是实践科学决定论的第一人。基于牛顿力学和数学理论，拉普拉斯提出了第一个科学的太阳系起源理论——星云说，并留下那句著名的回答：“阁下，我不需要那个假设。”[87]100多年以后，星云说得到现代科学理论和天文观测的验证。同样，在科学决定论思想指导下建立的宇宙大爆炸理论还有诸多遗留，目前还不能完全回答所有的问题，但随着科学水平的进步，宇宙大爆炸理论终将可以自洽。因此，也“不需要一个为我们

83 量子力学出现后，科学决定论具有了更加广义的含义。量子力学中的粒子没有精准定义的位置和速度，而是由一个波函数来代表。量子理论给出了波函数时间演化的定律，在这种意义上，它们是决定论的。可参考[英]斯蒂芬·霍金，列纳德·蒙洛迪诺:《时间简史》(普及版)，吴忠超译，126页，长沙，湖南科学技术出版社，2015。

84 因为天主教会意识到曾对伽利略犯下了一个极为恶劣的错误，而邀请一批专家就宇宙学方面为它提供建议。

85 [英]斯蒂芬·霍金:《宇宙简史：起源与归宿》，赵君亮译，78页，南京，译林出版社，2012。

86 [英]斯蒂芬·霍金:《宇宙简史：起源与归宿》，赵君亮译，63页，南京，译林出版社，2012。

87 据说拉普拉斯提出星云说，解释了太阳系的起源，拿破仑问拉普拉斯在他的体系中为什么没有上帝这个图像，拉普拉斯回答道：“阁下，我不需要那个假设。”

制造宇宙的仁慈的造物主”[88]。

再次，在宇宙大爆炸发生的时候，所有的时间和空间都无限弯曲在极小的“有限无界”的一点，而且温度无限高，密度无限大，除了这样一个极小的点，什么也没有。因此，此时也绝无上帝可以存在的空间。

最后，上帝创世论还有一个逻辑上无解的问题。如果上帝足够强大且能设计整个宇宙，那么上帝一定要比自己设计的宇宙更复杂，所以说假定有上帝的存在就意味着还需要进一步解释更为复杂的另外一种存在，以至于无穷。[89]

总之，现代宇宙观表明宇宙在更加广义的物质不灭与转化[90]下自发产生、自发运行，不需要干预、不需要初始推动。“它既不能被创生，也不能被消灭，它只是存在。”[91]包括人类在内的文明可能是客观世界长期发展历史长河中某些区域、某些瞬间的产物，文明可以认识宇宙，可以依据自然规律改变宇宙中物质的某些形态，但无论文明存在与否，宇宙都会按照自身的客观规律生生不息。

因此，物质还是第一性的。

88 [英]斯蒂芬·霍金，列纳德·蒙洛迪诺：《大设计》，吴忠超译，140 页，长沙，湖南科学技术出版社，2011。

89 [美]大卫·克里斯蒂安：《起源：万物大历史》，孙岳译，17 页，北京，中信出版社，2019。

90 这里的物质包括已经了解的物质、能量和现在不完全认识的真空，还有现在不认识的暗物质、暗能量以及其他更加不了解的物质形态。

91 [英]斯蒂芬·霍金，列纳德·蒙洛迪诺：《时间简史》（普及版），吴忠超译，92 页，长沙，湖南科学技术出版社，2015。

第 2 章　世界处于普遍联系和运动变化之中：辩证法战胜了形而上学

在哲学上，不仅要讨论世界是什么的存在，而且还要讨论世界如何存在。前者是唯物论和唯心论的对峙，后者则是辩证法和形而上学的对峙。

历史上，形而上学曾有多层含义。这里我们采用的形而上学是指反辩证法的思维方法。黑格尔首先从反辩证法的意义上使用形而上学一词。他认为形而上学的思维方法是一种主观抽象的、表面的、孤立片面的思维方法，主要是把事物当作一成不变的东西去研究[1]。

1 《哲学原理发展概述》编写组:《哲学原理发展概述》，142-144 页，福州，福建人民出版社，1981。

马克思主义哲学明确指出形而上学即反辩证法的思维方法。恩格斯还反复地深刻揭露了形而上学思维方法的实质。他说："把自然界的事物和过程孤立起来，撇开广泛的总的联系去进行考察，因此就不是把它们看作运动的东西，而是看作静止的东西；不是看作本质上变化着的东西，而是看作永恒不变的东西；不是看作活的东西，而是看作死的东西。这种考察事物的方法被培根和洛克从自然科学中移到哲学中以后，就造成了最近几个世纪所特有的局限性，即形而上学的思维方式……因为它看到一个一个的事物，忘了它们互相间的联系；看到它们的存在，忘了它们的产生和消失；看到它们的静止，忘了它们的运动；因为它只见树木，不见森林。"[2]

2 《哲学原理发展概述》编写组:《哲学原理发展概述》，145-146 页，福州，福建人民出版社，1981。

与形而上学的观点相反，辩证法认为，世界是普遍联系和永恒发展的，联系的观点和发展的观点是唯物辩证法的总特征。恩格斯说："当我们深思熟虑地考察自然界或人类社会或我们自己的精神活动的时候，首先呈现在我们眼前的是一幅由种种联系和相互作用无穷无尽地交织起来的画面。"

所谓联系，是指一切事物之间、事物内部诸要素之间以及事物发展的前后之间的相互依赖、相互制约、相互影响、相互作用，相互联系是物质世界的普遍本性之一。

物理学追求的至高境界就是发现不同物质间的联系，并尽可能实现统一。而统一是普遍联系的高级表现形式。因此，从内在逻辑来看，物理学理论的发展动因和辩证法的思想是一致的。由此也不难想象，物理学理论的发展结果将生动验证辩证法的正确和形而上学的错误。而物理学理论发展的事实确实证明了这一点。

世界是运动、变化、发展的。运动包括宇宙中的一切变化和过程。发展是指事物前进、上升的运动变化。新陈代谢、新事物战胜旧事物，使事物从低级到高级不断向前发展，这是宇宙间不可抗拒的普遍规律。发展的观点也是唯物辩证法的总特征之一。

就物理学而言，它本身就是研究物质世界各种运动规律的。经典力学、经典电磁学、经典热力学揭示了宏观物体、电磁场、分子热运动的运动规律，而相对论则揭示了宇宙、星系、恒星诞生、发展和灭亡的运动场景，量子理论揭示了微观世界处于永恒运动的规律和原因，现代热力学则以物理和数学的方法证明从低级到高级不断向前发展是一个开放的系统遵循的客观规律。

在本章，我们从基础物理学的主要理论出发来分析它们是如何诠释辩证法的普遍联系和运动变化的总特征的。

2.1 电磁学理论中的辩证法

一般把电磁学理论的发展分为 19 世纪的经典电磁学理论阶段和 20 世纪 40 年代的量子电动力学阶段。

19 世纪的经典电磁学理论是继牛顿力学理论后又一个完整的物理学理论，它是 19 世纪人类科技进步的伟大成果之一。经典电磁学理论带来了以电力、电气、无线电通信为标志的第二次工业革命，深刻改变了人类社会文明发展的进程。经典电磁学理论主要由两个理论分支构成：麦克斯韦方程组理论和洛伦兹力公式理论。麦克斯韦方程组理论深刻总结了自奥斯特实验将“孤立的”电现象和磁现象建立起联系以来，电和磁的内在联系即电磁场运动变化的规律，揭示了电磁波这种新的物质运动形式的存在；洛伦兹力公式理论结束了电磁学理论中的“场论”和“源论”各自孤立的局面，把“场”和“力”有机地结合在一起，揭示了电磁作用的规律。因此，它们都是代表从“孤立的”“静止的”形而上学到普遍联系和运动变化的辩证法的一次飞跃。

但如前所述，这次飞跃还不彻底，还保留了形而上学的成分。其表象体现在麦克斯韦方程组理论和洛伦兹力公式理论作为两个相对独立的理论分支可以在各自的领域内解决电磁场运动变化的问题和电磁作用的问题，但二者却无法统一；实质体现在它们在时空概念上仍然建立在形而上学的绝对时间和绝对空间之上。

20世纪40年代，美国物理学家费曼、施温格和日本物理学家朝永振一郎把量子化的电磁场理论与相对论量子力学结合起来，这才真实而完整地描述了电磁相互作用。该理论被称为量子电动力学。相对论的引入，使得电磁学在时空概念上建立在相互联系，而不是相互孤立的时间和空间的概念上，它使我们从本质上认识了电磁相互作用的机制：所有的电磁相互作用都是通过交换媒介粒子——光子来实现的，从而统一了电磁场运动变化和电磁作用原来两个各自分离的理论分支，代表了从不彻底的辩证法到彻底的辩证法的第二次飞跃。量子电动力学对现代量子理论的发展非常重要，促进了现代粒子理论的发展。

在本节，我们将分阶段总结电磁学理论从最早的形而上学到彻底地体现普遍联系和运动变化的辩证法的两次飞跃过程，从而以电磁学理论发展的事实说明尽管经历了一定的曲折，但辩证法最终彻底战胜了形而上学。

2.1.1 麦克斯韦方程组理论体现了普遍联系和运动变化的辩证法

人们很早就发现了电现象和磁现象。不过在19世纪之前，人们并没有意识到二者存在什么联系，对电现象和磁现象的研究处于各自的早期研究阶段。

19世纪开始，一些科学家受康德哲学关于各种“自然力”统一观点的影响，相信电与磁之间可能存在着某种联系，开始探索电现象和磁现象之间的联系。1820年，奥斯特通过实验终于发现了电流的磁效应，即长直载流导线使与之平行放置的磁针受力偏转，奥斯特实验揭示了电现象和磁现象的联系，宣告电磁学作为统一学科的诞生。之后围绕电现象和磁现象的各种规律被不断发现，如反映在稳恒磁场中的磁感应强度和电流关系的安培环路定理，变化磁场中产生电磁感应现象的法拉第电磁感应定律，确定感应电流方向的楞次定律等。

1864年，麦克斯韦对前人和自己的工作进行了概括，提出了联系着电荷、电流和电场、磁场的基本微分方程组。经后来者的整理和改写，浓缩为四个微分方程。方程一来自高斯电场定律，反映电场通过任意闭合曲面的通量等于曲面所包围的电荷总量，说明了电场的物质性，前面我们已经介绍过。方程二来自高斯磁场定律，反映穿过任意闭合曲面的总磁通量为零，即有磁场却没有磁荷，说明磁场需要其他的物质来源。这个来源不是别的，正是来源于联系。方程四回答了这个问题，它表明电流（包括位移电流）可以产生磁场。不仅如此，联系还是相互的，磁场还会反过来影响电场，方程三显示的就是变化的磁场产生电流的过程。可以说，麦克斯韦方程组理论中最核心的方程三和方程四正是建立在电场（电流）和磁场相互联系的基础之上，即变化的磁场产生电场，而且变化的电场产生磁场。电场和磁场构成统一的电磁场。不仅如此，麦克斯韦通过对麦克斯韦方程组的联合求解，预测当一对正负电荷围绕一个平衡位置不断振荡时，在其周围空间将产生把其运动方式和能量向外输出的一种新的运动产物——电磁波，并且计算得到电磁波在真空中的传播速度正好等于光速，因而还预想光是一种电磁波。所以，麦克斯韦不仅将电场和磁场有机统一为电磁场，而且还将之前人们一直认为没有关系的光和电磁场也统一起来。1888 年，德国物理学家赫兹通过实验证实了电磁波的存在和它的传播速度与光速相等，从而证明了麦克斯韦电磁理论和位移电流概念的正确性。电磁理论的建立，揭示了电、磁和光的统一性，实现了人类对自然界认识的又一次伟大综合。

在麦克斯韦归纳创立麦克斯韦方程组理论的过程中，充分体现了普遍联系和运动变化的辩证法特征。

2.1.2　洛伦兹力在受力问题上解决了“场论”和“源论”各自孤立的问题

在电磁理论发展的进程中，曾逐步形成两个相对对立的学派：“源派”和“场论派”。以法国和德国的物理学家为代表的“源派”，对电磁作用持超距作用观点，认为电荷是客观存在的实体，是一切电磁现象之源。他们否认电磁场的客观存在，试图建立基本的电磁力公式，用于统一解释全部电磁现象。以英国物理学家法拉第、麦克斯韦为代表的“场论派”，对电磁作用持近距作用的场观点，致力于电磁场的研究，认为或倾向于认为电荷、电流并非客观实体，而只是传递电磁作用的媒介物的某种运动形态或表现形式。显然，两种学派都不能完好地解释全部的电磁现象。从现代的角度来看，无论是“源派”还是“场论派”，都孤立和割裂了电荷和场两种相互联系的客观存在，体现了一些形而上学观的缺陷。洛伦兹将两种流派的不同观点进行了融合，破除了原有学派割裂电荷和场的观念，将电场、磁场概念引入电磁力公式，补齐了原来电磁力公式的不足，完整而统一地描述了带电粒子在电磁场中受到的电场力和磁场力，洛伦兹力公式成为解决带电粒子在电磁场中的受力相关问题的基石。洛伦兹力公式也成为经典电磁场理论除麦克斯韦方程组外的又一个支柱。洛伦兹力公式的提出体现了电荷和场在电磁力中相互联系的辩证法。

2.1.3 从狭义相对论看到的联系着的电场和磁场

牛顿力学中，时间和空间被看作各自“孤立存在”的绝对时间和绝对空间。麦克斯韦通过数学推导成功预测了电磁波，但他对电磁波产生机制给出了一个错误的解释。根据推算，电磁波在真空中的传播速度和参照系无关，而是一个常数 c，但与绝对时间和绝对空间对应的变换是伽利略变换，根据伽利略变换，在不同的参照系观察到的光速和所在惯性系的速度相关，因此在使用不同惯性系作为参考系时观察到的光速应该不同，这样就产生了矛盾。为了解决这个矛盾，麦克斯韦引入了绝对静止不动的以太，后来的实验证明这样的以太根本就不存在。所以，在物理学界形成了一种通俗的说法，麦克斯韦预测的电磁波结果是正确的，但解释却是错误的。

麦克斯韦对电磁波解释错误的根源是受到发展阶段的限制，他没有认识到电场和磁场更加本质的内在联系。在狭义相对论产生以后，人们对这个问题才有了深入的认识。狭义相对论是爱因斯坦根据光速不变和相对性原理提出的，自然可以满足麦克斯韦预测的光速在真空中是一个常数的条件，狭义相对论对应的变换是洛伦兹变换。洛伦兹变换是狭义相对论中最基本的关系，它表明时间和空间具有不可分割的联系，时间和空间实际上是不可分割的一个四维的时间、空间共同体。我们把洛伦兹变换应用于不同惯性系下的电场、磁场，可以得到以下的变换关系：

$$\begin{cases} E'_x = E_x, E'_y = \dfrac{E_y - vB_z}{\sqrt{1-\dfrac{v^2}{c^2}}}, E'_z = \dfrac{E_z + vB_y}{\sqrt{1-\dfrac{v^2}{c^2}}} \\ B'_x = B_x, B'_y = \dfrac{B_y + \dfrac{vE_z}{c^2}}{\sqrt{1-\dfrac{v^2}{c^2}}}, B'_z = \dfrac{B_z - \dfrac{vE_y}{c^2}}{\sqrt{1-\dfrac{v^2}{c^2}}} \end{cases}$$

这里我们完全可以抛开公式的具体形式，只看其反映的特征。可以看出，在惯性系 S' 中看到的单一电场 (E'_x, E'_y, E'_z)，在惯性系 S 看来，实际上却是既有电场分量又有磁场分量的电磁场；在惯性系 S' 中看到的单一磁场 (B'_x, B'_y, B'_z)，在惯性系 S 看来，实际上也是既有磁场分量又有电场分量的电磁场。即在一个惯性系下看到的所谓“单纯的”一个电场和“单纯的”一个磁场，在另一个惯性系下看就变成了一个统一的电磁场。也就是说，按照狭义相对论，电场和磁场的关系就如同狭义相对论下的时间和空间的关系一样，它们也是不可分的，它们共同构成一个电场、磁场共同体——电磁场，就如同时间和空间构成的时间空间共同体一样。即电场和磁场在本质上是联系在一起的，是密不可分的，只是在一些投影的角度下，可能显示为一个单独的电场或一个单独的磁场的“模样”。因此，从狭义相对论看到的电场和磁场，更加体现了普遍联系的辩证法特征。

2.1.4　量子电动力学提供了一幅物质世界普遍联系和运动变化的生动画卷

前面已经提到，麦克斯韦方程组理论和洛伦兹力公式理论构成经典电磁学的两大支柱，它们分别描述了电磁场运动变化的规律和电磁作用的规律，共同构成经典电磁学理论完整的理论体系，经典电磁理论取得了巨大成功。但经典电磁理论还存在一个突出的问题：这两大理论并不兼容，即二者在各自的领域分别适用，但不能在机制上统一起来。这样，从物理学理论的角度来看，经典电磁学理论是不完美的；从哲学的角度来看，还存在核心理论“相互孤立”的形而上学的成分。相对论、量子力学理论的先后出现，为解决上述问题创造了条件。

1931 年，狄拉克将相对论引入量子力学理论，提出狄拉克相对论量子方程。根据这一方程，狄拉克有两个重大的发现：一是存在电子的“反粒子”——正电子，它和电子质量相同，电荷相反，带一个单位的正电荷；二是“真空不空”，我们原来认为的什么都不存在的“真空”，其实是充满了电子和正电子的粒子海洋，由于电子、正电子、光子间会发生相互作用[3]，无论是一个电子、一个正电子，还是一个光子都会立刻和周围的正电子、电子或者光子发生作用，因此即使在真空中也不会存在可以“绝对孤立”的电子、正电子或光子，它们随时都处于和周围粒子的相互作用中。

1928 年，海森堡和狄拉克提出交换相互作用概念，引入交换力。随后狄拉克、泡利、海森堡又将这种观念用于电场，假定两个带电粒子之间的相互作用是通过交换光子进行的。1935 年，日本物理学家汤川秀树提出了交换力的思想来揭示核力并获得成功。这样，通过“交换粒子”实现粒子间的相互作用，成为一种普遍的作用机制。

另外，由于爱因斯坦用光子的概念解释了光电效应，人们认识

3　作用有很多方式，例如一个光子可以被一个电子吸收随后释放，原来的一个光子和电子就变成一个新的光子和电子；一个电子和一个正电子可以湮灭产生一个伽马光子；在一个时刻一个伽马光子可以产生一个电子和一个正电子构成的电子对，等等。

到场还具有粒子性。由此进一步认识到，电磁场是可以量子化的。电磁场的量子就是光子。1947 年，美国物理学家费曼、施温格和日本物理学家朝永振一郎把量子化了的电磁场理论与相对论量子力学结合起来创立了量子电动力学，从而使我们从本质上认识了电磁相互作用的机制：电磁场的量子就是光子，电磁相互作用是通过交换光子来实现的。该理论解释，一个电子放出一个光子，被另外一个电子所吸收，该电子又即刻放出一个光子被原来那个电子吸收，于是两个电子间就发生了电磁相互作用。因为所交换的光子不能被我们观测到，所以把它们称作“虚光子”，交换光子的过程称为“虚过程”。

与电磁场相关的力的作用都是通过交换粒子的方式实现的。一个例子就是原子核和核外电子的相互作用。我们知道，由于原子中核外的电子带负电，核内的质子带正电，从而在核外的电子和核内质子间产生了相互吸引的电磁力，该电磁力将核外电子束缚在原子核附近。量子电动力学从微观上对这种电磁力作用的实质进行了解释。如图 2-1 所示，为简单起见，示例中选用的是氢原子，有一个质子和一个核外电子，考虑到质量上的巨大差异，这里把质子近似看作静止的粒子。[4]

4 [美]R. P. 费曼:《QED：光和物质的奇妙理论》，张钟静译，82 页，长沙，湖南科学技术出版社，2015。

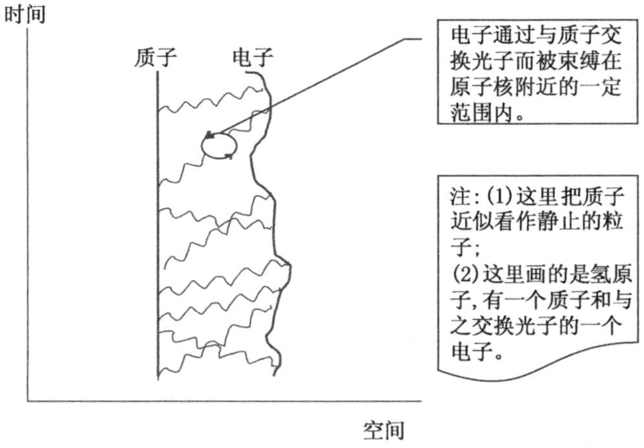

图 2-1 电子与质子交换光子

按照前面的解释，由于“真空不空”，质子和电子间的空间内有无数个“虚粒子”（电子、正电子、光子），核外的电子和核内的质子时时刻刻都在交换着光子，电子可能发出一个光子变成一个新电子，该光子被质子吸收，但下一时刻，质子又会放出一个光子，放出的光子又被电子吸收，循环往复。通过这种持续交换光子的方式，核外电子被束缚在原子核附近一定范围内，在表象上表现为由于相互吸引的电磁力而结合在一起的形式。

一般来说，宏观世界分子是通过原子间的化学键作用结合而形成的。原子间的化学键是相邻原子通过交换、共享、借用它们的核外电子来实现的，本质上是电子与电子、电子与质子间的电磁力，在微观机制上，这些电磁力也是通过交换光子的方式实现的。也就是说，原子中的质子和核外的电子都处于周围“虚粒子”的海洋中，相邻原子的质子、核外电子通过时时刻刻存在的交换光子的方式实现了相邻原子间的化学键作用，从而使它们结合在一起成为我们日常见到的物质。

不仅如此，对于我们日常的宏观世界，在原子、分子的尺度范围内，电磁力特别重要。其原因是在宏观世界范围内，四大基本作用力中，万有引力过弱可略去，强相互作用和弱相互作用是短程力，只在原子核内起作用，只有电磁力对原子、分子的结构起着关键作用，它在很大程度上决定了物质的物理性质和化学性质。实际上，宏观范围内的各种接触力，如摩擦力、弹性力、黏滞力等，也都是原子之间电磁作用的结果。在微观机制上，其也都是通过交换光子的方式实现的。于是，我们周围的宏观物质世界在微观上是这样一种场景：在所有的空间都充满无数个“虚粒子”，构成物体的内部原子间通过交换光子产生化学键和分子间相互作用，构成单个的宏观物体。不同的宏观物体接触面上，不同原子间、分子间交换光子产生了宏观范围内的各种接触力以及非接触力，在这些接触力以及非接触力的作用下，不同的物体组合在一起构成了各式各样的宏观大千世界。如一本静止放在书桌上的书籍，在宏观世界看似孤立、静止的表象下，在微观世界却是存在普遍联系和运动变化的“热闹场景”：两组原子、分子通过在“内部”交换光子产生化学键和分子间相互作用构成了书和桌子；在书和桌子的接触面，接触区域内来自书和桌子的无数个原子、分子通过交换光子产生了弹性力，支撑书静止地躺在桌子之上；另外，书和桌子还和外部的世界通过交换光子产生作用，对书和桌子的结构产生影响，使得书和桌子的寿命在减小，等等。上述的例子生动地说明，宏观世界中的任何一个物体都不可能“孤立”地存在和完全地“静止”；相反，它只能存在于普遍联系之中和运动变化之中。量子电动力学为我们提供了一幅物质世界普遍联系和运动变化的生动画卷。

综上所述，作为第一个现代量子理论，量子电动力学不仅解决了经典电磁场理论中一个形而上学的矛盾，同时还进一步体现了普遍联系和运动变化的辩证法特征。在量子电动力学之后发展起来的量子色动力学、夸克理论、规范场理论等现代粒子理论，进一步将“真空不空”、交换粒子的作用机制等思想从原子外推到原子核和亚原子核层面，表明不仅原子、分子层面的物质世界是普遍联系和运动变化的，而且在原子核和亚原子核层面也是普遍联系和运动变化的。

2.2 从经典热力学理论看物质世界的普遍联系和运动变化

物理学理论中，除研究以个体为主的理论外，还有一个以大数群体为研究对象的理论分支，这就是热力学。之所以称为大数群体，是因为它具有这样的特征：1 摩尔的一小块物质就可以包含 10^{23} 个分子这样大数量量级的个体。对这样的大数群体而言，单独研究其中一个个体是没有意义的，需要把所有的个体当作一个群体作为研究主体，抽象出表示群体共性的概念和规律。对大数群体规律的研究是非常重要的，因为从分子层面来看我们周围的物质世界大多都构成大数群体。经典热力学就是从最常见的群体（分子）出发研究大数物质群体具有的共性的概念和规律，其发展起来的概念和规律不仅为认识自然界群体物质提供了规律性依据，而且也越来越多地被应用于人类社会的社会群体活动分析上。

经典热力学理论的核心是热力学的四个基本定律。基于“热”和“冷”的常识，采用等温传递的方式，热力学第零定律定义了温度的概念；温度不同的物体间会发生热交换，热力学第一定律指出在物质发生热交换的过程中应始终遵循能量守恒的准则；物体间自发的热交换中还会有一个方向问题，即热量只能自发地从温度高的物体传递到温度低的物体，这体现的就是热力学第二定律；热力学第三定律则指出存在一个绝对最低温度——绝对零度，人们只能无限接近绝对零度，却无法达到。

从物理学来看，基于热交换，四大热力学定律形成一个相对完整的理论体系。结合哲学来看，热力学第零定律中温度概念的实质是不同物质都具有分子热运动，并可以统一用温度来衡量，而分子热运动就是物质世界最普遍的一种运动形式，体现了物质世界的普遍联系和运动性。在此基础上，热力学第一定律指出了这种普遍联系和运动性还可以传递，遵循能量守恒的准则，这实际上意味着这种普遍联系和运动性只能传递，不能消失。经典热力学中的热力学第二定律指出在一个孤立系统中，分子热运动只能走向更加分散、更加无序的状态，这指出了一个孤立系统运动变化的方向——走向死寂，也间接说明离开普遍联系的一个完全孤立的系统是不能长时间存在的。热力学第三定律所指出的绝对零度的温度不能达到，实际上意味着分子的热运动永远都不会消失，这恰恰体现了分子的热运动——这样一种最普遍的物质运动形式，具有运动的绝对性。

在哲学意义上，热力学四大定律从物质具有的最普遍的一种运动形式，体系化地诠释和验证了辩证唯物主义关于物质世界是普遍联系和运动变化的辩证观。

2.2.1　热力学第零定律提供了一种物质普遍联系和运动变化的基础

人类很早就认识到一些热的现象，人类对火（最简单的热现象）的认识和运用，对人类文明的产生和进化起到了重要作用。近代人类对蒸汽的认识和运用，直接导致第一次工业革命的发生，使人类文明发展进入新的阶段。但形成对热现象规律的定量描述的理论却是在 19 世纪以后。

首先，热力学在理论上碰到的第一个问题就是如何定义“冷”和“热”。有意思的是，热力学上对“冷”和“热”的定义，即温度的定义是通过联系的方式定义的。人们根据生活常识引入了热平衡的概念，即在与外界影响隔绝的条件下，使两个物体互相热接触，则热的物体变冷，冷的物体变热，经过一段时间，它们的宏观性质不再变化，这时就说它们达到了热平衡状态。

然后，利用热平衡状态的概念，在物质的联系中定义了温度，即在与外界影响隔绝的条件下，如果处于确定状态下的物体 C 分别由物体 A、B 达到热平衡，则物体 A 和 B 也是相互热平衡的。规定处于热平衡的物体温度相同，于是就有如果物体 C 分别和物体 A、B 的温度相同，则物体 A、B 的温度也相同。以上就是热力学第零定律。热力学第零定律是热力学理论的基础和出发点。后面我们就会理解，热力学第零定律之所以在联系中完成对温度的定义，就是因为热力学定律反映的是一种普遍联系的相关规律，在联系中进行对温度的定义是这种属性的自然要求。

后来，人们认识到，物质在微观上是由极大量的微观粒子——分子组成的，这些分子处于永不停息的无规则运动之中，这种运动称为分子热运动。温度是大量分子热运动的集体表现，是物体分子热运动的剧烈程度的标识，代表着分子做热运动时具有的平均内能。温度越高，分子的热运动越剧烈，平均内能越大；温度越低，分子的热运动越平缓，平均内能越小。

温度的定义和热力学第零定律看似简单，其实具有十分深刻而丰富的含义，同时它也是演绎出热力学其他定律的基础。温度是物质高度抽象的一个共同属性，它屏蔽了物质分子的各种具体类型和形态，只保留了物质分子热运动共性的度量，涵盖了目前已知的所有物质。也正因为温度超越了各种物质分子的具体类型和形态的差异，是物质高度抽象并具有的一个共同属性，从而在物质间建立了一种最广泛的普遍联系方式——热交换，通过热交换和物质间的相互作用（这里主要指做功），物质世界构成一个普遍的能量交换平台，在这个交换平台上遵循共同的、一般性规律，完成能量的交换。由此，产生了热力学第一定律和热力学第二定律。

由此可见，热力学第零定律提供了一种物质普遍联系和运动变化的基础。

2.2.2 热力学第一定律规定了一种物质普遍联系和运动变化的守恒准则

在实验和实践中，人们发现加热提高温度或者通过外部做功（如钻木取火）都能使得物体的内能增加。著名的焦耳实验则在定量层面证明了功和热可以等效，这样就产生了热功当量的概念。于是，人们将功和热影响内能的两种因素合并，提出了包含以上两种因素的热交换过程的能量守恒准则，即热力学第一定律，具体表述为如果系统经历一个过程，从外界吸收的热量为Q，系统对外界做的功为A，系统的内能增量为ΔU，那么

$$Q = A + \Delta U$$

即系统从外界吸收的热量等于系统对外做功和系统内能增量之和[5]。或者说，一个系统总能量的变化等于功热交互作用的总和[6]。

下面我们从哲学的角度分析一下热力学第一定律的含义。在上面的表达式中，热量$Q = C\Delta T$，其中C是比热容，对于一种物质可以认为是一个常数，ΔT是前后的温差，Q可以认为是系统内外部的物质通过热交换传递的那部分分子热运动，因此Q是包含运动的量。对于做的功A，有基本定义式$A = F \cdot S$，其中F是力，S是位移，即力在力的方向上移动的距离，于是A也是包含运动的量。系统的内能增加ΔU体现在系统内分子的热运动的变化上，因此ΔU也是包含运动的量。

于是，热交换是运动，内能是运动，做功也是运动。基于热力学第零定律定义的温度共性和建立的普遍联系，系统与外界又在联系中“被动性的”热交换和“主动性的”做功两种运动中交换能量，而所有的能量都不会消失，只能在不同物体间传递并保持总能量不变，这就是热力学第一定律。再进一步来看，能量本身也是运动。因此，热力学第一定律反映物质的普遍联系和运动变化，并给出这样一种准则：能量不会消失，只能传递；由此运动也不会消失，只会传递。因此，热力学第一定律是规定了一种形式的物质普

5 吴翔，沈蓓，陆瑞征，羊亚平：《文明之源：物理学》，第2版，131页，上海，上海科学技术出版社，2010。

6 [美]姜·范恩：《热的简史》，李乃信译，140页，北京，东方出版社，2009。

遍联系和运动变化的守恒准则[7]。

历史上，热力学第一定律和能量守恒定律有着非常密切的关系，有时甚至被等同起来。确切地说，热力学第一定律是能量守恒定律在涉及热现象宏观过程中的具体表述。能量守恒定律则是把能量的概念，从机械运动推广到热、电、磁乃至生命过程，并提出普遍的能量守恒原理，它为深入地理解自然界的统一性提供了有力的理论武器。[8]我们认为，这种统一性就是物质间的普遍联系和运动变化。

7　物质的普遍联系和运动变化还有其他形式，这里的形式主要是基于温度和分子的热运动。

8　赵凯华，罗蔚茵：《新概念物理教程：热学》，第 2 版，131 页，北京，高等教育出版社，2005。

2.2.3　热力学第二定律指明了物质系统运动变化的大方向

热力学第一定律给出了和热现象相关的系统运动变化过程中能量守恒的准则，但它没有解决系统运动的方向性问题，即对于一个系统而言，正向发展和反向发展都可以遵从能量守恒定律，但结果是不同的，并且在实验和实践中，系统的发展往往呈现不可逆的特征，即只选择其中的一个方向。于是，人们认为应该提出另一条独立的定律来反映系统运动变化的方向性问题，这就是热力学第二定律。热力学第二定律有两种典型的表述方式：热力学第二定律的开尔文表述和热力学第二定律的克劳修斯表述。其中，开尔文表述非常具体[9]，而克劳修斯表述中引入了一个非常重要的新的状态度量量——“熵”，它更具有一般性，所以这里我们仅围绕热力学第二定律的克劳修斯表述展开介绍。

9　热力学第二定律的开尔文表述为不可能从单一热源吸取热量，使之完全变为有用的功而不产生其他影响。

克劳修斯首先关注到自然界中存在一些单向性的现象，如热量只能从温度高的物体自发地传递到温度低的物体上，而不是相反，并给出热力学第二定律的一种朴素的表述：不可能把热量从低温物体转移到高温物体，而不引起其他变化。克劳修斯希望能定量地反映这一规律。1865 年，克劳修斯首次提出熵的概念，给出了热力学第二定律的定量表达式，即著名的公式 $\Delta S>0$，其中 $\Delta S=S_2-S_1$，即前后两个状态下熵值的差，该公式表明：在一个与外界隔绝的系统中，熵只能增加，而不能减少。它表示与外界隔绝的孤立系统发生的自然过程总是沿着熵增加的方向进行。因此，热力学第二定律又常被称为熵增原理。人们把熵增原理应用于时空系统，认为时间方向本身就由熵增加的原则所决定，因此呈现出单向性，即被称为“时间之箭”或“时间之矢”。

在经典热力学中，热力学第二定律指明了一个孤立的系统运动变化的大方向问题，即一个孤立的系统只能不断走向熵增，最终走向死寂。幸运的是，我们实际的物质系统都不是一个完全孤立的系统，而是开放性系统。热力学第二定律在现代热力学理论中得到进一步发展，解决了一个和外部有能量交换的开放性系统的发展方向问题，一个开放的系统和一个孤立的系统，发展方向是完全不同的，运动变化不仅存在量变，还存在质变，这个问题我们将在后面现代热力学理论的章节具体讨论。

另外，熵的概念在热力学中至关重要，其作用不亚于能量在热力学中的作用。如果说热力学第一定律是能量的规律，那么热力学第二定律就是熵的法则。不过，能量是我们熟悉的事物，在日常实践中可以直接显性地看到，因此相对比较好理解。相比而言，熵的概念和我们的日常生活没有直接挂钩，产生过程也不是直接可视的，而是深藏在经验和公式之下，所以显得有些抽象和不好理解。关于熵的发现过程和数学表达我们这里不详细展开[10]。下面主要从熵的内在含义上做一些剖析。

熵的第一个含义是表示系统的序与乱、单纯与混合的程度，这可以看作从系统内部角度对系统的自身属性做的一个度量。熵越大，就意味着系统的混乱无序程度越大，混合程度越大；熵越小，就意味着系统的整齐有序程度越大，单纯程度越大。熵增原理告诉我们，孤立系统中发生的自然过程总是向熵增加方向进行，也就是从有序向无序、从整齐到混乱、从单纯到混合的方向进行。如我们周末收拾完房间，这时房间里的东西都井井有条、各归其位，除非我们花些力气去维持既定的秩序，否则很可能到了下个周末房间里的东西就又变得乱七八糟了。不过，通过我们前面的分析可以看出，系统序与乱、单纯与混合的属性其实在本质上都是和组成物质的微观粒子的运动联系在一起的[11]。所以，熵还是和运动相关的一个物理量，熵的存在也体现了运动的存在。一个系统熵的改变体现了系统的运动变化。就一个孤立系统而言，熵增是永恒的规律，也就意味着运动是永恒的规律，这也是哲学上运动变化辩证法思想的体现。

熵的第二个含义是表示系统做功能力的大小。即熵越大，系统的做功能力越小；熵越小，系统的做功能力越大。这就如我们经过一夜充分的休息在早上刚刚起床时，熵值小，思路有序，头脑清楚，精力充沛，办事高效，做功能力大；但经过一整天繁重的工作后，熵值就变得很大，于是思路开始无序，头脑开始混乱，精力开始不及，办事效率开始下降，做功能力变小。熵的第二个含义实际上是从系统的对外联系中看系统的做功能力。一般来说，完全孤立的、和系统外部没有任何交互做功的系统是不存在的。因为具有熵，任何一个系统都具有和外部交互做功的能力，只是能力大小不

10　熵及其数学表达的发现过程可参见赵建:《写给未来工程师的物理书》，309-312页，天津，天津大学出版社，2021。

11　系统的序与乱、单纯与混合属性都是由物质内部的各种结构决定的，而各种结构是建立在运动基础之上的。例如对宏观物体而言，序与乱、单纯与混合主要建立在其物理性质和化学性质之上，而物理性质和化学性质建立在各种电磁相互作用之上，电磁相互作用建立在物质中包含的电子不断交换光子的运动过程之上。

同，交互做功的大小不同、正负不同而已。前面已经讨论，做功是普遍联系的一种体现，系统具有熵，就意味着系统和外部存在着普遍联系，这在哲学上正是普遍联系辩证法思想的体现。

因此，热力学中熵的概念本身就体现了哲学上普遍联系与运动变化的辩证法思想。

2.2.4　热力学第三定律体现了物质运动的绝对性

1906 年，能斯特在研究低温下各种化学反应的性质时，总结大量实验资料，得出了一个普遍规律，即

$$\lim_{T\to 0}(\Delta S)_T = 0$$

该公式用文字表述就是凝聚系统的熵变在等温可逆过程中随温度趋向于零而趋向零。它被称为能斯特定理。后来人们发现，能斯特定理的表达方式没有充分体现热力学定律应具有的普遍性。而能斯特定理的一个推论——用任何方法都不能使系统达到绝对零度，即“绝对零度不可能达到”的原则更具有普遍性，由此人们把“绝对零度不可能达到”原则作为热力学第三定律的通常表达方式。在历史上，热力学第三定律是从大量实验事实中总结出来的。作为经验规律，它与热力学第一、第二定律共同构筑了热力学整个逻辑基础的公理化原理体系。热力学第三定律的微观意义就是构成物质的原子、分子不可能处于完全不运动的状态。从哲学来看，对于物质运动的绝对性而言，热力学第三定律既是一种生动体现，又是一种来自自然学科的理论支撑。

1. 绝对零度的由来

首先我们来看一下绝对零度是如何得到的。16 世纪中叶，伽利略利用空气热胀冷缩的性质制造了第一个空气温度计。之后，人们制造了不同的气体温度计，并开始了气体状态规律的研究。18 世纪末至 19 世纪初，有关气体状态改变的实验定律——盖-吕萨克定律和查理定律被提出。

根据盖-吕萨克定律，在压强 p 不变的情形下，一定量气体的体积 V 随温度 t 做线性变化，即 $V = V_0(1+\alpha_V t)$；根据查理定律，在体积 V 不变的情形下，一定量气体的压强 p 随温度 t 做线性变化，即 $p = p_0(1+\alpha_p t)$。

以上两条定律都是线性关系，并且近似地适用于所有气体。如果将不同气体测得的满足盖-吕萨克定律的 $V-t$ 直线放在一起，人们发现经过延长以后它们在横轴 t 上的截距 $-\dfrac{1}{\alpha_V}$ 是相等的。如果将

不同气体测得的满足查理定律的$p-t$直线放在一起，人们发现经过延长以后它们在横轴t上的截距$-\frac{1}{\alpha_p}$也是相等的。而且，α_V和α_p也相等，约为$\frac{1}{273}$。于是，人们把$V-t$线性关系和$p-t$线性关系在横轴t上的截距值定义为绝对零度，约为-273 ℃，后来经过更加准确的测量，确定为-273.15 ℃。

需要说明的是，绝对零度是通过测量数据形成的线性关系反向延伸与横轴t相交才得到的，在实验中实际气体是无法达到的，因为在达到这个温度之前，所有的气体都已经液化甚至固化了。这个温度是所有可能达到温度的最低极限，其本身是达不到的，这也就是热力学第三定律的通俗含义。

按照经典的分子动力学理论，气体分子的平均动能和晶格振动的平均能量是和绝对温度成正比的。由此外推，在绝对零度，气体分子运动的动能和晶格振动的能量都趋向于零。因为绝对零度是不能达到的，所以按照经典理论，气体分子运动的动能和晶格振动的能量再小，也不可能为零，即气体分子和晶格不能绝对静止。从这个意义上讲，热力学第三定律是对哲学上物质运动的绝对性的一种验证。

而事实上，随着现代实验和理论的进一步发展，热力学第三定律有了更深入的内容，物质运动的绝对性得到更加有力的验证。

2. 零点能

现代科学实验表明，如图 2-2 所示，在接近绝对零度时，物体的能量值并不是趋向于零。在低温区，能量曲线斜率逐渐降低，直至温度等于零时与水平线相切。这意味着即使接近绝对零度，固体的能量值也不为零，而是具有一定的值，这个值就是零点能。零点能是物质粒子即使在绝对零度下也不能释放的能量，也不参加热交换。可以说，零点能的存在再次验证了物质运动的绝对性——即使在绝对零度物质也是运动的。不过，对于零点能的解释，需要基于量子力学理论中的不确定原理，我们在后面量子力学部分再具体讨论。

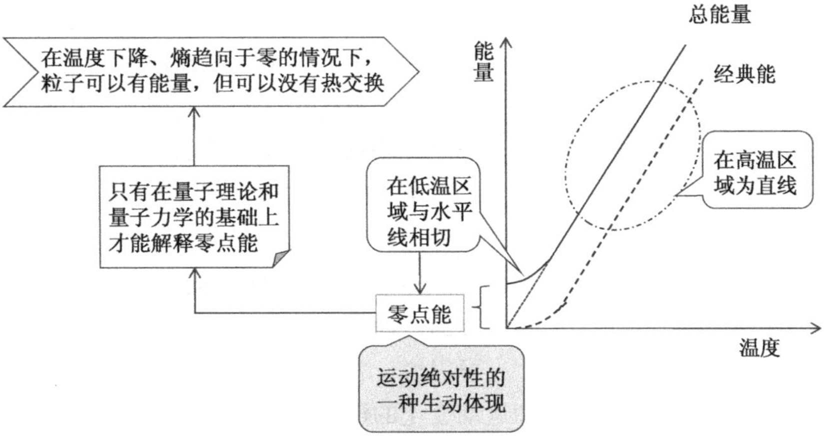

图2-2　零点能是运动绝对性的一种生动体现

2.3 从相对论理论看物质世界的普遍联系和运动变化

相对论和量子理论是在经典物理理论基础上发展起来的现代物理的两大理论支柱。它们的横空出世，掀开了物理学乃至全球性科学技术的变革与发展。

相对论的主要贡献者是爱因斯坦。有人把爱因斯坦比作思想上的探险家，就如同哥伦布一样，驾驶他的思想之舟，离开世界上熟悉的区域，远离经典物理的安全锚地，一直向西航行，来到未知莫测的大洋之中，直至探索到物理学新的大陆，为物理学的发展打开了广阔的空间。

时至今日，人们也常感叹爱因斯坦创立狭义相对论和广义相对论的神奇。而如果站在现代的角度来看，我们可以看到寻求物理世界的普遍联系就是指引爱因斯坦神奇的探险之旅的指南针。

牛顿创立的牛顿力学三大定律和万有引力定律统一了“天上”的力和“地上”的力。自那时起，探索物理世界的普遍联系逐渐成为物理学家探索未知世界的指南。法拉第认为，他只研究并讲解一件大事，即自然界所有事物之间的相互联系。麦克斯韦电磁场理论统一了电、磁、光三种不同的现象。当然，爱因斯坦则走得更远，他将时间、空间、质量、能量、惯性、引力这些看似孤立存在的事物统一起来，他创立的相对论是这样一个理论：它从相对论原理和光速不变的公设出发，探索并描述了物质与运动诸要素间的内在关系，并用公式的方式规定下来，这些要素包括时间、空间、能量、质量、惯性、引力等。相对论根据前后两个阶段分为两个部分：狭义相对论和广义相对论。狭义相对论统一了时间和空间、能量与质量。广义相对论明确了惯性、引力和质量（能量）的对等关系，并进一步指出惯性、引力和质量（能量）与时间和空间这两组量之间的联系，即前者的质量（能量）产生了后者时间和空间的弯曲。宇宙是目前人类认知的最大范围，广义相对论是现代宇宙学的基础，是人类认识宇宙和宇宙中各种神奇天体、神奇现象的基础。

本节我们首先论述相对论就是寻求时间、空间、能量、惯性和引力等基础物理量普遍联系的理论；其次我们论述质能方程对世界的普遍联系和运动变化观点的支撑；再次我们重温宇宙不是静止的，而是运动变化的过程；最后我们利用最新的理论进展对原来被作为“沉寂”“死亡”代名词的黑洞进行解释，指出黑洞也不是完全沉寂的，而是运动变化和富有生机的。

可以说，相对论理论及其相关成果充分体现了世界的普遍联系和运动变化的辩证法思想。

2.3.1 相对论是寻求时间、空间、能量、惯性和引力等基础物理量间普遍联系的理论

在牛顿力学中，时间、空间、物质和运动尽管有关系，但都是各自具有独立性的物理量。相对论理论则解释了这些看似独立的物理量背后更深一层的普遍联系，如图 2-3 所示。可以说，相对论就是寻求时间、空间、能量、惯性和引力等基础物理量间普遍联系的理论。

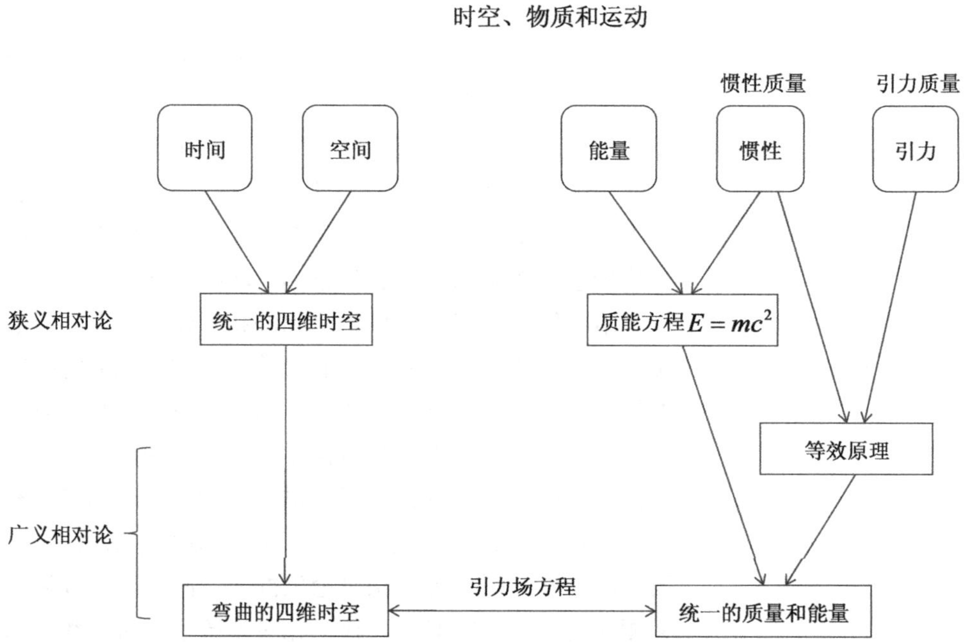

图 2-3 相对论就是寻求基础物理量间普遍联系的理论

在狭义相对论中，爱因斯坦首先依据相对性原理和光速不变原理，导出了洛伦兹变换，发现随着运动速度的改变，空间是可伸缩的，时间是可伸缩的，时间和空间是联系在一起的，而不是相互独

立的，它们构成了一个统一的四维时空。随后，爱因斯坦发现了质能方程，提出质量和能量不再相互独立，而是“一回事”，可以相互等效。

在广义相对论中，首先爱因斯坦提出了等效原理，即惯性质量和引力质量是等同的，这样两种质量和能量就等同起来；随后爱因斯坦将狭义相对论中平直的四维时空拓展为弯曲的四维时空，而造成时空弯曲的原因在于其中存在的质量（能量），即质量（能量）的分布度量决定了时空弯曲的度量。这就是广义相对论中最为重要的引力场方程。至此，时间、空间、能量、惯性和引力等基础物理量之间深层的普遍联系就建立起来了[12]。

12　其实，比起常规角度，从普遍联系的角度能更好地理解相对论。

另外，广义相对论还有一个结论：弯曲的时空对物体的运动产生约束，物体将沿着短程线运动。于是，时空、物质、运动之间的逻辑就打通了，即物质的质量（能量）引起时空的弯曲，时空中运动的物体要受到时空弯曲的约束。

2.3.2　从质能方程看物质世界的普遍联系和运动变化

狭义相对论的另一个重大成果是质能方程。1905 年 9 月，爱因斯坦发表了题为《物体的惯性与它所含的能量有关吗》的论文，在该论文中，爱因斯坦给出了著名的质能方程 $E = mc^2$ 。爱因斯坦本人把这个公式看作狭义相对论的最重要的单项成果。这是一个改变世界面貌和进程的方程，在知名度上则作为相对论的代名词为世人所知。

质能方程可以说是爱因斯坦在狭义相对论领域提出洛伦兹变换以后，一个“神来之笔”的突破。该方程表明质量和能量可以相互转化，能量和质量是等价的，质量就是凝结了的能量。对此，爱因斯坦在一次演讲中有过精彩的总结：“质量和能量在本质上是等同的，它们只是同一事物的不同表达形式而已，物体的质量不是一个常量，它随着其能量的变化而变化。”这样，物质世界中原来两个相互独立的量就具有了最高层面的联系——等效。[13]

13　需要说明的是，质能方程反映的是静质量和能量的转换。在实际中，静质量到能量的转换一般都是困难的，而且往往也只有少量的静质量真正被转换。

质能方程还说明质量和能量是不可分割的，在条件具备的情况下可以相互转化。这本身就体现了物质世界的最为基本的普遍联系。再者，即使静止的物体也孕育着巨大的能量。一般来说，能量来自运动，即运动和能量不可分。这样，质量和能量不可分，能量和运动不可分，质量和运动也就不可分。因为所有的物质都至少具有质量和能量的一种形式[14]，所以有物质必有运动。

14　例如光子不具有静质量，但具有能量；电子既具有静质量，又具有能量。

质能方程是物质世界具有普遍联系和运动变化特征的有力佐证。

2.3.3 宇宙不是静止的，而是运动变化的

每天太阳从东方升起，从西方落下。每年冬去春来，四季轮转。而仰望星空，群星总是璀璨依旧。这一切给我们的感觉都是，宇宙自诞生以来似乎一成不变。

在广义相对论创立不久，爱因斯坦就开始考虑求解宇宙的引力场方程，构建宇宙模型。正是因为有上面的这种感受，1917 年爱因斯坦在其研究成果《根据广义相对论对宇宙学所做的考察》中，提出了静态宇宙模型，为现代宇宙学奠定了理论基础。

为了保证从引力场方程解得宇宙必须是静止的结果，爱因斯坦甚至人为地在引力场方程中引进了一个称作宇宙常数的“敷衍因数”去修正他的理论，即只要调节宇宙常数到合适的值，以恰好平衡宇宙中所有物体的相互吸引作用，就可以得到静态的宇宙。

不过，静态的宇宙模型没有经受住时间的考验。20 世纪 20 年代，天文学家开始发现宇宙在膨胀的迹象，这意味着爱因斯坦的静态模型并不是宇宙的真实写照。1922 年，俄国数学家弗里德曼在不考虑宇宙常数的情况下，由爱因斯坦引力场方程导出宇宙动力学方程，并求解出动态的宇宙模型：宇宙将永远膨胀直至介质无限的稀薄；或者宇宙先膨胀，在时空函数达到极大之后又转向收缩。在上面的情形中，宇宙都不是一成不变的，都包含时空膨胀的情形。1929 年，美国天文学家哈勃总结了当时的一些观测数据，提出了哈勃定律，指出河外星系的退行速度与它们和我们的距离成正比。哈勃定律反映的正是宇宙膨胀的规律。于是，动态的宇宙概念被逐渐接受。

1932 年，勒梅特从宇宙膨胀的结论逆向思考，首次提出宇宙大爆炸的设想。1948 年，移居美国的苏联物理学家伽莫夫在勒梅特的基础上正式提出宇宙大爆炸的理论。在广义相对论、现代粒子学理论、现代天文观测的促进下，宇宙大爆炸理论得到了不断完善和验证，成为描述宇宙诞生、演化最成功的理论，我们在前面 1.6 节中做了较为详细的介绍。

到了 1998 年，越来越多的天文观测表明宇宙不但在膨胀，而且在加速膨胀。目前一种主流的观点是宇宙中还存在暗能量，而且暗能量随着宇宙的膨胀而增大，由此形成宇宙的加速膨胀。

因此，尽管关于宇宙的运动目前我们还不能完全认识，但有一点是肯定的，那就是宇宙不是静止的，而是运动变化的。

宇宙是目前人类所能想象的最大的物质世界，宇宙的运动变化是对物质世界运动变化的辩证法思想的有力支持。

2.3.4　黑洞也不是静止死寂的，而是运动变化的

1915 年，在爱因斯坦提出广义相对论不到一个月，德国天文学家卡尔・史瓦希就得到了引力场方程的一个静态球对称真空解。史瓦希发现在圆点的周围，突然出现一块区域，任何东西，无论是信号、光线还是物质都不能从中逃逸，这个区域称为“史瓦希球体”。这项杰出的成就为科学界开启了向现代黑洞概念进发的漫漫路程。

在对恒星生命过程的认识中，人们首先提出了恒星级黑洞的概念。当恒星的质量大于 10 倍的太阳质量时，其生命结束时最后的归宿可能是形成一颗恒星级黑洞。后来，人们认为类星体的内部存在超大质量的黑洞，超大质量的黑洞吞噬着环绕在其周围的吸盘物质而向外喷射的巨大能量，因此看起来是“类似恒星的天体”。再后来，通过推算，人们还认为在每个发育完全的星系（包括银河系）的中心似乎都存在超大质量的黑洞。

最初，人们认为黑洞是没有生气的、代表死寂的、“只吃不吐”的怪物。天体学家甚至将黑洞称为一种文化意象:“几乎所有人都知道黑洞的象征意义，即张开血盆大口吞噬一切的怪兽，任何东西都难逃其魔掌。”

20 世纪 70 年代起，人们将热力学引入黑洞物理学中，从而发展起黑洞热力学理论。随后，霍金提出了黑洞的热辐射理论。他认为，不论是哪种黑洞，它都会向外发射粒子。其机理是在黑洞表面因为真空涨落会产生正反粒子对，负能粒子落入黑洞（黑洞内部的时空与外部不同，允许负能粒子存在），使那里的能量减少，而正能粒子离开黑洞飞向远方。黑洞的这种性质与黑体辐射相似，被称为霍金辐射。

霍金辐射颠覆了人们对黑洞以往的认知（即代表“孤独”“沉寂”“死亡”），由此黑洞不再是死亡的星体，不再是恒星演化的终态，黑洞不断地吸积周围的能量和物质，同时不断地向周围发出热辐射，黑洞成为一个活动的、具有生命力的星体。

根据黑洞热力学理论，黑洞质量越大、温度越低，越吸收外界辐射；质量越小、温度越高，越向外发出辐射。黑洞的负热容性质使它与外界热辐射很难达到稳定的热平衡。当黑洞温度低于外界温度时，黑洞就会吸收外界的热辐射，负热容使得吸热后的黑洞温度进一步降低，这将导致它吸收更多的热辐射，温度将进一步降低。当黑洞温度高于外界温度时，黑洞将对外界放出热辐射，负热容又使放热的黑洞升温，导致给予外界更多的热辐射，黑洞将再进一步

升温，最后爆炸消失。从黑洞的上述特征我们可以看到，黑洞越大，或许越容易长期存在；黑洞越小，或许越不易存活。宇宙中大的星系中心往往都存在巨大的黑洞，因此也就相对稳定。

由此，黑洞成为动态的、发展的、会存储能量和释放能量的天体，成为宇宙的重要组成部分，甚至可以说是主宰者。每一个体形庞大、中央隆起的星系中心都有一个巨型黑洞，古老的类星体依然可以被再次触发。例如，在银河系的中心，停泊着类星体的前任——一个仍在沉睡中的巨大质量黑洞，它的质量约为太阳的400万倍（与其他星系的质量动辄数十亿倍于太阳质量的黑洞相比，它还是太小了），现在正在低挡怠速运转。当旋转的银河系慢慢与近邻的仙女座星系（其中心黑洞的大小约为银河系黑洞的10倍）相撞时，这头巨兽将被完全唤醒，两大星系将合并为一个椭圆形星系，它们的黑洞也会合并，碰撞将会产生新的气体资源，合并后的黑洞又将吞噬这些气体资源，一场新的“演出”又将拉开大幕。而从更大的视角来看，目前宇宙在快速膨胀中，而膨胀使得宇宙的背景温度进一步降低，或许存在这样的一天，当宇宙的背景温度低于一些星系中心黑洞的温度时，这些巨大的黑洞开始爆炸乃至最后消失，新的宇宙格局和现象又将呈现。

黑洞不是静止死寂的，而是运动变化的，黑洞的运动变化还会影响宇宙的运动变化。所谓的“热寂说是宇宙的终点”的说法也就不成立了。

2.4 从量子理论看世界的普遍联系和运动变化

在本节我们介绍不确定原理所暗含的永恒的运动，在狄拉克方程中寻找普遍联系和运动变化的表现，在微观上从电磁相互作用看物质的普遍联系和运动变化，最后对夸克禁闭性进行讨论，指出夸克具有禁闭性是目前对夸克的一个近似的、有限的、阶段性的结论，把它当作无限的、“终极性”的结论是难以成立的。

2.4.1 不确定原理与永恒的运动

不确定原理又称测不准原理，是量子力学的基本原理。其含义是微观粒子的坐标偏差和动量偏差的乘积永远大于或等于常数$\frac{h}{4\pi}$。这就是说，微观粒子的坐标和动量，不可能同时具有确定的值，即我们要想准确地测定粒子的位置，就无法测定它的动量。反过来，要想准确地测定其动量，就无法准确地测定它的位置。[15]

在理论上，不确定原理和绝对静止是矛盾的。因为绝对静止就意味着粒子位置固定，速度为零，这也就要求粒子的坐标偏差和动

15 其实，对于不确定原理中的不确定性，测量造成的搅扰只是其中一部分解释，不确定性存在于粒子本身，是粒子内秉的性质，和测量与否并没有关系。

量偏差同时为零（坐标可以不为零）。显然这是和不确定原理相矛盾的。可以说，不确定原理就要求永恒地运动。

在实验和实践方面，2.2 节中提到的零点能就是由于不确定原理的存在，使得即使在温度趋向绝对零度的极端情况下，粒子仍能具有一定的能量值并保持运动而不能完全静止的例证。其大致的解释如下。

按照海森堡提出的不确定关系，位置坐标的不确定度 Δx 与动量的不确定度 Δp 应满足：

$$\Delta p \Delta x \geqslant h$$

如果我们将某一粒子限制在尺寸为 l 的立方盒子中，此时粒子位置的不确定性为 l，对应的动量的不确定性约为

$$mv \approx \frac{h}{l}$$

将两边平方，再乘以 $\frac{1}{2}$ 除以 m，可得

$$\frac{1}{2}mv^2 \approx \frac{1}{2}\frac{h^2}{ml^2}$$

这个值就对应于粒子不能释放出的零点能，不参加热交换[16]。这意味着即使在温度趋向于绝对零度时，粒子可以没有热交换，但仍有能量，粒子仍不能完全静止。

16　冯瑞，冯少彤：《溯源探幽：熵的世界》，第 2 版，166 页，北京，科学出版社，2016。

2.4.2　狄拉克方程中的普遍联系和运动变化

在量子力学理论中，波动力学和矩阵力学解决了核外电子的分布和运动等重大问题，取得了很大的成功。但它们都没有考虑狭义相对论的要求，而且电子自旋是作为一个假设置于理论之中的，理论本身没有给出这个解。而要描述现代物理学中更加广泛的高能、高速的微观粒子的运动规律，就需要考虑狭义相对论效应，需要发展满足狭义相对论要求的量子力学方程，即相对论量子力学方程。狄拉克方程就是最为重要的相对论量子力学方程。自 20 世纪 30 年代起，狄拉克方程成为现代物理学的基石之一，它的成功应用标志着量子理论一个新纪元的到来，因此其在现代物理学中具有重要的地位。从哲学来看，狄拉克方程本身的产生过程及其重要结论中都孕育着丰富的普遍联系和运动变化的思想。

首先我们需要从狄拉克方程的提出过程入手。在波动力学和矩阵力学之后，人们意识到需要将狭义相对论引入量子力学理论中。所做的第一个尝试是克莱因-高登方程的提出。其基本思路是把相关的表达式代入相对论的能量-动量公式 $E^2 = p^2c^2 + m^2c^4$ 中，得到

$$\Delta\psi-\frac{\partial^2}{\partial t^2}\psi-\frac{4\pi^2m^2c^2}{h^2}\psi=0$$

这里，我们只关心该式的特征即可，原本希望通过能量-动量公式引入相对论的要素，但由于采用的是能量平方的关系，实际上又损伤了原有的相位信息，因此上式中时间和空间还是分离的，并不具备狭义相对论中时间和空间是统一的四维时空的特性，即并没有真正引入时间和空间的相互联系。所以，克莱因-高登方程的适用性非常有限，这是克莱因-高登方程的缺陷所在。

在建立狄拉克方程时，狄拉克认为，应该采用 $E=\pm\sqrt{p^2c^2+m^2c^4}$ 的形式，这样就需要将方程的右边变为平方项。需要改变原来状态函数 ψ 的空间形态（三分量场），引入新型的场——四分量旋量场 ψ_u，这实际上是将原来分离的空间和时间合并成统一的四维时空。于是，狄拉克就建立起以下形式的狄拉克方程：

$$\left(\sum_{v=1}^{4}\gamma_v\frac{\partial}{\partial x_v}+\frac{m}{h/2\pi}\right)\psi_u=0$$

其中，γ_v 是 4×4 的矩阵。[17]

求解该线性微分方程时，狄拉克发现前两个解对应电子的自旋。为解释后两个解，需要引入一个新的粒子。结合前面根式形式的能量-动量公式，狄拉克后来把这种新的粒子定义为正电子，它和电子构成一对正-反粒子，正电子具有和电子一样大小的质量，带有与电子大小一样但极性相反的一个正电荷。后来，科学家在实验观察中证实了正电子的存在。不仅如此，科学家还发现目前所有已知的微观粒子都有其对应的反粒子。粒子与反粒子相遇时往往快速湮灭，并以辐射方式释放出对应的能量。反过来，一定的能量也可以分解为一对粒子与反粒子。

正-反粒子概念的提出具有革命性的意义。随之而来的就是狄拉克提出的“真空不空”的概念：原来我们认为的什么都不存在的真空其实是不空的，不仅不空，而且填满了各种各样的正-反粒子。这些正-反粒子和实际存在的实物粒子有区别，它们被称为虚粒子，虚粒子不能持续存在，它们一旦被吸引释放出来又会马上湮灭还原回去。在引入虚粒子的概念以后，真空就成为粒子的海洋，这个海洋还不是完全静止的海洋，而且由于真空涨落的存在，不断有粒子生成又湮灭，它是一个不时有浪花泛起的粒子的海洋。

在现代物理学中，“真空不空”的概念非常重要，在量子理论、宇宙学等领域有重要的应用。而在哲学上，它为物质的普遍联系和

17 [美]Laurie M Brown，Abraham Pais，Brian Pippard:《20世纪物理学》(第1卷)，刘寄星译，174页，北京，科学出版社，2014。

运动变化提供了一个生动的阐释：一个物体所处的空间，即使是我们通常意义上的“真空”，也是由无数不同种类的正负粒子对构成的，而一个物体本身就是由各种基本粒子通过几种基本作用相互作用而形成的一个有机的“粒子体”。这样，一个物体就不可能存在于一个“完全孤立”的环境中，而是始终处于一个各种粒子组成的“汪洋大海”之中。一个物体和其周围的粒子（包括虚粒子）始终是处于相互作用的过程中。物质世界中没有能“完全孤立”“完全独善其身”的物体。

狄拉克方程的创建体现了时间、空间联系的思想，狄拉克方程的成果为物质世界的普遍联系建立起一座桥梁。

2.4.3　从电磁相互作用看物质的普遍联系和运动变化

电磁相互作用是第一个在微观上被系统性认识的基本相互作用。根据量子场论的观点，在电磁场的量子化方面，电磁场对应电磁波，而电磁波的能量是量子化的，每一份能量就是一个粒子，这就是光子，于是用电磁场的激发就可以表示光子。根据前面介绍的狄拉克相对论量子方程，电子和正电子都可以看作各自四分量旋量场的激发。这样，电子、正电子、光子三者之间的作用就可以统一用场的相互作用来处理。

利用量子场论处理电磁相互作用需要比较高等的数学理论，一种直观而形象的表示方式是费曼发明的费曼图。下面我们通过费曼图（图 2-4）看一下空间中一个电子和一个光子可能发生的几种最简单的情形[18]：情形（a）表示的是原光子先被一个电子吸收，而后一个光子从电子中出来；情形（b）表示一个电子可能先释放出一个新光子，而后再吸收原光子；情形（c）复杂一些，它表示原光子先变成一个电子和一个正电子，产生的正电子再和原来的电子湮灭产生一个新光子和一个新电子[19]。从表面来看，过程前是一个电子和一个光子，过程后还是一个电子和一个光子，似乎没有任何的变化。但从实际的微观层面来看，过程后的那个电子和那个光子早已经不是过程前的那个电子和那个光子了。即由于电磁相互作用的存在和虚粒子的作用，微观粒子——电子和光子始终处于运动变化中，而产生运动变化的原因来自与外界的普遍联系。

从以上一个简单的电磁相互作用的例子，我们就可以形象地领会到物质世界的普遍联系和运动变化。

18　如前所述，空间中即使没有物质，但也是一个粒子的海洋。

19　在理论上存在许许多多的可能，可以是上面这几种简单情形的不同组合。

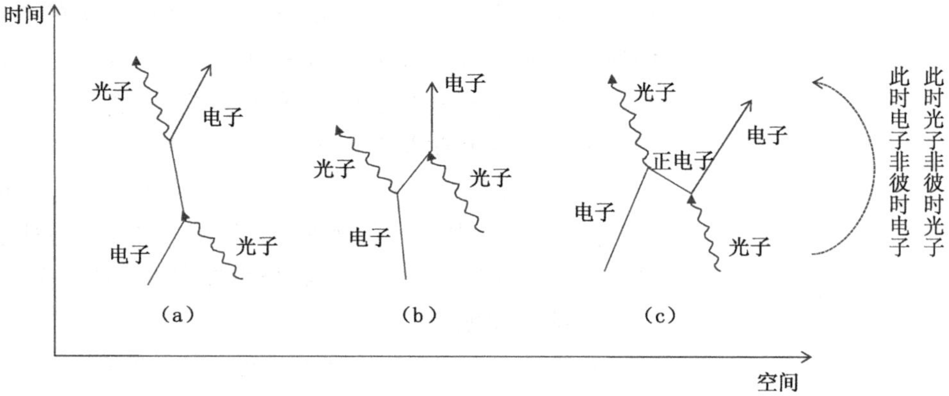

图 2-4 电磁相互作用体现普遍联系与运动变化

2.4.4 关于夸克禁闭性的讨论

前面我们已经介绍，人类所能观测到的丰富多彩、千姿百态的物质世界是由粒子物理标准模型中的十几种基本粒子不断“复合”构成的。这其实本身就是物质世界普遍联系的一种最直接的体现。

而且人类对于物质组成结构规律的认识也处于从粗到细不断深入的运动变化过程中，大致走过了从原子到原子核，从原子核到强子（质子、中子等），从强子到现在的基本粒子（夸克、轻子等）。

对于物质组成结构中体现的普遍联系比较好理解，目前也没有什么争议。但对于物质组成结构单元是否会继续深入变化下去，目前存在争议，并集中体现在对所谓夸克禁闭性的不同认识上。

在四种基本相互作用中，强相互作用具有一个和我们常识相悖的特性，引力和电磁力都是距离越远力越弱，而强相互作用却是距离越远力越强、距离越近力越弱（粒子会更加自由），这就是夸克的“渐进自由”。与夸克“渐进自由”相对应的是人们提出的夸克的“禁闭性”：强相互作用力在夸克间的距离增大时迅速增强，以至于我们即使对强子注入很大的能量，也不可能将一个单独的夸克分离出来，从而使我们不可能看见一个自由的夸克。所以，一种观点认为，由于夸克禁闭性的存在，夸克不能再被继续分割，因此基本粒子就是物质组成结构中的最小单元，不能再被分割，则物质组成结构单元到此为止，不会再细分变化下去。从哲学来看，物质结构向下的变化就停止了，即夸克向下辩证法也就不成立了。

我们认为，这种看法实际上是比较狭隘和武断的。下面我们从不同的角度对上述这种否认辩证法的观点做些分析，这些角度包括：更大范围的认知层面、夸克禁闭性理论本身、宇宙大爆炸时的历史层面、现实的条件等。

首先，从更大范围的认知层面来看，人类通过科学的方法对微观物质世界的认识在长度尺度是一个不断深入的过程。如图 2-5 所示，一个普通人的长度量级是 1 m，原子的大小大概是 10^{-10} m，原子核的大小大概是 10^{-15} m，质子的大小大概是 10^{-16} m，夸克的大小大概是 10^{-18} m。而目前人类在微观测量上能达到的极限位置大概是 10^{-18} m。从理论上看，10^{-5}~10^{5} m 大致是牛顿力学适用的范围，10^{-20}~10^{-5} m 大致是目前量子理论适用的范围，10^{-20} m 到普朗克尺度 1.6×10^{-35} m 还是人类目前无法通过实验观测了解的未知领域，未来还可能产生未知的理论，而普朗克尺度 1.6×10^{-35} m 以下是目前理论认为不可能了解的领域。单从合理性来看，如果说夸克以下不可再分，就意味着 10^{-18} m 以下如此宽广的范围都是粒子物理标准模型一种结构，这在逻辑上实在是难以让人信服。

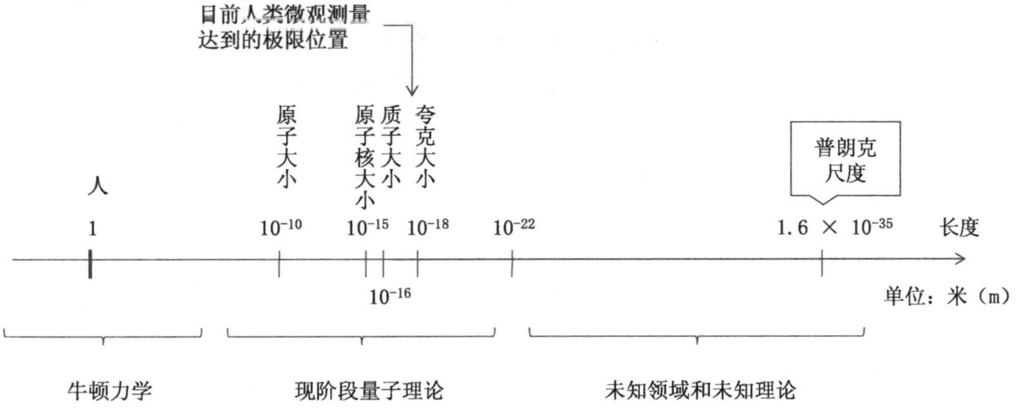

图 2-5　长度的已知和未知的认知空间

其次，从夸克禁闭性理论本身来看，其提出的过程大概是斯坦福大学的国家加速器实验室根据实验数据提出质子内部存在“自由转动粒子”的主张。为解释这一现象，霍夫特利用“重正化”的杨-米尔斯理论计算强相互作用时发现多出一个“负号”，这个结果随后也被其他物理学家发现。这个负号意味着强力具有与引力和电磁力相反的性质，即距离越远力越强，距离越近力越弱[20]。于是，这就使得夸克具有了“渐进自由”和“禁闭性”的特征。因此，提出夸克禁闭性的一个重要的理论基础是重正化方法，它是为克服量子理论中的发散困难，使理论计算得以顺利进行的一种理论处理方法。这种方法涉及对理论中粒子的质量和力的强度进行调整，而调整的范围是无限大。目前，这种方法在实际应用中非常有效，人们已经利用这种方法做出了一些预言，而这些预言以异乎寻常的精准度与观测结果相一致。但是重正化理论也存在一个明显的理论缺陷，正如著名物理学家霍金所指出：“但是，从力图找到一种完美理论的观点来看，重正化有一个严重的缺陷。一旦从无限大中扣除

20　[日]大栗博司：《强力与弱力：破解宇宙深层的隐匿魔法》，逸宁译，76-79 页，北京，人民邮电出版社，2016。

无限大，那么您想要什么答案就可以取得什么答案。这意味着，从这种理论不可能预言质量和力的强度之实际数值。相反，它们不得不通过与观测结果间的拟合来加以选定。”[21] 也就是说，重正化是基于当前实际测量结果“校正”而来的，虽然可以很好地满足当前尺度下的结果，但是如果把夸克禁闭性理论应用于未来领域，并且是如此大范围领域进行理论上的预测，这时重正化理论的“人为干预”的因素使得它对目前未知领域所做的理论上的预测的可信度就大大降低了。或者说，重正化理论是一个局限的理论，使用一个局限的理论在未来所有范围上做出一个全局性的结论，可能超出了它的作用范围。

21 [英]斯蒂芬·霍金:《宇宙简史：起源与归宿》，赵君亮译，97页，南京，译林出版社，2012。

再次，从宇宙大爆炸理论提供的从能量到基本粒子产生的历史层面来看，在宇宙发生大爆炸的初期，宇宙只有极高的能量，没有任何的粒子，所有的基本粒子（夸克、电子、胶子、中微子等）都是在宇宙温度降低到一定的时候由能量转化而来的。其他的基本粒子都可以以分离的方式在一个阶段内产生，唯独夸克，按照夸克禁闭性的要求，构成当前物质世界的所有夸克在某一个瞬间以夸克汤的方式一次性全部产生（如果不是全部一次性产生，就意味着夸克可以分离，这样就和夸克禁闭性矛盾了）。不仅如此，如果在宇宙发生大爆炸之初，夸克禁闭性就成立的话，确实难以解释为什么后来作为一个整体的夸克汤分离开，并分解成为无数个组成物质元素的小的单元。如果后者成立，一个假设就是在宇宙发生大爆炸之初的极端条件下（极高温度、极高密度、极高压强）夸克是可以分离的，即在宇宙发生大爆炸之初的极端条件下，我们现在所说的夸克禁闭是不成立的。

而目前，人类关于夸克的拉伸实验远远无法还原大爆炸之初的极端条件。因此，在当前实验条件下无法将夸克拉开分离，就直接得出夸克禁闭性的结论显然也是难以让人信服的。

总体来看，夸克具有禁闭性是目前对夸克的一个近似的、有限的、阶段性的结论，如果把它当作无限的、“终极性”的结论，显然是难以成立的。在尺度上，该结论难以涵盖微观尺度的巨大范围。在理论上，该结论本身具有明显的缺陷和局限性。在历史上，该结论应用宇宙大爆炸理论解释充满了矛盾。在实践上，目前的实验条件与得出的结论具有很大的局限性，远远不具备检验的条件。由此，在哲学上根据现在的“夸克禁闭性”的推理，得出的夸克以下不可分，物质结构向下的变化停止了，即夸克向下辩证法不成立这样的结论，显然也就不成立了。

2.5 现代热力学指明了一个开放系统运动变化的方向

根据熵增原理，在一个孤立系统中随着熵值的增加，系统将从有序向无序演化。实际上，在自然界中完全孤立的系统几乎不存在，绝大多数是开放系统，即系统与外界有相互作用，有能量和物质的相互交换。

于是，对于一个具体的开放系统，熵的变化 dS 可以认为由两项组成：第一项 d_eS 是通过系统边界传输的熵，第二项 d_iS 是系统内部产生的熵，则有[22]

$$dS = d_eS + d_iS, \quad d_iS \geqslant 0$$

如生命有机体，它不是孤立系统，由于自身的 $d_iS \geqslant 0$，因此生命体需要不断从外界吸收低熵态（有序度高）的养料，排泄高熵态（有序度低）的废物，即不断从外界汲取负熵，从而促使自身新陈代谢、生长发育、摆脱死亡和维持生命。如果 $|d_eS| \geqslant |d_iS|$，则有机体得以健康地生存，负熵在抵消自身的熵增；如果有一天不再有负熵 d_eS 流入，生物体的熵 S 将逐步达到最大值，生命过程也就终结了。

在 20 世纪 30 年代以后，热力学的研究发生了重大改变，从研究平衡态和可逆过程为主的传统热力学转向研究非平衡态和不可逆过程的现代热力学。对于不可逆过程下的非平衡态，按照一般性规律，在不同的热力学系统中，总存在着某种势函数，其极值驱使系统趋向平衡态。其分为以下两种典型情况。

第一种情况，往往在前一个平衡态的附近（称为近平衡态区），“力”和“流”保持线性关系，熵产生为最小值就提供这样的势函数，这就是最小熵产生原理。系统中熵产生为最小值的状态称为非平衡的定态，这是一种非平衡态，存在着速率不为零的耗散过程，但描述系统的热力学量是和时间无关的。因此，系统的熵值也与时间无关，这样系统熵的变化就为 0，即存在

$$d_eS = -d_iS < 0$$

这时，熵产生和熵流相平衡。例如，一根金属棒一端加热，另一端冷却，只要两端保持确定的温度 T_1 和 T_2，经过一段时间后，金属棒上就有一个不随时间改变的温度分布，此时金属棒处于稳定的定态，系统中熵产生为零，但存在着速率不为零的耗散过程。

定态和平衡态一样，也是稳定的，即系统对于干扰的响应导致干扰的消减，纵然有微小的涨落，亦破坏不了系统的稳定性。在近平衡态区中，如果外界约束条件不允许系统达到平衡态，那么系统不得已而求其次，将向熵取值为最小的定态演化，这也体现了近平衡态区在恒定约束条件下热力学的时间之矢，在向定态的演变之

22 [比利时]普里戈金:《从存在到演化》，曾庆宏，严士健，马本堃，沈小峰译，6 页，北京，北京大学出版社，2007。

中，初始的条件都被遗忘了，只有趋向的终态明确无误[23]。

第二种情况，在远离前一个平衡态的附近（称为远平衡态区），“力”和“流”不再保持线性关系，而是非线性关系，在该区域内遵循的规律不再是最小熵产生原理，对初始条件的反映也完全不同于第一种情况。在该区域，当外界输入的负熵 $|d_eS|>|d_iS|$，即 $dS<0$ 时，系统就可能走上愈益有序化的进程，可形成特殊的时空结构，这种“自组织结构”往往以能量（和物质）耗散为代价，故称为耗散结构[24]。并且，当偏离平衡参量增大时，非线性方程的解会一再出现分岔，最终导致混沌，即决定性方程管辖下出现的随机性。系统的行为对于初始条件的微量变化极其敏感，初始值若有了微小变化，方程所给出的某变量的变化轨迹偏移很大，甚至会面目全非。换言之，初始涨落会被非线性动力学机制放大许多，并带有很大的随机性。

于是，对于一个存在稳定外界输入负熵的开放系统，其发展变化呈现出以上两种情况的循环交替。首先，系统从一种结构进入一个近平衡态区，按照最小熵产生原理，达到近平衡态定态。然后，随着系统被逐步推离这个近平衡态区，进入一个远平衡态区，在负熵流的作用下，导致形成熵值低于系统原平衡态的耗散结构，耗散结构作为有序化的结果，比原结构更加有序，而且它还是稳定的。这也就意味着在外界负熵的作用下，系统从低一级的结构发展到了高一级的结构。而且，系统在新的结构的基础上又开始新一过程的轮回。这样，一个存在稳定外界输入负熵的开放系统就呈现出从简单到复杂、从低级到高级的发展方向。由此，物理学、化学中各种有序现象的起因和演变在这里得到解释，甚至如生命的起源、生物的进化乃至宇宙的发展等复杂问题也在这里初步得到启示的线索。[25]

下面我们以地球上生物进化为例，讨论一下一个存在稳定外界输入负熵的开放系统是如何沿着从简单到复杂、从低级到高级的方向发展的。

首先我们把地球及其周边的大气环境作为一个开放的系统，太阳是为这个系统提供负熵的供应者。以下粗略估算一下太阳提供的负熵值。

把太阳作为一个黑体辐射，其表面的温度约为 $T_{太}=6000\,\mathrm{K}$。根据黑体辐射理论，可以计算得到地球接收到的太阳光的总辐射功率 $p\approx1.79\times10^{17}\,\mathrm{W}$ [26]。在这部分总功率中，云层将太阳辐射的34%直接反射到太空中去，剩下的66%经过大气、海洋、地面等复杂的

23 冯瑞，冯少彤:《溯源探幽：熵的世界》，第2版，90页，北京，科学出版社，2016。

24 沈葹:《美哉物理》，215页，上海，上海科学技术出版社，2010。

25 冯瑞，冯少彤:《溯源探幽：熵的世界》，第2版，107页，北京，科学出版社，2016。

26 具体计算过程可参考赵凯华，罗蔚茵:《新概念物理教程：热学》，第2版，275页，北京，高等教育出版社，2005。

吸收、疏运和转化过程，最后还要以辐射的形式将能量发射到太空中去。地表的温度不均匀，但高层大气相对来说温度比较均匀，所以我们假定地球向太空的辐射也可以看作一个等效温度的黑体辐射。根据计算，地球向太空的辐射温度 $T_{地} = 253\ \text{K}$（约-20 ℃）。根据熵的定义，太阳带给地球的熵流为 $\frac{d_{入}S}{dt} = \frac{0.66p}{T_{太}}$，而地球向太空辐射带走的熵流为 $\frac{d_{出}S}{dt} = -\frac{0.66p}{T_{地}}$。根据开放系统熵的计算公式，一进一出之后，地球获得的净熵流为

$$\Sigma = \frac{d_{入}S}{dt} + \frac{d_{出}S}{dt} = -0.66p\left(\frac{1}{T_{地}} - \frac{1}{T_{太}}\right)$$

$$= -1.18 \times 10^{17}\ \text{W} \times \left(\frac{1}{253\ \text{K}} - \frac{1}{6000\ \text{K}}\right)$$

$$= -4.47 \times 10^{14}\ \text{W/K}$$

这就是地球获得的总负熵流。[27]

27 赵凯华，罗蔚茵:《新概念物理教程：热学》，第 2 版，276 页，北京，高等教育出版社，2005。

从太阳到达地球的辐射中有 44%被大气吸收，22%消耗在海水的蒸发上，0.17%消耗在驱动大气和海洋的流动和风浪上，被绿色植物用来进行光合作用的为 0.02%，因而光合作用提供的负熵流为 $\Sigma_{光合} = 0.02\%\Sigma = -8.94 \times 10^{10}\text{W/K}$。正是这个负熵值，维护了生态系统中的食物链。

对地球上一个生命个体而言，它也必须是一个开放系统。它一面不断从外界汲取低熵的物质，另一面不断地向体外排熵，形成负熵流。薛定谔在其著名的《生命是什么》一书中有一段名言：“生命之所以能存在，就在于从环境中不断得到负熵。”例如，对人来说，每人每日负熵流的需要折合成每人每秒约为 $-3.77 \times 10^{-2}\ \text{W/K}$。

也正是因为在几十亿年里，地球每年都可以从太阳那里获得总负熵流的输入，地球上的生物才能不断重复着一个稳定的结构—定态—新的一级稳定的复杂结构（耗散结构）—定态—新的一级稳定的更复杂结构……循环往复，即完成了从简单到复杂、从低级到高级的进化过程。如果某一天太阳作为一颗恒星走向生命的终结，地球无法从太阳那里获得负熵流，那么地球上的生物进化也就走向了终结。

现代热力学耗散结构理论指明，在存在外部负熵输入的条件下，一个开放系统将从低级到高级不断运动发展，而这种运动发展又离不开与外部的普遍联系。现代热力学耗散结构理论是物质世界普遍联系与运动变化辩证法思想在自然学科中的一个生动例证和

阐释。

2.6 唯物论和辩证法有机地结合在一起，构筑了辩证唯物主义的正确之基

从基础物理学理论及其发展出发，在第 1 章中我们验证了唯物论战胜了唯心论，在第 2 章中我们验证了辩证法战胜了形而上学。当两个胜利者——唯物论和辩证法有机地结合在一起的时候，无疑将是最后的胜利者。基础物理学的发展进程恰恰印证了这一点。

在前面的章节中，我们为了分析的方便，分别剖析了基础物理学理论中蕴含的唯物论和辩证法思想。其实，从中我们已经可以感受到唯物论和辩证法的结合是如此紧密，要把它们完全分开描述是困难的、不完整的。本节我们在前面两章的基础上，选取几个典型的示例，同时对唯物论和辩证法的内容进行讨论，来说明相关的基础物理学理论如何具体地体现唯物论和辩证法的结合，如何更全面地印证辩证唯物主义的胜利。

2.6.1 麦克斯韦方程组理论体现的唯物论和辩证法的有机结合

麦克斯韦方程组是经典电磁学理论的最重要成果，它促进了第二次工业革命的发展，引领人类进入电力、电气时代。它是麦克斯韦在前人成就的基础上，对整个电磁现象所做的系统、全面的总结，麦克斯韦通过高度概括，凭借深厚的数学造诣和丰富的想象力，将电磁场理论用方程这种数学形式表示出来，经后来者的整理和改写，形成 4 个高度概括、抽象的微分方程。麦克斯韦方程组以其简洁、优美的形式为人所称道。但同时，又因为其高度的抽象以及高度的数学化表达而难以理解。但如果我们从哲学的角度去看待它，就可以清晰地看到它所展示的正是唯物论和辩证法的有机结合。

如图 2-6 所示，第一个方程来自高斯电场定律，显示电场源于电荷，说明电场是物质的，这符合哲学上唯物论的观点；第二个方程来自高斯磁场定律，显示有磁场却没有磁荷[28]，根据唯物论的观点，就需要为磁场寻找物质来源；第四个方程来自安培-麦克斯韦定律，它回答了磁场的来源问题，表明电流可以产生磁场，从而说明磁场也是物质的，不过是源于联系；第三个方程来自法拉第定律，显示变化的磁场可以产生电场，即联系又是相互的，磁场反过来也会影响电场。所以，整体来看，麦克斯韦方程组的前两个方程主要体现唯物论的物质性的观点，后两个方程主要体现辩证法联系的观点。正如麦克斯韦方程组四个方程构成一个完整的物理学理论体系一样，在哲学上麦克斯韦方程组也构成了唯物论和辩证法有机结合的一个完美组合。

28 到目前为止，人们还没有发现磁荷。

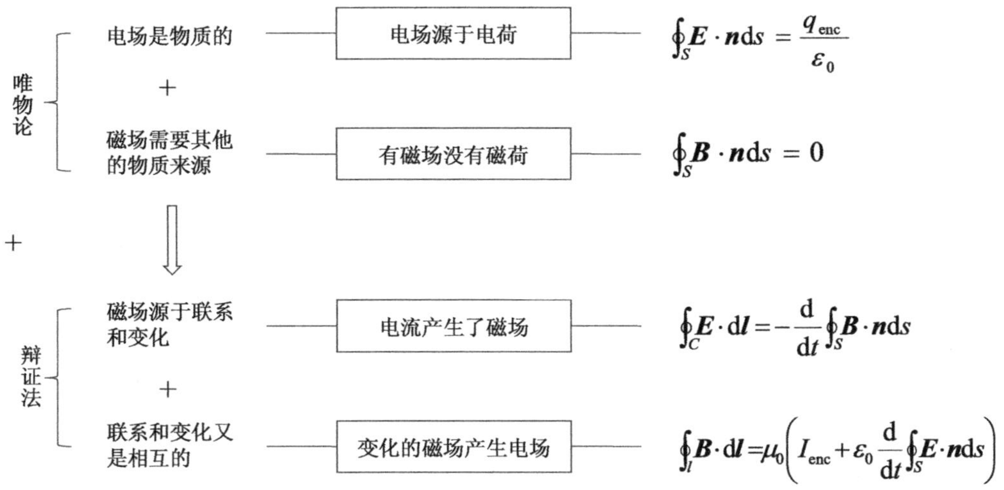

图 2-6　麦克斯韦方程组体现的唯物论和辩证法的有机结合

2.6.2　爱因斯坦引力场方程体现的唯物论和辩证法的有机结合

爱因斯坦引力场方程是广义相对论中最重要的成果，也可以说是相对论中集大成的成果。它的形成过程体现的也是物质和普遍联系，即唯物论和辩证法有机结合的辩证唯物主义思想。

如图 2-7 所示，沿着联系的轴线，自狭义相对论起，形成图中左右两条建立联系的轴线。图中左侧是关于时间和空间联系的轴线，在狭义相对论中通过洛伦兹变换将时间和空间联系在一起，并通过闵可夫斯基时空建立了统一的、平直的四维时空，在广义相对论中，该平直的四维时空又拓展为弯曲的四维时空。图中右侧是关于质量、能量、惯性、引力联系的轴线，在狭义相对论中通过质能方程实现质量和能量的等效，统一了质量和能量；通过等效原理，将引力产生的加速度效能和非惯性系下的加速度效能等效，实现了惯性和引力的统一，惯性质量等于引力质量，而引力质量来自物质，这样图中右侧质量、能量、惯性、引力就统一到物质（能量）上了。到此，两条轴线的发展充分体现了辩证法中普遍联系的观点。最后，左右两条按联系发展的轴线在爱因斯坦引力场方程这里汇集，该方程指出物质（能量）分布决定时空的弯曲，运动受弯曲时空的约束，还进一步指出时间、空间是物质的广延，没有离开物质的时间和空间，体现了明确的物质性观点，即唯物论的观点。当然，其中也体现了辩证法观点，即把两组原来分离的量，一组是时间、空间，另一组是质量、能量、惯性、引力，通过物质引起时空弯曲的关系，巧妙地建立起联系。因此，通过剖析爱因斯坦引力场方程的“完整的”形成过程，我们可以清晰地看到其中所体现的是唯物论和辩证法思想的有机结合。

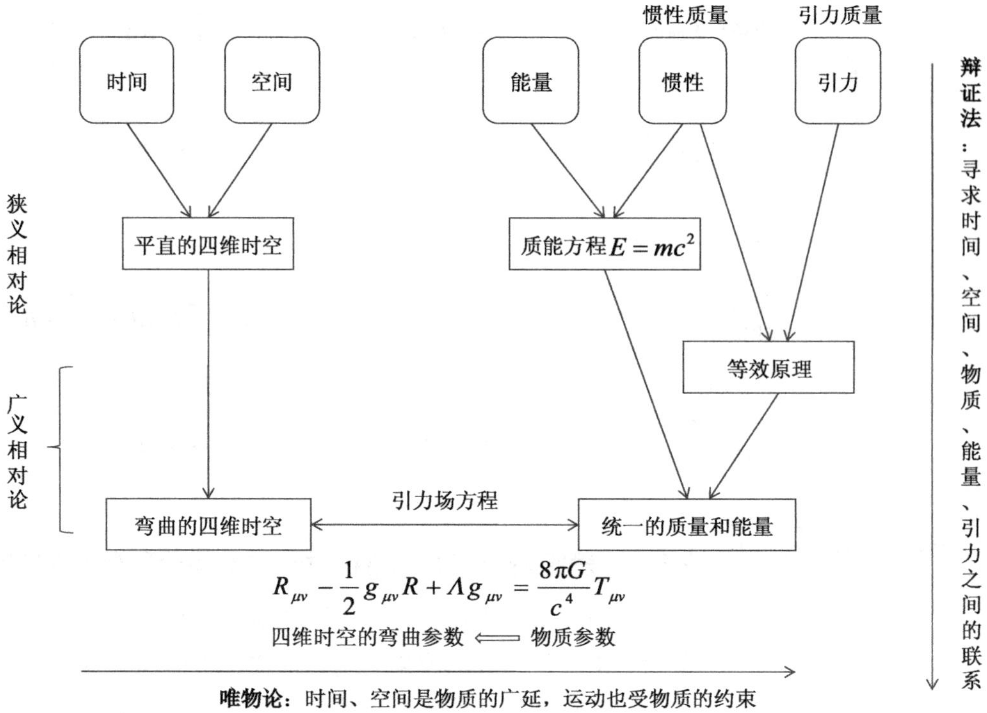

图 2-7 爱因斯坦引力场方程形成过程中体现的唯物论和辩证法的有机统一

2.6.3 不确定原理中体现的唯物论和辩证法的有机结合

不确定原理是量子力学的基本原理，它所描述的规律和我们已经建立的经验体系很不相符，理解起来有一些难度。借助现代粒子理论，把一个物体放到与周围世界的普遍联系中，我们就可以给出以下的解释。

假定空间中有一个运动的物体，按照现代粒子理论，它实际上处于周围粒子组成的粒子海洋之中，并且在它运动的过程中不断地与周围的粒子碰撞或进行粒子交换。

如果该物体是一个宏观的物体，它在运动的过程中会受到周围粒子的碰撞，还可能交换粒子，严格来说，也会产生波动（前面所说的德布罗意波），即产生波粒二象性，如图 2-8 所示。但由于其质量“巨大”，周围这些相对随机的粒子的作用对其运动轨迹而言，几乎没有影响，即产生的波动性太小而显现不出来。这时，我们可以认为物体的动量和位置都是确定的，这就是经典物理和日常经验所认为的情况。

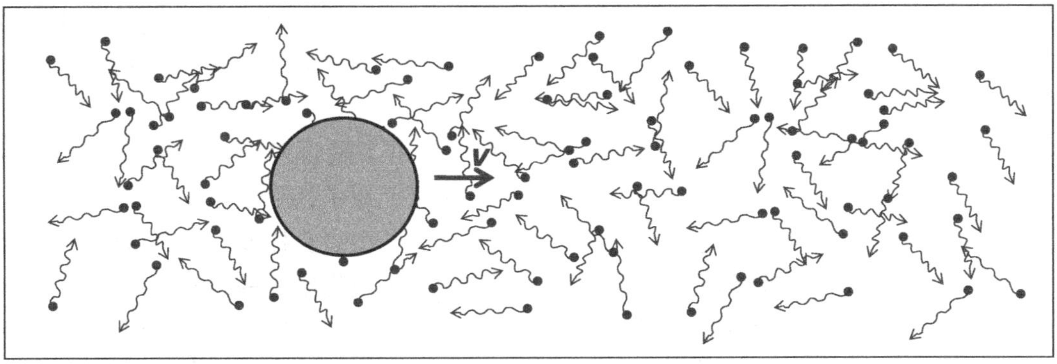

图 2-8 宏观物体在“粒子海洋”中的运动体现不出不确定原理的作用效果

如果该物体是一个微观粒子，它在运动的过程中同样会受到周围粒子的碰撞，还可能交换粒子，由于其质量和周围粒子具有可比性，作用以后该微观粒子的轨迹就会产生随机性，即波动性，如图 2-9 所示。也就是说，对微观粒子而言，波粒二象性就显现出来了。在这种情况下，就出现该微观粒子的位置和动量不能同时被“准确”测量的结果，最后对立统一的条件就是满足不确定原理：$\Delta p\Delta q \geqslant h$。

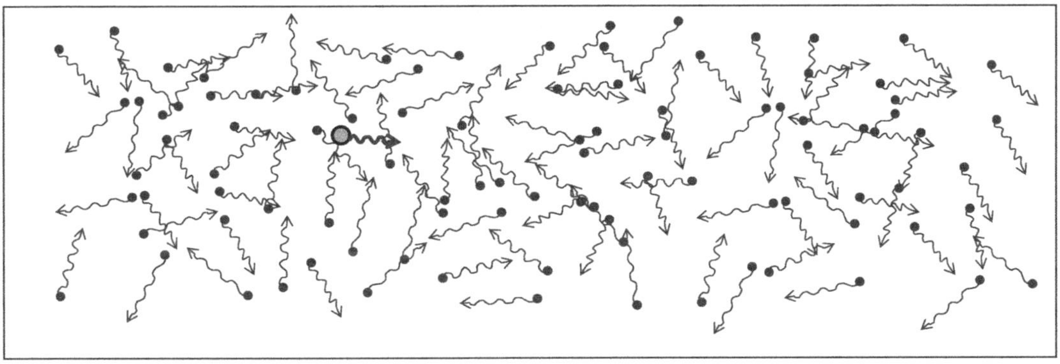

图 2-9 微观粒子在“粒子海洋”中的运动体现出不确定原理

从以上针对微观粒子的不确定原理形成的过程，我们会发现不确定原理来自物质（微观粒子）在联系和运动变化中的相互作用，是一种来自物质和运动变化的客观表现，不是什么“主观的”和“神秘的”力量形成的，不确定原理体现的是唯物论和辩证法的有机结合。

2.6.4 物质结构中体现的唯物论和辩证法的有机结合

物理学是研究物质世界组成和运动规律的学科。物质世界的构成是物理学的基本问题之一。在物质结构上，基础物理学的发展验证了物质世界果真都是由少数基本成分构成的基本事实。从哲学来看，物质世界由少数基本成分构成的基本事实是世界物质统一性的有力证据，是对唯物论观点的有力支撑。而人类对组成物质的基本成分的认识会不断深化，又体现了唯物论基础上的辩证法。因此，基础物理学关于物质结构问题的回答验证了唯物论和辩证法的有机结合。

如图 2-10 所示，我们列出了微观层面物质结构的组成层次，分子是由原子构成的，原子又由原子核和核外电子构成，而原子核由质子和中子构成，质子和中子由夸克构成，这是目前人类所能认识到的微观层次。一般来说，组成物质的基本粒子，如电子、夸克等称为玻色子。组成物质的玻色子需要依靠不同的相互作用（电场相互作用、强相互作用、弱相互作用）才能结合在一起，也就是需要通过联系的方式结合在一起。而不同的相互作用是依靠交换粒子的方式来实现的，这些用于交换产生相互作用的基本粒子称作费米子。通过交换粒子的方式产生相互作用自然离不开运动。所以，物质的组成和结合过程体现了物质、联系、运动三者间紧密联系、不可或缺的关系，体现了唯物论和辩证法的深度有机结合。

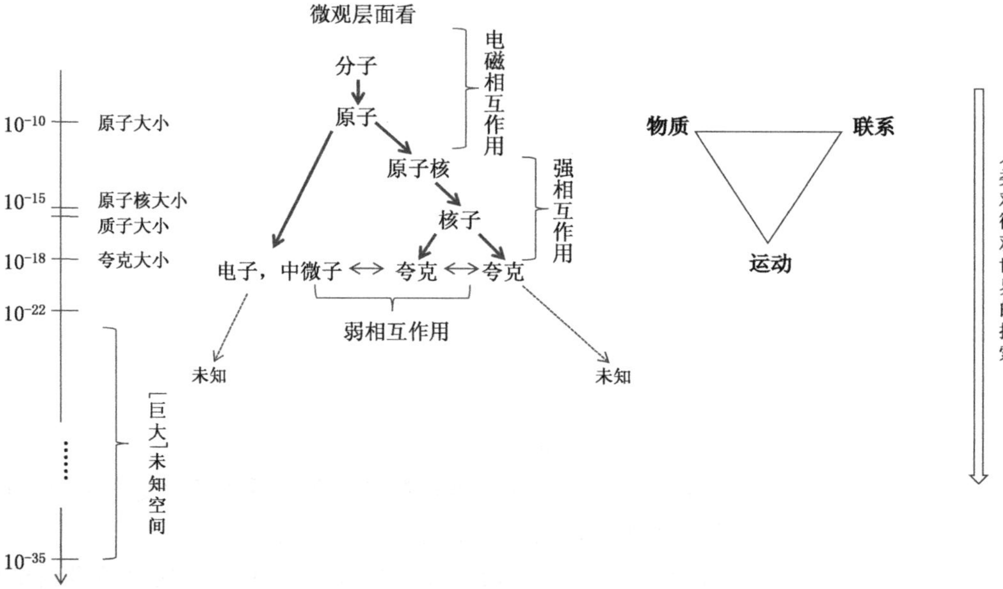

图 2-10 微观层面物质结构的组成体现了唯物论和辩证法的有机结合

人类对组成物质的微观粒子世界的探索是不断深入的。前面已经分析，人类对微观世界的观测能力还很有限，以长度尺度为例，人类目前的测量能力大约在 10^{-18} m 级别（大致在夸克级别），它和普朗克尺度值（1.6×10^{-35} m）之间还有十几个级别的未知空间，普朗克尺度以下按目前的理论我们根本无法进入，自然更谈不上了解了。因此，一个合乎逻辑的假设是组成物质的微观粒子世界一定能继续深入下去，目前所谓的基本粒子一定是相对的。诺贝尔物理学奖获得者、著名的理论物理学家斯蒂芬·温伯格写道："但对于夸克和胶子本身有多么基本，我们则不能获得任何结论。标准模型本身大概也只是一种有效量子场论，是某种更为基础的理论的近似。而这种更为基础的理论则要在比现代加速器能量高得多的情景下才能揭示。这种更为基础的理论涉及的可能并非夸克、轻子或者规范场。”“一种可能是夸克、轻子和标准模型中的其他粒子本身都是更加基本的粒子的复合体。我们在夸克、轻子中没有看到结构的原因仅仅是它们的结合能非常高——高于几万亿电子伏特。但是目前为止，没有人成功提出这一类的可信理论。”[29] 因此，如果我们认为现在的基本粒子已经到头，这可能就如同 19 世纪的人们认为原子不可分一样，犯同样的错误。

29　斯蒂芬·温伯格：《第三次沉思——我们仍不了解的宇宙》，103 页，北京，中信出版社，2022 年。

2.6.5　热力学定律中体现的唯物论和辩证法的有机结合

在物理学中，四大热力学定律形成一个相对完整的理论体系。从哲学来看，四大热力学定律系统化地体现了唯物论和辩证法的有机结合。

如图 2-11 所示，热力学第零定律定义了温度的概念，其实质是不同物质都具有分子的热运动，这是构成热力学其他定律的基础，也构成热力学几大定律的物质基础即唯物论的基础，说明热力学几大定律都是基于物质，而不是其他。围绕温度的共性概念和热交换，热力学第一定律指出系统与外界会发生围绕做功和热交换的联系，在这个过程中遵循能量守恒的准则，能量和运动是紧密相关的，能量不能消失只能传递也就意味着运动不会消失，只会在不同系统中传递，在哲学上这是普遍联系和运动变化的辩证法思想的体现。在热力学第一定律的基础上，热力学第二定律又进一步指出一个系统运动变化的方向，即在一个孤立系统中，系统走向更加无序的状态。现代的耗散结构理论指出一个有外部负熵输入的系统将沿着从简单到复杂、从低级到高级的方向发展。热力学第三定律所指出的绝对零度的温度不能达到，体现了运动的绝对性。

因此，作为一个整体，在哲学上热力学四大定律体系化地体现了物质、联系、运动的紧密联系，体现了唯物论和辩证法的有机结合。

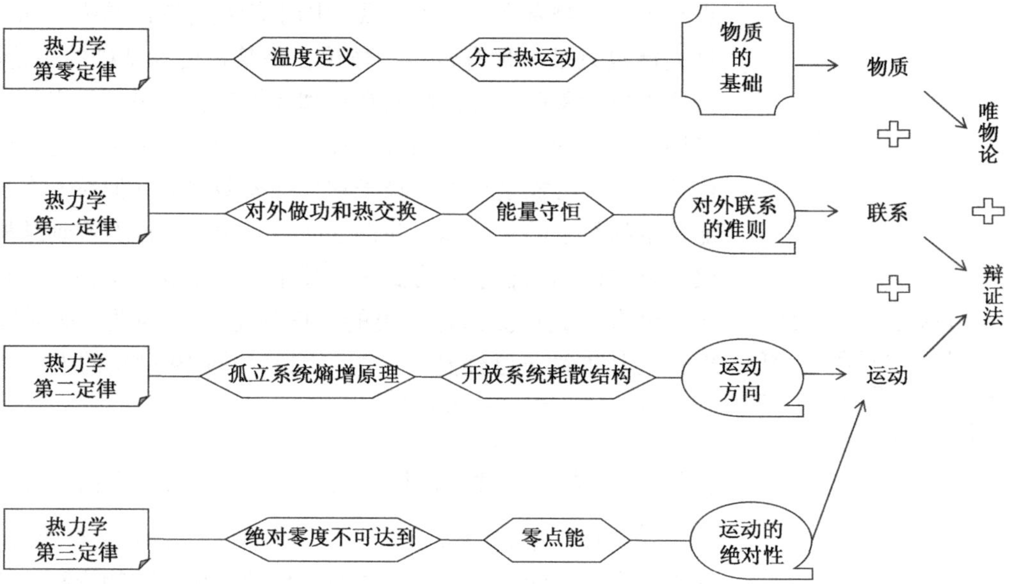

图 2-11 热力学四大定律体现了唯物论和辩证法的有机结合

第 3 章　从基础物理学理论看辩证法基本规律

唯物辩证法的规律体系是由对立统一规律、量变质变规律和否定之否定规律这三个基本规律，以及内容与形式、本质与现象、原因与结果、必然与偶然、现实与可能等一系列范畴所构成的。[1] 每一部分又都有丰富的内容。这里仅对唯物辩证法三个基本规律中，最能被基础物理学理论所体现和验证的相关内容进行讨论。

1　陈先达，杨耕:《马克思主义哲学原理》，第 5 版，113 页，北京，中国人民大学出版社，2019。

“辩证法的核心是对立统一规律，其他范畴如质量互变、否定之否定、联系、发展等，都可以在核心规律中予以说明。” [2] 根据这一思想，我们又可以把讨论涉及的内容构成一个小的体系。对立统一规律又称矛盾法则，我们讨论的主要观点包括：矛盾普遍存在、矛盾有主次之分、矛盾有内外之分。另外，对立统一规律中一个最为重要的要点是矛盾是事物发展的根本动力，即事物的发展过程就是事物的矛盾运动过程。根据这个要点，我们就可以把量变质变规律和否定之否定规律看作对立统一规律的延续：事物的矛盾运动表现为量变和质变的形态，这就是量变质变规律；事物的矛盾运动是肯定和否定的统一，是前进性和曲折性的统一，这就是否定之否定规律。

2　中共中央文献研究室:《毛泽东著作专题摘编》，122 页，北京，中央文献出版社，2003。

下面我们就具体讨论基础物理学理论是如何体现和验证上述内容的。

3.1 矛盾普遍存在

世界上的一切事物都是对立统一的。所谓对立统一，就是不同性质的对立的东西的统一。矛盾就是对立统一。没有矛盾就没有事物，不存在矛盾的事物是不存在的。在物质世界，矛盾应该是普遍存在的。基础物理学理论中证实了矛盾的普遍存在性。

没有矛盾就没有事物。同样，没有矛盾也就没有基础物理学理论。

3.1.1 粒子性和波动性是长期困扰物理界的一个矛盾

粒子性和波动性的争论起源于对光的本性的争论，是长期困扰物理界的一个矛盾，可以说粒子性和波动性的矛盾从光开始，最后成为一个普遍性问题。

光是一种重要的自然现象。人类感官收到外部世界的总信息量的大约90%是通过人的视觉获得的。由于光与人类生活和社会实践的密切关系，光学成为一门较早发展起来的学科。对光的本性的探讨是从17世纪开始的。当时存在两个对立的学说。

牛顿将自己的力学范围扩展至光。他认为，光是由微小粒子构成的，由光源发出后光的微粒在介质中依照惯性定律飞行，当光的微粒遇到反射面时，它们像弹性小球一样反弹，体现粒子性特征，遵循粒子的运动规律。早期微粒说可以解释光的反射和折射现象。[3] 同时代的惠更斯、胡克则提出了光的波动理论，认为光是一种波[4]，遵循波动性的规律，例如存在波的典型特征——波面。该理论也可以解释光的反射和折射现象。由于牛顿当时的声望和权威，微粒说在一个多世纪的时间里一直处于统治地位。

19世纪初，英国物理学家托马斯·杨完成了光的衍射和干涉实验。在该实验中，光在通过两个狭窄的间距很小的孔或缝时，会产生明暗相间的条纹。他认为波动说是唯一可以解释光的衍射和干涉现象的理论。从两条缝射出的光波的波峰和波谷刚好“步调一致”，即“同相”，这样在分别传播的过程中，当一条光波的波峰和另一条光波的波峰相遇时，两个波峰会叠加，使波的振幅加强，从而产生亮条纹；当一条光波的波峰和另一条光波的波谷相遇时，两波互相抵消，从而产生暗条纹。托马斯·杨等根据光的偏振现象确定光是横波。

19世纪60年代，麦克斯韦提出麦克斯韦方程组，并通过方程组的求解，提出电磁波的概念，而且发现电磁波的传播速度与光速完全相同，从而提出光是一种电磁波。后来，赫兹通过实验证明了电磁波的存在，光的电磁理论赢得了普遍的认可，这样光的波动性理论又占据了上风。

19世纪后期，一些科学家已经发现，光能够从各种金属表面激发出电子，这种现象被称为光电效应。经过更多种情况的实验，人们发现光的波动性理论在解释系列的光电效应时碰到了困难。按照光的波动性理论，对光电效应的解释是入射的光波增加了电子的振动，振幅越来越大，直到电子最后从金属表面挣脱并释放出来，正像水分子从加热的水表面挣脱约束一样。对于微弱光源，则需要

3 微粒说在解释折射定律时，会得出光在水中的速度比空气中大的错误结论，不过这一点在当时的科学技术条件下，并不能通过实验测定来鉴别。

4 惠更斯认为，光是纵波，他的理论很不完善。

相当长一段时间给金属中的电子提供足够的能量，使它们从表面“汽化”出来。根据这种解释，打开光源与发出第一个电子的时间间隔应该和光的亮度有关；能量低的红光经过长时间照射也应该能观察到光电效应现象；光亮度越大，发出电子的能量越大。但实验的实际表现如下：①打开光源与发出第一个电子的时间间隔，不受光的亮度或光的频率影响；②用紫光或紫外线很容易就观察到光电效应，但用红光即使长时间照射也观察不到光电效应；③发出电子的最大能量，不受光亮度的影响，但有迹象表明，电子的能量依赖于光的频率。也就是说，光的波动性理论无法解释上述的光电效应现象。

20 世纪初，普朗克在研究黑体实验时，发现能量是一份一份的，提出了能量子的概念。爱因斯坦于 1905 年把普朗克的量子假说推广到光本身，提出了光量子假说。他大胆假定，光与原子、电子一样，也有粒子性，光不仅在吸收和发射时是不连续的，光在空间的传播也是不连续的，光就是以光速 c 运动着的粒子流，他把这种粒子叫作光量子。不过，爱因斯坦同时保留了光的波动性，他认为与普朗克的能量子一样，每个光量子具有的能量和它的频率 ν 相关，即能量 $E=h\nu$。后来，他又根据相对论质能方程，给出每个光量子的动量 $p=\frac{h}{\lambda}$，其中 λ 为光的波长。

如果利用爱因斯坦的光量子观点，上述的问题就迎刃而解了：对于问题①，由于是粒子流，光量子被电子吸收的过程是瞬时发生的过程，不存在如“波动能量”的积累而发生延迟的情况；对于问题②，根据能量守恒，爱因斯坦给出解释光电效应的爱因斯坦方程，即 $h\nu=\frac{1}{2}mv^2+A$，其中 $A=h\nu_0$，对应于某种金属的光电子脱出功，ν_0 称为截止频率，当入射光频率小于截止频率时，入射光的能量不足以提供金属脱出功，这时没有光电子放出，红光照射时观察不到电子就属于这种情况；对于问题③，根据解释光电效应的爱因斯坦方程可知，发出电子的最大能量确实依赖于光的频率，而不受光亮度的影响。这样，爱因斯坦用简洁的语言就彻底解决了经典理论无法解释的问题。[5]

5　不过，爱因斯坦光电子理论缺少直接的实验验证支撑，直到 1923 年康普顿通过 X 射线散射实验才直接验证了爱因斯坦光电子理论的正确性。

于是，光是粒子还是波的争论不可避免地又被提了出来。爱因斯坦认为，在光产生与转化的瞬时现象中，光的波动说与经验事实是不符的，他认为麦克斯韦理论仅对时间平均值有效，而对瞬时现象则必须引进粒子概念。爱因斯坦第一次把原来对立的光的波动性与粒子性理论统一了起来。光的某些方面的行为像经典的波动，另一方面的行为却像经典的粒子，这就是所谓的光的波粒二象性。从哲学来看，光的波粒二象性就是波动性和粒子性在光身上的对立统一，波粒二象性以对立统一的方式即矛盾的方式阶段性地解决了关于光的本质问题的争论。

在这之后，波粒二象性不仅被认为是光具有的基本特征，还是一切微观粒子具有的基本特征。不仅微观粒子具有波粒二象性，宏观物体也具有波粒二象性，只不过宏观物体的波动性太弱，一般无法表现出来。

其实，粒子性和波动性都是经典物理的概念。从哲学的角度来看，它们是一个矛盾的两个方面，单独只用一个方面是构不成矛盾的，因此也是片面的。而当粒子性和波动性走在一起，有机结合形成一对矛盾的时候，不仅解决了光的本质问题，还促成了后来量子力学理论的诞生。由于波粒二象性是物体普遍存在的现象，因此它也成为矛盾普遍性存在的一个生动而有力的体现。

3.1.2 对称-守恒-变换不变性构成物理学中的一个基础性矛盾

在本节，我们首先从物理学对称的概念出发说明对称是一种对立统一、是一种矛盾，然后介绍物理学中一个重要的基本规律——对称-守恒-变换不变性规律，即对称、守恒、变换不变性三者常常构成一组等效的对应关系，既然对称是矛盾，这就意味着守恒、变换不变性也是矛盾，于是在哲学上看，物理学中的对称-守恒-变换不变性的基本规律就是物理学中的一个基础性矛盾。最后，我们给出基础物理学中对称-守恒-变换不变性构成的基础性矛盾的一些典型表现。

1. 对称是一种对立统一，是一种矛盾

对称是日常生活中的一种常见现象，例如我们人体是左右对称的，中西方著名建筑很多采用左右对称的布局。

对称是宇宙间最普遍、最重要的特性之一。近代科学表明很多自然界的重要规律都与对称有关，如天体的形状、运行的轨道，乃至植物花叶的形状、人类的胚胎发育等。

对称性在日常用语中有以下两种含义：一种含义是对称的即意味着非常匀称和协调的；另一种含义是对称性表示结合成整体的好几部分之间所具有的那种和谐性。[6]

物理学上常见的对称性有两侧对称性、平移对称性、旋转对称性等。数学上群论是对称性的数学基础，对称性在数学上的严格定义是“组员的构型在齐次同构变换群作用下所具有的不变性”。对

6 [德]外尔:《对称》，冯承天，陆继宗译，3页，北京，北京大学出版社，2018。

于物理学上的典型的对称性，我们在后面章节中给予相关说明，对于抽象的数学定义我们不多加讨论，这里仅以最简单的两个例子，依据哲学上矛盾的定义，形象地说明为什么对称是一种对立统一，是一种矛盾。

两侧对称也称为左右对称，是简单而常见的一种对称。天平是两侧对称的一个典型例子。天平的两端是不同的，是对立的，因此构成矛盾斗争性的一面。天平的两端又是不能分开的，是共存的，没有了一边，天平就会失衡，就构不成天平的另一端，并且天平的左右两端也是相对的，如果调转一下视觉方向，左端就变成了右端，右端就变成了左端，两端是可以互相转化的，因此天平的两端又构成了矛盾同一性的一面。通过天平的具体例子，我们看出两侧对称是一种对立统一，是一种矛盾。

旋转对称是另一种常见的对称。它与矛盾的关系我们可以通过数学上群的公理说明。一个三维空间中的旋转，满足群的以下四个公理[7]。

7　[德]外尔:《对称》，冯承天，陆继宗译，18页，北京，北京大学出版社，2018。

公理 1：两个旋转的复合等于另外一个旋转。

公理 2：零角度的旋转就是单位元。

公理 3：每一个旋转都有一个唯一的逆旋转。

公理 4：旋转运算满足结合律。

从公理 3 可以看出，在对称形成的群中，一个旋转总有它的逆旋转，二者是对立的，构成矛盾斗争性的一面；并且二者在一个群里同时存在，没有了一个也就没有另一个；再结合公理 1，可以看出它们又是可以相互转化的，构成矛盾同一性的一面。这样，旋转对称也是一种对立统一，是一种矛盾。

我们把上面的两个例子再上升一个层面，就是对称是一种对立统一，是一种矛盾。

2. 物理学中对称、守恒、变换不变性具有等价性，物理学上的对称具有极其丰富的内涵

在物理学中，对称还具有更加特别的意义，那就是对称-守恒-变换不变性三者常常构成一组等效的对应关系。

如图 3-1 所示，物质世界到处充满着对称的美。物理学作为反映物质世界组成和运动的学科，自然和对称休戚相关。而对称往往表现为某种变换操作下的变换不变性。变换不变性又往往与不变量相对应，这种对应关系在物理学各领域里普遍存在。著名的诺特定理指出：如果物理定律在某一对称变换下具有不变性，则必定存在一个相应的守恒量。换言之，在物理学中，一种对称形式总是与一

个守恒定律相伴随。这样，在物理学中对称-守恒-变换不变性三者构成一组等效的对应关系。

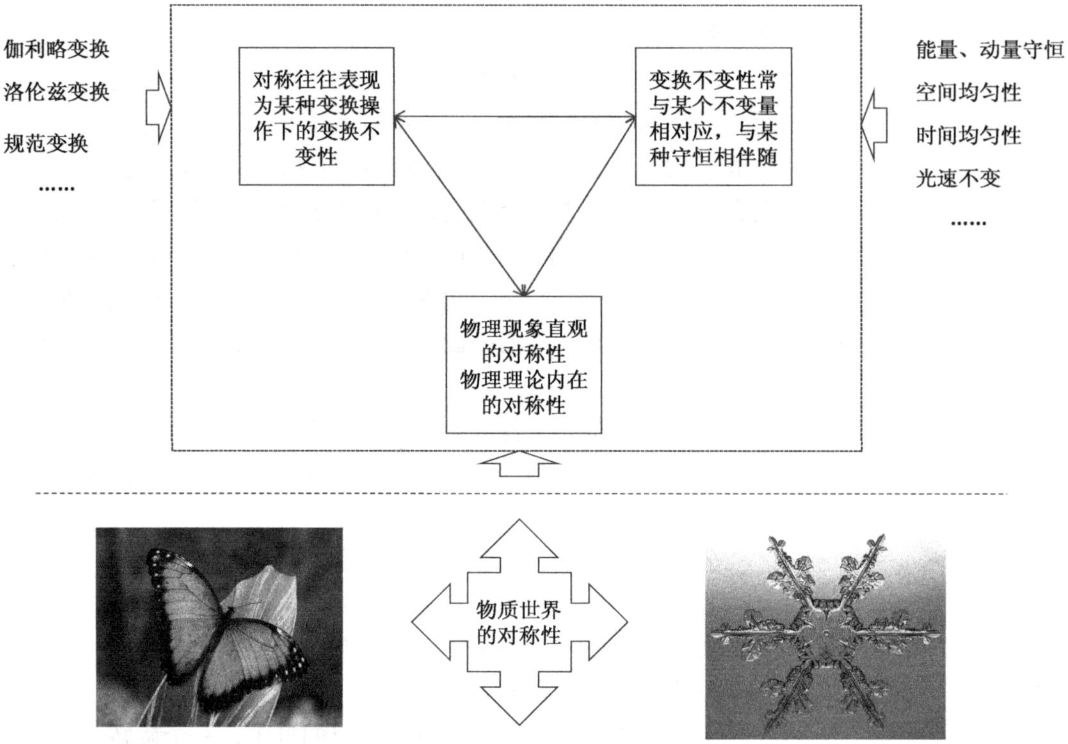

图 3-1 物理学中对称-守恒-变换不变性三者构成一组等效的对应关系

于是，物理学上的对称具有极其丰富的内涵。例如，对于牛顿力学中的能量守恒定律和动量守恒定律，如果从对称性的角度来看，能量守恒定律和动量守恒定律分别对应于时间均匀性和空间均匀性，均匀性可以认为是某种对称性的表现；如果从变换角度来看，能量守恒定律和动量守恒定律对应的变换不变性则是伽利略变换下的时间平移的变换不变性和空间平移的变换不变性。把三个角度结合起来，我们就很容易理解牛顿提出均匀的绝对时间、绝对空间的条件与能量守恒定律和动量守恒定律以及伽利略变换，三者是一回事，有其一就有其他。

3. 物理学中对称-守恒-变换不变性构成的基础性矛盾的典型表现

在基础物理学中，因为对称性及其等效的守恒性、变换不变性广泛存在，它们构成的矛盾自然就广泛存在，几乎遍及所有的基础物理学理论领域。如图 3-2 所示，从经典牛顿力学、经典电磁学，到狭义相对论、广义相对论和现代量子理论，都包含了不同形式的对称-守恒-变换不变性构成的基本矛盾。也正是由于这些不同形式

8 为表述简洁且与物理学习惯对应，在后面章节讨论中有时我们把对称-守恒-变换不变性矛盾简称为对称性矛盾。

基本矛盾的存在，可以说对称-守恒-变换不变性构成的基本矛盾的矛盾运动就构成了不同基础物理学理论的演进和发展过程，我们在后面将具体展开。[8]

物理学的基础性矛盾

基础物理学理论

理论		对称	守恒	变换不变性
牛顿力学		时间的均匀性和空间的均匀性	能量守恒定律和动量守恒定律	伽利略变换
经典电磁场理论		时间的均匀性和空间的均匀性	光速不变*	洛伦兹变换*
狭义相对论		时间、空间组成一个平直的四维时空	光速不变	洛伦兹变换
广义相对论		时间、空间组成一个弯曲的四维时空	光速不变 万有引力常数G	广义协变
量子理论	电场相互作用	U(1)	电荷守恒	规范变换（杨-米尔斯变换）
	弱相互作用	SU(2)	弱同位旋守恒	
	强相互作用	SU(3)	重子守恒	
	夸克模型	$SU(2)\otimes SU(3)$	重子守恒 和弱同位旋守恒	
	希格斯粒子	真空场的对称性		

*经典电磁场理论发现了真空中光速是一个常数，麦克斯韦方程也符合洛伦兹变换不变性，但没有发现这是因为时间和空间的关联带来的，所以提出以太的假设以满足绝对时间和绝对空间的要求。

图3-2 物理学中对称-守恒-变换不变性构成的基础性矛盾的典型表现

3.1.3 粒子与反粒子构成粒子世界的一个基本矛盾

粒子与反粒子是现代物理学理论揭示出的在物质世界中矛盾普遍存在的又一个鲜活的实例。

1929年，狄拉克因预言了反粒子的存在而震惊了物理界。粒子和它的反粒子有完全相同的质量，但电荷却相反。当一个粒子遇到它的反粒子时，它们将会彼此湮灭，释放出大量能量，能量再物质化转化为其他类型的粒子。一定的能量也可以分离出一个正粒子和它的反粒子。

例如，电子带一个单位的负电荷，而正电子带一个单位的正电荷。如图3-3所示，一个电子和一个正电子相遇时会湮灭成一个光子，然后重新物质化成为另一个正负电子对。正电子看起来就是时间箭头反过来的电子。

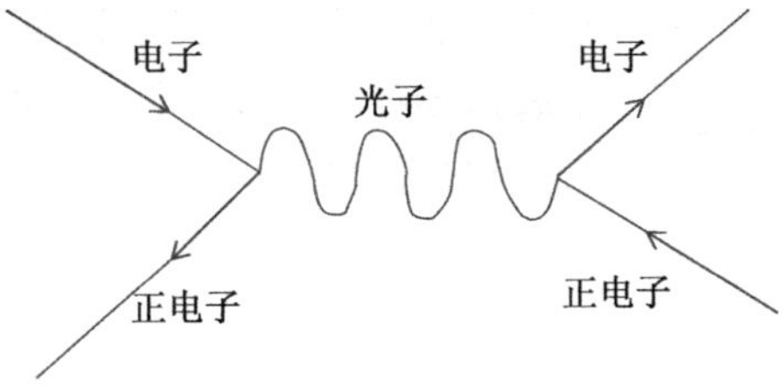

图 3-3 电子和正电子

可见，从哲学角度来看，粒子与反粒子既有斗争性，又有同一性，构成粒子世界的一个基本矛盾。

1932 年，在宇宙射线中发现电子的反粒子——正电子之后，物理学家在高能加速器的帮助下在实验室中陆续发现了其他粒子的反粒子，如质子的反粒子——反质子，中子的反粒子——反中子等。人们甚至还在实验室条件下合成了最简单的反物质——反氢原子。不过，在现实的环境下反粒子是难以存在的。

在前面介绍宇宙诞生和演化时，我们已经看到反粒子存在的重要性，正是因为粒子与反粒子的存在，或者说粒子与反粒子构成的矛盾的存在，才有了现在解释的宇宙诞生和演化过程。

3.1.4 物质、暗物质与暗能量构成宇宙学中引力和斥力的矛盾

物质能产生引力。但从哲学角度来讲，如果宇宙中只有引力，没有斥力，似乎是不完备的。人们对这个问题的认识经历了一个反复的过程。

在广义相对论创立不久，爱因斯坦利用引力场方程提出了静态宇宙模型。为了平衡引力的作用以达到静态宇宙的目的，他人为地在方程中引进了一个称作宇宙常数的参数去修正他的理论。1922 年，弗里德曼在不考虑宇宙常数的情况下，解得了一个动态宇宙模型。根据该模型，预测现在的宇宙应当处于膨胀之中。1929 年，美国天文学家哈勃总结了当时的一些观测数据，提出了哈勃定律，指出：河外星系的退行速度与它们和我们的距离成正比。这样，哈勃定律反映的就是宇宙膨胀的规律。于是，不考虑宇宙常数（即只有引力）的弗里德曼模型因为和当时的天文观察规律相符而逐步被人们接受。

20 世纪 30 年代起，人们在观察估算星体运动的过程中，产生了“缺失质量”的问题，即解释一个星系运转速度所需的质量往往远大于星系能提供的质量。后来在解释螺旋星系旋转速度时，遇到更大的问题：根据引力理论计算得到的结果是圆盘旋转的速度在远离星系中心时先增长然后迅速下降，但实际测得的结果却是圆盘旋转的速度在远离星系中心时先增长，此后速度并没有降低，而是基

本保持稳定。这表明大量的物质是位于不相干的区域内以及圆盘之外。并且这种现象在宇宙中非常普遍。人们根据各自定量的手段，估算出宇宙中这种不为人们所能观测的物质的密度比普通物质的密度高出五倍，并把这类物质称为暗物质。一般认为，暗物质提供引力，组成暗物质的粒子只和引力发生相互作用，这就是我们目前不能通过各种电磁波的方式（电磁相互作用）发现它们的原因。

但到 1998 年，越来越多的天文观测表明宇宙不但在膨胀，而且在加速膨胀，这意味着存在一种斥力，它大于物质和暗物质所产生的引力作用，并且在当前宇宙加速膨胀的过程中没有随宇宙的膨胀而减弱。为此，物理学家提出暗能量的概念，通过估算，暗能量约占宇宙总物质的 65%，暗能量不参加电磁作用，对于光是透明的。它可能和真空能相关，产生斥力，与引力形成一对矛盾，它的作用对应于爱因斯坦在引力场方程中提出的宇宙常数。这样，从哲学角度来看，宇宙学理论从只存在矛盾的一个方面的情形，重新回归到存在矛盾的两个方面的情形，如图 3-4 所示[9]。在人类所已知的最大物质概念宇宙中也存在着一个基本的矛盾。

9 图中暗物质分为重子物质（包括尘埃、气体、黑洞等）、热暗物质（如中微子）、冷暗物质（通常所说的暗物质）。三类物质在宇宙总质量中分别占 4%、0.3%、29%。亮星与暗物质共同对宇宙产生引力。参见赵峥:《相对论百问》，第 3 版，150 页，北京，北京师范大学出版社，2020 年。

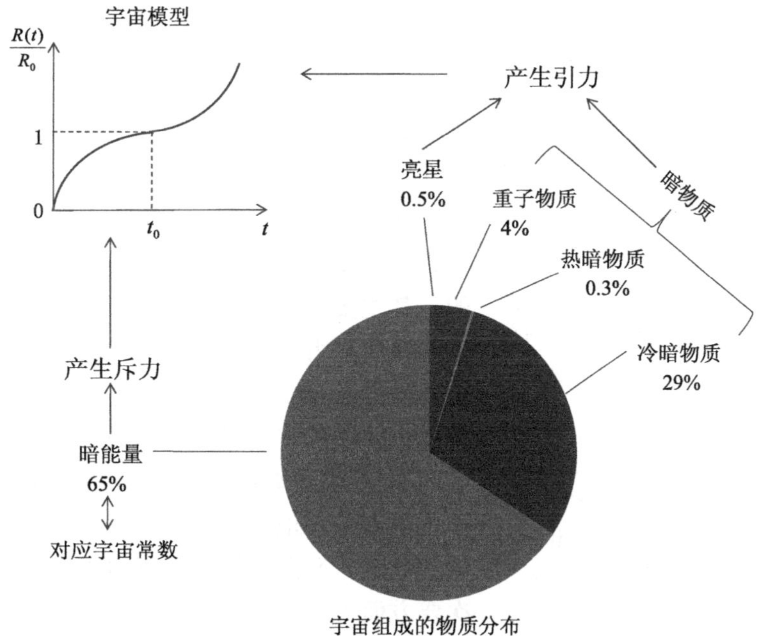

图 3-4 宇宙中的引力和斥力

在引力和斥力的共同作用下，宇宙自诞生以来，可能经历了先爆胀（极大加速度的膨胀），后减速膨胀，再加速膨胀的过程。

3.1.5 黑洞也是一个矛盾体

黑洞是目前观测到的宇宙中最极端的天体现象之一。它曾经被认为是“只吃不吐”的怪物。任何进入黑洞视界以内的物体，无论是恒星还是光，都将无法逃离黑洞而只能被黑洞所吞噬。如果按照这个逻辑，黑洞还可能是“长生不老”的怪物，一旦产生就可能永远存在下去。这显然不符合唯物辩证法矛盾的观点。

1974年，在黑洞热力学定律的基础上，霍金提出了黑洞也存在热辐射的概念。霍金指出，不论是静态黑洞还是旋转黑洞，都会发射粒子，黑洞的这种性质与黑体辐射相似，叫作黑洞的热辐射。为纪念霍金，黑洞的热辐射又被称为霍金辐射。这样，对于黑洞而言，存在的不再是“只进不出”的矛盾的一个方面，而是“有进有出”的矛盾的两个方面。不过，在通常情况下，霍金辐射是非常弱的。例如，一个太阳质量大小的黑洞如果要通过霍金辐射完全消失需要百亿年的时间。

另外，尽管黑洞的温度一般很低，但如果周围的温度更低，黑洞会出现扰动，开始爆炸，最后乃至消失。因此，黑洞也就有生有死，不再是“长生不老”的。这样，黑洞也具备了矛盾的两个方面。

由此，黑洞也成为一个矛盾体。

3.2 矛盾有主次之分

在复杂事物的发展过程中，有许多的矛盾存在，其中必有一种是主要的矛盾，由于它的存在和发展，规定或影响着其他矛盾的存在和发展。[10]

在各种矛盾之中，不论是主要的或次要的，都存在着矛盾的两个方面。矛盾的两方面中，必有一方面是主要的，另一方面是次要的。其主要的方面，即所谓矛盾起主导作用的方面。事物的性质，主要是由取得支配地位的矛盾的主要方面所规定。矛盾的主要和非主要的方面互相转化，事物的性质也就随着其变化。[11]

主要矛盾和次要矛盾的关系、矛盾的主要方面和次要方面的关系问题在基础物理学的研究中有着生动的体现。例如，在基础物理学中占有重要地位的理想化模型方法、理想实验方法都是抓主要矛盾的典范，而我们周围以正物质为主的物质世界是矛盾主要方面和次要方面关系的一个生动体现。

3.2.1 理想化模型：抓主要矛盾的典范之一

面对复杂的物理现象，基础物理学为了抓住事物的主要矛盾，突出研究对象的主要性质，常常暂时忽略一些次要的因素，引入一些理想化模型来代替实际的物体，这就是理想化模型方法。

例如，牛顿力学中质点就是通过理想化模型方法提出的一个概

10 中共中央文献研究室：《毛泽东著作专题摘编》，104页，北京，中央文献出版社，2003。

11 中共中央文献研究室：《毛泽东著作专题摘编》，106页，北京，中央文献出版社，2003。

念，它的含义是有质量但不存在体积或形状的点，它是牛顿力学的一个基础性概念。牛顿力学研究物体的机械运动规律，即物体在外力作用下位置随时间的变化规律。一方面，实际物体的形状、大小千差万别；另一方面，在很多情况下，物体的大小和形状不起作用，或者所起的作用并不显著而可以忽略不计。例如，物体在平动时，内部各处的运动情况都相同，就可把它看成质点；研究地球绕太阳的公转时，由于地球的尺寸比地球与太阳间的距离小很多，就可把地球当作质点。引入质点即把宏观物体作为一个质点后，只要利用牛顿力学定律和万有引力定律几个简单的关系就可以计算出大到天体、小到电磁场中的电子在宏观尺度下的运动规律。相反，如果不分主次，把基本不起作用或可以忽略不计的大小、形状等因素全部考虑进去，问题就变得异常复杂、难以处理，这样就干扰了主要目标的实现。所以，在牛顿力学中，有时运动学又被称为质点运动学，而动力学被称为质点动力学。没有质点的理想化模型，也就没有牛顿力学。

物理学中抓主要矛盾建立理想化模型的另一个典型例子是热力学中理想气体的概念。真实气体的气体分子有大小，分子与分子间、分子与容器器壁间有碰撞，碰撞可能是不完全弹性碰撞，即平均动能可能向分子内部自由度（转动、振动、激发等）转移，另外分子间还存在相互的吸引和排斥作用等。也就是影响真实气体定量化关系分析的因素很多、很复杂，如果不围绕主要目标抓住主要矛盾，通过合理优化规避次要因素的影响，建立定量关系是非常困难的，即使建立起关系也是非常复杂的。当时人们研究热力学的主要目的是提高蒸汽机服务效率，主要关心气体的温度、压强、体积的直接关系问题，需要的是相对简单、有效的公式。现在站在后来者的角度来看，理想气体模型就是与当时这种需求相适应的一种理想模型。一般来说，气态中分子之间的平均距离比液态中分子之间的平均距离大十倍，考虑到在液态中分子之间的距离不可能小于它们的直径，因此气体分子之间的距离比它们的直径至少大一个数量级，这样就可以忽略气体中分子的大小，把它们作为理想的质点分子。同时，由于分子间的相互作用随距离很快地递减，于是它们在这样大的距离上的相互作用也可以基本忽略不计。再有，当气体分子间及气体分子与容器器壁间相互碰撞时，分子本身基本并不会发生大的形变并且在碰撞后重新分开，气体分子的能量主要以动能为主，于是就可以把上述的碰撞假设为理想的完全弹性碰撞。于是，原来十分复杂的真实气体就变成了以下十分简单的理想气体模型：忽略气体分子的自身体积，将分子看作有质量的几何点；只考虑分子的平均动能，不计分子势能；分子与器壁之间发生的碰撞是完全弹性的，不造成动能损失。基于理想气体模型，人们完成了对一系列理想气体中温度、压强、体积关系定律的推导，这些定律和来自实际观测的实验定律相一致。在这个基础上，人们进一步分析得到理想气体的状态方程，讨论了理想气体的等温、绝热过程，并完成了卡诺循环的完整分析。以上内容成为经典热力学的重要内容，也为指导人类获得更高效的动力资源提供了理论指导。而实际气体中，本身不易被液化的气体，如氢气和氦气等，它们的性质与理想气体很接近。在压强不太大、温度不太低的条件下，一般气体的性质非常接近理想气体。只有对于高压或低温气体，当需要考虑分子间的相互作用以及分子本身的体积时，人们需要对理想气体状态方程进行一些修正。因此，理想气体作为一种理想化模型，使得理论分析和工程计算都大大简化，在热力学中发挥了重要作用。

在基础物理学中，除质点、理想气体外，还有很多的理想化模型，它们往往构成了基础物理学各个分支的基础性概念，可以说理想化模型是基础物理学中一个重要而有效的研究手段。而理想化模型反映的正是马克思主义哲学中抓主要矛盾的思想方法。

3.2.2 理想实验：抓主要矛盾的典范之二

物理学是基于实验的科学。自伽利略和牛顿时代起，实验和理论分析相结合的原则成为物理学研究的基本遵循。在物理学中，有两类实验。一类是真实的物理实验，它是将自然界中的现象，在人为的、特定的条件下不断地重复的过程。另一类是理想实验，它以实践为基础，在真实的科学实验的基础上，抓住主要矛盾，忽略次要矛盾，即忽略一些次要因素的影响，使人们在抽象思维中设想出在实际中无法做到的“实验”，完成在实际环境下无法完成的实验，从而揭示客观现象和本质之间的内在关系。

物理学上第一个理想实验就是伽利略提出的理想斜板实验。在伽利略之前，亚里士多德的“力是维持物体运动的原因”的观点统治了人类思维近 2000 年。而伽利略通过理想斜板实验发现：光滑无摩擦的水平面上直线向前滚动的光滑粒子具有能保持自己原有速度的特性，他把这种特性称为物体的惯性。惯性概念内容简单，但其意义是十分巨大的，它纠正了被亚里士多德观点长时间所扭曲的力与运动的关系问题，为牛顿进一步明确力与运动的关系，在此基础上形成牛顿第一定律打下了基础。

伽利略的理想斜板实验如图 3-5 所示。在无摩擦的斜面的某一高度释放一个小球，它必然会滚到对面斜面的同一高度处，如图

3-5（a）所示；如果将对面斜面的倾角变小，球就会滚得更远，如图 3-5（b）所示；如果将对面斜面改为水平面，小球则会以滚到水平面时的速率沿直线永远运动下去，如图 3-5（c）所示。由此，伽利略发现并提出物体具有能保持自己原有速度的特性，这就是惯性。

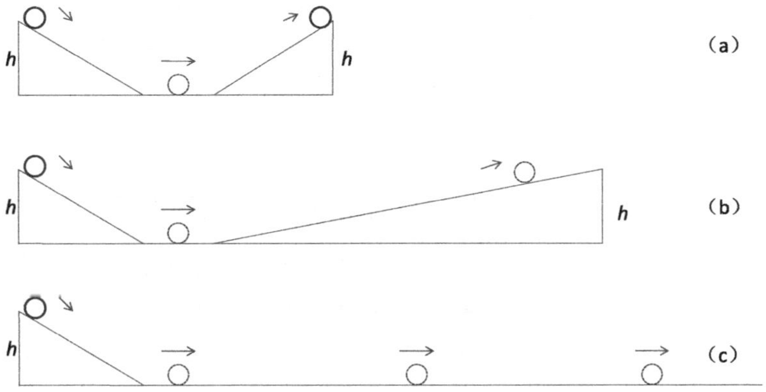

图 3-5 伽利略的理想斜板实验

伽利略的理想斜板实验首先来自人们在生活中的常识。从一个斜坡滚下的物体在滚到另一个斜坡时，其上升的高度取决于地面的粗糙程度。在一个表面粗糙的碗中滚下的小球在另一侧上升的高度低，而在一个表面光滑的碗中滚下的小球在另一侧上升的高度就高，这是生活中的常识。但这还无法揭示这种现象背后隐含的实质。而在实际环境下，摩擦力是始终存在的，只是有大有小而已。伽利略的理想斜板实验的高明之处就在于其在生活常识之上，进行了抽象性的升华，为研究物体自身的属性，先忽视来自外界的摩擦力即次要因素的影响，并通过合理的推理，导出光滑无摩擦的水平面上直线向前滚动的光滑粒子将永远滚动下去，从而发现这种能力来自物体自身。如果不是采用这种抓住主要矛盾、忽略次要矛盾的理想实验的方法，而一味局限于真实的实验，要发现这种隐藏在现象背后的结论是很困难的，因为在真实的实验中，摩擦力再小也始终存在。

在物理学上，著名的理想实验还有爱因斯坦在提出质能方程时进行的光子理想实验[12]，以及在广义相对论中提出等效原理时进行的电梯理想实验[13]等。

因此，所谓的“理想实验”就是在真实的科学实验基础上，抓住主要矛盾，忽略次要矛盾，引入一些假设，设想出实际上无法做到的“实验”，通过对实际过程更深入一层的抽象分析，往往可得出重要的结论。因此，它也成为自然科学的理论研究中一种常用的手段。

12 可参见赵建:《写给未来工程师的物理书》，174-176 页，天津，天津大学出版社，2021。

13 [美]阿尔伯特·爱因斯坦，利奥波德·英费尔德:《物理学的进化》，张卜天译，165 页，北京，商务印书馆，2019。

到了近现代，理想实验这种思想实验方法进一步发展，演变为经过理想化而形成的概念可用数学模型表达出来，然后运用数学模型求解而得到实验结果。通过理想化，把次要因素暂时撇开不考虑，只探讨主要因素的作用与影响。在现代条件下，采用数学建模、计算机模拟的方式，可以超越时间和空间的局限，使一些实际上不能完全实现或实现非常困难的实验得以进行。

理想实验是马克思主义哲学主要矛盾和次要矛盾关系的理论和方法应用在物理学上的一个典范。当然，由“理想实验”所得出的任何推论，还都必须接受后续相关的观察或实验结果的检验。

3.2.3 正粒子和正物质世界：矛盾主要方面的表现

1928 年，物理学家狄拉克将相对论引入力学方程，提出了著名的狄拉克方程。根据该方程，狄拉克提出负能级和空穴的概念。1931 年，狄拉克进一步提出“一个空穴如果存在的话，就是一种实验物理还不知道的新粒子，它与电子的质量相同而带的电荷相反，我们可以称这样的粒子为反电子”[14]。再之后，狄拉克不仅勇敢地假设当时所知道的另一种亚核粒子——质子也应该有类似的二重性，即存在带负电荷的反质子，甚至 1933 年他在诺贝尔物理学奖的获奖演讲中讲道：“宇宙中很有可能存在一些恒星，它们由含有正电子和反质子的反氢原子构成，其数量可能与通常的恒星一样多。”这开启了人类对于反粒子和反物质世界的探索之门。

14 也就是后来说的正电子。

1932 年，C. D. 安德森在宇宙线观测实验中首先发现和证实了正电子的存在。自 20 世纪 50 年代起，随着世界上的高能质子同步稳相加速器建成使用，人类具备了利用高能碰撞产生反物质碎片的能力。其基本原理是利用该加速器产生的高能质子的碰撞产生高能辐射，而产生的高能辐射可能转化为粒子-反粒子对，通过对产生的粒子-反粒子对的捕获去发现新的反粒子。1956 年反质子被发现，随后反中子被发现。到 20 世纪七八十年代，大多数已知粒子的反粒子都被陆续发现了。随后通过大型强子对撞机，20 世纪 90 年代以后，人类又制造出了反氢原子核和反氢原子。这样，在实验室条件下反粒子和反物质的存在都得到了证实。

从哲学的角度来看，正粒子和正物质与反粒子和反物质可以说构成了一对典型的矛盾体。

在对立性（斗争性）方面，粒子与反粒子的质量、寿命、自旋相同，但电荷相反。对应地，正物质和反物质在电性结构上也相反。更需要说明的是，粒子与反粒子碰在一起的时候会立刻发生湮灭转化为能量（产生高能辐射）。对应地，正物质和反物质碰在一起的时候会立刻发生湮灭转化为能量（发出高能辐射）。由于粒子与反粒子、正物质和反物质碰在一起转化为能量时是所有的质量全部转化为能量，形成对比的是，在聚变或者裂变核弹中，只有千分之几的质量被转化为能量。

在同一性方面，在不同的空间下，粒子与反粒子、正物质和反物质又是可以分别单独存在的，并且在一定条件下可以相互转化。例如，当粒子与反粒子碰在一起的时候，原来的粒子与反粒子可以在瞬间湮灭生成高能辐射，随后该高能辐射又在瞬间分解为一对新的粒子与反粒子。再例如，像质子这样的亚核粒子中布满了夸克碎片，夸克-反夸克对不断地此起彼伏填充真空。在质子的内部深处，反粒子总是存在着的。[15]

由于正粒子和正物质与反粒子和反物质存在强烈的排斥性，当它们相遇的时候会擦出剧烈的"火花"[16]。幸运的是，地球上没有储存反物质，太阳系里也没有，因为在太阳系的中心，太阳不断地把氢燃烧变成氦，放出稳定的粒子流，即太阳风，如果太阳风在途中遇到任何反物质，就应该有物质-反物质湮灭而发出的明亮的闪光。不仅如此，在来自遥远宇宙深处的宇宙线中目前还没有发现比正电子更重的反粒子。人们在宇宙线中发现的少量正粒子很可能也不来自原始的宇宙反物质，而来自原始宇宙线粒子与大气层气体或星际尘埃碰撞时的能量弥散产生的电子-正电子对。从这个角度来看，人类是幸运的，至少在组成我们周围物质的亚核粒子（重子、轻子）以上的层面，正粒子和正物质占据了绝对的主导优势，成为正粒子和正物质与反粒子和反物质矛盾的主要方面，它们的属性决定了目前我们所了解到的宇宙物质世界的属性。而且，这种一方为主的格局造就了一个相对稳定的（正）物质世界：质子、中子、电子等正粒子之上构成了不同种类的（正）原子，原子之上构成了丰富多彩而且相对稳定的物质世界。这可以说是哲学上矛盾往往存在主要方面的一个极其生动的体现。

当然，现实宇宙世界以正粒子和正物质为主的事实会带来一个疑问：是什么原因带来了这种结果，因为按照目前宇宙形成的大爆炸理论，在最初的极短时间内，爆炸的能量（极强能量的辐射）转化为物质，各种正反粒子成对由此产生。同时，那些已经形成的粒子-反粒子会因互相湮灭而产生许多辐射。不过由于宇宙不断冷却，产生的粒子对的数目不断大于湮灭的粒子对的数目，这些多出来的粒子开始形成物质。按理说，在这个过程中，任何阶段宇宙中的反粒子都应该与粒子同样多。但事实上，现在我们在宇宙中几乎找不到反物质的踪影。在物理学上，这被称为"反物质消失之谜"。对

15　[英]戈登·弗雷泽:《反物质：世界的终极镜像》，江向东，黄艳华译，107页，上海，上海科技教育出版社，2020。

16　这种火花可能比核弹的强度大千倍。

于这个问题，由于目前人类知识有限，还无法给出确定的解释。

3.3 矛盾有内外之分

唯物辩证法认为，内因指事物发展变化的内部原因，即内部矛盾；外因指事物发展变化的外部原因，即外部矛盾，是一事物和他事物之间的外在联系和相互作用。外因是变化的条件，内因是变化的依据，外因通过内因而起作用。[17]

17 中共中央文献研究室：《毛泽东著作专题摘编》，90页，北京，中央文献出版社，2003。

现代物理学的创立起源于牛顿力学，牛顿力学创立的开端是伽利略提出并被牛顿继承的惯性定律。惯性定律体现了力学基本概念在内外因关系上的一次“拨乱反正”。之后，唯物辩证法的内外因关系的观点不仅在牛顿定律中有突出体现并被验证，而且在之后的相对论、热力学等理论中也有突出体现，也被验证。例如，从经典麦克斯韦理论到狭义相对论，再到广义相对论的发展，都体现了先从内部寻找原因，即遵循内因是变化的依据的出发点。而在热力学中具有举足轻重地位的熵是系统内因的一个体现，围绕熵的分析，体现了内因是依据、外因是条件的内外因关系。

3.3.1 内外因关系在牛顿定律中的体现和验证

如上所述，伽利略通过理想斜板实验发现：光滑无摩擦的水平面上直线向前滚动的光滑粒子具有能保持自己原有速度的特性，并把这种特性称为物体的惯性。这样就推翻了亚里士多德近 2000 千年的观念，建立了新的观念：惯性是维持物体的运动状态不变的原因，而力是改变物体运动状态的原因。惯性概念的提出实际上反转和纠正了被亚里士多德观点所扭曲的力与运动的关系问题，成为后续进一步明确力与运动关系的转折点。

其实，最早提出惯性思想的不是伽利略，古希腊的德谟克利特（公元前 460—公元前 370 年）和伊壁鸠鲁（公元前 341—公元前 270 年）都有这样的猜想。牛顿曾经就这一猜想写道：“所有那些古人都知道第一定律（即惯性定律），他们归之于原子在虚空中做直线运动，因为没有阻力，运动极快而永恒。”然而，这一正确思想却被亚里士多德搞乱了。惯性概念认为物体的惯性是维持物体运动状态不变的原因，物体的惯性是物体的自然属性，因此强调的是内因是事物发展变化的依据和关键。如果按亚里士多德的观点，认为力是维持物体运动状态不变的原因，则更多强调的是外因（外力）是事物发展变化的依据和关键。为什么亚里士多德的观点成为欧洲中世纪占统治地位的观点？原因在于这种观点适合欧洲中世纪宗教的统治需要，如果外因（外力）是事物发展变化的依据和关键，外因（外力）就可以很好地解释为神灵的力量，反映在对应的世界观上就是人们应该服从神灵力量的安排，接受自己阶层的地位，忘记自身，安分守己。同时，该观点也贴近人们所观察到的一些运动的表面现象，所以千百年来为人们所接受。而惯性概念体现的是内因是事物发展变化的依据和关键，在世界观上体现的是个体自身属性是事物发展变化的依据和关键，从根本上否定了神灵的决定性力量，强调应该重视事物自身的因素，强调个体和人自身的发展。从这个角度来看，在那个时代，自然与人文在打破中世纪思想桎梏上是相辅相成的。

现在我们就可以清晰地看到牛顿第一定律和第二定律中所体现出的正是以下正确的内外因关系。如图 3-6 所示，惯性定律或牛顿第一定律体现的是内因、是依据：任何物体，只要没有外力改变它的状态，便会永远保持静止或匀速直线运动的状态，物体的惯性是物体保持其运动状态的原因。牛顿第二定律在牛顿第一定律的基础上，进一步指出外因如何通过内因起作用：外力通过物体内在的质量产生相应的加速度而改变物体的运动状态，同样大小的力作用在质量不同的物体上会产生不同的加速度，即不同的效果。

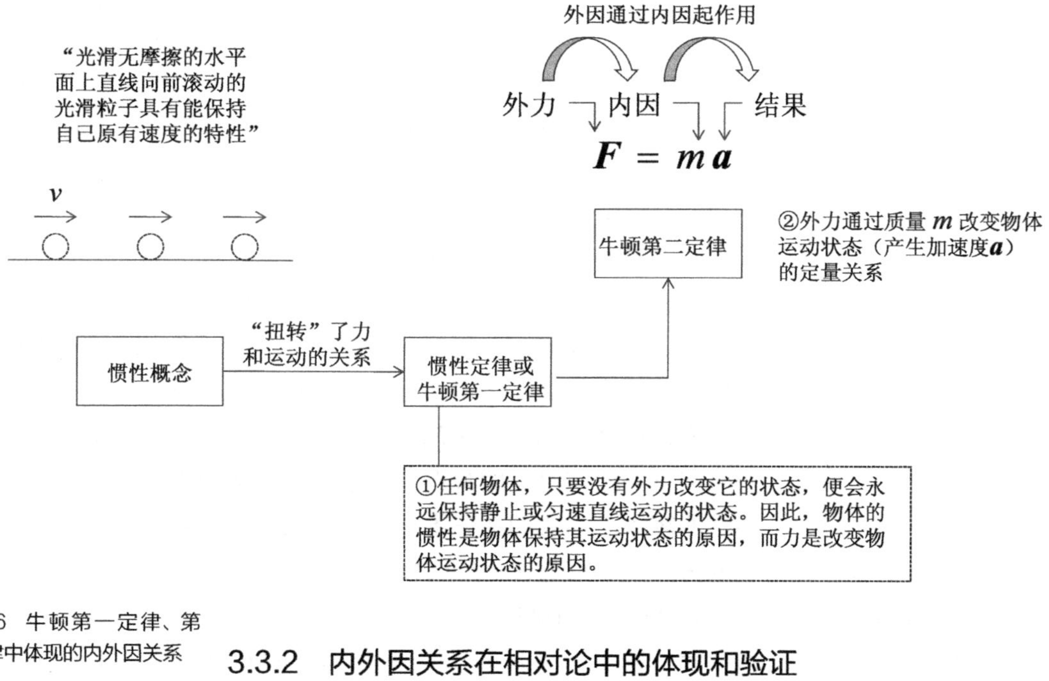

图 3-6　牛顿第一定律、第二定律中体现的内外因关系

3.3.2　内外因关系在相对论中的体现和验证

在狭义相对论和广义相对论中，内外因关系也都有不同体现并得到验证。只不过，相比牛顿力学，在相对论中内外因关系的体现和验证更加抽象。

爱因斯坦在创立狭义相对论时有两个主要的依据：一是相对性

原理，二是光速不变原理。其实，麦克斯韦根据麦克斯韦方程组预言电磁波存在时，同时得到的一个结论就是“真空中光速不变”[18]。从我们现在的角度来看，如果我们把时间、空间视为一个体系的话，麦克斯韦和爱因斯坦在解释为什么“真空中光速不变”时体现出了在内外因关系上两种不同的选择。麦克斯韦认为在空间里，除真空之外还存在一种介质——以太，它绝对静止不动，以太的极化产生了电磁波，并且使得真空中电磁波的传播速度不变。这可以看作麦克斯韦从体系的外部直接引入一个外部因素来解释体系内的事件。后来，著名的迈克尔逊-莫雷实验证明绝对静止的以太不存在。爱因斯坦则采取了不同的思路，他开始重新思考时间和空间的关系，即在体系内的时间和空间关系上寻求突破。他发现，如果把时间和空间联合起来，组成一个统一的四维时空，时间和空间不是相互独立的，而是相互关联的，物体在空间中运动的速度快的时候时间慢，这样物体在时空联合体中运动的速度就会存在一个极限值，由于没有静止质量，光就达到了这个极限值，这就是光速。因为时代和条件的不同，把麦克斯韦和爱因斯坦做上述的对比并不公平，但从后来者的角度来看，这种对比使我们看到了两种不同思路的差异：麦克斯韦首先从外部因素（外因）上寻找原因，爱因斯坦则是从内部因素（内因）上寻找原因，前一种证明失败了，后一种证明成功了。上述的对比说明在解释一个未知事件的时候，首先还是应该先从内部寻找原因，也就是遵循内因是变化的依据的原则，这样成功的概率更大些。

18 麦克斯韦同时指出光就是一种电磁波。

闵可夫斯基时空是狭义相对论的重要成果，闵可夫斯基时空下事件的解释体现了内外因的关系原则。如前所述，在闵可夫斯基时空中，两个事件或两个相邻点的量由以下的一个由时间和空间共同组成的四维度量决定，即 $\mathrm{d}s^2=\mathrm{d}x^2+\mathrm{d}y^2+\mathrm{d}z^2-c^2\mathrm{d}t^2$，其中 $\mathrm{d}s$ 称为两个事件或两个四维点之间的距离，它与参照物的选取无关[19]。即按照闵可夫斯基时空的观点，两个事件或两个相邻点的距离是一个四维的客体。当我们在三维空间里的某个惯性系中去观察这两个事件或两个相邻点的距离的时候，就如同对该四维客体进行投影。如图 3-7 所示[20]，不同惯性系下的观测者对于时间和空间的测量，其实只是“转个角度看世界”，看到的时间和空间是这个四维客体在不同角度下的投射。就上述的观察过程而言，四维客体是内因，是变化的依据，观察者选取不同的惯性系去观察，是外因，是变化的条件，外因通过内因（透射）发挥作用。选取不同的惯性系可以看到不同的投影，投影可以不同，但投影不会改变原来的四维客体，

19 [美]爱因斯坦:《狭义与广义相对论浅说》，58 页，北京，商务印书馆，2018。

20 由于四维时空是难以显示的，这里实际上是以三维空间与其二维平面上的投影来示意四维时空及其投影的情况。

因此也就不能改变原来事件的先后逻辑关系[21]。

21 如在相同环境下先有父母再有子女的逻辑关系。

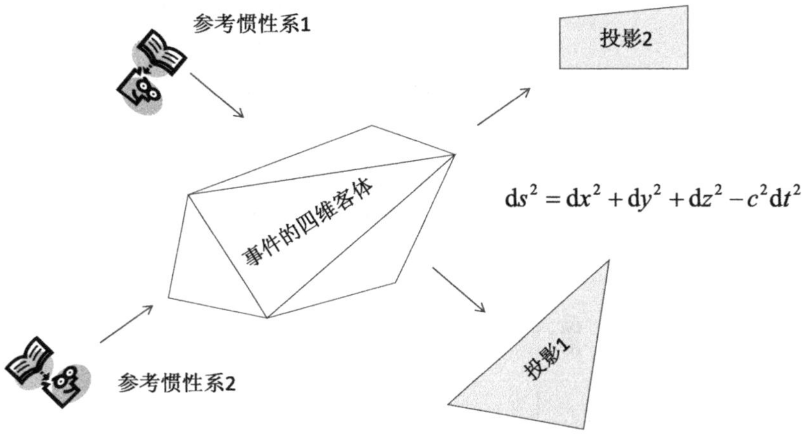

图 3.7 闵可夫斯基时空体现的内外因关系

在狭义相对论之后，爱因斯坦通过引力将物质（能量）引入时空中，继续在时空和物质（能量）组成的一个“内部”体系中，寻找它们之间的关系。随后发现并提出物质（能量）产生时空弯曲，进而论证没有物质（能量）也就没有时空，即离开物质（能量）的时空是不存在的。这就是爱因斯坦的广义相对论的结论。可见，在从狭义相对论到广义相对论的演进中，同样体现了先从内部寻找原因，即遵循内因是变化的依据的出发点。

3.3.3 内外因关系在热力学中的体现和验证

在热力学中，要讨论内外因关系就需要先讨论熵的概念。熵在热力学中具有举足轻重的地位。有人形容在热力学中它是一位经理：“在自然过程的庞大工厂里，熵原理起着经理的作用，因为它规定着整个企业的经营方式和方法，而能原理仅仅充当着簿记，平衡贷方和借方。”（1938 年，R. Emden）[22] 而熵这位经理就是系统的一个内因。

22 赵凯华，罗蔚茵：《新概念物理教程：热学》，第 2 版，序 2 页，北京，高等教育出版社，2008。

在热力学中，熵有以下两方面的含义。根据熵在热力学中的来历，熵与系统处于某一状态的概率紧密相关，形象地说，就是表示系统的“序与乱”，系统越有序，熵值越小；系统越无序，熵值越大。这是熵的第一层含义。熵的第二层含义是说明它的作用，表征一个系统具有的做功能力的高低，熵值越低，系统此时的做功能力越高；熵值越高，系统此时的做功能力越低。[23] 由此可以看出熵来自系统内部，是系统做功能力的度量，是系统的内因。

23 关于熵的来历、含义与作用可参见赵建：《写给未来工程师的物理书》，309-314 页，天津，天津大学出版社，2021。

下面我们利用熵的概念，选择热力学中一个重要的过程——卡诺循环，分析熵在卡诺循环中的作用，以此显示内外因关系在热力学中的体现和验证。

卡诺循环开创了热机的概念，一个将热量转化为功的系统，如果要持续运行、产生稳定的功率，就需要是循环的。这种概念深刻影响了社会生产力的发展，它启发了人类开展社会生产中可持续发展模型的研究。因此，卡诺循环在热力学中也占有重要的地位。

如果我们用熵来分析卡诺循环，能清晰看清卡诺循环的实质。如图 3-8 所示，我们画出以温度和熵为坐标轴表示的卡诺循环过程。

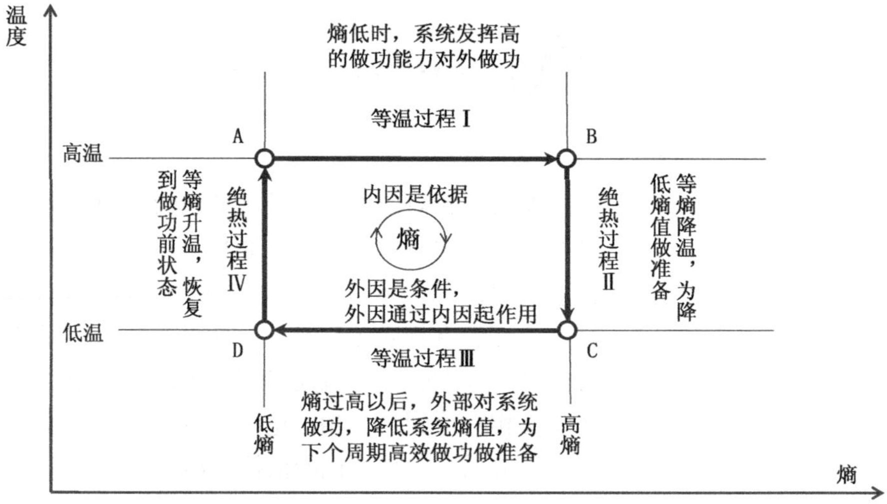

图 3-8 卡诺循环中以熵为中心的内外因关系

可以看出，卡诺循环过程都是以熵为中心的：在过程Ⅰ，系统刚开始处于高温和低熵状态，于是在外部条件的配合下（热量持续输入，体积扩大），系统发挥高的做功能力对外做功；过程Ⅱ是一个辅助过程，当系统持续做功一段时间后，系统熵值变得很大，系统的做功能力被耗尽，需要通过外部做功恢复失去的熵差，但只有在低温的时候，外部才能用更少的功恢复失去的熵差，因此过程Ⅱ是一个绝热降温过程，在熵值不变的情况下将温度降下来，为过程Ⅲ在低温下恢复熵差做准备；在过程Ⅲ，外部在低温下对系统做功以恢复失去的熵差（体积压缩）；过程Ⅳ也是一个辅助过程，在熵值不变的情况下升温，系统恢复到做功前的状态，完成卡诺循环的一个轮回。在上面的过程中，都是以熵为中心的，体现了内因是依据，外因是条件，外因通过内因起作用的内外因关系。

3.4 矛盾是事物发展的根本动力

矛盾不仅在事物中普遍存在，而且矛盾还是事物发展的根本动力。这是辩证唯物主义对立统一规律的基本观点。这一观点在基础物理学理论中得到了充分的体现和验证。这种体现和验证既体现在大的基础物理学理论间（如从牛顿力学到相对论）的发展上，也体现在同一个基础物理学理论内部不同的发展阶段（如三种基本相互作用的统一）。这种体现和验证有一些是直接的体现，如波动性和粒子性的矛盾运动、平衡与非平衡、可逆与不可逆之间的矛盾运动等，更多一些是抽象的体现，突出表现为物理学特有的不同形式的对称-守恒-变换不变性的矛盾运动。

本节我们首先分析一个直接的矛盾运动，即粒子性和波动性的矛盾直接催生了量子力学理论的产生，随后重点围绕基础物理学中对称-守恒-变换不变性这个基础性矛盾，以多个事例，分析对称-守恒-变换不变性的矛盾运动如何推动牛顿力学到狭义相对论再到广义相对论的过程，以及对称-守恒-变换不变性的矛盾运动如何推动现代粒子物理中三种基本相互作用的统一、夸克模型的提出、希格斯机制的提出等过程。

特别地，除上述一对矛盾的作用情形外，实际的系统中可能会同时存在几对地位相当的矛盾（即便是在考虑了主要矛盾和次要矛盾的因素外），现代物理学理论提供了这样的素材。例如，希格斯机制是两种对称性破残（两对矛盾运动）共同作用的结果，夸克模型是三个守恒（三对矛盾运动）共同作用的结果。希格斯机制、夸克模型这些都是现代粒子物理学最重要的成就，也是目前物理学理论中最为复杂的部分之一。通过对这些过程中对称-守恒-变换不变性（矛盾）所起作用的分析，证明即使存在大于一对矛盾，即同时存在多对矛盾的情况下，矛盾仍然是事物发展的根本动力。这部分也可以看作现代物理学成果对矛盾是事物发展的根本动力基本论点的具体表现形式的丰富和发展。

3.4.1　粒子性和波动性的矛盾直接催生了量子力学理论的产生

粒子运动和波动是人们很早就认识到的物质的两种运动形式。粒子运动以牛顿力学中质点的运动、星体的运动为典型代表，遵循牛顿定律和万有引力定律，具有符合弹性碰撞、非弹性碰撞规则的典型特征。波动以机械波、电磁波（包括光）的传播为典型代表，遵循波的传播和合成规律，具有不同于粒子运动的衍射、干涉特性。在20世纪之前的物理学中，粒子运动和波动是两种完全对立、完全排斥的运动形式，即一个物体的运动如果是粒子运动就一定不是波动，反之如果是波动就一定不是粒子运动。

20世纪初，普朗克在研究黑体辐射问题时，“意外”发现能量子的存在：黑体在吸收发射频率为ν的电磁能量时，能量不是连续的，只能一份一份地进行，这一份一份的能量是一个最小能量单元的整数倍，这个最小的不可再分的能量单元称为能量子，能量子的数值$E=h\nu$，其中ν是频率，h是最小作用量子，后称普朗克常数。

1905年，在普朗克的能量子假说的基础上，爱因斯坦提出了光量子假说：光与电子一样，也有粒子性，光不仅在吸收或发射时是不连续的，光在空间的传播也是不连续的，光就是以光速c运动着的粒子流，他把这种粒子叫作光量子。爱因斯坦在引入光量子概念的同时，并没有排斥光的波动性。他认为，对光而言，麦克斯韦波动理论对时间平均值仍然有效，并且光量子能量$E=h\nu$联系着波动频率ν。但在光的产生与转化的瞬时现象中，光呈现出粒子流特征。也就是说，光既具有粒子性特征又具有波动性特征，爱因斯坦第一次把光的波动性与粒子性统一起来。后来，人们发现不仅是光，其他所有微观粒子都具有这种特性，于是把微观粒子具有的这种特性称为波粒二象性。

如果站在现在的角度来看，波粒二象性反映的恰恰是辩证唯物主义中对立统一的矛盾的观点。对立性是指粒子性和波动性是两种不同的属性，在一个条件下，只能取其一，而不能同时存在；统一性是指粒子性和波动性相互依存，在一定条件下粒子性和波动性可以相互转化。当然，我们需要结合现代粒子理论的一些结论才能把波粒二象性看得更清晰。现代粒子理论认为，物质是粒子构成的，场也是粒子构成的，即使真空也是不空的，其中充满了各种各样的正负粒子。各种物质和场之间的相互作用都是通过粒子实现的，即物质的组成、运动、作用都是通过无数个各种各样的粒子间的相互作用来完成的。所以，如果对一组微观粒子（如一点光）而言，它在空中的传播可以看作组成它的一组粒子和周围无数个其他粒子（前面我们提到的“虚粒子”）碰撞、作用的结果。从组成这点光的单个光量子的角度来看，它每向前传播一点都是和周围粒子碰撞、作用的过程，体现了光的粒子性。但从组成这点光的全部光量子的角度来看，所有光量子向前传播时在一定时间内会形成一个“宏观”和“过程性”的反映，呈现出波动的特征，这就是光的波动性。因此，从上面的过程可以看出，站在不同的条件下，只能说光具有粒子性和波动性其中的一种属性，即二者是对立的；而粒子性和波动性又是光传播同一个过程的两个方面的不同体现，是不能分离和单独存在的，体现了二者的统一性。这种统一性甚至体现在相应的光量子公式$E=h\nu$中。同时，即使把上面的光缩为只有一个光量子，它也是处在无数个其他粒子的包围中，这时它向周围的传播在局部表现为和周围某个粒子的碰撞、作用，表现为粒子性；从整体来看，在某一时刻，它具体和周围哪个粒子碰撞、作用是不确定的，它的运动就体现出不确定性和概率性，表现为波动性，因此单个光子也还是波动性和粒子性的对立统一。

在20世纪初，波粒二象性的概念是非常难以理解的。为解释波粒二象性，玻尔在1927年甚至提出玻尔互补原理，从哲学的角度对波粒二象性进行了说明。他认为“一些经典概念的应用不可避免地排除了另一些经典概念的应用，而这‘另一些经典概念’在另一条件下又是描述现象不可或缺的；必须而且只需将所有这些既互斥又互补的概念汇集在一起，才能而且定能形成对现象的详尽无遗的描述”。

也就是说，玻尔试图从哲学的高度去看待和理解粒子的波动性和粒子性的关系，由此提出了互补原理。应该说，玻尔的互补原理很好地解释了粒子的波动性和粒子性的“辩证”关系，为理解量子理论提供了帮助和指导。从现在的角度来看，玻尔互补原理其实可以说是辩证唯物主义的对立统一原理在量子论上的一个生动而具体的体现，其核心思想体现了对立统一的矛盾的观点。为说明这个问题，我们做了以下比较，如表3-1所示。

		矛盾的对立统一原理	玻尔互补原理	量子论中的体现
斗争性	互相排斥	一切过程中矛盾着的各方面本来是互相排斥、互相斗争、互相对立的	一些经典概念的应用不可避免地排除另一些经典概念的应用	波动性与粒子性不会在同一次测量中出现
同一性	互相依存	事物发展过程中的每一种矛盾的两个方面，各以和它对立着的方面为自己存在的前提，双方共处于一个统一体中	而这另一些经典概念在另一条件下又是描述现象不可或缺的；必须而且只需将所有这些既互斥又互补的概念汇集在一起，才能而且定能形成对现象的详尽无遗的描述	波粒二象性，波动性与粒子性同时存在于粒子中
	相互转化	矛盾着的双方依据一定的条件，各向着其相反的方面转化	—	德布罗意波中，利用波的叠加产生的波包的方式表示粒子性；大量粒子的宏观表现又转化为波动性

表3-1　玻尔互补原理与对立统一观点的比较

从上面的比较中可以看出，玻尔互补原理和矛盾的对立统一原理在前两项即互相排斥和互相依存上基本是一致的。不过，矛盾的对立统一原理的同一性中还包括矛盾的双方依据一定的条件可以相互转化的内容，在玻尔互补原理中，这方面的内容没有明显的体现。玻尔互补原理是玻尔作为一位物理学家站在哲学的高度对粒子的波动性和粒子性关系的深刻思考和描述，是难能可贵的，但相比更加完整、更加具有普遍性的对立统一的矛盾的观点而言，还是有一些不足。

波粒二象性是量子力学理论的基本概念和出发点。如图 3-9 所示，德布罗意、薛定谔等从波动性的角度出发提出物质波和薛定谔方程，创立了量子力学的波动力学理论；海森堡等从分离的光谱（粒子性）出发，直接引入矩阵运算，创立了量子力学的矩阵力学理论。后来，这两种理论被证明是等价的，是殊途同归的。

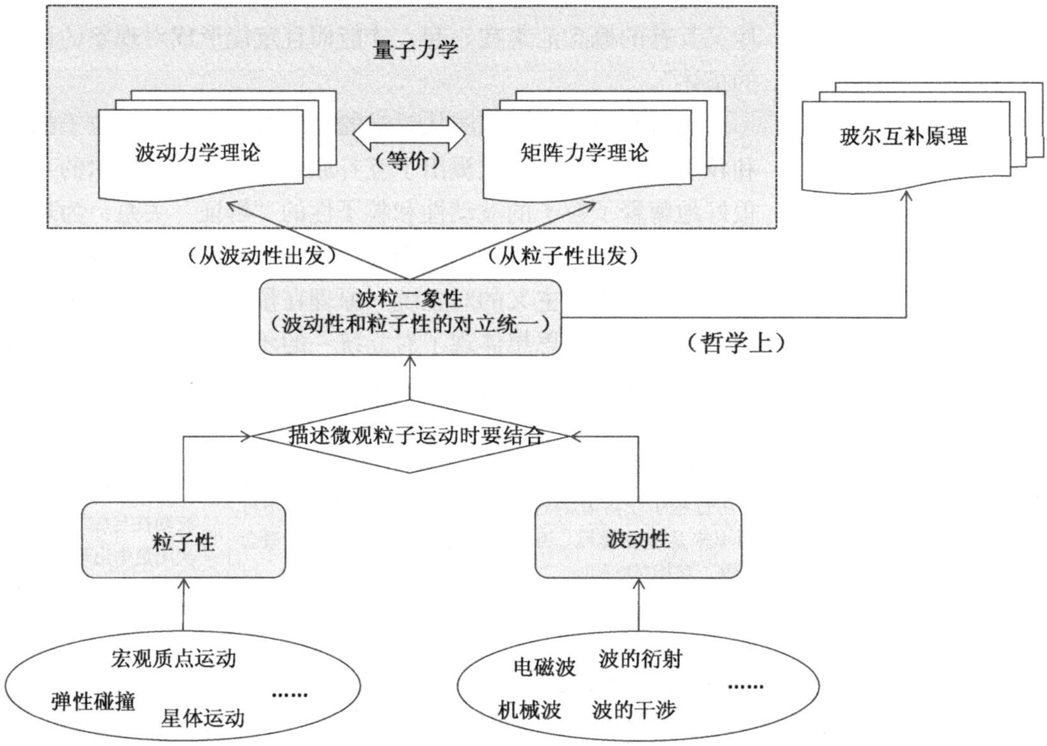

图 3-9　粒子性和波动性的矛盾运动直接催生了量子力学理论的产生

总之，20 世纪二三十年代，当用粒子性和波动性描述微观粒子运动不可避免地交汇碰撞在一起的时候，人们发现只有用波粒二象性，即粒子性和波动性的对立统一关系，才能对微观粒子的运动规律做出合理解释，于是从波粒二象性出发，产生了几种对微观粒子运动进行定量化描述的理论，量子力学理论就此诞生了。因此，可以说粒子性和波动性的矛盾直接催生了量子力学理论的产生。

3.4.2　对称性的矛盾运动推动了相对论的产生

1905 年，爱因斯坦提出狭义相对论，使我们对空间和时间的了解发生了革命性的变化。在此，物理学第一次把自然设法隐藏起来的对称性揭露了出来。因为在 20 世纪以前的物理学中很少提起对称性的概念。爱因斯坦的智慧基础包含对于对称性的威力的深刻理解，并在这个基础上推导出来了理论的物理推论。[24]

24　[美]徐一鸿:《可畏的对称：探寻现代物理学的美丽》(修订版)，张礼译，47 页，北京，清华大学出版社，2013。

如前所述，物理学上的对称在哲学上就是矛盾，并且在物理学上对称、守恒、变换不变性三者是等效的，对称-守恒-变换不变性构成物理学上一个统一的基础性矛盾。对称、守恒、变换不变性三者之间的等效关系，可以帮助我们用不同的视角去看待同一个物理原理，以得到更容易理解的认识。每当一个新的因素被引入，对称、守恒、变换不变性三者中的一个发生变化时，这个基础性的矛盾就发生了变化，物理学理论就发生了变化，得到了发展，这就是从牛顿力学到狭义相对论，又从狭义相对论到广义相对论的基本逻辑。为了方便，我们还把这个三位一体的基础性矛盾称为对称性的矛盾。下面我们就可以作为后来者，具体来看对称性的矛盾运动是如何推动相对论产生和发展的，如图 3-10 所示。

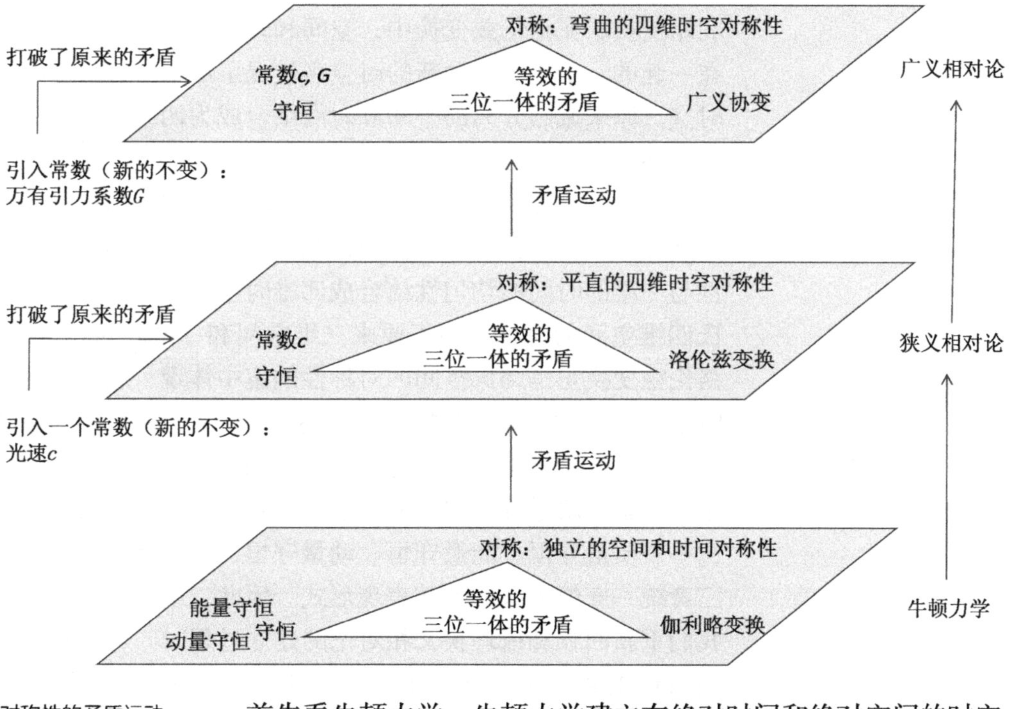

图 3-10　对称性的矛盾运动推动基础物理学的发展

首先看牛顿力学。牛顿力学建立在绝对时间和绝对空间的时空概念上。在这里，绝对时间和绝对空间是截然分离的。在对称方面表现为独立的空间和时间对称性，即三维空间是均匀的，又是各向同性的，时间也是均匀的和各向同性的，这表明物质的力学运动过程分别对应的空间和时间的依赖关系均蕴含着一定的对称性。与上述时空关系对应的变换是伽利略变换，伽利略变换对应的是欧几里得空间，三个空间坐标轴和一个时间坐标轴分别独立且不可伸缩，伽利略变换实际上是“刚性不变”的欧几里得空间和时间坐标系下的一种平移变换。在守恒方面，牛顿力学中存在单独的动量守恒和单独的能量守恒，它们分别是在独立的空间上的平移变换不变性和时间上的平移变换不变性。由于欧几里得几何空间和人类日常生活的地球宏观空间尺寸匹配，欧氏空间及其对应的变换，乃至单独的动量守恒和单独的能量守恒都非常接近人们日常的常识，因此上述的对称、守恒和变换都容易被人们理解和接受。

然后看狭义相对论的提出。爱因斯坦提出狭义相对论，主要依据两个原理，一个是光速不变原理，另一个是相对性原理。这里我们重点讨论光速不变原理的作用。在物理学中，一个常数意味着一种守恒，引入一个常数，就意味着引入一种新的守恒，根据对称-守恒-变换不变性三位一体的关系，其中一个发生改变，其他两个势必要变。而事实正是如此。爱因斯坦首先根据光速不变原理和狭义相对性原理，推导出新的变换——洛伦兹变换，代替了原来的伽利略变换。在洛伦兹变换中，空间和时间不再相互独立，而是关联在一起的。于是，一种新的时空观被提了出来，这就是闵可夫斯基时空，原来截然分离的空间和时间结合成为四维时空统一体。在闵氏空间中，时间与空间的三个坐标地位相当，彼此相互关联，共同构成四维时空的位置矢量，原来的时间和空间坐标都只是该矢量的不同分量而已。在对称性方面，原来的三维空间的均匀性和各向同性与一维的时间的均匀性结合成四维时空的均匀性和各向同性，闵氏四维空间的对称性高于原来三维空间和一维时间各自的对称性。洛伦兹变换正是闵氏空间的对称性的集中体现，成为取代牛顿绝对时空观的相对论时空观的数学表述。[25] 在洛伦兹变换的基础上，爱因斯坦又分别导出了相对论质量公式和质能方程，进而导出关于能量、动量和质量统一守恒的关系，牛顿力学中存在的三个独立的守恒——质量守恒、能量守恒、动量守恒，不过是质量、能量、动量三者统一守恒关系的特殊表现形式。因此，站在后来者的角度，当我们重新回顾和梳理狭义相对论的建立过程时，可以看到诱发狭义相对论的最初的动力是在原来经典力学的基础上引入了一个常数——光速 c，而正是因为这个常数的引入，打破了原来的对称-守恒-变换不变性三位一体的基础性矛盾，新的守恒带来新的对称和新的变换，这些内容构成了狭义相对论的主体内容，推动了狭义相

25 沈葹：《美哉物理》，114页，上海，上海科学技术出版社，2010。

对论的建立。在哲学上，上述的过程正体现了对立统一原理中矛盾是事物发展的动力、矛盾运动推动事物发展的观点。

1905年，爱因斯坦在狭义相对论中，用洛伦兹不变的力学体系震惊了物理学界。但他的任务还没有完成，在物理学中还有一个很成熟的领域——引力还没有完成修改。于是在十年不间断的奋斗之后，爱因斯坦终于得到它的引力理论，并称之为广义相对论。广义相对论的提出需要更加抽象的思维和更高深的数学工具，往往只有专业人士才有可能理解。这里，我们还是站在后来者的角度，从对称-守恒-变换不变性的视角，讨论一下广义相对论的内在逻辑，它所透露出的哲学逻辑仍然十分清晰和简单。广义相对论的核心是爱因斯坦引力场方程。在引力场方程中，一个新的常数被引入狭义相对论已经建立的四维时空框架中，这个常数就是万有引力常数G。如前所述，一个常数相对于一个守恒，一个新常数的引入势必会又一次打破狭义相对论中原有的对称-守恒-变换不变性的矛盾，产生新的对称和新的变换，而事实就是这样。在引力场方程中，等号的一边表示物质系统的能量、动量以及分布情况，另一边表示物质系统所激发的引力场的四维时空的弯曲情况，这也就表明物质和能量的分布引起了四维时空的弯曲。或者说，物质及其引力场的作用等同于引力场时空的非欧几何效应。于是，就对称性而言，广义相对论实际上是把狭义相对论所给出的平直的相对时空对称性，拓展为了弯曲时空（非欧几何）的对称性。相应地，在变换不变性方面，广义相对论中的变换不变性由洛伦兹变换不变性变为具有弯曲的四维时空空间的广义不变性，它是一种非线性变换，是线性的洛伦兹变换不变性的广义拓展。这主要是因为在引力场方程中以非常数张量的时空度规作为引力场场量，就保证了包括引力场运动规律在内的一切动力学定律在非线性的广义时空变换下保持不变。[26]通过上面的分析可以看出，在哲学上从狭义相对论到广义相对论的过程仍然体现了对立统一原理中矛盾是事物发展的动力、矛盾运动推动事物发展的观点。

26 沈葹:《美哉物理》，138-139页，上海，上海科学技术出版社，2010。

爱因斯坦利用对称性支配理论结构的设计是物理学史上最深刻的思想改变。在爱因斯坦之前，物理学家都是由实验、经验事实归纳得出一个关系或方程，然后由这个关系或方程得到某种对称性、某种守恒、某种变换不变性等。到了爱因斯坦，他把这种探索方法来了一个“连锁倒转”，即先假定某种对称或守恒的存在，然后以此为根据演绎出一组关系或方程，然后再用实验证实这些方程或关系。对此，杨振宁曾说：“用了这种新的程序，对称性的考虑便成了基本相互作用原理，而且事实上，它已经成为20世纪七八十年代基本物理学占统治地位的主题了。”[27]

27 杨建邺:《物理学之美》，135页，北京，北京大学出版社，2019。

如果从哲学的角度来看，从对称性出发，就是从矛盾出发，这种在现代基本物理学中占统治地位的推动理论发展的方法正体现了矛盾运动推动事物发展的思想。这种方法在后面的现代粒子理论发展的过程分析中还会不断看到。

3.4.3 对称性的矛盾运动推动了三种基本相互作用的统一

物理学是研究物质组成结构和物质运动规律的科学。20世纪，物理学史的一个重要特征是原子论观点的不断回复。这种观点最先表现在原子物理学上，而后是核物理学，最后是基本粒子物理学。每一次回复都被认为是向物质更深层次的精细结构的一次拓展。粒子物理学在探索微观世界中物质结构的最小组成成分及性质和相互作用规律，以及探索宇宙的起源和演化中起着重要的作用。

20世纪60年代，粒子物理学家将自然界中的相互作用归纳为四种基本相互作用，即电磁相互作用、强相互作用、弱相互作用和引力作用。20世纪70年代后期，粒子物理学家开始意识到基本粒子世界是由夸克和轻子相互作用主宰的世界，并且提出理论以证明以前彼此完全不同的三种相互作用——电磁相互作用、弱相互作用和强相互作用，其实只是一种相互作用的不同具体表现。在物理学发展的历史上有很多次值得纪念的、重大的统一事件。牛顿把天上和地上的力学规律进行了统一，麦克斯韦把电、磁和光进行了统一，爱因斯坦把能量、质量、惯性以及时间、空间等进行了统一。在一次又一次物理理论的统一过程中，人类对物质世界组成和运动规律的认识得到一次又一次的提升。建立统一的物理理论既是物理学家梦寐以求的理想，又是推动物理学不断进步的源泉和动力。因此，三种基本相互作用的统一也是现代物理学的重大成就之一。

三种基本相互作用统一的理论基础是规范理论。在经典电磁学中，麦克斯韦方程组中的电场和磁场本身表示为矢量势和标量势的导数，于是麦克斯韦方程组表现出一定的任意性。也就是由于我们可以调整势的空间和时间依赖关系而不改变与之关联的场，因此尽管势的表示具有一定的任意性，但这种任意性不改变与之关联的场，这种性质在经典电磁学中称为“规范不变性”。如果引入变换，“规范不变性”可表示为对势函数做局域变换，即将势函数由一个时空点变换到另一个时空点而不影响理论预言的结果[28]。因此，“规范不变性”是某一个广义层次上的守恒和变换不变性，即一个广义层次上的矛盾。

28 [美]安德鲁·皮克林:《构建夸克：粒子物理学的社会学史》，王文浩译，128页，长沙，湖南科学技术出版社，2012。

在物理学上，还有一个重要的概念是对称性破残，它是指从高对称性到低对称性的转变，即从一般性到特殊性的转变。“规范不变性”对三种相互作用的统一过程就体现了逐个的对称性破残，即“规范不变性”这个广义矛盾的三次矛盾运动，也就是前面所说的“连锁倒转”，我们不妨认为这是一个“倒着”的矛盾运动过程。下面就对这个过程进行介绍。

20 世纪 50 年代，杨振宁和米尔斯认为量子电动力学应当保留“规范不变性”，并且一起对规范不变性进行了推广，从对一个复数的场的相位旋转推广到多个场之间的旋转，提出了一种更加复杂但非常漂亮的理论，即杨-米尔斯场论[29]。20 世纪 70 年代，人们发现利用杨-米尔斯场论，结合对称性破残，可以实现三种基本相互作用的统一。

29 [美]安德鲁·皮克林：《构建夸克：粒子物理学的社会学史》，王文浩译，48 页，长沙，湖南科学技术出版社，2012。

如图 3-11 所示，将三种基本相互作用依次输入该理论模型中，对一种相互作用的分析从以下两方面入手：一是从杨-米尔斯量子场论入手得到拉格朗日量的表达和规范化要求；二是从该相互作用中所体现的某种守恒不再成立的事实出发，分析其对拉格朗日量的规范化产生的影响。然后通过提出新的、质量为零的规范粒子协调、解决二者的矛盾，保证满足规范化的要求，而提出的新规范粒子往往就是传递相互作用的作用粒子。[30]

30 赵建：《写给未来工程师的物理书》，281-282 页，天津，天津大学出版社，2021。

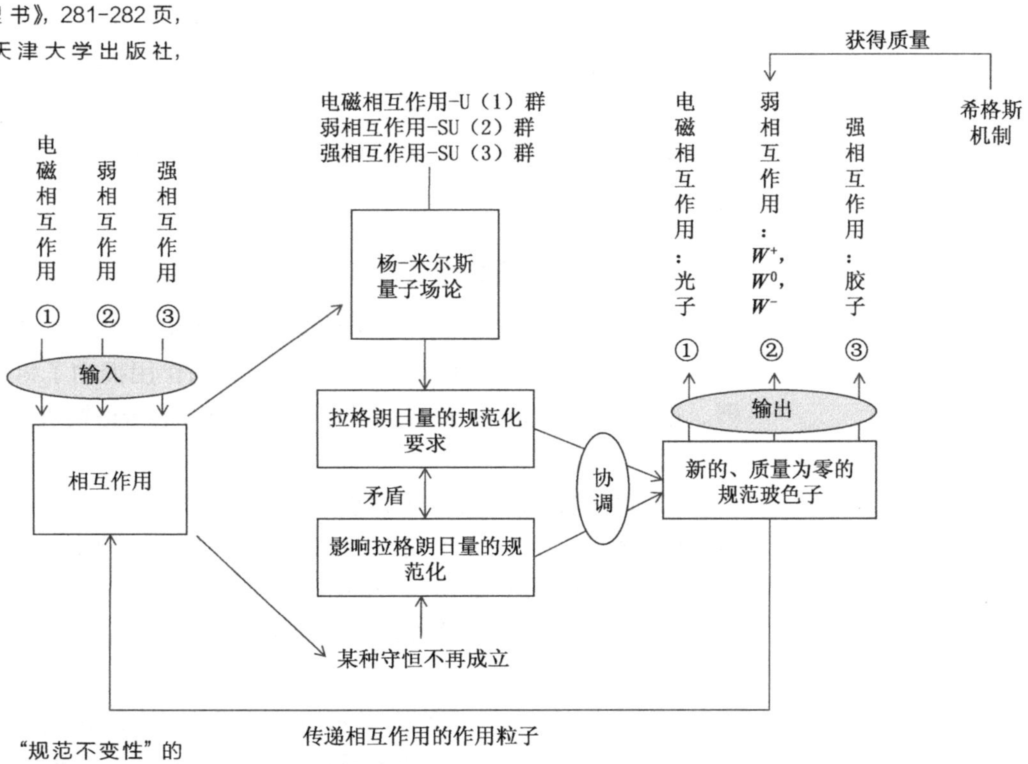

图 3-11 “规范不变性”的矛盾运动推动三种基本相互作用的统一

对电磁基本相互作用，由于存在微分因子 D，打破了拉格朗日量的平衡，需要引入光子的存在（以某种特定方式与带电粒子相互作用）以保证电磁场规范不变原理继续成立，而光子也成为传递电磁场和电子作用的作用粒子。在群论的语境下，使量子电动力学保持不变的局域规范变换可以用群 U（1）来表示。

对弱相互作用，原来成立的宇称守恒现在不再守恒。1958 年，西德尼·布罗德曼在不考虑电磁相互作用的条件下提出，弱作用的中间矢量玻色子不过是杨-米尔斯规范理论的规范粒子。他认为有三种这样的粒子构成“弱作用同位旋”空间下 SU（2）群的三重态，即 W^+、W^0 和 W^-，并人为地给它们附上大的质量，使之成为拉格朗日量的适当项[31]。这样，弱相互作用规范理论实现了夸克味的局域规范不变性。

31 这时的结论和后来电弱统一后的结论稍有差别，在电弱统一后，这里的 W^0 变为 Z^0。

对强相互作用，由于夸克是费米子，按说应当受到泡利不相容原理的限制，不应出现多个相同的夸克共存的情况，而实际中却出现了，也就是泡利不相容原理对夸克不适用。为解决这个问题，物理学家为夸克引入了色的概念，对应于三种色，引入新的玻色子——八种带色荷、没有质量、不带电荷的胶子。这样，再次实现在夸克色变换下保持局域不变性。满足强相互作用的群是 SU（3）群。

需要说明的是，最初在弱相互作用分析中，从满足杨-米尔斯量子场论的角度，为引入三种作用粒子 W^+、W^0 和 W^- 人为地附上大的质量和电荷，这样就破坏了规范粒子质量为零的要求。为此，后来又引入希格斯机制和希格斯粒子来解决这个矛盾，这在后面再简要介绍。

3.4.4 对称性的矛盾运动解释了粒子如何获得质量

实际中，一个事物往往由多种矛盾共同构成。当一个事物包含两个地位相当的矛盾时，往往是它们的共同作用推动了事物的发展。现代粒子物理中，解释粒子如何获取质量的希格斯机制就是一个生动的事例。

如前所述，在现代粒子物理学中，使用杨-米尔斯量子场论可以将电磁相互作用、强相互作用、弱相互作用统一起来，但前提是必须解决弱相互作用的传递子的质量问题。对于这样一个难题，物理学家同时使用两个对称性破残（两个矛盾的矛盾运动）巧妙地解决了这个问题。

如图 3-12 所示，根据杨-米尔斯量子场论，在弱相互作用中由于对称性的破残（矛盾 1 的矛盾运动）将产生 3 个无质量的杨-米尔斯玻色子。而根据南部-戈德斯通理论，在宇宙诞生以后的某个时间，由于真空场的对称性破残（矛盾 2 的矛盾运动）产生了无质量的南部-戈德斯通玻色子。由此，上面的两种玻色子发生了以下的相互作用：杨-米尔斯玻色子原来有两个自由度，它们都与横向偏振状态有关，但当它们吸收了无质量的南部-戈德斯通玻色子以后，产生了第三个纵向的自由度，结果是新产生的纵向的自由度阻碍了粒子的运动，这就如同原来自由运动的粒子突然进入一个糖浆环境中，相互作用的结果是阻碍了原来粒子的运动，使它们停滞下来，我们把这种情况视作获取了质量。[32]

32　一个关于质量的容易理解的示例是光子，由于光子和南部-戈德斯通粒子不发生作用，即没有质量（净质量为零），因此光子始终保持最快的运动速度——光速。而任何一个有质量的粒子运动速度都小于光速。

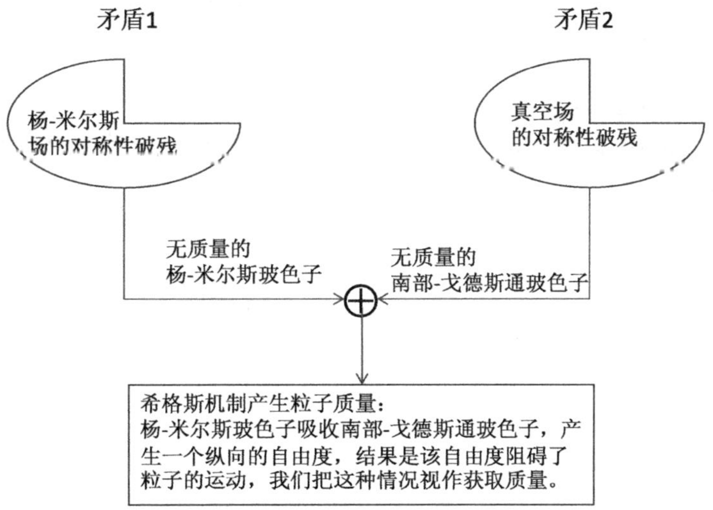

图 3-12　两对矛盾的矛盾运动产生了希格斯机制

尽管希格斯机制是在解决弱相互作用中玻色子的质量问题时提出的，但其作用远远超出了这个范畴。因为它成功解释了宇宙中所有具有质量的粒子为什么具有质量的问题，也解释了由各种粒子构成的宏观物体的质量来源问题。而从哲学的角度来看，希格斯机制的巧妙之处在于同时考虑了两个矛盾在推动事物发展中的相互作用，是对矛盾是事物发展的动力、矛盾运动推动事物发展基本观点在具体表现形式上的一个扩展。

3.4.5　对称性的矛盾运动推动了夸克模型的产生

在粒子物理学中，一个重大的里程碑式的成果是夸克模型的提出。在这个过程中，涉及三个不同的守恒（即三个矛盾），这三个不同的守恒（矛盾）的共同运动，推动了夸克模型的产生。

自 20 世纪 50 年代起，世界各地建设起各种类型的大型粒子加速器和对撞机，人们对微观粒子的发现呈现出井喷式发展。面对几百个形形色色的微观粒子，人们已经意识到它们不可能都是基本粒子，它们应该是由少量的基本粒子构成的。但它们如何分类，哪些是组成它们的基本粒子，如何揭示物质微观粒子的组成规律等成为物理学家探索的目标。这里我们不再具体回顾物理学家所走过的曲折不平的道路，而是从后来者的角度，以结果为导向，寻找在这个过程中体现出的哲学上的道理。

对于电磁基本相互作用，人们发现其规范不变性对应的是电荷守恒。在对弱基本相互作用的研究中，人们发现质子和中子其实是同一个粒子——核子的两种状态，于是引入同位旋的概念，认为质子和中子唯一的差别就是同位旋。再后来，人们发现了奇异粒子和奇异性，在强基本相互作用中又引入了奇异数守恒。

因此，当人们回到强基本相互作用的研究时，发现它涉及三个守恒[33]，即电荷守恒、同位旋守恒、奇异数守恒都汇集在了一起，如图 3-13 所示。按照我们前面的分析，这三个守恒在哲学上就是三个矛盾。

33 这里指和分类相关的守恒。在强相互作用中还有诸如动量、角动量的守恒，暂时认为这些守恒不影响这里的分类。

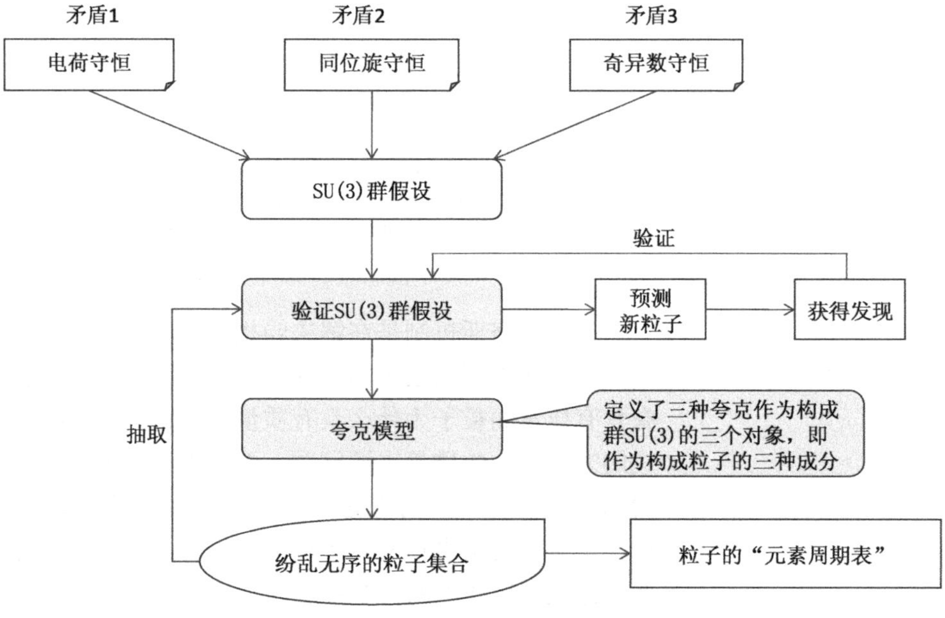

图 3-13 三个矛盾的矛盾运动推动夸克模型的产生

粒子物理学对对称性的研究是借助数学上的群论进行的。这里我们不深入其中的细节，只在原理层面进行说明。一般来说，在群论中 SU（N）群表示将 N 个对象彼此变换。以现在的角度来看，由于有三个守恒的输入，采用 SU（3）群对粒子进行分类研究似乎是自然的选择。但历史上，这却是一个困难和不易接受的事情。

1955 年，日本物理学家坂田昌一受马克思辩证唯物主义理论的影响，提出了强子的复合模型，该模型认为所有强子都由三种更为“基本”的粒子所构成，这三种基本粒子是质子、中子和一种奇异粒子——Λ 粒子（超子）[34]。根据该模型，介子由一个基础粒子

34 [英]吉姆·巴戈特:《量子通史：量子物理史上的 40 个重大时刻》，徐彬，于秀秀译，263 页，北京，中信出版社，2020。

和一个反粒子构成，重子由两个基础粒子和一个反粒子构成。坂田模型利用质子、中子和超子这三个基础粒子复合出了当时已知的强子，其是将物质具有无限层次这一思想具体化的一次可贵的尝试。但它无法解释后来发现的一些新粒子的构成。它引入的完全对称性理论和八重态等概念为下一步夸克模型的提出打下了基础。

1961 年，美国物理学家盖尔曼等人提出了用 SU（3）群对强子进行分类的方案。根据 SU（3）群的定义，三个对象的变换需要满足以下的关系：$3\otimes3\otimes3=1\otimes8\otimes8\otimes10$，即如果要把三个对象黏在一起，就要产生一个一维表示（单态粒子）、两个八维表示（“八重态”粒子）和一个十维表示（“十重态”粒子）。其中关键的环节就是要从已经发现的大量无序重子粒子中去验证是否可以形成两个八维和一个十维表示。盖尔曼等人尝试把具有相同自旋和宇称对称性但奇异数不同的粒子放在一起作为同一粒子的超多重态。盖尔曼首先用自旋为 1/2 的重子构成了一个八重态，而在将自旋为 0 的介子构成另一个八重态时，发现这样的介子在当时只有七个，有一个介子“不见了”，于是他大胆推测，一定存在第八个自旋为 0、电荷为 0 和奇异性为 0 的介子，他将其命名为 X 粒子，几个月之后，这个粒子被发现。在构成自旋为 3/2 粒子的十重态时，盖尔曼遇到了暂时的困难，因为当时这样的粒子只有四个，不过当时是新粒子发现的高潮期，很快在新发现的粒子中就填补了五个，此时只差一个这样的尚未发现的粒子，他将这个身份不明的粒子命名为 Ω^- 粒子。在等待 Ω^- 粒子验证的同时，盖尔曼等开始考虑构成 SU（3）的三个基本态对象会是什么。经过计算，他得到了三个基本态对象的参数，并把它们命名为夸克。之后很快 Ω^- 粒子在实验室被发现，夸克和夸克模型开始被接受。根据夸克模型，自旋为 1/2 的重子（如质子、中子等）由上夸克、下夸克和奇夸克的不同组合构成，而自旋为 0 的介子则由夸克和反夸克构成，同位旋被解释为复合核子中的上夸克和下夸克的数量。[35]

35　[英]吉姆·巴戈特:《量子通史：量子物理史上的 40 个重大时刻》，徐彬，于秀秀译，272 页，北京，中信出版社，2020。

按照夸克模型，原来纷繁杂乱的粒子集合开始变得有序，夸克的不同组合构成了其上的数目繁多的重子和介子，形成了粒子的“元素周期表”。

通过夸克模型的建立过程，站在一个后来者的角度，拨开发现过程中笼罩在其上的迷雾，我们就会发现这其实是一个三重矛盾相互作用推动事物向前发展的具体形式和生动实例。这里，矛盾是事物发展的动力、矛盾运动推动事物的发展的基本论点再次被验证，并且再次丰富了这种基本观点的具体表现形式。

3.5 矛盾运动表现为量变和质变的形态

按照辩证唯物主义的观点，质是一个事物区别于其他事物的内在规定性，量是事物存在和发展中可以用数量表示的规定性。量变是事物在数量上的变化。质变是事物性质的根本变化，是由一种质态向另一种质态的飞跃。量变和质变是事物发展的两种状态，也是事物发展过程中的两个阶段。事物的发展就是不断地由量变到质变，再由质变到量变，循环往复，无限循环，推动着事物不断向前发展，这就是量变质变规律或质量互变规律。

基础物理学对于量变质变规律有两方面的支撑：一方面是来自现实的物理现象即实践和事实方面的支撑，可以视为归纳意义上的支撑；另一方面是现代热力学理论为量变质变规律提供了一个理论上的证明，可以视为演绎意义上的支撑。量变质变规律归纳意义上的支撑可以来自除物理学外其他的自然学科和社会学科，如生物学、社会学等。而量变质变规律演绎意义上的支撑是现代热力学理论的一个“特色化”的贡献。下面我们就分别从以上两个方面展开分析。

3.5.1 水的相变现象的分析

在自然界中，同一成分组成的物质可以具有气态、液态、固态三种相态。三种形态之间可以发生相互转化，三种形态的转化主要由热运动引起的分子间的排斥和吸引在力量上的此消彼长所造成。水是自然界中在自然条件下具有三种相态并能实现相互转化的物质。

按照一般的观点，决定水的三种相态以及相互转化的关键因素是分子间形成的氢键。简单地说，在水分子H—O—H中，O和H原子间共用的电子对强烈偏向O原子一边，O原子显示出一些负电荷状态。与此同时，由于H原子核外只有一个电子，上述电子对强烈偏向带来的结果是H原子显示出正电荷状态。这样，这个半径很小、无内层电子的带部分正电荷的氢原子就会吸引它周围另外的一个水分子中的O原子，从而构成两个原本电中性的水分子间的相互吸引，这就是水分子间的氢键。在水的固态（冰）中，所有水分子中的H原子都参与形成氢键，使得所有水分子之间构成一个四面体形的立体骨架结构，即每一个O原子周围有四个H原子，其中两个是H的共价结合，另外两个H离得稍远，是氢键结合。这样的立体骨架结构将所有的水分子形成具有相对固定形状、不能随意流动的固态形态。在液体水中，水分子间仍存在大量的氢键，但这时已经不是所有的水分子间都通过氢键形成一个共同的立体结构，而是部分水分子在氢键的作用下结合在一起，因此可以发生相互间的移动，即形成流动，但水分子间不能完全分开。在气体水中，水分子间的距离已经拉开（一般认为是 10 倍水分子半径之上），水分子间很少存在氢键作用，水分子间可以相对散开，这就是气态。以下我们以一个实际的例子来看水的三相状态变化中体现的量变和质变过程。

如图 3-14（a）和（b）所示，我们假定将放置在密闭容器内的 1 g 冰（0 ℃）加热，冰开始融化，但温度一直保持在 0 ℃；在持续加热一段时间后，冰全部融化为水；继续加热，水的温度慢慢升高，直至达到 100 ℃——沸腾的温度，液体水开始变成水蒸气，但温度再次保持不变；直到所有的液体水全部变成 100 ℃的水蒸气。在图 3-14（c）中，我们标识出这个过程中水的形态的变化，从冰开始，经过一段量变，发生第一次质变，全部的冰变成了全部的液体水；随后生成的水开始新的量变，经过一个更长一些的量变过程，发生第二次质变，全部的液体水变成了全部的水蒸气。

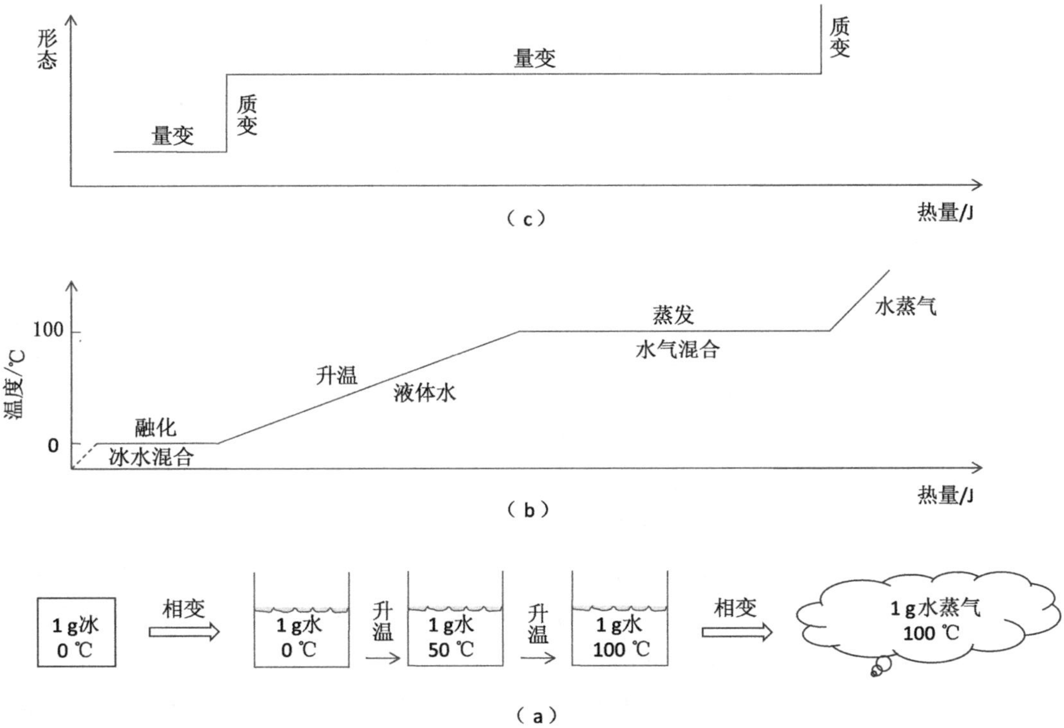

图 3-14　水的三相状态变化中所体现的量变和质变

我们还可以结合前面介绍的氢键来看这个变化过程。在固体冰中，所有水分子的所有氢键构成 1 g 冰的一个固体结构，我们可以说氢键的比例是 100%。但随着热量的输入，冰开始在冰点融化，这时部分氢键被破坏，冰的骨架结构总体崩溃而变成水，但水中仍有大量的氢键存在，这些氢键形成许多水的小团簇 $(H_2O)_n$。随着温度的升高，更多的氢键断裂，水的小团簇$(H_2O)_n$也不断减少。但即使升温到100 ℃，水中仍有一定量的氢键存在。当水变成水蒸气时，水分子间的距离显著拉大，氢键数量也就急剧减少，水蒸气分子成为“自由”飘散的分子。如果把氢键数量的变化看作不断量变的过程，在上述过程中，当氢键数量发生量级上的改变时，就形成水形态两次陡然的改变——相变，它们就是质变。

从上述水的相变的物理现象中我们可以看出，量变和质变是事物发展的两种状态，也是事物发展过程中的两个阶段。量变是质变的前提，质变是量变的结果。事物的发展是不断地由量变到质变，再由质变到量变的过程。

3.5.2 现代热力学理论提供的量变质变模型

基础物理学理论在实践上可以为量变质变规律提供具体生动的案例，而现代热力学理论可以在理论上为量变质变规律提供一个系统化的理论支撑和一个具有一般性的量变质变模型。

经典热力学主要研究的是平衡态的热力学系统。如果一个系统的状态参量不随时间改变，而且系统内部不存在任何物理量的宏观流动过程，则称为平衡态。因此，平衡态有两个重要特征：①表征宏观性质的状态参量不随时间改变；②在系统内部不存在任何物理量的宏观流动过程，如粒子流、热流、水流等。凡不满足上述两个条件的状态都称为非平衡态。

显然，对于一个相对复杂的实际系统，适合平衡态的经典热力学就受到很大的限制，于是就有了现代热力学理论的发展，它主要针对更加普遍的非平衡态系统。非平衡态又往往和非线性、不可逆过程相联系，现代热力学就成为研究非线性、不可逆过程的理论。非线性现象是自然界的普遍现象，非线性的本质是经过某种形式的变换，两个变量之间的依存关系不再是一一对应关系而是出现多值性，这种多值性导致非线性动力系统中出现分岔、突变等现象。现代热力学理论分两步对经典热力学理论进行了发展，大致和离开平衡态的远近相关。

首先在平衡态的基础上向前跨了一步，在近平衡态区域提出非平衡定态（简称定态）的概念，它是指当系统处于非平衡态时，如果外界条件不变，系统最终也可以达到一种宏观上不随时间变化的稳定状态，但这时系统内部仍可发生各种物理量的宏观流动过程，只是这些内部过程和外界的交换过程的平均效果使得系统的状态参量保持不变。非平衡定态往往发生在系统离开原来平衡态较近的区域，"力"和"流"还保持线性关系，仍然是一种线性稳定理论，满足最小熵产生原理，即在近平衡态区域中，如果外界约束条件不允许系统达到平衡态，那么系统不得已而求其次，将向熵取值为最小的定态演化。定态和平衡态一样，也是稳定的，即系统对干扰的响应导致干扰的消减，纵使有微小的涨落，亦破坏不了系统的稳定性。非平衡定态一般也不产生新结构。

而随着系统的进一步演变，在持续有外界负熵输入的情况下，当系统逐渐远离平衡态区域到达远平衡态区域时，情况发生改变。广义"力"与广义"流"之间的线性关系不复存在，近平衡区定态所遵循的最小熵产生原理也不复成立，微小的涨落会被放大，从而导致系统突变，进入截然不同的全新状态。这时，系统就可能走上愈益有序化的进程，或可能形成特殊的时空结构，这种"自组织结构"，往往以能量（和物质）耗散为代价，故称为耗散结构。耗散结构具有以下特征：①耗散结构发生在开放系统中，需要靠外界不断供应能量或物质才能维持；②只有当控制变量达到一定临界值，在远离热力学平衡的情况下，耗散结构才出现；③耗散结构具有时空结构；④耗散结构是稳定的，不受任何小扰动的破坏，是新的稳定态。

在哲学上，对于如何由量变引起质变一般是给出定性化描述，不是特别直观、容易理解，而借助非平衡定态和耗散结构论，通过对一个系统变化的全过程分析，我们就可以看到一个生动的、直观的、半定量化的量变质变模型。

如图3-15所示，我们假设x是影响系统属性的关键参数，λ是引起x变化的量。假定原系统开始的时候处于平衡态，具有A结构。根据平衡态理论，系统的属性保持动态的平衡，即此时微小的涨落对系统的性质没有影响。经过一段时间，系统离开平衡态进入近平衡态，根据前面讨论的理论，系统在近平衡态遵循最小熵产生原理，系统对微小涨落有反应，但微小涨落破坏不了系统的稳定性。再经过一段时间，当$\lambda > \lambda_c$后，系统进入远离平衡态阶段，系统对微小涨落开始变得十分敏感，少量的热涨落就可能使系统进入完全不同的新状态，直到最后一个（或一组）微小涨落引发突变，使系统达到一个新的、稳定的、有序结构B。由此，我们不妨把系统变换和演进的过程分为：量变过程，大致相对于平衡态、近平衡态阶段；量变向质变的过渡阶段，大致相对于远离平衡态到发生突变形成新的有序稳定状态之前的阶段；质变过程，即一个（或一组）微小涨落引发突变，使系统达到一个有序、稳定的新结构的阶段。以上三个阶段构成一个量变不断积累最后引发质变的完整过程。自然，在外部输入持续保持的情况下，系统在结构 B 的基础上，会开始一次新的轮回发展过程。

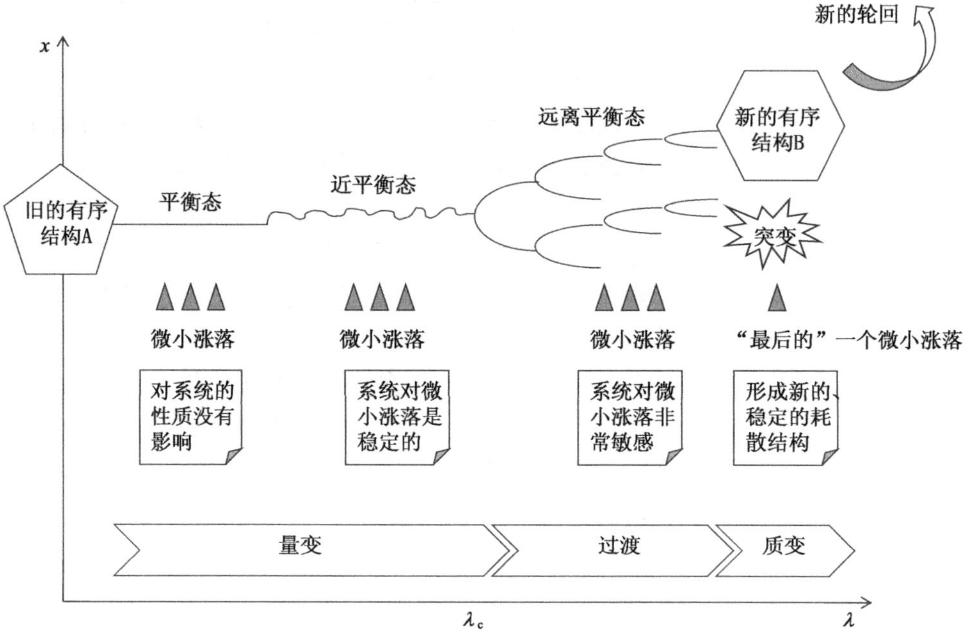

图 3-15 现代热力学给出的量变质变规律模型

虽然非平衡定态和耗散结构论的研究对象开始是针对热力学开放系统，但其理论方法已经推广应用到众多领域，包括物理、化学、生物、地学、农学、医学、工程技术，甚至社会领域。利用现代热力学理论，人们已经能够比较完整地描述一个开放系统如何从无序到有序，从低级到高级，循环往复不断发展的过程。这样，就在哲学上生动、完整、半定量化地验证了量变质变规律的正确性。

3.6 矛盾运动是前进性和曲折性的统一

按照辩证唯物主义的观点，事物的运动是由矛盾运动驱动的。矛盾存在着对立，这也就决定了事物的发展不会是完全理想和直线式的，而只能是一种辩证的形式，即事物的发展是螺旋式的上升和波浪式的前进，事物的发展是前进性和曲折性的统一。也就是说，事物发展的基本趋势和总方向是前进上升的，但其具体道路是曲折迂回的。基础物理学理论可以以事实验证事物的螺旋式上升和波浪式前进验证。

3.6.1 从基础物理学看波浪式前进

从基础物理学来看，波浪式前进的例子既有人们最熟悉的、可视的水波，有微观粒子的波动性和理论上导出的抽象的物质波，还有物体在物质存在带来的弯曲时空里的非直线运动等各种事例。

1. 最直观的例子：水波的波动

日常生活中，可视的、最生动的波浪式前进的例子是水波的波动。在静止的水面上，如果我们投下一块石子，就会激起一圈一圈的涟漪。从物理学的角度来看，投下的石子在水中下落的过程中，首先将自身的动能和势能转化为周围水体的动能和势能，产生上下的振动，形成近的一圈涟漪；随后产生第一圈涟漪的水体的运动又带动其周围水体的运动，产生更远一圈的涟漪。如果我们把石子能量的传递看作一种运动的话，就会看到这种能量的传递运动是以波动的方式向四周进行的。水波的波动是最直观的波浪式前进的事例。

2. 微观粒子的波动性和物质波概念

前面我们已经介绍，微观粒子的运动会表现出波动性。例如，有一个以2%光速运动的电子，其动量大约为

$$p = m_e \times v_e = (9.10956\times10^{-31}\,\text{kg})\times(0.02\times3\times10^{8}\,\text{m/s})$$
$$\approx 5.5\times10^{-24}\,\text{kg}\cdot\text{m/s}$$

根据公式 $波长=\dfrac{h}{动量}$，可以计算出其对应的波长大约是 10^{-10} m，这大致等于氢原子的直径，因此电子的衍射效应是可以测量的。事实上，物理学家正是基于这样的预言在实验中测到了电子的衍射效应，证明了电子运动的波动性。

根据物质波的概念，所有的物体，无论是微观粒子还是宏观物体都具有波动性，且满足 $波长=\dfrac{h}{动量}$。只是对于宏观物体，对应的波长太短，以至于可以被忽略不计。例如，一个质量为0.02 kg，时速为330 m/s的子弹，其对应的物质波的波长为

$$\frac{h}{mv} = \frac{6.6\times10^{-34}\,\text{J}\cdot\text{s}}{(0.02\,\text{kg})(330\,\text{m/s})} = 10^{-34}\,\text{m}$$

即物质波的波长是 10^{-34} m，这个值太小了，因此可以认为子弹没有波动性。

对于平直运动的宏观物体，可以视为没有波动性。但对于宏观物体又有另一个回避不了的“问题”：宏观物体还处在引力场空间，引力效应不能忽略，在引力场空间里，也没有绝对的直线运动。

3. 没有绝对的直线运动：弯曲时空里的非直线运动

万有引力是一种超视距的力。利用万有引力可以粗略解释宇宙中天体的运动规律。例如，由于地球对月球的万有引力作用，月球作为地球的卫星绕地球转动；由于太阳对地球的万有引力作用，地球又绕着太阳转动；太阳在银河系中，而在银河系的中心有超大质量的黑洞，来自这些黑洞的引力使得太阳带领整个太阳系绕银河系中心转动。综合起来，太阳绕银河系的转动速度约为 250 km/s，地球公转的平均线速度约为 29.8 km/s。

牛顿提出的万有引力理论没有给出万有引力的来源和实质。对于这个问题，爱因斯坦向前迈进了一大步。通过广义相对论，爱因斯坦把引力变成了一种几何学，即把“引力怎样行动，以提供一种远距离发挥作用的力”这个深奥的问题，转变成“物质怎样扭曲空间和时间”以及这个被扭曲的时间和空间如何约束在其中的物体的运动这样的问题。按照广义相对论，引力消失了，代之而来的是物质产生了时空的弯曲，在这个弯曲的时空里，物体将自发地沿测地线运动（即按照最小作用量原理以最小的代价运动）。

于是，太阳带领整个太阳系绕银河系中心转动的实质是银河系中心超大质量的黑洞在银河系中产生了时空的弯曲（图 3-16 中标识的时空弯曲①），在这个弯曲的时空下，太阳带领整个太阳系以最小的代价运动。同样，太阳巨大的质量在其周围也产生了时空的弯曲（图 3-16 中标识的时空弯曲②），地球绕太阳运动不过是在时空弯曲②中以最小的代价运动。而地球在其周围也可以产生时空的弯曲（图 3-16 中标识的时空弯曲③）。假定以银河系为参考系，地球附近的物体就参与了以上三个运动。用传统的万有引力的观点来看，这是三个力叠加的运动。而用广义相对论的观点来看，就是银河系中心超大质量的黑洞、太阳、地球在地球附近产生了三个时空弯曲，大致可视为几何上三个曲率的合成。地球附近的物体就需要按照合成后曲率的要求和最小作用量原理以最小的代价运动。可以肯定的是，合成的曲率一定是曲线。也就是说，处于地球空间里所有物体的自发的运动轨迹都不可能是直线。上面的结论可以推广到太阳系、银河系乃至整个宇宙中。在自然条件下，只要有物质的存在，就没有绝对的直线运动，只有弯曲时空里的非直线运动。

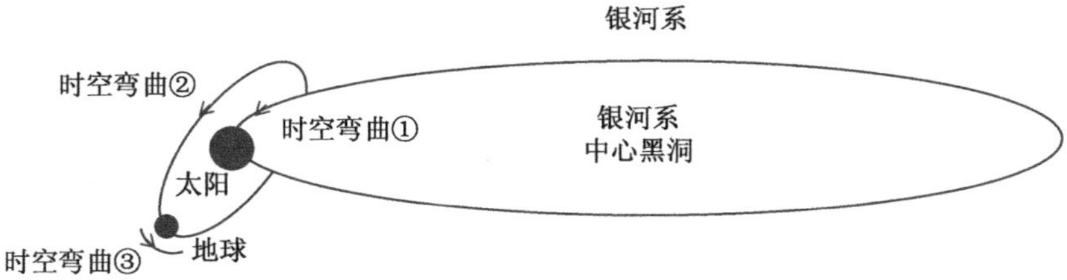

图 3-16　弯曲时空下的非直线运动示意

以上物理学事例说明，事物的运动即便是最简单的机械运动也不会是完全理想和直线式的，而是曲折迂回的。

3.6.2　从基础物理学看螺旋式上升

相比于运动，事物的发展具有更深层次的意义。利用现代热力学的耗散结构理论，我们不难发现它可以验证事物螺旋式上升的哲学规律。

如图 3-17 所示，假定起始系统处于一个平衡的稳态，结构是四边形，之后系统与外界有持续的物质和能量交换，从外界获得“负熵流”输入。在刚开始的一个阶段，即近平衡态区域，在输入过程中热力学的“力”与热力学的“流”之间的变化服从线性关系，由于涨落的影响，原来的结构会出现一些混乱，但由于无法回到原来的平衡态和结构，这时系统会遵循最小熵产生原理，达到一个非平衡过程下的定态。随着进程的发展，控制变量 λ 达到了一个临界值 λ_c，在这之后输入过程中热力学的“力”与热力学的“流”之间的变化不再服从线性关系，而是服从非线性关系，在涨落的作用下，系统的走向出现了分岔，系统进入不稳定的状态。某种随机的涨落（一般是增长最快的涨落），如图 3-17 中在 d_1 分支上被标记的涨落，通过相干效应迅速放大，形成宏观整体上的“巨涨落”，使系统由不稳定的状态突然跃迁到一个新的稳定的有序状态，形成一个更加有序的结构，如图所示的由小六边形构成的蜂窝结构就是耗散结构。小六边形构成的蜂窝结构比原来的四边形结构更加有序，这也可以理解为是系统消化吸收了来自外部的“负熵流”，并且将一些“负熵流”存储在新的结构中，因此可以形成更加有序的结构。从耗散结构的形成过程，我们就可以发现这是一个系统螺旋式上升的过程，即稳定结构—出现混乱—更稳定的新结构，如果外部的输入能够持续，这个螺旋式发展的过程就可以循环持续下去。

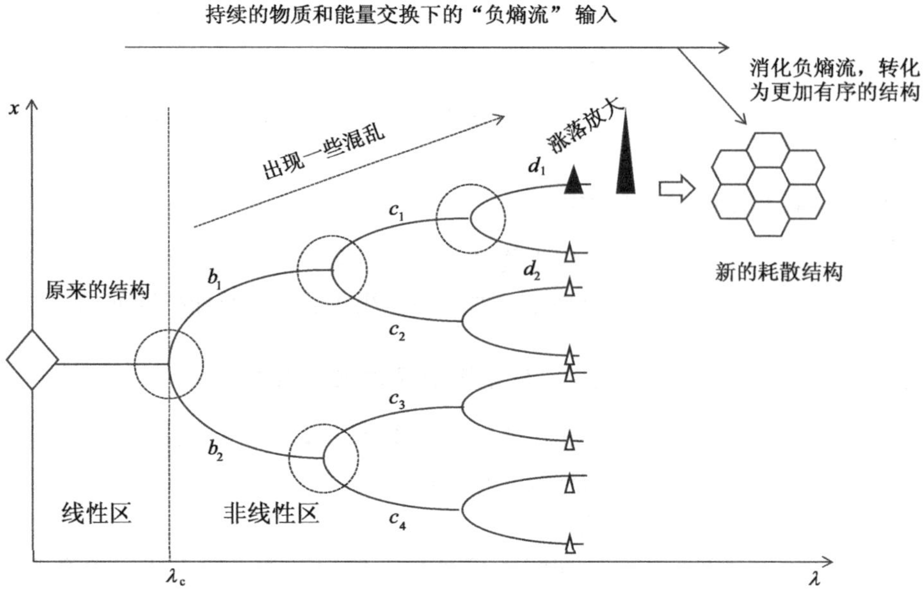

图 3-17 现代热力学验证事物发展的前进性

上面的示例是一个关于耗散结构形成的最简单的情况。在实际的事物（系统）发展中，情况要复杂得多，更能体现出事物发展中螺旋式上升的特征。例如，以地球上的生命系统的发展为例，地球平均每秒都从太阳那里获得 -4.47×10^{14} W/K 大小的“负熵流”，在这个“负熵流”的作用下，地球上的生命系统开始了从简单到复杂、从低级到高级的生物发展的演化进程。在这个进程的不同阶段，会出现大量的分岔。由于在不同时段和不同地域上，可能触发在该时段和地域上形成耗散结构的随机的涨落是不同的，即在不同时段和不同地域上就可能前后形成大量的新的耗散结构，而不是像前面示例中只出现一个新的耗散结构，再考虑到 DNA 可以将生命进化的信息进行记录和传递，新的耗散结构大部分都可能被各自的后代继承下来[36]，于是形成非常复杂的、种类繁多的生物进化树。这种复杂性的增加使得地球上生物演进的发展过程更加体现出螺旋式上升的特征。

36 当然也有大量的分支在自然选择的过程中被淘汰。

不仅如此，作为一个实际的系统，因为外部条件的变化，在某个时间段，由于一些异常（如太阳星子的活动、小行星的碰撞、地磁场翻转、冰河季等），地球从外部获得的“负熵流”会出现波动，从而造成生物演进的中断，甚至是短暂局部的倒退都是可能的。考虑上述异常情况，地球上生物演进发展过程的螺旋式上升的特征就更为明显了。

耗散结构理论具有非常广泛的应用领域，不仅在物理、化学、生物等自然科学领域适用，在一些社会科学领域也适用，可以解释自然学科和社会学科中大量的从简单到复杂、从低级到高级的发展过程，具有广泛的代表性。耗散结构理论在不同领域中的应用都可以为验证哲学上事物螺旋式发展的观点提供十分有力的例证。

第 4 章　从基础物理学理论看辩证唯物主义的认识论

我们认为物理学是最能反映辩证唯物主义认识论的自然学科，有以下三方面的依据。

其一，物理学和哲学之间存在着天然的联系。物理学与哲学在研究对象上具有共同的交集：物质世界。只是二者对物质世界的研究角度不同，物理学侧重研究物质世界中物质的组成和物质运动规律，哲学侧重研究物质世界的本质、发展的根本规律。而这两个角度又是紧密关联和互相支撑的。哲学中关于世界的根本性问题，如宇宙的起源、物质的组成等，也都需要借助物理学来回答。物理学和哲学之间的这种密切的天然联系自然也会体现在物理学与辩证唯物主义认识论的关系上。

其二，从方法论来看，驱动基础物理学发展的两大要素实验和逻辑能比较好地与认识论中的感性认识和理性认识相对应，物理学理论围绕实验和逻辑的螺旋式上升发展过程与认识论中的认识过程大致吻合。

其三，从实践来看，人类历史上的三次全球性的工业革命都是由基础物理学的突破提供底层驱动的[1]，三次工业革命的形成和成果也都体现了基础物理学的相关理论从实践到理论，从理论到实践，再从实践到理论的发展过程。

1　可参考赵建:《写给未来工程师的物理书》，7-10 页，天津，天津大学出版社，2021。

正是由于以上的原因，人类探索物质世界基本组成和运动规律的基础物理学理论，为辩证唯物主义认识论的验证提供了内容极其丰富的素材，可以实现对辩证唯物主义认识论全面、深刻、生动的验证。

4.1 实践是认识的基础

实践是认识的基础是辩证唯物主义认识论的一个基本观点。它包含两方面的含义：一是强调实践的基础性作用，强调实践是认识发生的基础，是认识的来源和动力，这是唯物论的要求；二是强调认识对实践的能动性，对实践具有反作用，这是辩证法的要求。基础物理学首先也是基于实验的科学，强调科学实验的作用，同时科学实验又是包含主观能动性的实践活动。基础物理学 300 多年的发展过程，为检验和践行“实践是认识的基础”的观点提供了方方面面的素材，大大丰富了“实践是认识的基础”观点的内涵。在本节我们将看到物理学史上众多著名的物理学实验在验证“实践是认识的基础”观点时的精彩表现。

4.1.1　伽利略的斜板实验开创现代科学的新纪元

现在一般认为，人类历史上第一个科学实验是伽利略做的斜板实验。这里伽利略的最大贡献在于强调了实验和观测的重要性，强调了基于实验和观测寻找物理规律并用数学来表达的方法。因为在这之前，人们对自然科学的研究仍然习惯于仅通过观察、思考和空洞的辩论，很少有目的地进行实验，伽利略开创了实验和科学推理的先河。对于伽利略的科学贡献，学者 S. 德雷克总结道：“当伽利略出生时，已有两千年历史的物理学还没有导致对实际运动的哪怕是粗略的测量……在此之前，它不是本原的，而是形而上学的……伽利略要尽其所能地从形而上学中解脱出来。”[2]

2　[美]威廉 · H. 克劳普尔：《伟大的物理学家：从伽利略到霍金 物理学泰斗们的生平和时代》，13 页，北京，当代世界出版社，2007。

伽利略的斜板实验在现在看来十分简单：取一块长约 12 库比特（1 库比特=457 cm），宽约 0.5 库比特，厚 3 指的木板，在上面刻一条一指多宽的直而光滑的槽，槽内用羊皮纸贴衬，也尽可能弄得光滑；再准备一个硬的、光滑而且非常圆的黄铜球，将木板的一端抬起 1 或 2 库比特，使之倾斜；然后使黄铜球沿整个长槽滚下，同时测出滚下的时间。

当时，该实验的困难主要在于计时，伽利略巧妙地用了一台简陋的“水钟”，犹如我国古代计时用的铜壶滴漏。他写道：“为了测定时间，我用了一个大的水桶，并把它架在高处，在桶底安一个小管，使有一细小水流从中流出，在每次铜球滚下的时间内都用一个小杯子接下流出的水，然后用一个非常精确的秤称出杯内水的质量，各次水的质量的差别或倍数就给出了各次铜球滚下所用时间的差别或倍数。”

经过反复的测量，伽利略首先发现铜球滚过全程的 1/4 所用的时间正好是滚过全程所用时间的一半，最后精确地得到，在斜面上下落物体的下落距离与所用时间的平方成正比，这就是著名的落体定律。

在落体定律中，可以发现“在斜面上下落物体的下落距离与所用时间的平方成正比”的关系和所用小球的质量并没有关系。当我们把斜面的倾角变成最大，即为 90° 时，如果上述关系仍然成立的话，就可以推理得到不同质量的铁球垂直下落（这时可以拿去斜面了）的快慢应该没有差别，这也就可能触发了伽利略后来用铁球实验去纠正亚里士多德错误观点的想法。尽管历史上未必能证明伽利略在著名的比萨斜塔做过落球实验，但物理学史专家一般认为历史上应该有过类似的实验。

伽利略之后，牛顿继承和发展了伽利略所倡导的从实验出发的思想，使这种思想更加清晰、完善。牛顿曾说："在自然哲学中，应该像在数学中一样，在研究困难的事物时，总是应当先采用分析的方法，然后才用综合的方法。这种分析方法包括做实验和观察，用归纳方法从中作出普遍结论……因为在实验哲学中是不应该考虑什么假说的。虽然用归纳法从实验和观察中进行论证不能算是普遍的结论，但它是事物的本性所许可的最好的论证方法……"

牛顿力学开辟了从实验出发去发展现代科学理论的道路。从实验出发就是从实践出发，还要利用归纳、综合等方法，发挥认识对实践的能动性。而这正体现了"实践是认识的基础"这个辩证唯物主义认识论的基本观点。

4.1.2 蛛丝马迹带来新天地

"实践是认识的基础"告诉我们新事物的发现首先要从实验和观察出发，同时还要充分发挥认识的能动性，这样才能充分挖掘出实验和观察的潜在价值。

在物理学发展过程中，物理学规律不仅从表现明显的实践现象中发现，而且新的规律往往是从隐藏在角落处或暗处的不明显的实践现象中发现的，即物理学实验中的一些蛛丝马迹的现象往往带来物理学理论上的一片新天地。

这个现象在人们认识各种电磁波和放射性射线的过程中有突出的表现。我们现在已经知道，如图 4-1 所示，各种类型的电磁波具有不同的产生机制，如无线电波和自由电子的振荡有关，红外线、可见光、紫外线和原子核外最外层电子活动（如跃迁、振荡）有关，X 射线和原子核外内层电子活动（如跃迁、振荡）有关，γ 射线和原子核内部核子的活动（如振荡、衰变）有关。α 射线、β 射线、γ 射线是和放射性相关的三种主要射线。其中，α 射线是带两个正电荷的氦核，β 射线是带负电荷的高速电子流，γ 射线则是从原子核内放出来的电磁波，是一束能量极高的光子流。在 19 世纪末，人类刚刚发现电磁波，对原子结构、原子核（更不用说原子核的内部结构）完全没有认识，对放射性完全不了解。对于电磁波，也仅仅是刚刚发现了无线电波（可参见图中赫兹发现无线电波的一个窄窄的位置），刚刚知道可见光是一种电磁波。这时候其他各种类型的电磁波、射线都是人们不了解的新事物，而且看不见、摸不着，它们只能暗藏在一些不显著的实验和现象中。因此，当时人们对于这些类型的电磁波、射线处于完全在黑暗中摸索的阶段，这比盲人摸象还要困难，因为盲人摸象还知道摸的对象是大象，而当时人们对上述的这些电磁波、各种放射性射线完全一无所知。尽管如此，这些困难没有阻断人们对于各种类型的电磁波、射线的发现和探索进程。科学家通过各种实验和观察过程中的种种蛛丝马迹，充分发挥了认识的能动性，逐步分析发现了这些暗藏在实验和现象背后的电磁波家族的众多成员和各种放射性射线，建立起对它们的初步认识。而正是这些认识，又推动了后面人类对于原子结构、原子核结构及运动规律的认识。

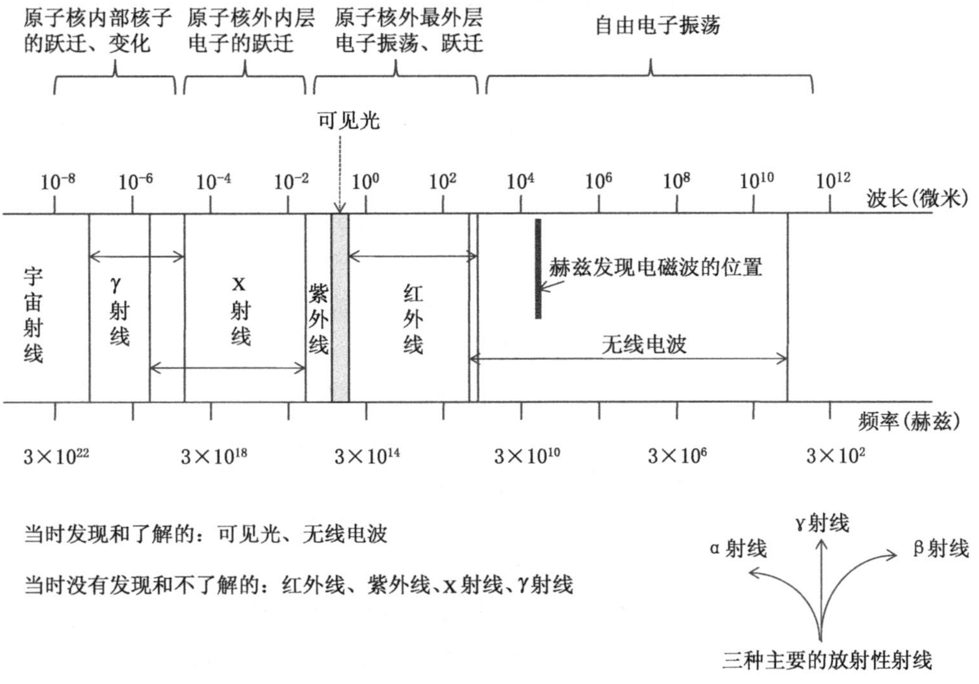

图 4-1　常见的电磁波和放射性射线及其形成机制

以下我们就简要回顾一下红外线、紫外线、X 射线以及放射性射线的发现过程。

首先看红外线。红外线是波长为 1 mm 的不可见光。除无线电波外，它在所有电磁波家族中能量最低。1800 年，英国科学家赫歇尔决定设计一个实验，探测各种颜色传递热量的程度是否有区别，是否某些颜色真的比其他颜色“更热”。在这时候人们已经知道可见光照射在任何物体表面上时，都会有一部分能量被吸收，因而物体表面会发热。他将太阳光用三棱镜分解开，在各种不同颜色的色带位置上放置温度计，每隔 8 min 读取一次温度计数值，试图测量各种颜色的光的加热效应。通过观测对比，他发现红光比其他颜色的光更热。如果赫歇尔的实验在这里停住，意义就很有限了。由于实验需要重复测量，在测量过程中，一个“意外”发生了。实验过程中，赫歇尔离开房间休息了一会儿。太阳在空中慢慢地移动，光谱也随之悄悄变换了位置，赫歇尔精心放置的温度计脱离了可见光的照射。他回来以后看了一眼，发现原来放置在红光位置的温度计已经躺在光谱红光之外的阴影里了。不过，更让他惊讶的是他发现这个温度计的示数竟然比之前在红光下高了很多。到底发生了什么事情？他又将上面的过程重复了多次，都是同样的结果。于是他开始反复地查阅资料、思考，后来他明白了，阳光中一定存在看不见的“热射线”，经过棱镜的折射，正好位于光谱红光一端的外边。赫歇尔把这种偶然发现的不可见光称为“发热射线”，并指出它像可见光一样可以被反射、折射、吸收和传递。后来人们重新命名该不可见光为红外线，以体现它在光谱中的位置。

后来，人们把赫歇尔发现红外线的思路进行了推广，把测温的温度计换成了测试化学反应的氯化银试纸。人们惊奇地发现，在可见光谱紫光外一侧，氯化银试纸变黑的速度比在紫光下变黑的速度还要快。很显然，在可见光谱紫光外还存在某种不可见光，它能够催生同样的反应，并且效果惊人。这种不可见光后来被人们根据位置特征命名为紫外线。

沿着电磁波向更短波长前行的路径，在紫外线之外我们就来到 X 射线区域。X 射线的波长在 0.01~10 nm。它是由德国物理学家伦琴在从事阴极射线的研究时发现的。一次偶然的机会，伦琴发现在阴极射线玻璃真空管 1 m 外的地方有荧光现象出现。他敏锐地猜测这可能存在新的射线。于是他改进了设计，在接通高压电流后，他在距离真空管几米远的地方举起一张感光片，并让妻子将手放在感光片前面不动且保持了一段时间。结果冲洗出来的照片显示了他妻子手部的骨骼和手指上的戒指。手骨照片进一步证实，这里一定存在某种未知的不可见光，是这种光导致拍出了这种效果。因为之前发现的不可见光不具备这样的性质，它们无法穿透皮肤或纸这样的固体。而这种新射线具有很强的穿透性，不像其他光那么容易被反射。由于它在当时神秘莫测，伦琴便用数学中表示未知数的字母 X 为它命名，这就是 X 射线，又称伦琴射线。X 射线具有荧光作用：X 射线本身不可见，但它照射到某些化合物如磷、铂氰化钡、硫化锌镉、钨酸钙等时，可使物质发出荧光（可见光或紫外线），荧光的强弱与 X 射线量成正比。X 射线的穿透性和荧光作用成为 X 射线应用于透视的基础。而在伦琴的论文发表后仅 12 周，爱迪生就造出了荧光屏，可以实时显示清晰的 X 射线图像。从此，X 射线开始造福于人类，X 射线透视仪拯救了无数人的生命。一个实验中的蛛丝马迹又一次带来了一项伟大的发现。

X 射线被发现后，许多科学家都被吸引去研究这种新的具有巨大穿透力的辐射。由于伦琴最早发现的 X 射线是由阴极射线轰击玻璃管壁，玻璃管壁发出荧光而产生的，因此当时不少人从这一表面现象出发，认为荧光是 X 射线的来源，开始用各种荧光物质做实验。法国科学家贝克勒尔用一种荧光物质——硫酸钾铀酰做实验材料，他把这种荧光物质置于用黑纸包严的照相底片上面，放在日光下照射几小时，这时密封的照相底片曝光了，贝克勒尔由此认为一种伴随着荧光现象发出的射线使底片曝光，这种射线可能就是 X 射线。一次偶然的机会，由于天阴没有太阳，他把这种荧光物质在室内放置了三天。这时由阳光照射而产生的荧光早已停止。但是他发现这种荧光物质使底片曝光的能力却丝毫没有减弱。这说明荧光现象与射线之间没有多少联系。经过进一步的实验，贝克勒尔发现在研究过的铀盐中，无论是发荧光的还是不发荧光的，它们都能自发地产生一种射线，这种射线显然是由铀元素自身所产生，而与荧光无关，这应该是一种新的射线。我们现在已经知道，贝克勒尔发现的这种射线是后来确定的 γ 射线。

法国科学家皮埃尔 · 居里和他的夫人玛丽 · 居里，受到贝克勒尔工作的启发，很想确定是否还存在其他如铀那样能发出射线的元素。经过艰苦努力，他们发现钍也有放射性。随后，他们从沥青铀矿中分离出放射性比铀更强的一种新元素——镭。

接二连三的放射性元素被发现，促使人们更深入地去研究放射性现象。人们随后又发现镭所放射出的射线可以用磁场分为三种，其中两种射线可以在磁场作用下发生相反的偏转，分别是 α 射线和 β 射线，α 射线是带两个正电荷的氦核，β 射线是带负电荷的高速电子流；还有一种射线是从原子内放出来的电磁波，在磁场中不发生偏转，但相比 X 射线，其波长更短，能量更高，这就是 γ 射线。

X 射线和放射性的发现意义很大，在 19 世纪末它们和电子的发现一起，以实验事实动摇了 19 世纪关于原子不可分、不能变化的观念，开辟了又一片物理学的新天地。

从红外线、紫外线到 X 射线、放射性的发现过程中，我们不难体会到以下两点：①新的观点、新的认识离不开实验和实践活动，没有这些实验和实践活动，就不可能有各种电磁波成员和放射性的发现，而且这些实验和实践活动往往是一个艰难的过程，需要持续累积，这样才能推动认识的不断深入；②在实验和实践活动中需要充分发挥认识对实践的能动性，因为在实验和实践活动中可能存在因为偶然因素带来的微小“异常”，而恰恰是这些“异常”将带来认识上的一片新天地。这正是“实践是认识的基础”两方面的要求在基础物理学发展上的体现。

4.1.3 将不易感知的度量转化为易感知的度量

“实践是认识的基础”的一个表现是只有在实践的基础上才能形成感性认识，并进而由感性认识进入理性认识。

感性认识是认识的初级阶段，是人们在实践中通过自己的感觉器官以及作为感觉器官延伸物的各种观测仪器对外部世界的直接认识，是人们对事物的现象以及现象间的外部联系的反应，具有生动性和形象性等特点。它包括感觉、知觉和表象等三种形式。[3]

3 陶德麟，汪信砚:《马克思主义哲学原理》，118 页，北京，人民出版社，2010。

感觉是人们在实践中接触客观事物时最先产生的认识，是人们通过感觉器官对事物的个别属性、个别方面的反应。感觉与客观事物之间没有任何的中间环节，它是感性认识的起点，从而也是整个认识过程的起点。

而在人的感官中，视觉是最重要的来源，故有“百闻不如一见”的说法。物理学重视实验，自然就是重视视觉信息在实验中的作用，把它作为感觉的主要来源。但在很多情况下，往往又不具备直接使用视觉观测实验现象和结果的条件。这时，认识对于实践的能动性又充分表现出来，物理学家通过一些转换、手段，将原来视觉条件下不能观测的实验转变成视觉条件下能观测的实验。这样的例子在基础物理学实验中有很多。

英国科学家卡文迪什进行的扭秤实验是物理学历史上一个著名的实验。它是为直接证明万有引力存在，并进一步测量到万有引力常数 G 的数值而设计的。如图 4-2 所示，卡文迪什的实验装置是由前人的一个装置改进而来的。他将两个质量一样的铅球分别放在扭秤的两端，中间用一根韧性很好的钢丝系在支架上，钢丝上有个小镜子，用两个质量一样的铅球同时分别吸引扭秤上的两个铅球。由于万有引力作用，扭秤微微偏转。但细光束所反射的远点却移动了较大的距离。他用此计算出了万有引力公式中的常数 G。现在通过初步的估算，我们可知，卡文迪什实验中两球间的引力大致在 10^{-7} N 量级，这相当于一个小米米粒重量的几分之一，由这么小的力量推动扭矩的改变并进行直接的测量显然是不可视的，因而是不可行的。为此，卡文迪什巧妙地设计了将上述不可观测的微小的变化量进行放大的机制，他用准直的细光束照射镜子，细光束反射到一个很远的地方，标记下此时细光束所在的点，利用光的反射将微弱的力的作用进行放大，我们也可以简单估算出放大的效果应在 100 倍以上。这样经过放大以后的测量效果就相当于几十个小米米粒的重量推动扭矩的改变效果，从而使测量具备了可视性，也就具备了可行性。不过需要指出的是，这种放大测量的方法也可能将一些环境干扰带来的误差，如冷暖变化、空气流动等，也都进行了放大。因此，为了排除误差来源，卡文迪什把整个仪器安置在一个封闭房间里，并且通过望远镜从室外观察扭秤臂杆的移动。同时，还采取了一系列严格的误差控制措施，以消除磁性、弹性形变等因素的影响。

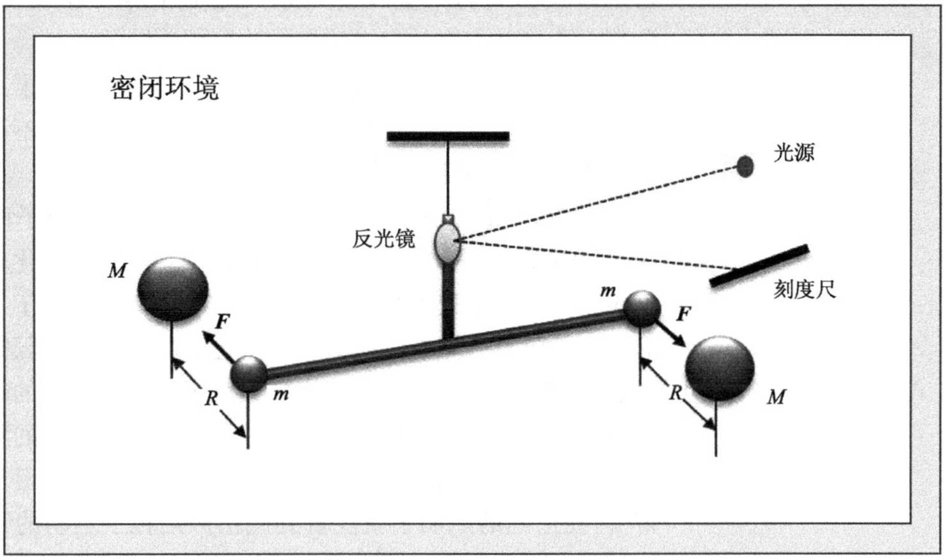

图 4-2　卡文迪什扭秤实验装置示意图

密立根油滴实验是物理学历史上另一个著名的实验，同样也是一个将不容易观察的过程转变为一个容易观察过程的范例。1897 年，J. J. 汤姆孙通过测定阴极射线粒子的荷质比，发现了电子的存在，并得出以下结论：电子的质量约是氢质子的 1/2000，带电量和氢质子的电量大小相同、极性相反，即带一个单位的负电荷。密立根油滴实验的原理十分简单，采用的方法也十分巧妙。由于电子的质量如此小，而且大小更小（约 10^{-15} m 数量级），如果直接去观测发现电子在当时是不可能的。于是，密立根想到了使用油滴的方法，把对电子电荷的测量转化为对微小油滴带电量的测量。实验首先从一个小的喷嘴中喷出一些微小的油滴，油滴在喷出的过程中与油嘴摩擦会随机性地带上数量不一的电荷。这些带有随机数量电荷的油滴经过上平行板的一个小孔进入平行板之间的电场空间。油滴在电场力和重力的作用下会处于不同的状态。通过显微镜观察，每次只选择处于平衡态的合适的油滴用于测量。密立根自 1906 年开始致力于微小油滴带电量的测量，用了 11 年时间，经过多次重大改进，终于通过上千个油滴的确凿实验数据无可辩驳地证实了电荷的量子性，即所有油滴的电荷值是离散的，它们皆为同一数字的整数倍。于是，密立根认定此数值为单一电子所带的电荷电量，大小是 $1.529\times10^{-19}\,\mathrm{C}$。密立根油滴实验成功的关键是通过把不能直接观察的电子依附在油滴上而变成可视的对象，通过对油滴这个可视对象的观测完成对不可视电子携带电量（电荷）的测量。密立根油滴实验的原理十分简单，思路十分巧妙，成果却十分突出。依靠这个原理简单的实验和其他方面的贡献，密立根获得了 1923 年诺贝尔物理学奖，成为踏上斯德哥尔摩之旅的第一位美国出生的物理学家。

在物理学历史上，有一项测量和显示装置促成了几项诺贝尔物理学奖的诞生，这就是云室技术和装置，它也是将不易感知的度量转化为易感知的度量的范例。

自 20 世纪二三十年代起，人类进入对微观粒子世界的探索阶段。但首要的一个问题是解决微观粒子观测的可视化。微观粒子不仅小，而且运动速度快，在观测时难以留下痕迹。于是，经过改进的威尔逊云室开始得到广泛使用。它的原理是射入云室的高能粒子引起电离，电离的离子在过饱和蒸汽中可成为蒸汽的凝结中心，围绕着这些离子将生成微小的液滴，于是在粒子经过的路径上就出现一条白色的雾（如同高空中高速飞行的战斗机飞过留下的长长的飘带），在适当的照明下就能看到或拍摄到粒子运动的径迹。云室能使那些小得无法直接观察的粒子的运动轨迹显示出来，根据径迹上小液滴的密度或径迹的长度可测定粒子的速度，将云室和磁场联用，根据径迹的曲率和弯曲方向可测量粒子的动量和电性，从而可确定粒子的性质。甚至也可把那些高速粒子发生相互撞击使运动方向发生改变的情形拍摄下来。因此，它对于检验理论和探索新型粒子做出了巨大的贡献。

1923 年，康普顿发现了康普顿效应，即 X 射线散射后波长变长的现象，他用光子与电子碰撞时的动量与能量守恒定律对此做出了解释。在人们对此将信将疑时，威尔逊用云室拍摄到的反冲电子的径迹，令人信服地相信了康普顿散射理论，为爱因斯坦光子说提供了实验依据。由于这项工作及他发明的云室，威尔逊和康普顿共同获得了 1927 年的诺贝尔物理学奖。1932 年，美国加州理工学院的 C. D. 安德森利用威尔逊云室研究宇宙射线，在宇宙射线的云室照片中发现了正电子的径迹，这是利用云室发现的第一个反粒子——正电子，从而证实了狄拉克关于存在正电子的预言，安德森因此获得了 1936 年的诺贝尔物理学奖。1937 年，安德森又用它发现了汤川秀树在 1935 年从理论上预言的π介子。另外，利用云室还发现了 K^0 、Λ 、$Ξ^-$ 等粒子。

4.1.4　实践实验过程中需要去伪存真、由此及彼、由表及里

毛泽东曾经指出："要完全地反映整个的事物，反映事物的本质，反映事物的内部规律性，就必须经过思考作用，将丰富的感觉材料加以去粗取精、去伪存真、由此及彼、由表及里的改造制作工夫，造成概念和理论的系统，就必须从感性认识跃进到理性认识。"[4] 也就是说，实践实验的一个重要目的是为了从感性认识上升到理性认识，在实践实验过程中需要去伪存真、由此及彼、由表及里的过程。

4　毛泽东:《毛泽东选集》(第一卷)，291 页，北京，人民出版社，1991。

完全基于直接观察的直接结论并不总是可靠的，因为它们有时会引向错误的线索[5]。典型的例子是伽利略提出了惯性的概念，纠正了亚里士多德以来形成的关于运动和力的关系的错误认识。

5　[美]阿尔伯特 · 爱因斯坦，利奥波德 · 英费尔德:《物理学的进化》，张卜天译，8 页，北京，商务印书馆，2019。

日常经验告诉我们，要想改变一个物体的位置，就必须给它施加某种影响，例如推、提或者让马、蒸汽机等物体作用于它。日常经验进一步使我们相信，要使一个物体运动得更快，就必须用更大的力推它。四匹马拉的车要比两匹马拉的车跑得更快。于是直觉告诉我们，速度本质上与作用有关。于是，在直觉经验上，亚里士多德总结道"当推一个物体运动的力不再推它时，该运动物体便归于静止"，由此就导致了一个错误的运动观念"力是维持物体运动状态的原因"，而这个错误的观念又由于亚里士多德的巨大影响和宗教势力的影响持续了上千年，直到伽利略跳出直觉，利用理性的分析对它提出了质疑。

在平地上推一个物体运动，当推它的力不再推它时，该运动物体最终会归于静止。但在它完全静止下来之前，可能有许多方法来增加它运动的距离。例如，使路面变得更光滑，给车轮涂上润滑油等。路面越光滑，车轮转动越容易，小车就能继续运动得更远。再向前迈进一步，如果设想路面绝对光滑，车轮也毫无摩擦，那么小车就不会受到什么东西阻碍，它将永远运动下去。更进一步，在一个绝对光滑的路面上，车轮也毫无摩擦，如果小车在刚开始的时候就有一个初速度，小车就会永远运动下去，这是小车原本具备的一种内在的属性和能力，与外部有没有作用没有关系，伽利略把小车

的这种保持运动的能力称为惯性。在这个基础上，自然就可以明确力和运动的关系：“力不是物体维持运动状态的原因，而是改变物体运动状态的原因。”惯性的概念是伽利略跳出完全的直觉，在直觉经验的基础上利用理性思维和推理得到的结论。也就是这个概念颠覆了被亚里士多德扭曲了上千年的关于力和运动的错误观念，为牛顿进一步回答“力是如何改变物体运动状态的”这样的问题，总结出牛顿力学三大定律，创立牛顿力学开辟了道路。

另一个例子是著名的汤姆孙所做的阴极射线实验。1897 年，汤姆孙在研究稀薄气体放电的实验中，证明了电子的存在，测定了电子的荷质比，推断出原子不是不可分割的，打破了长时间束缚人类思想的藩篱，轰动了整个物理学界，开辟了人类对微观世界认识的新纪元，在物理学历史上具有重要的地位。如图 4-3 所示，这是一个典型的去伪存真、由此及彼、由表及里的过程。

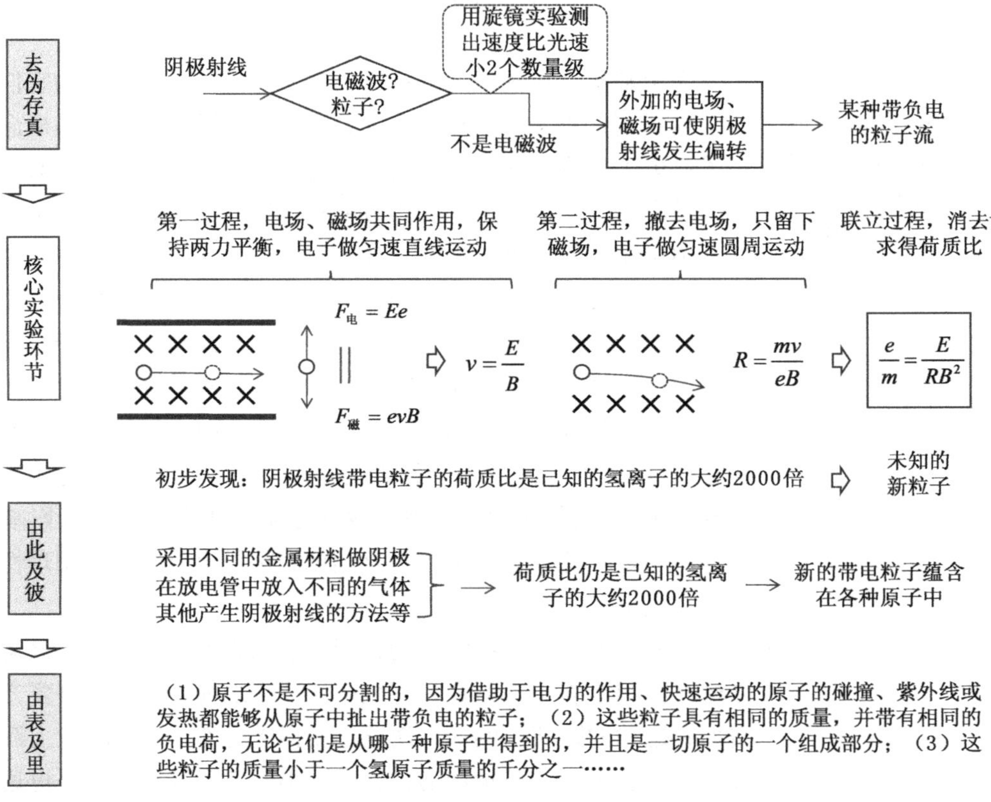

图 4-3 阴极射线实验中的去伪存真、由此及彼、由表及里

在实验的开始阶段，汤姆孙就面对两个有争议的问题。第一个问题是阴极射线到底是电磁波还是粒子流？此前一些物理学家从实验中得知，阴极射线甚至可以穿透铂金属箔，据此他们认为阴极射线不可能是粒子流。汤姆孙没有轻易认同这种观点，他通过旋镜实

验，测出阴极射线的速度比光速小 2 个数量级，表明阴极射线并非某种电磁波。

第二个问题是外加的电场和磁场是否能使阴极射线偏转，或者说阴极射线是否带电？开始时汤姆孙和德国物理学家赫兹做了同样的实验，也观察到同样的结果，那就是外加的电场和磁场没有使阴极射线偏转。汤姆孙本人就曾回忆："我使阴极射线偏转的第一次尝试是使它通过固定在放电管内的 2 个平行板之间的空间，并且在平行金属板之间加上一个电场，结果没有产生任何持续的偏转。"对于这样一个同样的实验结果，赫兹简单地得出了一个结论：阴极射线是不带电的。但汤姆孙没有简单地停留在表象上，他猜测："偏转之所以没有出现是由于气体存在（压力太高），因此要解决的问题是获得更高度的真空。而这一点说起来比做起来容易得多。"如果从现在的角度来看，汤姆孙的猜测无疑是正确的。如果不是真空，就会存在大量的粒子，包括带电粒子。根据麦克斯韦理论，在一个空间内，不仅包括外加的电场、磁场，还包括其余带电粒子产生的附加电场、磁场。这些附加的电场、磁场影响了阴极射线在外加电场和磁场下发生偏转的事实，造成了不偏转的假象。于是汤姆孙寻找到质量高的真空管，借助更好的抽真空技术，极大地消除了原来空气中带电粒子产生的附加电场、磁场的影响。在新的实验条件下，汤姆孙发现外加的电场和磁场能使阴极射线偏转，从而使他相信阴极射线是某种带负电的粒子流，这实际上完成了一个"去伪存真"的过程。而如果没有这个过程，他也可能同样得出阴极射线是不带电的结论，自然也就没有发现电子的后文了。

在核心实验环节，玻璃管内抽成真空，在高压作用下产生阴极射线，而产生的阴极射线在外加电场和磁场的作用下，完成平衡和偏转，最终计算得到组成阴极射线的微小粒子是一种未知的新粒子，其荷质比是已知氢离子的大约 2000 倍。

随后，汤姆孙做了进一步的测量，包括采用不同的金属材料做阴极、在放电管中放入不同的气体、采用其他产生阴极射线的方法等，这实际上是一个"由此及彼"的过程。最后在各种情况下得到的结果都相近，得到的阴极射线带电粒子的荷质比是已知氢离子荷质比的大约 2000 倍。汤姆孙推断这是一种前所未有的、质量约是氢原子（最小的原子）的 1/2000 的带电粒子。

最后，汤姆孙做了以下的分析总结："①原子不是不可分割的，因为借助于电力的作用、快速运动的原子的碰撞、紫外线或发热都能够从原子中扯出带负电的粒子；②这些粒子具有相同的质量，并带有相同的负电荷，无论它们是从哪一种原子中得到的，并且是一切原子的一个组成部分；③这些粒子的质量小于一个氢原子质量的千分之一……”这实际上是一个“由表及里”的过程，由发现的新粒子外在的一种表象想到了原子里面的组成成分。

4.1.5 发挥能动性，提高实验和实践的预见性和针对性

“实践是认识的基础”并不意味着人们只能被动地接受实践的事实。相反，由于认识主观能动性的存在，人们的实践活动往往具有很强的目的性。这一点在基础物理学中体现为在实验和实践过程中往往具有很强的预见性和针对性。

首先我们看奥斯特对电流磁效应的发现实验。19 世纪以前，电现象和磁现象是分别进行研究的，它们被认为是两种截然不同的现象，很少有人考虑它们之间的联系。由于深受康德各种自然力相互转化哲学思想的影响，丹麦物理学家奥斯特一直相信电现象和磁现象之间应该存在着相互联系，并且一直努力在实验中寻求体现它们之间存在相互联系的事实证据。在一次讲课过程中，他把导线和磁针平行放置进行实验。当把伽伐尼电池与铂丝导线相连时，靠近导线的小磁针突然摆动了一下。这个非常不显眼的现象并没有引起听众的多大注意，而奥斯特却因此非常激动，因为他努力寻找的电现象和磁现象存在联系的事实依据可能出现了。之后，奥斯特花了 3 个多月的时间，做了 60 多次实验。他把导线的一端和伽伐尼电池的正极相连，导线沿南北方向平行地放在小磁针的上方，当导线另一端连到负极时，磁针立即指向东西方向。他又把玻璃板、木片、石块等非磁性物体插在导线和磁针之间，甚至把小磁针浸在盛水的铜盆里，小磁针照样偏转。随后，奥斯特发表了《关于磁体周围电冲突的实验》一文，他认为在通电导线的周围发生了一种“电流冲击”，磁性物体受到这种冲击时会阻碍它穿过，就被带动发生了偏转。电流的冲击是沿着以导线为轴线的螺旋线方向传播的，螺旋线方向与轴线保持垂直。从现代的角度来看，奥斯特对电流磁效应的解释并不完全正确，但这并不影响这一发现的重大意义。它揭示了电流周围存在着磁场，从而证明了电现象和磁现象之间存在着联系，这一发现标志着电磁学的建立，为后面电磁学的发展打开了大门。

下面我们再看一下赫兹发现电磁波的实验过程。现在我们已经知道电磁波给我们的生产、生活带来的巨大影响。但在当初，麦克斯韦预言电磁波的存在，并提出光也是一种电磁波之后的一段时间里，当时的绝大多数物理学家都持怀疑、否定的态度，他们都用“科学不是游戏”这句话表达了对麦克斯韦的怀疑。年轻的赫兹在

其导师亥姆霍兹的影响下开始研究麦克斯韦的电磁理论，并开始关注电磁波以及思考如何能用实验证明电磁波的存在。赫兹的关于电磁波的第一个实验具有一些传奇色彩。他最初的灵感或许来自对电磁感应实验的改造。根据电磁感应理论，在一定距离内初级线圈中电流改变会产生次级线圈中感应电流的变化。而如果将初级线圈和次级线圈同时改造，以消除任何直接感应的效应，在次级线圈内还能观察到电流（包括位移电流）的话，就说明存在通过空间传播的电磁波。于是赫兹在初级感应线圈的两个电极上接入两根共轴的黄铜杆，黄铜杆的两头做成两个小球形状，在两个小球中间留有一个空隙。通过快速接通和断开一个外部电源，初级感应线圈能够周期性地在它的两极上产生很高的电势差，击穿空气放电而产生火花，在时间非常短暂的情况下，就形成了一个偶极振子。这套装置实际上就形成了一个发射器。而在次级线圈端，为消除任何直接感应的效应，赫兹将线圈完全变为一个黄铜细杆，再把黄铜细杆做成环状，且两头也做成两个小球形状，形成一个谐振器，在两个小球中间同样留有一个空隙，只是这个间隙的距离可以用一个测微计螺旋来调整。他推测，在把高的交变电压加在发射器上的时候，发射器的两个小球之间会出现火花放电，同时应该伴随有电磁波的发生和传播。如果这时调节谐振器和发射器处于共振状态，那么在发射器的两个小球之间出现火花放电的同时，谐振器的两个小球之间也会出现火花放电，而谐振器上两个小球火花放电的能量就是电磁波传递的。所以，如果能观测到发射器和谐振器同时有火花放电现象的话，就可以证明有电磁波的存在。开始的时候实验并不顺利，在不断的尝试和调整后，直到 1887 年的一天，突然空隙中迸发出一个微弱的火花，赫兹把谐振器与发射器保持相距一定距离，并适当地选择其方位后，电火花在两个小球之间不断地跳跃。这样，赫兹在实验中初次观察到电磁波在空间中传播。而后历经数年，通过对上述实验设备的改造，赫兹设计完成一系列实验，测得了电磁波的波长，验证了电磁波具有反射、折射、衍射等特性，终于令人信服地相信了麦克斯韦关于存在电磁波的预言[6]。在发现电磁波的存在和完整验证电磁波的各种特性的实验中，赫兹始终带有鲜明的目的性。如果没有明确目的性的引导，上述的实验是难以取得成功的。

6 赵建:《写给未来工程师的物理书》，108-112 页，天津，天津大学出版社，2021。

4.1.6 实验和实践有时投桃报李，尊重结论的科学性

由于认识主观能动性的存在，人们的实践活动往往具有很强的目的性。但有时实验和实践的结果与人们的预期并不相同，甚至相反，这时我们应当坚持“实践是认识的基础”的唯物性方面的要

求，尊重来自实验和实践的结果，尊重结论的科学性。而这种尊重可能使得原本没有实现预期的实验和实践投桃报李，达到预想不到的成果。在基础物理学历史上，迈克尔逊-莫雷实验就是这样一个著名的实验。

19世纪末，物理学家普遍认为光波的传播需要一种介质，这就是以太。以太充满整个空间并保持绝对静止，可以作为绝对静止的参考系。迈克尔逊认为，地球围绕太阳公转，就是在“以太”中穿行，因此地球就会遇到与地球公转速度相等的“以太风”迎面吹来。由于“以太”是光传播的介质，因此在“以太风”的影响下，在地球上向不同方向发射的光的速度就会存在着一定的差异。如果先让两束光产生稳定的干涉条纹，然后利用上述的差异，通过两束光相对地球公转方向的“互换”，实现地球公转带来的速度差异的“互换”，就可以让这两束光原来产生的干涉条纹发生位移，只要在实验中发现了这种现象，就观测到了地球相对于以太的相对运动，从而可以证明绝对静止的“以太”的存在。

基于这样的考虑，迈克尔逊开始了他的实验过程。为了提高测量精度，他设计了一种干涉仪。该干涉仪把来自光源的光用半透镜分成相互垂直的两路，并各自在一定距离的镜子上反射回来，使返回的两束光线通过半透镜再次平行。干涉仪装在十分平稳的大理石上，并设计了一个托架，使得整个装置可以平稳地转动。迈克尔逊首先让干涉仪托架的一臂朝东西方向保持稳定不动，这时由于两束光反射的距离不同[7]，所以两束光在反射后能观察到有稳定的干涉条纹。随后，迈克尔逊将装置旋转90°，这时再观察干涉条纹的变化。装置旋转90°意味着原来的两束光和以太的相对方向关系发生了变化，也就是地球公转带来的在水平和垂直方向上不同速度的两束光间发生了“互换”。根据理论计算，这时干涉条纹应该产生1/100条纹宽度的移动，而迈克尔逊干涉仪的精确度为0.01%，因此这个幅度的条纹移动使用该仪器应该是能很容易观测到的，再从实验中测出条纹移动的距离，就可以求出地球相对以太的运动速度，从而证实以太的存在。但遗憾的是，在所进行的实验中没有看到这样的移动。后来迈克尔逊和莫雷合作，大大改进了所用的仪器，但实验结果没有任何的改变，也就是观测不到所谓的以太以及地球相对绝对静止的以太运动的任何迹象。迈克尔逊-莫雷实验的实验结果令当时的科学界大为震动，人们在不同的地点和时间进行了大量的重复实验，精度也在不断提升，然而都得到了相同的实验结果。

迈克尔逊-莫雷实验本来是为了验证以太的存在而设计的。但

7 按照原来的假定，也会有地球公转在水平和垂直方向上速度不同造成的两个方向上合并以后的光的传播的速度不同的影响，暂时合并处理，先不单独处理。

实验的最终结果却成为否定以太存在的依据。它动摇了经典物理学关于绝对空间和绝对时间的假设，为狭义相对论的建立提供了实验论证。后来，爱因斯坦在一封信中写道："迈克尔逊的这项工作是他对科学知识的不朽贡献，他的伟大之处在于以巧妙的方法达到了度量所要求的很高的精确度，同样也在于对问题的大胆而清晰的表述。这一贡献，对于不存在'绝对运动'，以及对于狭义相对性原理，是一个新的有力的论证。"

科学家的可贵之处在于尊重来自实验和实践的结果，尊重结论的科学性。这种尊重也带来投桃报李的效果。1907 年，迈克尔逊获得了诺贝尔物理学奖，他获奖的主要原因就是迈克尔逊-莫雷实验。

4.1.7　大型实验的艰难和重大作用

"实践是认识的基础"，基础物理学上任何一个重大的理论突破都离不开相应的实验做支撑。而随着基础物理学理论的一步一步发展，从最初的经典理论（经典力学、经典电磁学、经典热力学）到相对论和量子理论等现代理论，原来与地球尺寸对应的时空范畴，无论在微观还是宏观尺度上都扩大了十几个数量级。在微观尺度上，开始进入研究亚核粒子、基本粒子的时代（10^{-18} m）；在宏观尺度上，开始进入研究宇宙起源与演进的时代（10^{22} m）。在基础物理学领域，人类认识范围的扩展意味着相关领域实验难度的增加，而实验难度的增加又伴随实验作用的增加，在每一次重大实验取得成功以后，往往又带来理论上的一次重大突破。正因为如此，重大的物理实验越来越受到重视，大型实验大都十分艰难，但对应的潜在价值也越来越大。下面我们就介绍几个事例。

各种高能粒子加速器对于新粒子的发现和研究至关重要。目前，世界上最大的强子对撞机（LHC）是由欧洲核子研究中心（CERN）建造的，由原来的大型正负对撞机改造而来。其从立项到建成历时十年多，投资高达上百亿美元。LHC 的主要设计目的之一就是发现希格斯粒子。希格斯粒子是构成现代粒子物理模型最后的一块拼板，如果不能证实它的存在，整个现代粒子物理都面临无法自圆的窘境。LHC 建在日内瓦附近横跨瑞士和法国边境的地下 330 英尺（约 100 m）、周长约 17 英里（27 km）的环形隧道内。隧道内机器里的质子在两个不同的束流管道里循环，一束沿顺时针方向运行，另一束沿逆时针方向运行，从而使得质子束可以在实验设定的某些位置上发生碰撞。两套束流管外边包裹着超强磁体，其作用是控制质子精确地按预定的路径行走。LHC 的工作条件要求其内部必须保持非常冷，可以说是一台世界上最大的冰箱，用液氦来实现冷却，使系统保持在-456 ℉（仅比绝对零度高 3.4 ℃）的低温环境下，这也是目前能达到的最低冷却温度。[8] 除了建造上的巨大难度，还有来自检测方面的巨大难度。两个能量高达 3.5 TeV 的质子束碰撞会产生大量包括强子、轻子、喷注等各种次级效应的背景，从这些背景中挑出希格斯粒子的概率理论估计为十万亿分之一。LHC 建造了两个主要粒子探测器，它们的任务是测量分辨成千上万的碰撞产物，找出可能由希格斯粒子衰变出的末态粒子，以确定希格斯粒子的存在。这两个探测器分别由两个实验团队负责，每个团队都由上千人组成。两个实验团队独立观测，相互佐证。经过艰苦的努力，2012 年科学家宣布发现了拟似希格斯粒子，又经过半年的努力，通过对积累的大量数据的分析确认，终于在 2013 年 3 月宣布把先前发现的拟似希格斯粒子确认为希格斯粒子。希格斯粒子的发现首先在实验上解决了标准模型中使得中间玻色子 W 和 Z 获得大质量的希格斯机制的成立问题，发现了标准模型所预言的最后一个粒子。而其意义远不止这些。希格斯粒子还同时解决了夸克、轻子等获得质量的机制问题，而这又是构成我们丰富多彩的物质世界的一个必要条件。如果没有希格斯粒子，像电子这样的粒子就会以零质量的光速运动，它们就不可能与质子结合形成原子，而因为电子有质量，运动得较慢，从而可以与质子结合形成原子。如果没有希格斯粒子，许多基本粒子就会变得彼此相同；反之，它们就会彼此区别，各有各的质量和寿命。总结来说，有了希格斯粒子，才有了粒子物理学中基本粒子的基本面貌，才有了基本粒子逐级结合构成的物质大千世界的基本面貌。而在很长一段时间里，我们可以看到它带来的效果，但我们无法直接看到希格斯粒子，而现在终于通过超大型实验做到了，其重大意义不言而喻。

8 [美]肖恩 · 卡罗尔:《寻找希格斯粒子》，向真译，79-80 页，长沙，湖南科学技术出版社，2014。

在标准粒子模型中，还有一个基本粒子是人类目前没有掌握的，那就是中微子。中微子问题的提出来自 19 世纪末 20 世纪初对放射性的研究。按照量子理论，能量的吸收和发射是不连续的，因此认为原子核中放出的 α 射线和 β 射线也应当是不连续的。但实际测量却发现物质在 β 衰变过程中释放出的由电子组成的 β 射线的能谱是连续的，而且电子只带走了总能量的一部分，还有一部分能量失踪了。1930 年，奥地利物理学家泡利提出了一个假说，认为在 β 衰变过程中，除了电子之外，同时还有一种静止质量为零、电中性、与光子有所不同的新粒子放射出去，带走了另一部分能量，他把这种新粒子称为中子（后来因为真正的中子的出现而改称为中微子）。这样不仅解释了 β 射线连续的能谱问题，也保证了能量守恒定律的成立。不过，他同时认为这种粒子与物质的相互作用极弱，以至于仪器很难探测得到。1956年电子中微子被发现，1962年μ中微子被发现，而第三种中微子τ中微子直到2000年才被发现。中微子之所以难以被发现，是因为它非常微小，且只参与四种基本相互作用中的弱相互作用和引力相互作用，不参与强相互作用和电磁相互作用，因此它几乎不与任何的物质发生反应，可以穿过我们现实中的物质。在粒子物理标准模型中，中微子的静质量应该为零。但是自20世纪70年代起，人们陆续发现围绕中微子的一系列奇怪现象，如大气中微子反常、太阳中微子丢失等，于是在20世纪末提出中微子振荡现象。中微子振荡是指中微子在飞行中能自发地变成其他种类的中微子。这说明通过弱相互作用产生的中微子味道本征态可看作由不同的质量本征态叠加组成。这样，原来认为的中微子的静质量应该为零的结论就不成立了，即中微子有微小的质量。而如果中微子有了微小的质量，右手态的中微子也将是存在的，只不过分量极其微小。而在目前的标准模型中，只有左手态的中微子参与弱相互作用。实验上对中微子质量和中微子振荡的测量结果表明，真实的自然界就超出了目前已经建立的粒子物理标准模型，中微子成为探索超出标准模型的新现象和新物理的机会。另外，由于中微子能轻松地从天体中心穿透出来，携带天体内部信息，因此可以作为天体研究的抓手。而宇宙大爆炸中也产生了大量的中微子，它们存留到现在，携带了宇宙诞生第一秒的信息，如果能够检测到，它们也将为我们探索宇宙最早期的奥秘提供帮助。中微子振荡还可能和CP破坏效应有关，从而为解释宇宙正反物质不对称性提供线索。

正因为中微子在探索新物理以及解释一些重大物理现象上的重要性，世界上先后建立起多个中微子探测和实验环境。由于中微子几乎不与物质反应，因此这些中微子探测和实验环境需要建得十分巨大。例如，日本超神冈探测器于1996年建成，它由50000 t纯净水、11129个直径50 cm的光电倍增管、1885个直径20 cm的光电倍增管组成，直到今天，这样的规模仍然让人震撼。再如我国的大亚湾反应堆中微子实验装置在2011年投入运行，其采用八个相同的110 t重的液体闪烁体探测器，它们浸泡在大型水池中，以阻挡天然放射性本底，八个探测器分别在距离大亚湾六个反应堆360~1900 m范围内的地下实验厅内。实验厅都位于山腹内，以阻挡宇宙线，实验厅之间由总长3 km的隧道相连。依托大亚湾中微子实验装置，我国科学家发现了第三种中微子振荡。而我国江门中微子实验装置正在建设中，预计2022年建成，该实验厅位于地下

700 m 处，它的上方是 20000 t 的液体闪烁体，装在直径为 35.4 m 的有机玻璃容器内，有机玻璃容器的下方是一个球形不锈钢骨架支撑，18000 个直径 50 cm 的光电倍增管和 25000 个直径 8 cm 的小光电倍增管安装在不锈钢骨架上，这些光电倍增管浸泡在 37000 t 超纯水中，水池的直径是 43.5 m，高 44 m。这些“巨无霸”级的实验装置使我们感受到实验的艰难。此外，在建的中微子实验装置还有美国的“冰立方”、日本的顶级神岗等。通过这些新的实验装置，科学家预计 10~20 年内会对中微子振荡有更加全面的理解。而这可能成为超越粒子物理标准模型，推开新物理的一扇窗。

通过上面的希格斯粒子发现实验和中微子振荡实验，我们不难体会到现代物理学中大型实验的艰难和重要性。这也成为“实践是认识的基础”在物理学上的一个例证。

4.1.8 没有感性认识，就难有真正的理性认识

在物理学发展历史中，有一个十分有意思的现象。物理学家习惯把一种尚且看不到的东西称为“黑”或“暗”的东西。它们多与过去或者现在的重要物理学谜团有关系。黑体辐射之谜曾经让物理学家困扰，黑洞理论极具特殊性但神龙见首不见尾，暗物质目前是解决星系和星系团运动异常的假说，暗能量则是可以解释宇宙加速扩张的假设。物理学家之所以把上述的东西称作“黑”或“暗”，是因为它们曾经或者现在是看不见的。这又隐含着一种假设：要真正认识一个新的事物、新的现象，首先要能“看”得见它，一旦看得见它，就有可能形成理论上的突破。如 19 世纪末，人们通过大量的实验“看”到黑体辐射并总结出不同的规律，普朗克通过综合两种不同的规律发现了暗含其中的要求，提出了量子概念，开辟了量子学说的道路。物理学家的“看”源于肉眼的看，但又具有比肉眼的看更广泛的含义。物理学家使用工具来扩大自己的观察范围。从最初伽利略的天文望远镜，到后来各式各样的测量和实验工具，一直到现在的各种频段的探测卫星，以及前面介绍的大科学实验装置。通过这些探测仪器，物理学家与一些原本无法感知到的现象进行了互动，从中获得了与现象有关的信息和感性认识，从而促进了理性认识的形成。由此可见，“看”对于物理学家的重要意义。无论是哪种“看”，都说明一个道理：要真正认识一个事物，即获得理性认识，应当首先“看”得见它，以获得一些感性认识。反之，如果看都看不见，没有任何的感性认识，那就只能停留在设想，也无法真正认识它，即获得理性认识。这是辩证唯物主义认识论“实践是认识的基础”观点的一个重要含义。暗物质、暗能量是目前现

代物理学面临的两个重要的“黑”“暗”问题，对它们的认识生动体现了这一点。它们身上体现的共同特点是物理学家“明知”它们是存在的，但因为无法“看到”它们，无法获得任何的感性认知，所以目前在对它们认识的进展上基本上是一筹莫展、寸步难行。

首先看暗物质。在天文学上，星系是指数量巨大的恒星系及星际尘埃组成的运行系统，它们都环绕着一个质量中心运转。最普通的是椭圆星系，它们有着椭圆形状的明亮外观，众多的恒星分布在圆盘上。一般是随着与星系中心距离的增加，亮度会减小，即大部分质量会分布在靠近中心的区域。按照常规理论，中心区域的质量为恒星的旋转提供向心力。如图 4-4 所示，根据上述质量分布的特点可以推断，恒星的旋转速度在远离星系中心时会先增长，然后在距离更远时，旋转速度会迅速下降。但是实际观测到的结果却非常不同，圆盘的旋转速度在远离中心时首先会增长，之后速度并没有降低，而是基本保持恒定，这表明有大量的物质是位于低光或不相关的区域内以及圆盘之外。对众多星系的观测表明，这种异常在宇宙中普遍存在。这样如果要解释螺旋星系的动力，就需要过量的暗物质的存在，它们分布在螺旋星系的内外。[9] 这就是暗物质的由来。

9　[法]罗兰·勒乌克，文森特·博腾斯:《给好奇者的暗黑物理学》，张芳译，112-114 页，北京，北京联合出版公司，2018。

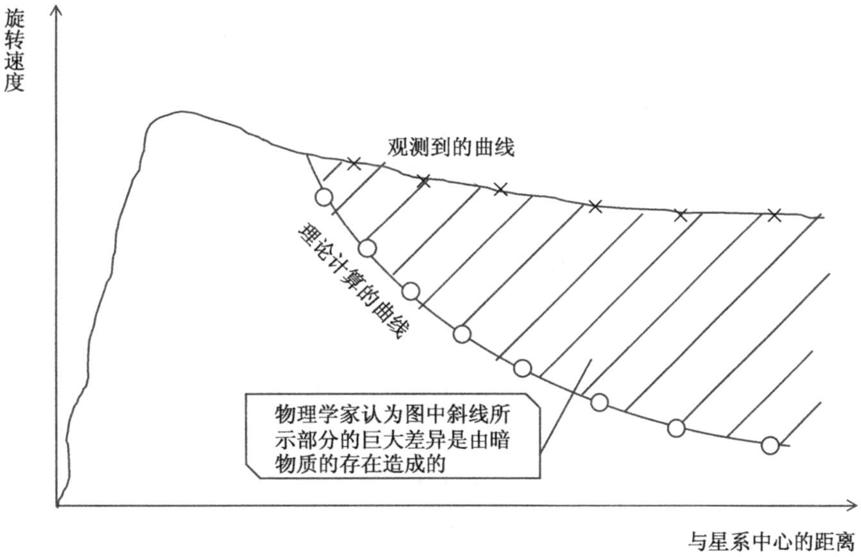

图 4-4　暗物质概念的由来

另外，整个宇宙充满了宇宙微波背景辐射，这道古老的辐射可以以黑体辐射的形式被观测到。利用宇宙学标准模型，物理学家根据宇宙微波背景辐射温度上微小的不均匀性，可以估算出整个宇宙中物质和能量的密度。结果表明，宇宙中物质的密度比普通物质的密度高出五倍。[10] 这些高出的部分就是前面所提到的暗物质。

10　[法]罗兰·勒乌克，文森特·博腾斯:《给好奇者的暗黑物理学》，张芳译，129-130 页，北京，北京联合出版公司，2018。

物理学家通过暗物质的引力作用肯定了暗物质的存在。但暗物质到底是什么？由什么构成？相互作用的原理是什么？人类几乎一无所知。一个首要的原因是人类目前无法“看到”暗物质。现在物理学家相信暗物质是由我们目前还没有发现的粒子组成的。它们与物质通过引力发生相互作用，但在其他方面与物质或光的相互作用非常弱，或根本不发生作用。例如，有科学家认为，暗物质是由弱作用大质量粒子构成的。这种粒子可能偶尔会碰上原子核，测量原子核的反应，就有可能捕捉到这类粒子的踪迹。但截至目前，都还没有得到确凿的证据以证明这类粒子的存在。“巧妇难为无米之炊”，由于没有对暗物质的一丁点感性认识，因此也就不可能有真正的理性认识。

暗能量的提出是基于天文学家和物理学家发现的另一个事实。在广义相对论创立不久，爱因斯坦开始考虑求解宇宙的引力场方程，构建宇宙模型。为维持宇宙保持相对稳定，除代表引力的物质因素外，爱因斯坦还人为地增加了一项宇宙常数以保证和引力抗衡。后来俄国数学家弗里德曼在不考虑宇宙常数的情况下，由爱因斯坦引力场方程导出了宇宙动力学方程，生成不含宇宙常数的宇宙动态模型，在它的三个解中都包含时空膨胀（但膨胀的加速度为负）的情形。1929 年，美国天文学家哈勃总结了当时的一些观测数据，提出了哈勃定律，指出：河外星系的退行速度与它们和我们的距离成正比。哈勃定律反映的就是宇宙膨胀的规律。不考虑宇宙常数、只考虑引力的弗里德曼模型符合根据天文观测总结出的哈勃定律，使得宇宙模型的研究取得重大进展。但后来情况又发生了变化，1998 年天文学家通过观测 Ia 型超新星获得了宇宙膨胀的更准确的数据，发现宇宙不仅在膨胀，而且是在加速膨胀，这样就颠覆了宇宙在引力作用下减速膨胀的概念。宇宙年轻时超新星数据的分析，说明宇宙早期曾经历过一个减速膨胀的过程。这样，宇宙早期的减速膨胀和现在的加速膨胀，就只能由宇宙常数和引力共同解释。这个对应着宇宙常数的能量，也被称为暗能量，暗能量提供了斥力，并且在当前宇宙膨胀过程中这种斥力基本保持不变，从而使得宇宙加速膨胀，如图 4-5 所示。

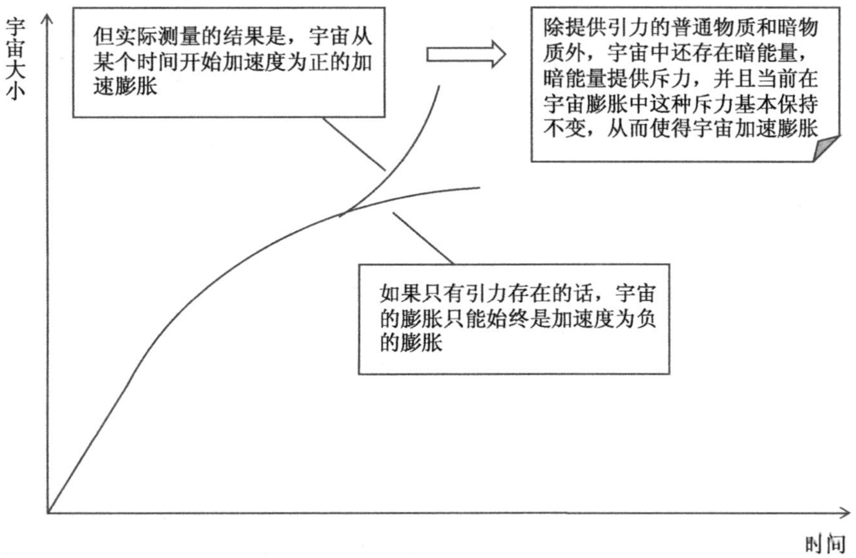

图 4-5　暗能量概念的由来

根据估算，暗能量占据了宇宙总能量的 68%。但对暗能量到底是什么，目前人类基本上一无所知。理论上只能猜测它可能是量子场论中的真空能，或者是一种标量场。但这两种情况和实际情况又相差甚远。一个主要的原因是对暗能量的观测几乎无从做起，没有任何的感性认识。对于暗物质和暗能量，人类已经发射了多个探测卫星和飞行器，或许要等到人类真正能看到它们的那一天，积累起必需的数据，获得必要的感性认识，才可能对它们的本质有真正的认识。

可以说，暗物质和暗能量都是这样一类存在，物理学家明明知道它们的存在，但因为“看不到”，完全没有感性认识，所以也就形不成理性认识。这真真正正地验证了“没有感性认识，就难有真正的理性认识”的观点。

4.2 认识是实践基础上主体对客体的能动反映

实践是认识的基础，而认识是实践基础上主体对客体的能动反映。实践和认识是一对辩证的关系。前面我们在讨论实践是认识的基础的时候，实际上已经讨论了实验和实践活动中主体对客体的能动作用。

按照辩证唯物主义认识论的观点，主体对客体的反映又是与人所特有的能动性、创造性分不开。人的认识不可能像动物那样，仅仅停留在直接感受的水平，而是要通过现象认识本质，形成概念，并运用概念进行判断、推理，这就产生了人所特有的能动的抽象思维。来自实践的认识必然从感性认识走向理性认识。

理性认识是认识的高级阶段，是人们借助于抽象思维对感性认识进行加工、整理、概括而形成的关于事物的本质、内在联系的认识。下面侧重讨论思维活动和理性认识阶段中主体对客体的能动作用。

理性认识以间接性和抽象性为特点，以事物的本质和规律为内容，包括概念、判断和推理三种基本形式。数学是逻辑和推理的世界。我们将从物理学和数学的关系入手，论述基础物理学如何借助和数学的紧密关系获得抽象思维的优势；展示物理学上的成果基本都采用数学化的表达，从而体现理性认识的高层次；举例说明数学化的表达如何使人的认识的主观能动性获得更大的发挥空间，从而带来一些物理学概念和原理方面的超常规的增益；认识的主观能动作用还体现在基础物理学理论发展的关键时刻，一些“天才般的灵感”往往在推动理论突破上发挥了巨大作用。上述内容都是基础物理学在抽象思维和理性认识阶段，主体对客体的能动作用的多层次的具体表现，充分验证了“认识是实践基础上主体对客体的能动反映”的辩证唯物主义认识论的观点。

不仅如此，理性认识还包括由概念、判断和推理组成的理论体系。理论体系是思维反映客观对象的系统形式，是主观概念把握客体的最高形式，是关于事物“许多规定和关系的丰富的总体”的认识，是“思想整体”“思维具体”。[11] 而就构建体系而言，体系化是客观物质世界的特征，而基础物理学是最接近客观物质世界组成和运动规律的学科，因此基础物理学自然具有非常强的体系化特征。具体表现在经过300多年的发展，不仅五个主要的基础物理学理论构成了一个大的有机体系，而且每个基础物理学理论又都形成了各自相对完整的体系，充分体现了“理论体系是思维反映客观对象的系统形式”的论断。这也是对“认识是实践基础上主体对客体的能动反映”的有力验证。

11 陈先达，杨耕:《马克思主义哲学原理》，第5版，150-151页，北京，中国人民大学出版社，2019。

下面就以基础物理学的事实为例，从不同层面、不同角度验证“认识是实践基础上主体对客体的能动反映”的辩证唯物主义认识论的观点。

4.2.1 物理和数学的结合，充分借助数学抽象思维的力量

理性认识和抽象思维是联系在一起的。人和动物的根本区别就在于人具有抽象思维的能力，而动物没有。在自然科学中，数学具有最强的抽象形式，具有最强的抽象处理能力，但数学一般脱离具体的事物。而基础物理学根植于实践和实验，自它创立之时，基础物理学和数学就紧密联系在一起，并且这种联系贯穿基础物理学发展的整个阶段。基础物理学的概念、公理、定理、判断和推理基本

采用数学的表达方式，借助于数学，基础物理学“完美”实现了在实践基础和形象思维基础上的抽象思维的能动性作用。

1. 自牛顿创立牛顿力学时物理和数学就结合在一起

牛顿力学是第一个基础物理学理论，也是第一个现代科学理论。一般认为，它以 1632 年伽利略出版《关于托勒密和哥白尼两大世界体系的对话》为开端，以 1687 年牛顿出版《自然哲学的数学原理》（以下简称《原理》）为标志，是人类以现代的科学方法对自然规律的第一次理论概括和科学归纳。

把数学方法与物理研究结合起来是牛顿在《原理》中所创立的一个有重要特色的原则和方法。牛顿在《原理》的序言中开宗明义地写道：“古人在自然研究方面，把力学看得很重要；近人则抛弃了物性形式与潜在属性的理论以后，已开始将自然现象归宿到数学定理上。所以本书内，于物理学的范围中尽量将数学演出，看来是有意义的事。”

牛顿在创立牛顿力学的过程中大量使用了几何学、矢量（代数）以及微积分方法。特别是依靠他创立的微积分方法，牛顿比同时代的科学家更好地解决了棘手的物理学问题，建立起牛顿力学的宏大体系，并发现了万有引力定律。下面我们就简单回顾一下牛顿力学和数学相结合的内容。

1）牛顿力学与欧几里得几何

以现在的角度来看，牛顿力学与欧几里得几何的关系表现在以下三个方面。

Ⅰ. 牛顿力学和欧几里得几何的内在契合性

牛顿力学和欧几里得几何具有内在的契合性。其根本原因在于它们是对同一个尺度范围内（大致对应地球内）的物质世界在几何（数学）上和物理上的不同反映，这个尺度范围大致是 10^{-5} m（活细胞或 DNA 分子）~10^{5} m（地球半径）。

在这个尺度范围内，人们利用欧几里得几何可以完成大到河流水利，小到活细胞大小和形状的度量和描述，而这个尺度也是牛顿力学适用的范围。于是，牛顿力学中的伽利略变换实际上是欧几里得几何平移不变性的一个表现，相对性原理和欧几里得几何平移不变性（两点间距离不随平移改变）是一致的。也正是因为欧几里得几何具有平移不变性，所以一个推论是欧几里得几何对应的空间是刚性的，即空间的坐标轴是不可伸缩的，而刚性空间也正好是牛顿力学适用的空间。后面，我们会看到从牛顿力学演进到广义相对论的时候，也就意味着对应的几何学空间属性也要有所改变，即相应地从刚性的欧几里得空间走向了弯曲的黎曼空间。利用欧几里得几何，我们就很容易理解牛顿力学中重要的几何特征，也能认识到欧几里得几何的局限性。

Ⅱ.公理化方法的继承

在一个数学理论系统中，如果尽可能少地选取原始概念和不加证明的若干公理，并以此为出发点，利用纯逻辑推理的方法，把该系统建立成一个演绎系统，这样的方法就是公理化方法。欧几里得在整理欧几里得几何时采用的正是这种方法，他首先摆出公理、公设、定义，然后以公理、公设、定义为要素并作为已知，证明了第一个命题；再后又以此为基础，证明了第二个命题，如此有条不紊、由简单到复杂地证明了一系列命题。在数学发展史上，欧几里得被认为是成功而系统地应用公理化方法的第一人。牛顿在《原理》一书中正是借鉴了欧几里得的公理化方法。当然，根据物理学的特点，牛顿在《原理》一书中增加了一个环节，即结论（命题）与实际天文观测结果、实验结果的检验环节。

Ⅲ.欧几里得几何在证明上的大量使用

牛顿提出，几何学与力学是不能分割的。牛顿在《原理》一书中的几乎所有的命题都是被证明的，而证明上最有力的工具就是几何方法。通过看似抽象的几何证明，牛顿得到了关于牛顿力学成体系的重要结论。当然，有时几何方法的使用是和微分方法相结合的。

可以毫不夸张地说，没有欧几里得几何就没有牛顿力学。

2）牛顿力学与向量

从一定意义上，基础物理学的规律主要体现在探究不同物理量之间的数学关系上。这样，这些物理量首先就需要用合适的数学工具来表示。在数学上，标量和向量（即物理学的矢量）是两种典型的量。标量是没有方向、仅用大小就能够完整描述的量；矢量是既有大小又有方向的量。物理学上典型的标量有时间、质量、温度、电压、电荷量等，典型的矢量有力、位移、速度、加速度、电场强度、磁感应强度等。牛顿力学主要是探究运动和力的关系，由于与运动、力相关的物理量多是有方向的矢量，因此牛顿力学和矢量有密切的关系，牛顿力学中有大量的数学向量工具的应用，例如矢量的加减运算与力的合成与分解、矢量的加减运算与运动的合成与分解、矢量的内积与功等。所以，有时牛顿力学又被称为矢量力学。

3）牛顿力学与微积分

微积分思想萌芽于古代，建立于17世纪。牛顿和莱布尼茨继承并发展了前人的工作，奠定了微积分学的基础。微积分的创立被认为是 17 世纪最伟大的数学成就，牛顿力学无疑是 17 世纪最伟大的物理学成就，而牛顿是这两大成就的有机结合者，他在解决力学问题的过程中，创建了相当于今天的微积分学的“流数术”，他把变量叫作“流量”，把变量的变化率叫作“流数”。在牛顿的手上，牛顿力学与微积分就仿佛是一对孪生兄弟，微积分支撑了牛顿力学的创立，其在牛顿力学上的运用促进了微积分的发展。

微积分的创立和应用是划时代的成就，牛顿利用微积分思想和手段解决了牛顿力学理论创建的许多重大问题，这些思想和方法延伸到后续基础物理学的发展中，并对整个自然科学的发展产生了重要影响。其表现在以下五个方面。

Ⅰ. 定义了之前不容易定义的量

速度、加速度、平均速度、瞬间速度，现在我们很容易理解的这些概念的定义，曾经困扰过像伽利略这样的大师。牛顿通过平均速度来定义瞬时速度。平均速度容易计算，但是如果速度和加速度每时每刻都在变化的话，怎么求平均速度呢？牛顿把时间间隔不断取小，这样“在任何有限的时间里，量和量的比值总是不断地接近相等，并在最后时刻趋于相等，差值小于给定的值，并最终实现相等”[12]。这是一种概念上的飞跃，它实现了从之前对速度的静态定义方式到动态定义方式的转变，为后续力学理论的讨论打下了基础。

12　[英]艾萨克·牛顿:《自然哲学的数学原理》，曾琼瑶，王莹，王美霞译，28 页，南京，江苏人民出版社，2011。

Ⅱ. 推导过程中产生了意想不到的效果

牛顿在使用微分概念证明有关命题的过程中，经常是先假设相对理想的情况，以“大尺寸”来寻找关系，随后采用上面提到的将尺寸缩小，不仅实现了向非理想情况的过渡，而且还能通过近似关系取得意想不到的效果。例如，牛顿推导做圆周运动的向心加速度公式时，首先讨论匀速圆周运动的情况，利用三角形相似，得到半径、线速度、线速度变化和走过的弧对应的弦长之间的关系。其实，这时需要的是走过的弧长，而不是对应的弦长。通常情况下，弧长和对应的弦长是不相等的。但随后，牛顿将走过的间隔变小，直到无限小，这时可以认为弧长和对应的弦长是相等的，由此实现了替换，产生了意想不到的效果，经过变形得到了向心加速度公式。而且，当间隔无限小时，速度大小的改变也可以视为不变，这样由理想的匀速圆周运动导出的向心加速度关系也就同样适用于非匀速圆周运动，即一般圆周运动的情况，于是就得到针对一般情况的向心加速度公式。

Ⅲ. 利用级数工具保留有限项

级数展开是由微积分衍生的一个数学工具，利用它可以把超越函数转化为无数个有规律的初等函数（如幂函数）的展开，而在微分情况下不需要取无限多项，而是可以取有限的几项，这同样也可能取得“意外”收获。例如，牛顿在进行地月检验的推导中，就是利用了在微分情况下将余弦函数进行级数展开，并只取前两项，从而化简得到地球对苹果的吸引力和地球对月球的吸引力都和它们与地心的距离的平方成反比的重要结果，由此推断月球所受引力与苹果所受重力是来自地球的同一种引力。

Ⅳ. 利用微分方程描述联系和规律

在微分基础上发展起来的、最有效的科学技术工具莫过于微分方程。微分方程已经成为物理学领域，乃至科技工程领域中最基本的数学模型。自然科学是寻找各种量之间相互关系的科学，而关系的直接体现就是利用微分方程描述出联系和规律。牛顿第二定律也是一个微分方程，只不过是最简单形式的微分方程。

Ⅴ. 求极值获得最优途径

利用微积分计算极值可使函数最优化，其在理论和实际中都有很大应用。

总之，牛顿力学的创立为基础物理学开辟了一条正确的道路，把数学和物理结合起来，使得物理学家既能利用数学的翅膀在抽象的理性空间里翱翔，又能通过物理的实验和实践背景把根留在坚实的大地，既“仰望星空”，又“脚踏实地”，推动了基础物理学理论和人类文明不断发展。

2. 物理学和数学相结合的思想贯穿基础物理学发展的全过程

经典电磁学是牛顿力学之后又一个成熟的基础物理学理论。它是 19 世纪人类科技进步的伟大成果之一。经典电磁学带来以电力、电气、无线电通信为标志的第二次工业革命，深刻改变了人类社会文明发展的进程。在基础物理学理论的发展中，经典电磁学理论起到关键的承上启下的重要作用。在经典电磁学理论形成过程中，同样体现了物理学和数学的深度结合。下面我们就以经典电磁学中最重要的成果——麦克斯韦方程组理论为例说明数学所起的作用。

如图 4-6 所示，麦克斯韦方程组是麦克斯韦归纳和总结前人在实验和实践中已经发现的电场、磁场规律而得到的，包括高斯电场定律、高斯磁场定律、法拉第定律以及安培-麦克斯韦定律。其中，在安培-麦克斯韦定律中，麦克斯韦根据数学上的完整性提出位移电流的概念，进一步完善了电场产生磁场的理论。首先，他利用向量数学上一组以积分格式描述场变化的量（通量、环量、方向导数）将以上面四个实验为主的定律分别改写为四个积分表达式，这就是积分式的麦克斯韦方程组，又称定义式，每个表达式的物理含义是很清晰的，但是不同的积分格式难以求解。于是，麦克斯韦又利用向量数学，将积分格式描述场变化的量转换成一组以微分格式描述场变化的量（散度、旋度、梯度），并且实现了数学上的算子表达。这就是麦克斯韦方程组的微分表达式。这一组表达式非常抽象，但其最大的优点是实现了各个表达式通用算子的描述，通用算子可以如同加减乘除一样统一运算。统一化的“算子”的表达方式使得麦克斯韦方程组可以联立起来，采用像普通的方程组一样的消元、变换的方式进行联合求解。正是利用这种能力，在给定条件下通过麦克斯韦方程组间的消元、变换，麦克斯韦神奇地预测了电磁波的存在，并且指出光应该是一种电磁波，光在真空中传播的速度是一个常数。[13] 电磁波的预言为电磁波的发现和应用起到很大作用。而光速不变和麦克斯韦方程组所蕴含的不满足伽利略变换的事实，直接触发了狭义相对论的提出。

13　具体内容可参见：赵建：《写给未来工程师的物理书》，104-107 页，天津，天津大学出版社，2021。

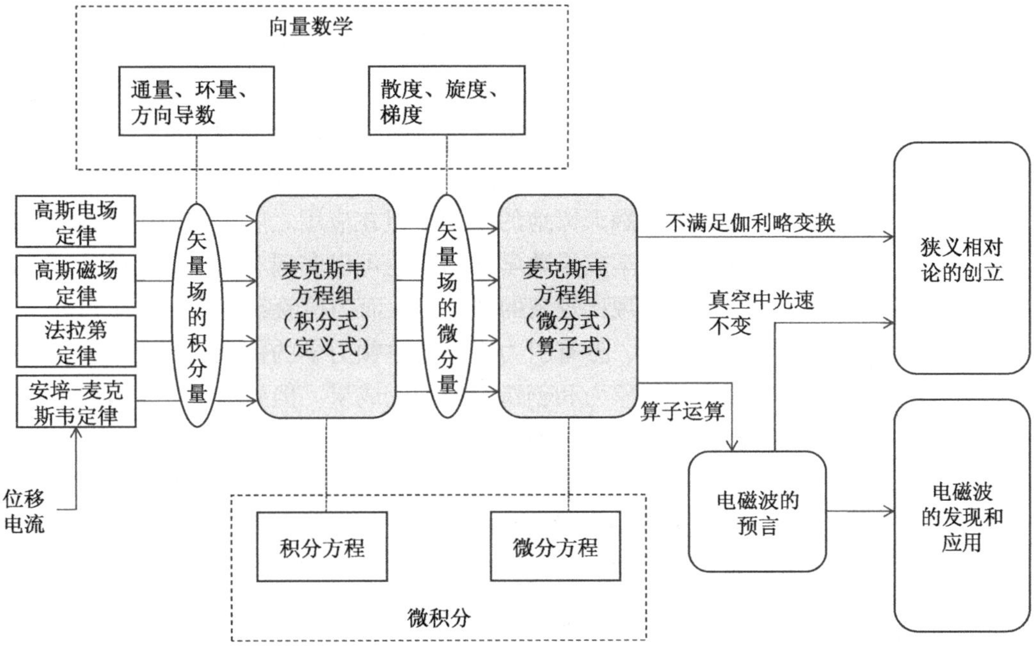

图 4-6　麦克斯韦方程组中数学的作用

由此可见，如果没有物理和数学的紧密结合，没有数学提供的强大的抽象分析和推理能力，就难有人的认识的能动性的巨大力量，也就难有经典电磁场的伟大成就。在后续的物理学发展中，还有很多物理和数学紧密结合的例子：离开张量、黎曼几何等数学工具，就不会有相对论；离开群论，难有量子理论；离开非线性数学，难有现代热力学。可以说，没有数学提供的强大的抽象思维，就没有基础物理学，也就没有人类历史上的三次工业革命，也就没有基础物理学带来的对人类文明进步的巨大贡献。当然，这种抽象思维带来的巨大的认识能动性又是深深根植于实验和实践基础之上的。

4.2.2 物理学上的成果基本都采用数学化的表达，体现了理性认识的高层次

由于基础物理学自诞生以来就与数学密不可分的“传统”，基础物理学的成果基本都采用数学化的表达，产生了很多著名的公式，例如牛顿第二定律公式、万有引力公式、能量守恒与动量守恒公式、麦克斯韦方程组、洛伦兹力公式、洛伦兹变换、质能方程、薛定谔方程、狄拉克方程、引力场方程等。它们如同一颗颗珍珠一般将牛顿力学、经典电磁学、相对论、量子力学等基础物理学理论串成一条条美丽的项链。

物理学上的成果基本都采用数学化的表达，对于认识的能动性将带来以下两方面的增益：一是便于对从实践中获得的认识是否正确进行检验；二是有利于认识成果的实现和转化。

一个认识在产生之后，只有经过实践的检验才能认为是正确的认识，才能成为人类改造自然、创造价值的工具。对于一个新的基础物理学理论更是如此。一个新的基础物理学理论的应用往往会给人类带来翻天覆地的改变。但在应用之前，首先需要检验它的正确性。物理学成果数学化的表达可以实现对结果量化的衡量，而且往往可以实现比较高的精度，从而为检验新理论带来便利。

例如，万有引力定律是牛顿力学的伟大成就之一，是牛顿时代最富有想象力和创造力的理论成果。但如何验证万有引力定律的正确并不是一件轻松的事情。

对牛顿万有引力定律的一个有力支持来自海王星的发现。18世纪末到19世纪初，人们用牛顿力学理论计算天王星的轨道并预测它未来的位置，但实际预测总与理论计算不符，以至于有人怀疑牛顿万有引力定律的正确性。英国大学生亚当斯、法国天文学家勒维耶各自独立地根据牛顿理论进行计算，预言天王星轨道外存在一个未知行星，并计算了该行星的质量、轨道和位置。后来，天文学家在他们预报的位置上发现了一颗新的行星，它被命名为海王星。海王星的发现奠定了牛顿力学在天体力学中的统治地位，因为在此之前从未发生过这样的事情：从新理论出发精确地预言一颗未知行星的存在，并被天文学观测证实。

对牛顿万有引力定律另一个有力的支持是基于万有引力定律对

哈雷彗星的“周期性”出现的预言及其验证。在古代，由于人们并不了解彗星的运行机制，因此往往把彗星的出现与灾害、恐惧或占卜联系在一起。而牛顿创立的万有引力定律开始改变这一切。利用万有引力定律可以证明彗星的轨道是围绕太阳的扁长椭圆或抛物线，并且可以计算出彗星围绕太阳运行的轨道周期。哈雷依据万有引力定律的计算，在 1705 年预言一颗在 1682 年曾引起世人极大恐慌的彗星，将于 1758 年再次出现于天空（后来他估计到木星可能影响到它的运动时，把它回归的日期推迟到 1759 年）。随后，法国数学家克雷荷在彗星回归前做了精确的预报：由于木星和土星的影响，彗星将在 1759 年 4 月 13 日前后一个月过近日点。1759 年 3 月 14 日哈雷彗星过近日点，正是克雷荷预告的一个月前。为纪念哈雷，人们将这颗彗星命名为哈雷彗星。人们后来又根据万有引力定律的计算准确预言了哈雷彗星的每次回归。由于哈雷彗星还像巡回大使一样周期性地检阅太阳系各大行星，并经历各种各样的环境，带回丰富的信息，所以它的每次回归都引起天文学家的极大兴趣。哈雷彗星最近的一次回归发生在 1985—1986 年。正是因为人类提早正确地预测到它的回归时间，所以人类共提前发射了六艘太空飞船对哈雷彗星进行实地探测，不仅使得人们对哈雷彗星的研究有了新的进展，而且通过哈雷彗星科学家更多地了解了星际分子和尘埃及其化学过程。

广义相对论创立之后，由于它过于抽象，如何进行验证就成为难题。验证广义相对论的一个代表性实验是对水星近日点进动偏差的解释。在太阳系中，行星围绕太阳应该沿一个相对固定的椭圆轨道做周期性运动，行星每次到达近日点时，椭圆轨道会出现小的扰动，一般称为行星近日点的进动。水星由于距离太阳最近，其进动现象最为明显。在广义相对论创立之前，人们一般认为水星的进动是由于其他行星对它的引力引起的，这样各大行星对水星的引力产生的进动值可以通过万有引力定律计算获得。1859 年，法国天文学家勒维里埃发现，水星近日点的进动观测值比调整后的理论值每 100 年还快 38″，后来天文学家又把这个值修正为每 100 年快 43″，即对水星而言，存在一个每 100 年快 43″ 的剩余进动值的异常，其他几颗行星也有进动剩余现象。19 世纪末和 20 世纪初，基于经典万有引力定律和经典的时空观，人们为了从理论上解释水星近日点的异常进动，付出了很多努力并提出一些建议，如勒维里埃关于水内行星和行星环的建议，以及水星的卫星、太阳可能是扁圆的，也有人建议根据万有引力的偏差来解释。但这些尝试最后都失败了。广义相对论的发现最终解决了困扰科学家六十多年的难题。1915

年 11 月 18 日，爱因斯坦向普鲁士科学院提交了一篇论文——《用广义相对论解释水星近日点运动》，在论文中，爱因斯坦利用广义相对论理论，将水星的绕日运动看作水星在太阳引力场（弯曲时空）中沿短程线（测地线）的运动，计算得到水星的近日点剩余进动为每 100 年 43″，这个结果准确得惊人，成为广义相对论最有力的一个证据。

下面我们粗略看一下爱因斯坦利用引力场方程和其他物理学原理求得水星的近日点剩余进动的计算过程。这里我们只重点介绍求解思路，而不讨论其中复杂的数学公式和计算。如图 4-7 所示，爱因斯坦将一般性条件、静态、各向同性等代入引力场方程，解得引力场的参数；将解得引力场的参数代入测地线方程，即最短路径方程；进行标准的约束轨道计算，得到行星公转一周的进动偏差公式；将水星的半长轴、公转周期、偏心率代入上面的公式，求得水星每 100 年的进动偏差值为 43″。由于太阳的引力引起的时空弯曲所带来的进动值和其他行星对水星带来的进动值相比很小，还曾经有人质疑爱因斯坦利用广义相对论对水星进动偏差的解释的可靠性，后来人们又计算了金星、地球等行星以及一些小行星的剩余进动值，都与广义相对论符合得很好。水星的近日点剩余进动的数值非常小，但其背后所反映和折射的却是广义相对论的时空弯曲的概念和经典万有引力及对应的经典平面时空之间核心理念的差异。爱因斯坦利用广义相对论成功解释了水星的近日点进动偏差问题，这是广义相对论在实际问题上的第一个应用和验证，因此爱因斯坦在解释了水星的近日点剩余进动问题以后也是异常兴奋。客观地说，每 100 年快 43″ 的剩余进动的异常值是非常小的，要解释这样小的一个值的异常，离开精确的定量计算显然是不可能的。

下面我们再以卫星定位系统中狭义相对论和广义相对论的时间校正，看一看数学化、数量化对于物理学成果的实现和转化的意义。

目前，现代人类的生活越来越离不开卫星定位系统提供的定位服务，如汽车导航和智能手机提供的基于定位的丰富服务功能等。一般来说，使用卫星定位时，用户至少要接收来自四颗卫星的信号才能正确地计算出时间和位置。卫星定位系统对时间精度要求很高，因为 1 μs 的定时误差都可能会带来 300 m 的定位误差。GPS（全球定位系统）卫星搭载了 3 万年才出现 1 s 误差的原子时钟，但是无论多么精准的时钟都无法逃出相对论效应，即如果不对时钟的时间进行相对论效应的修正，所产生的时钟差异将使得定位系统无法工作。在 GPS 系统中，地球上的时间以国际原子时间为标准，

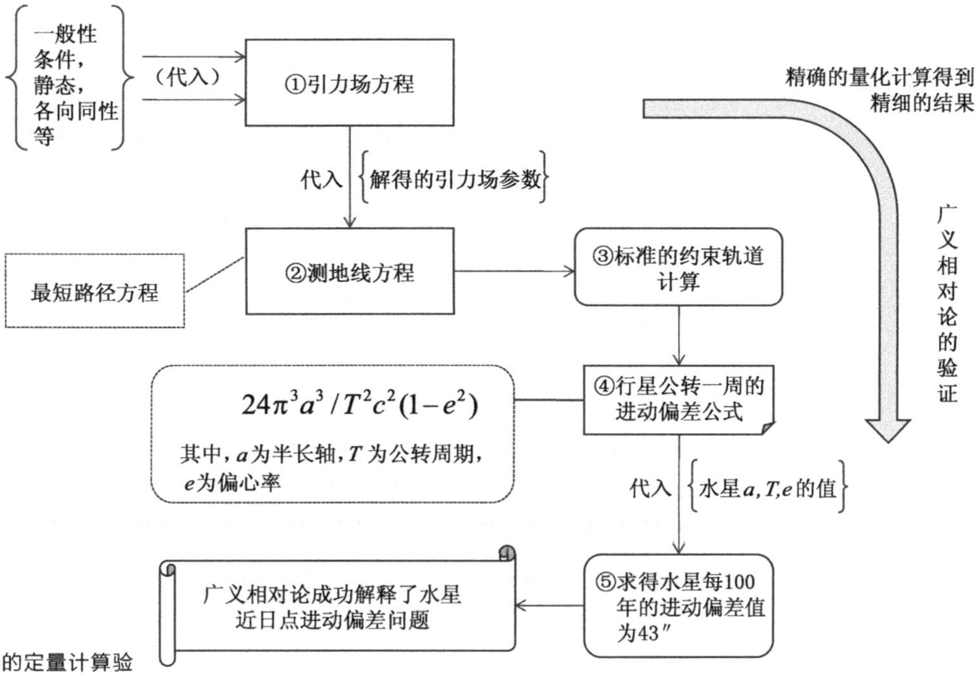

图 4-7　精确的定量计算验证了广义相对论

它由静止于海平面的原子时钟给出。GPS 卫星以 14000 km/h 的速度绕地球飞行。对卫星上时钟造成影响的相对论效应主要有两个：一个是狭义相对论效应，来自卫星快速移动对卫星时钟产生的时间差；另一个是广义相对论效应，来自地球引力引起的时空偏差在太空小于在地面的差异。根据狭义相对论，物体运动越快，时间就越慢，因此卫星钟比地面钟走得慢，用狭义相对论公式计算，每天大约慢 7 μs。根据广义相对论，在地球附近及周围由于地球引力产生时空弯曲，而且地面钟所在的时空弯曲度要大于卫星钟所在的太空轨道的时空弯曲度，两处的时空弯曲度的具体定量值可以通过求解地球的引力场方程获得，实际的计算表明在太空的卫星钟比在地面的地面钟每天大约快 43 μs。因此，如果同时考虑狭义相对论和广义相对论的影响，将二者合并后 GPS 卫星钟比地面钟每天快大约 38 μs，如果这看起来很小的 38 μs 偏差不校正的话，系统将会每天累计产生大约 11 km 的定位误差，显然离开相对论计算获得的精确时间校正，任何卫星定位系统都无法工作。

4.2.3　数学化的表达又带来一些超常规的增益

在基础物理学理论发展过程中，数学化的表达使得理性认识的价值极大化，带来一些超常规的增益，体现出认识能动性更大的价值。下面我们就以万有引力和万有引力定律的发现、熵概念的提出来说明这一点。

1. *万有引力和万有引力定律的发现*

万有引力和万有引力定律是牛顿时代最富有想象力和创造力的理论。它消除了以前人们头脑中认为天体运动与地上物体运动有天壤之别和不可跨越的鸿沟，把天上和人间和谐地统一了起来，解释了为什么行星围绕恒星运动，宣告了哥白尼学说的最后胜利。时至今日，人们都感叹为什么牛顿能发现万有引力和万有引力定律。

首先，这其中有牛顿直接从大自然获得的感性经验，他看到了月亮的升起，看到了地球上的苹果在掉落的时候是落向了地面而不是飞向了太空，于是他猜想或许是一种什么样的力同样拴着月球和地球、苹果和地球。如果仅停留在这一步，那最多是一个猜想。这促使牛顿迈出了第一步，用定量的方式去寻找拴着月球和地球的力以及拴着苹果和地球的力有什么样的关系。于是，牛顿利用他所掌握的运动学知识和微积分的数学思想建立起一个定量比较两种力的过程。

在牛顿看来，如果把月球绕地球的转动也看作抛体运动的一种极限情况，从而在短距离上将其看作抛体，这样其就和苹果的自由落体运动具有了可比性。牛顿采用微分方法对将月球绕地球的转动看作抛体运动进行了定量分析。如图 4-8 所示，设月球绕地球转动的半径是 r，在时间 t 内，月球由点 M 转动到 M'。设月球在垂直高度上下降的高度是 h_1，就有 $h_1 = OM = r(1-\cos\theta)$。利用微分思想，取时间 t 很短，即 θ 很小，这时利用余弦函数的级数展开式并取前两项代入上式，化简可得 $h_1 = OM = \frac{1}{2}r\theta^2$。再设月球绕地球转动的周期是 T，角速度是 ω，则有 $\theta = \omega t = \frac{2\pi}{T}t$，再代入上面的关系式，得到 $h_1 = OM = \frac{2\pi^2 r}{T^2}t^2$。

对于做自由落体运动的苹果，运动过程的分析要简单得多。设其在时间 t 内下降的高度为 h_2，根据自由落体公式，可得 $h_2 = \frac{1}{2}gt^2$。

取相同时间 t 内月球和苹果下降高度的比值，可得 $\frac{h_1}{h_2} = \frac{4\pi^2 r}{gT^2}$。牛顿把当时已经获得的数据代入其中，即月球绕地球运行的圆形轨道的半径 r 约等于地球半径 $R_{地}$ 的 60 倍，而 $R_{地} = 6400\ \text{km}$；月球绕地球的运行周期为 27 天 7 小时 43 分，约为 2.36×10^6 s；地球上的重力加速度 $g=9.8\ \mathrm{m/s^2}$，最后得到 $\dfrac{h_1}{h_2}\approx\dfrac{1}{3600}$。

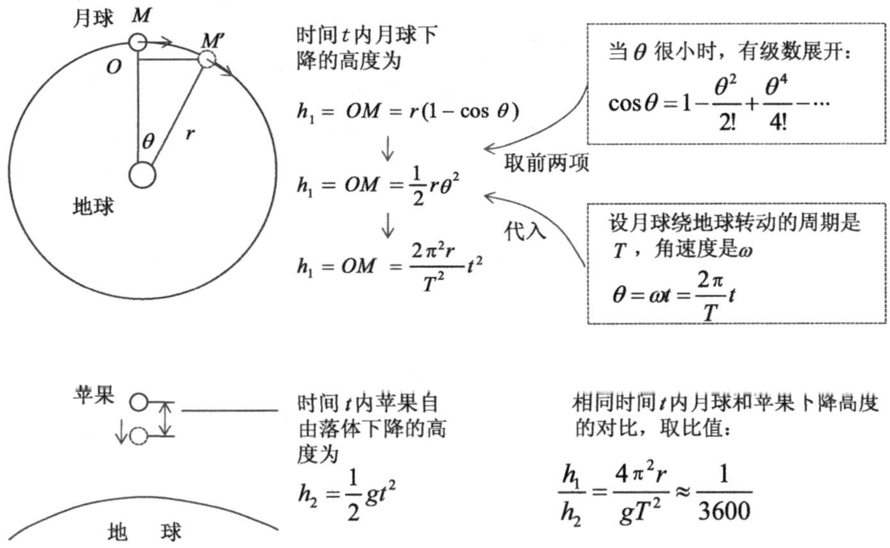

图4-8 牛顿利用定量分析初步发现“天上”的力与“地上”的力是同一种力

牛顿对这个结果进行了以下分析。他认为，在很短的时间间隔内，月球和苹果在垂直方向上都可以视为做自由落体运动，对于两个自由落体运动而言，在相同时间内位移之比应该是对应的加速度之比。于是，牛顿就估算得到由于地球的吸引，月球和苹果在竖直方向上由于地球引力所产生的加速度之比是 $\dfrac{1}{3600}$，而这个比值恰好对应月球到地心和苹果到地心距离之比的平方。由此，牛顿就产生了这样的初步推断：①月球所受引力与苹果所受重力是来自地球的同一种引力；②该引力都与两物体间距离的平方成反比。

可见，正是基于定量分析基础上的逻辑推理，牛顿迈出了发现万有引力和万有引力定律的重要一步。

随后，利用微积分知识，牛顿证明了以下重要的命题及推论：如果物体沿椭圆轨道运动，向心力与物体到椭圆的一个焦点的距离平方成反比。牛顿还证明了球体的吸引力的定理，并应用到地球对外部物体的吸引上，即地球吸引外部物体时，恰似全部的质量集中在球心。

于是，基于以上的定量关系，牛顿就得到以下的结论：来自地球的引力提供了月球围绕地球做圆周运动的向心力。

然后，牛顿把引力从地球范围推广到太阳系。他用数学知识进一步证明了以下推论：做椭圆运动的物体，其椭圆运动周期与它们长轴的 3/2 次方成正比。而这正是开普勒第三定律所指出的行星围绕太阳做椭圆运动时满足的规律。也就是说，牛顿把引力从地球范围推广到太阳系，就可以推导得到开普勒第三定律。换句话说，具有与距离平方成反比关系的引力概念不仅在地球范围内有效，而且在太阳系范围内也有效。

最后，牛顿引进质量的因素：一切物体都会受一种引力的吸引，该引力正比于物体各自所含的物质量。同时，把引力进一步推广到宇宙中所有具有质量的任意两个物体间，就得到了万有引力定律：任意两个物体间都存在相互作用的引力，力的方向沿两物体的连线，力的大小与两物体的质量乘积成正比，与它们之间的距离的平方成反比，即

$$F_{引} = G\frac{m_1 m_2}{r^2}$$

其中，m_1和m_2分别是两个物体的质量；r是两个物体间的距离；G是一个常数，称为万有引力常数。

可见，牛顿发现万有引力并提出万有引力定律是建立在一系列推理基础上的，而这些推理又都是建立在对有关规律的量化分析与描述之上的。对有关规律的量化分析与描述使得牛顿的认识的能动性得到极大发挥，实现了从苹果到月球，到地球，到太阳，再到宇宙间万物的跨越，发现了超乎寻常的万有引力定律。而离开这些量化分析与描述过程，发现万有引力并提出万有引力定律则是不可能的。

2. 熵概念的提出

熵是热力学中的一个基础性核心概念，其重要性不亚于功和热。相比于功和热，熵的发现和确定困难许多，理解起来也困难许多。一个直接的原因是温度和能量是我们熟悉的事物，而熵的概念是深藏在经验公式之下，潜伏在人们的直接经验之下，与我们的日常生活没有直接的联系，所以显得有些抽象和不好理解。熵的发现首先得益于来自经验的量化关系的优化，它的更深层次的应用成为现代热力学发展的关键。下面我们就回顾一下熵是如何在认识的能动性的作用下，经过对基本关系的变化、提炼，从经验的量化关系中被发现的。

如图 4-9 所示，对于理想气体，其内能变换有经验公式 $\mathrm{d}U = C_V\mathrm{d}T$，其中 C_V 是比热容；理想气体状态量之间有经验公式 $pV = nRT$，其中 p,V,T 分别是理想气体的压强、体积和温度，n 是理想气体的摩尔数，R 是通用气体常数。将以上两式代入热力学第

一定律（图中式①），可得到图中式②，即 $dQ = C_V dT + \frac{nRT}{V} dV$。从式②看，$dQ$ 不是状态量。但如果两边同除以温度 T，将得到图中式③，即 $\frac{dQ}{T} = C_V \frac{dT}{T} + nR \frac{dV}{V}$。注意到，式③的右边两项都是单独的一个状态项的比值，这已经和过程无关，说明式③的左边 $\frac{dQ}{T}$ 是一个新产生的状态量，不妨用 ΔS 表示，这就是熵变。如果将式③两边同时积分，得到式④，即 $\int_{S}^{S_2} \frac{dQ}{T} = C_V \ln \frac{T_2}{T_1} + nR \ln \frac{V_2}{V_1}$。在式④中，可以看得更清晰，即式子右边的值完全取决于 T 和 V 的起始值和终了值。换言之，不论系统如何从开始状态 T_1 和 V_1 走到终了状态 T_2 和 V_2，左边的积分都只有一个值，这种与“路径无关”的性质说明了 $\frac{dQ}{T}$ 是系统的一个新的性质、一个新的状态量。该量被它的发现者克劳修斯定义为“熵”。

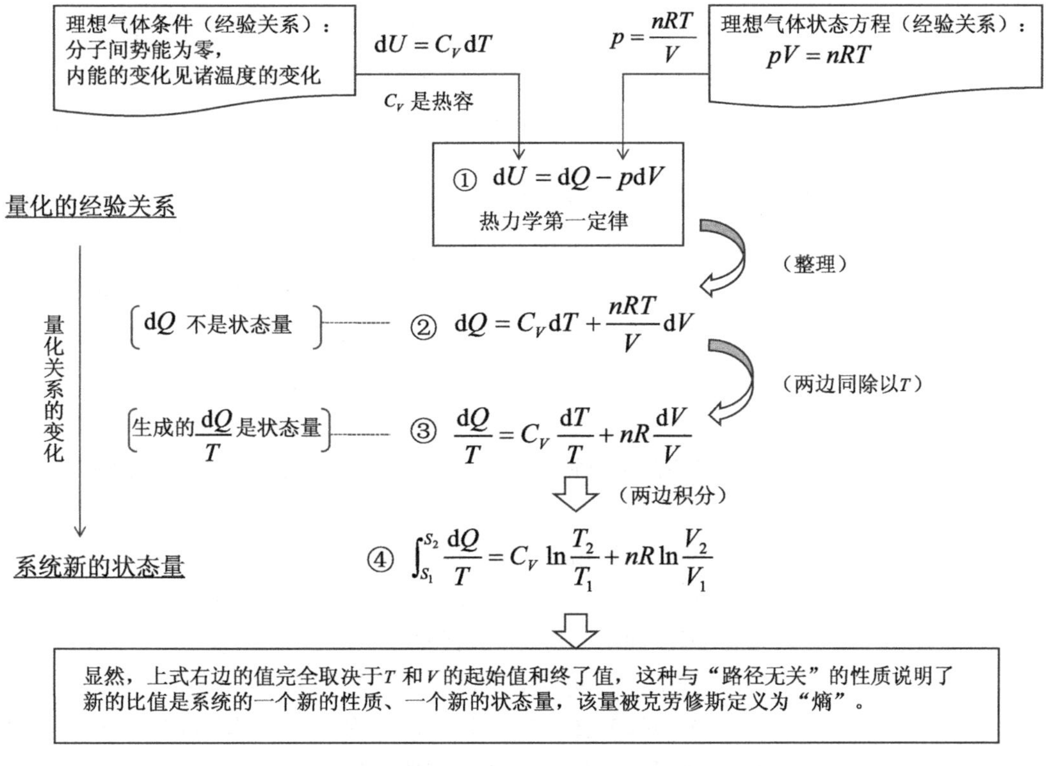

图 4-9　量化关系的优化中发现了“熵”这个重要的概念

在熵的发现过程中，我们不难看出，来自实验的量化的经验关系为后面人的认识的能动性的发挥提供了前提条件。当然，人的认识的能动性是非常关键的，它往往使得理性认识的成果发挥到极大，能发现一些隐藏在公式背后的“秘密”。

4.2.4 “天才般的灵感”在推动理论突破上的巨大作用

在基础物理学的发展过程中，认识的能动性还有一种表现，那就是每当基础物理学理论面临重大突破的时候，一些“天才般的灵感”在推动理论突破上发挥了巨大作用。当然，这些灵感也不是无源之水、无本之木，它们来源于实践和已有的认识。下面我们就以普朗克发现能量子开辟量子时代和薛定谔提出薛定谔方程推动波动力学的建立为例说明以上的观点。

1. 普朗克发现能量子开辟量子时代

19 世纪末，人类进入现代工业时代。对于钢铁的需求推动了炼钢业的发展。在炼钢过程中，人们需要测量温度以控制炼钢过程。高温测量促进了人们对于各种黑体辐射的研究。人们总结出两个黑体辐射公式。一个是维恩公式，它是维恩从玻尔兹曼运动粒子的角度出发得到的半理论、半经验公式，它在短波方面与实验结果符合得很好，但是在长波方面则出现了理论与实验的不一致。另一个是瑞利-金斯公式，它是瑞利和金斯根据经典物理中能量按自由度均分原则导出的，它在波长很长的情况下与实验曲线比较接近，但是在短波紫外光区，按公式得到的值将趋向无穷大，完全与实验曲线不符，这就是物理学史上著名的“紫外灾难”。黑体辐射的两个公式在一定程度上也体现了当时人们对光到底是粒子运动还是波动运动的分歧。维恩公式从玻尔兹曼运动粒子的角度出发推导而来，更侧重粒子运动，因此适用于短波；瑞利-金斯公式从麦克斯韦电磁波理论推导而来，更侧重波动，因此适用于长波。

1900 年，普朗克利用数学上的内插法，将维恩公式和瑞利-金斯公式结合得到普朗克辐射公式，随后该公式被证明在任何情况下，无论是长波还是短波区域都与实验数据相符。这在当时已经是很大的一个成就了。但普朗克对这样的成就并没有满意和止步，他认为这不过是一个侥幸猜中的内插公式，并不具备明确的理论基础，因此他决心继续探索公式的真正物理意义。

于是，普朗克又设计了一个理想实验，假设有一系列的辐射进入一个黑体腔体，这些辐射经过多次和腔体的碰撞、反射最终完全被黑体吸收，然后普朗克创造性地引入了熵的概念。这些辐射被吸收前的熵应该是 $S = k\log W$，其中 W 是辐射被吸收前可能具有的状态的概率（即可能状态的倒数）。在辐射被黑体吸收后，这些辐射的熵变为“负熵”，根据热力学第一定律，由于吸收辐射黑体增加的热量（这种情况下也可以看作增加的能量）应该是 $\Delta Q = T\Delta S = kT\log W$。每次向黑体输入的是频率相同、强度不同的辐射，在黑体上就形成一组相对应的增加的能量。普朗克注意到了这组能量的数值的特点：每一个能量数值都对应一个状态的概率，即对应一个可能状态的倒数，而状态数只能是一个正整数值，这意味着每一个能量数值是由一个有限的正整数对应的对数值决定的，显然这组能量的数值是离散的，而不是连续的，这就是问题的关键。这也就使普朗克认为，为解决黑体辐射问题，必须“放弃能量是连续的”这样的经典物理学观念。进而，普朗克认为既然能量只能取不同的离散值，那么就可以定义一个最小的能量单位 ε，所有的能量都是这个最小能量的整数倍，即 $E = P\varepsilon$，其中 P 是一个比较大的整数。随后，普朗克在推导普朗克辐射公式的过程中，依据满足维恩公式的要求，进一步发现每个频率对应的最小能量单位 ε 和其频率 ν 成正比，于是普朗克定义这个比例系数为 h，并称之为最小作用量子，从而得到以下著名的公式 $E = h\nu$，h 后来被称为普朗克常数。

可以说，为解释十分成功的普朗克辐射公式背后的物理含义，普朗克在分析的过程中，“无心插柳”地触及并得到了一个对于经典物理学来说“石破天惊”的、革命性的量子假说：黑体在吸收发射频率为 ν 的电磁辐射时，辐射的能量不是连续的，只能一份一份地进行，这一份一份的能量是一个最小能量单元的整数倍，这个最小的不可再分的能量单元称为能量子。爱因斯坦后来曾评价：“普朗克提出了一个全新的、从未有人想到的概念，即能量量子化的概念。”“该发现奠定了 20 世纪所有物理学的基础，几乎完全决定了其以后的发展。”普朗克发现普朗克常数和提出量子假说是物理学史上一个划时代的事件和成就。后来的科学史家将普朗克在德国物理学会上报有关成果的日子定为量子的诞生日。

普朗克发现能量不连续，提出能量子的跨时代的概念是他综合运用了力学、热力学、数学等方面的知识，再利用各种变换技巧和严密的逻辑推理，甚至加上一些所谓的“灵感”和“运气”获得的。不过，这些“灵感”和“运气”也不是无本之木。普朗克发表论文提出能量子假说只用了几个月时间，但在这之前，普朗克已经为解决黑体辐射问题努力了 6 年而没有得到任何成功的结果。“灵感”也是建立在实践和思考的基础之上的。

2. 薛定谔提出薛定谔方程推动波动力学的建立

薛定谔方程是量子力学的基本方程，它将普朗克常数 h、不可对易性、哈密顿方程融合在一起，并且形式优美，被称为“天才的构想”“梦幻般的公式”，且是波动力学的核心。波动力学是根据微观粒子的波动性建立起来的用波动方程描述微观粒子运动规律的理论，是量子力学理论的一种表述形式。薛定谔方程在原子物理、核物理、固体物理等领域有广泛应用。薛定谔方程 1926 年由奥地利理论物理学家薛定谔提出，它的产生过程也有一些神奇的色彩。1925 年圣诞节前几天，薛定谔离开苏黎世，动身去瑞士的阿尔卑斯山地区小住几日，1926 年 1 月 8 日回到苏黎世的时候，薛定谔已经发现了薛定谔方程。薛定谔后来在其所著的《关于波动力学的四次演讲》中总结了他提出薛定谔方程的思路，从中我们可以窥见薛定谔灵感闪烁的时刻。

薛定谔通过比较得到，光学的费马定律和力学的哈密顿原理是相似的，通过光学从几何光学到波动光学的过渡，类比出传统力学向波动力学的过渡。根据类比，他推测质点波动的相速度应依赖质点的总能量，这就如同波动光学中的光的相速度依赖光的能量一样。这样利用波动光学的一些方法就推导出质点波动的相速度公式。随后，薛定谔再将粒子的波动看作弹性体的运动（或振动），并利用一种装在包壳里的弹性流体来模拟，他用压强来模拟波函数，根据流体理论（依据是哈密顿原理）得到压强方程公式表。然后根据流体理论进行标准求解时，压强项本应包括两部分：一部分是能量、时间依赖项，另一部分是空间坐标依赖项。但这时薛定谔进行了一个大胆的设想，考虑到空间坐标依赖项权重较小，而且会在势能公式中包含，因此在压强表达式中果断放弃空间坐标依赖项，而只保留能量、时间依赖项，从而将极其复杂的压强标准形式简化为一个简单的指数函数，并获得简单的微分形式，该简化成为造就简洁优美的薛定谔方程的一个关键。薛定谔后来写道：“当我最初接触这些问题时，我曾以为后一种简化是致命的……后来我意识到系数的更复杂形式（即 $V(x,y,z)$ 的出现），好像起到了通常由边界条件所起的作用，即对 E 的确定值的选择作用。”在这里，如果我们以后来者的身份从量子化的角度来看，薛定谔的这一假设实际上是把能量和连续空间进行了分割，而这正实现了空间在能量上的量子化，并且在实现量子化的同时，大大简化了方程的复杂性，造就了突破传统且简洁优美的薛定谔方程。[14]

14 薛定谔方程提出的详细过程可参见赵建:《写给未来工程师的物理书》，248-249 页，天津，天津大学出版社，2021。

1926 年 1—6 月的这六个月中，薛定谔相当高产，他就新的波动力学写了六篇具有高度创新性的论文，创造了物理学史上又一个灵光闪烁的高光时刻。不过，同普朗克相似，在高光时刻出现之前，薛定谔也已经付出了几年的努力。早在 1922 年薛定谔在阿尔卑斯山区的一个度假区养病，山区海拔高，环境相对封闭，给薛定谔提供了宝贵的思考时间，其间他完成一篇题为《论单个电子的量子化轨道所具备的一个显著特性》的论文。在此基础上，薛定谔注意到稳定电子轨道和所谓规范因子（轨道本身的特点）之间存在一种关系。再后来受到同行的启发，薛定谔开始寻找波动方程，终于在 1926 年提出了薛定谔方程。

在基础物理学发展过程中，一些“天才般的灵感”在推动理论突破上曾经发挥了巨大作用，在更高层次上体现了人的认识的能动性作用，而且即使是这些“天才般的灵感”也是建立在长时间的实践和思考基础之上的，因此在更高层次上验证了“认识是实践基础上主体对客体的能动反映”的辩证唯物主义认识论的观点。

4.2.5　建构整体体系

如前所述，理论体系是思维反映客观对象的系统形式，是主观概念把握客体的最高形式。基础物理学是最接近客观物质世界组成和运动规律的学科，基础物理学自然具有非常强的体系化特征。

1. 五个主要的基础物理学理论构成一个大的有机体系

我们可以从以下两个视角来看牛顿力学、经典电磁学、热力学、相对论和量子理论五个基础物理学理论是如何构成一个统一的、大的有机整体的。

第一个视角是从物理学研究的基本问题，即物质运动和组成的问题出发，看基础物理学理论如何构成一个大的理论体系。首先，从描述物质运动的角度来看，在基础物理学理论中，典型的描述物质运动规律的理论有三个：适合宏观、低速条件的经典牛顿力学理论，适合高速运动条件的狭义相对论，适合微观条件的经典量子力学理论。从物质的组成角度来看，直接回答物质组成规律的有原子物理、原子核物理和粒子理论，不过它们的理论基础是基础物理学的量子理论和相对论。其实，围绕物质运动，还有一个更基本的问题，即时间和空间从哪里来，可以认为这是物质运动的前提，广义相对论回答了这个问题，即时间和空间来源于物质，质量的存在可以产生时空的弯曲。其次，在哲学上还存在普遍的联系，即没有完全孤立的物质，也就是说一种物质一定和其周围的物质相联系，在物理上就表现为一种物质一定会把自己的运动形式和能量在空间中向周围传播，于是就有了波和场的概念。基础物理学中对典型的场——电场、磁场以及电场、磁场变化时所产生的波——电磁波专门进行了研究，形成了相关理论，这就是电磁场理论。最后，人们发现当巨大数量的热分子个体聚集时，其运动规律描述不同于以上主要以个体为对象的描述方式，这时需要采取统计性的方法对所有分子的热运动进行整体描述，于是产生了经典热力学理论。这样，五个基础物理学理论各自从不同方面围绕物理学研究的基本问题各有侧重地进行了回答，它们构成了一个大的有机整体。

第二个视角是从基础物理学理论发展的演进过程，即历史的视角来看基础物理学理论如何构成一个大的理论体系。17 和 18 世纪，经典牛顿力学提出了力、动能、动量、功等力学的基本概念，解决了宏观低速场景下粒子性运动问题，奠定了基础物理学的基础。后来，人们把牛顿力学的基本概念和原理应用于电和磁现象的研究，进一步提出电场、磁场、电磁波等概念，在 19 世纪发展起经典电磁场理论，提出了物质运动的波动性观点。同时，人们还把牛顿力学的基本概念和原理应用于分子热运动的研究，在 19 世纪形成经典热力学理论。20 世纪初，在黑体实验中，普朗克发现只有用离散的能量值才能对实验结果做出合理的解释，于是开启了量子化世界的大门。20 世纪二三十年代，当用粒子性和波动性描述微观粒子运动不可避免地交汇碰撞在一起的时候，人们发现只有用波粒二象性，即粒子性和波动性的对立统一关系，才能对微观粒子的运动规律做出合理解释，于是从波粒二象性出发，产生了几种对微观粒子运动进行定量化描述的理论，这就是量子力学理论。20 世纪初，在量子化概念刚刚被提出以后，爱因斯坦在拓展伽利略开创的相对性原理基础上，打破了孤立的绝对时间和绝对空间的概念，提出时间和空间随运动速度改变，时间和空间不是相互孤立而是相互联系的，以及质量和能量也可以相互转化，从而发展起狭义相对论理论。再后来，爱因斯坦进一步利用演绎思想建立了时间、空间、质量、惯性、引力等有关物质运动基本量之间的关系，从而发展起广义相对论理论。而在量子理论方面，借助狭义相对论的支撑，量子力学理论也得到进一步发展，凭借众多物理学大家的创造和贡献，将自然界中的相互作用归结为四种基本相互作用，利用规范场理论实现了除引力外其他三种基本相互作用规律的统一，并且将物质世界的组成由原子级别拓展到亚原子以下级别，建立了解释全部物质世界组成的粒子物理标准模型。20 世纪 30 年代起，热力学的研究也发生了重大改变，普里戈金对不可逆热力学的研究从根本上改变了这门科学，使之重新充满活力，他所创立的耗散结构理论打破了化学、生物学领域和社会科学领域之间的隔阂，使它们建立起新的联系。尽管几大现代物理学理论，特别是广义相对论和量子理论还没有得到最终的统一，而且它们在理论上的统一还在探索中，但它们之间密切关联的关系是确定无疑的。一个典型的例子是 20 世纪 70 年代，霍金综合运用现代热力学、广义相对论、量子理论提出了著名的“霍金辐射”，使黑洞从“恒星生命的死亡归宿”变成“充满生命力的活跃之星”，彻底改变了人类对黑洞的认知，从而引发人类对宇宙发展和演变的新的认知。另外，关于宇宙起源等重大基本问题的解释同样也离不开广义相对论和现代量子理论的紧密结合。因此，从物理学理论发展的演进过程来看，五个基础物理学理论也是一个有机的整体。只不过其在演进过程中表现出不同的特点，大致可归纳为牛顿力学在物理学发展上的基础性地位，电磁场理论在发展上的承前启后，热力学在表现上的深藏若虚，相对论在逻辑上的高屋建瓴，量子理论在设计上的神奇精妙。

2. 每个基础物理学理论又都各自形成相对完整的体系

牛顿力学是第一个基础物理学理论。它是牛顿继承前人，特别是在伽利略成果的基础上，提出的一系列力和运动的基本概念、基本原理、基本假设，并且借助数学的手段，用严整的推理和演绎结构创立的。其在内容上，可以分为几大既相对独立又相互关联的部分：第一部分是由伽利略提出的内容，包括落体定律、惯性概念、相对性原理以及理想实验方法，这部分内容不仅支持了牛顿力学的创立，而且也成为牛顿力学的一部分；第二部分是牛顿完成的关于运动的有关定义（力、时间、空间、动量等）、牛顿力学三大定律和万有引力定律、圆周运动等核心内容；第三部分是其他物理学家完善的内容，如能量守恒定律、动量守恒定律以及简谐运动和机械波等。以上三部分构成牛顿力学的有机整体。牛顿力学还形成了一系列行之有效的科学研究方法，包括归纳-演绎、分析-综合、实体-抽象、数学-物理等，都为后来者所沿用。

经典电磁学理论是牛顿力学之后的又一个完整的基础物理学理论。它包括两部分核心内容：麦克斯韦方程组和洛伦兹力公式。麦克斯韦方程组是麦克斯韦在前人已经发现的各个电场、磁场变化规律（包括高斯电场定律、高斯磁场定律、法拉第定律以及安培-麦克斯韦定律等）基础上，补充了位移电流的概念，经过归纳和总结得到的。麦克斯韦方程组系统描述了电磁场运动变化的规律，解决了电场和磁场的产生和相互转化问题，还预测了电磁波的存在，揭示了电、磁和光的统一性。而洛伦兹力公式描述了带电粒子在电磁场中受到的电场力和磁场力，成为解决带电粒子在电磁场中的受力相关问题的基石。电磁学理论在实践上带来了第二次工业革命，推动了人类进入电力、电气和无线电时代。在物理学理论演进上，光是电磁波的结论，促进了人们对光的波粒二象性的研究，推动了经典量子理论的发展。而由麦克斯韦方程组得到的光速不变原理被爱因斯坦上升为一般性公理，成为相对论理论的基本假设和基石。

相对论是物理学乃至自然科学知识中的一个高峰，特别是广义相对论，以“海拔”高、“跨度”大、难以理解而著称。不过，如果我们抓住相对论的内在逻辑去看，就会发现相对论的发展是一个相对自然的过程，相对论理论也是一个清晰的体系。我们可以从以下两个内在逻辑来看相对论理论。一个内在逻辑是相对论反映了时空、物质和运动的统一性，反映了时间、空间、质量、能量、惯性、引力这些和物质运动相关的基本物理量如何从相互孤立走向相互联系和统一的过程。狭义相对论突破了牛顿力学绝对、孤立的时间和空间概念，实现了时间和空间的关联，突破了能量和质量相对独立的观念，实现了能量和质量的统一；而广义相对论进一步实现了质量、惯性和引力的统一，并最终完成时空、物质和运动到物质的大统一。另一个内在逻辑是相对性原理的不断推广。物理规律应该在所有参考系都相同，这就是相对性原理的基本思想。爱因斯坦依据电磁场理论的结论和实验结果提出光速不变原理。他首先利用相对性原理把光速不变原理推广到所有惯性系，认为所有的惯性系是平权的，在所有的惯性系中光速不变原理都是成立的，没有哪一个惯性系特殊。在此基础上，他导出了洛伦兹变换，并发现随着运动速度的改变，物体的长度是可伸缩的，时间是可伸缩的，质量也是变化的，时间和空间不再是相对独立的，质量和能量也不再是相互独立的，这就是狭义相对性原理的基本内容。进而他又把光速不变原理利用相对性原理推广到所有惯性系和非惯性系，认为所有惯性系和非惯性系也是平权的，即在所有的惯性系和非惯性系中光速不变原理都成立，没有哪一个成员特殊，这样就引入了弯曲的时间和空间。爱因斯坦进一步提出了弯曲的时间和空间是由物质的质量引起的，惯性、质量、引力的作用可以相互转化，这就是广义相对性原理的基本内容。上述的两个内在逻辑最终可以说殊途同归，抓住它们，就可以理解相对论是如何构成一个完整体系的。

量子理论和相对论并称为20世纪物理学理论中最伟大的两项成果，它们都以难以理解而著称。如果说相对论是一座相对孤立的高峰，量子理论则是山峦叠嶂、鬼斧神工的群峰。在量子理论中，理论多、内容庞大、概念抽象，而且认识过程中分支多、曲折多、争论多。不过，如果我们选择避开最初的探索者所经历的弯路和迷途，借助各个时代前人在这个领域留下的阶梯，进一步理清脉络，调整一下顺序，按不断演进的内在逻辑，就可以将量子理论的发展整理为四个相对清晰的阶段，并且构成一个庞大的体系。第一阶段，从普朗克打破物理量的连续性，对能量进行量子化并提出能量子概念，到量子化概念和波粒二象性被科学界在一定程度上接受，这可视为“开天辟地，初试锋芒”的阶段，量子化概念和波粒二象性构成了量子理论中最初的基本概念。第二阶段，随后玻尔将量子化思想应用于核外电子的分布，提出玻尔原子模型，开启旧量子学研究，再到后来的德布罗意波、不确定原理[15]、玻尔互补原理分别侧重从波动性、粒子性、哲学三个不同的角度对波粒二象性进行进一步阐释，为量子理论的创立完成了必要的积累，这可视为“发展孕育，承前启后”的阶段，这也是在形成完整的量子力学理论前一个必要的拓展和准备阶段。第三阶段，在经过量子化思想的突破、普及和孕育、积累之后，开始形成相对完整的量子力学理论，一般认为量子力学的理论有三个，分别是波动力学、矩阵力学和费曼路径积分量子力学，另外还有相对论量子力学方程，这可视为“创立理论，各具特色”的阶段，波动力学和矩阵力学分别从波动方程和矩阵两个不同角度形成量子力学理论，二者后来被证明是等效的，而费曼路径积分则是更加广泛意义上的一种量子力学理论，从而成为走向量子场论和现代粒子物理的通道。第四阶段，再后来提出通过交换粒子实现物质相互作用的机制，引入“真空不空”和“反粒子”的概念，引入场的量子化理论以及原子核的质子-中子模型，提出电磁作用理论、弱相互作用理论、强相互作用理论以及夸克模型，基于规范不变性实现电弱作用理论的统一和电弱强作用的大统一，最终形成一个至关重要的成果——粒子物理标准模型，它阐释了丰富多彩的物质世界其实是由种类极为有限的基本粒子组成的，引力作用和电强弱三种作用的统一还在探索中，这可视为“粒子世界，探索统一”的阶段。沿着上述思路，我们就可以“透过崇山峻岭”看到一个相对清晰的量子理论的体系。

15　不确定原理提出的时间较晚，但从逻辑角度来看，它与德布罗意波、玻尔互补原理在量子理论体系中处于相同的“位置”，将三者放在一起，可以使量子理论的逻辑体系更加清晰。

热力学理论首先由几个基于热交换等热现象形成的基本热力学定律组成。冷热的两物体经过热交换可以达到热平衡是生活中的常识，其背后却是不同物体之间的热交换表明不同物体之间存在一个共同的宏观性质，它超越了各种物质分子的具体类型和形态差异，这就是温度的概念，温度是分子热运动的集体表现。在热交换过程中遵循能量守恒定律，并且热量自发地从热的物体传到冷的物体，而不是相反。以上就是热力学第零、第一和第二定律的基本内容。随着蒸汽机的发展，人们开始研究理想气体的热力学定律，特别是热力学第一定律的应用问题，进行了等温、绝热等过程的分析，并为研究和提高热机做功效率提出了卡诺循环。同时，热力学理论的发展中还有两次观念上的突破。人们对“熵”的本质理解不断深入带来理论认识上的第一次突破，熵的一个含义是混乱程度的度量。在一个孤立系统中，遵循熵增原则，这就是用熵概念表述的热力学第二定律。时间方向本身由熵增加原则所决定，因此是单向的，这样就解决了“时间箭头”的问题。根据熵的含义，熵有正熵和负熵之分。在一个开放的系统中，系统可以通过吸收负熵使系统的熵减小，表现为更加有序，呈现出从低等向高等发展的趋势。这样就解释了自然界从低级向高级的演化问题。同时，人们还发现信息也是一种熵，不过是一种负熵。人们还把熵的概念应用于社会学研究，并提出社会熵的概念。以非平衡状态和不可逆过程为特征的现代热力学理论可以认为是理论认识上的第二次突破。通过热传递和热做功是不可逆过程的事实，以及“破镜难圆”“覆水难收”等不可逆的自然现象，人们认识到不可逆过程的重要性，热力学的研究也发生了重大改变，从研究平衡态和可逆过程为主转向研究非平衡状态和不可逆过程，产生了耗散结构理论等现代热力学理论，这些理论成功解释了为什么在一个熵递增的宇宙里还能产生像人这样的高等生物。

总之，300 多年基础物理学的发展充分体现了“理论体系是思维反映客观对象的系统形式和最高形式”的论断，这是对“认识是实践基础上主体对客体的能动反映”的有力验证。

4.3 认识过程的发展过程是从感性认识到理性认识，再到实践

按照辩证唯物主义认识论的观点，在实践的基础上从感性认识到理性认识，再从理性认识到实践，实践、认识、再实践、再认识，循环往复，以至无穷，这就是认识发展的过程。

从感性认识到理性认识是认识过程中的一次飞跃，但认识过程还没有完成，需要由理性认识再回到实践中，这是认识过程中一次更为重要的飞跃，因为人们通过第一次飞跃达到的理性认识，其正确与否还有待检验，而理性认识是否正确，在观念、精神活动自身范围内是无法得到检验的。因此，要检验理性认识正确与否，就必须使理性认识再回到实践活动中。由理性认识回到实践是认识指导实践的过程，既是认识正确与否得到检验的过程，又是认识得到深化的过程，是对已经取得的认识进行修正、补充、丰富和发展的过程。从实践到认识和从认识到实践两次飞跃相结合，才构成对客观事物的完整的认识过程。

实践、认识、再实践、再认识……，这种反复性和无限性不是一种单纯的循环，而是一种波浪式的发展。认识活动的每一次循环

都相对达到了高一级或深一层的程度。通过实践与认识的反复循环，人类的知识就像螺旋曲线一样不断地发展和上升。[16]

16　陈先达，杨耕：《马克思主义哲学原理》，第 5 版，151-152 页，北京，中国人民大学出版社，2019。

牛顿力学作为第一个现代科学理论，同时也创立了建立现代理论体系的方法论。这种方法论与上述辩证唯物主义认识论关于认识过程的论述高度契合，所以我们首先介绍牛顿力学开创的建立现代理论体系的方法论，并指出该方法论本身就体现了辩证唯物主义认识论关于认识过程的观点。由于该方法论具有普遍性，它同样指导了化学、生物学等现代自然科学的创立和发展，因此说明辩证唯物主义认识论关于认识过程的观点在现代自然科学的发展中得到广泛验证。

然后，我们以事实为依据，讨论牛顿力学、经典电磁学、经典热力学中辩证唯物主义认识论关于认识过程的观点是如何具体体现和验证的。

4.3.1　建立现代理论体系的方法论与认识论中认识过程的吻合

牛顿力学构建了人类历史上第一个现代科学理论体系，同时也建立起创建现代理论科学体系的方法论和模式。如图 4-10 所示，现代理论科学体系方法论所描述的过程如下。

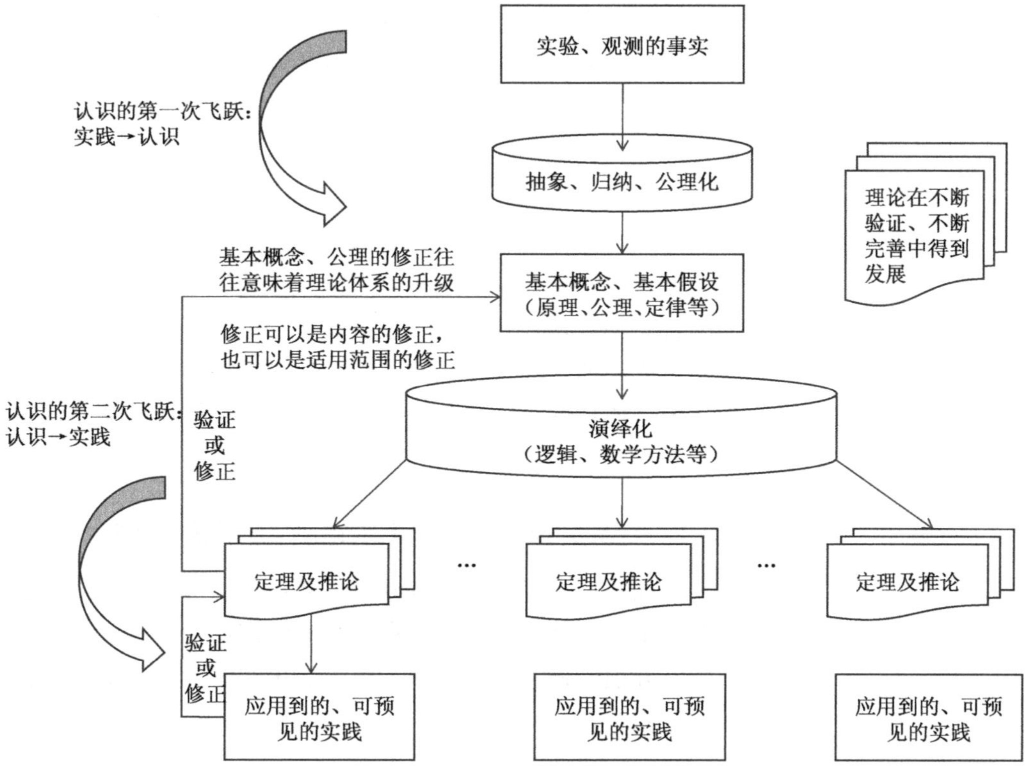

图 4-10　建立现代理论体系的方法论与认识论中认识过程的吻合

第一步，需要基于实验或观测的事实，通过抽象、归纳、公理化的方法，提出尽可能少的、相互独立的基本概念和基本假设（公理、原理、定律等）；在此基础上，再使用逻辑演绎、数学证明等手段推导出一系列的具体结论，表现为数目比较多的定理及推论，从而构成一个相对完整的理论体系。这一步对应着辩证唯物主义认识论中的第一次飞跃，即从实践到认识。

第二步，将定理及推论连同基本定义、基本假设应用于实验和实践，特别是可预见的实践（预测出原来未知的或无法解释的现象和行为），并在实践中检验上述结论的正确性，只有被实践验证了的结论才是成立的结论，被实践验证失败了的结论需要做出修改甚至取消。这一步对应着辩证唯物主义认识论中的第二次飞跃，即从认识到实践。

一般而言，当基本概念或基本假设被新的实践证明在新的条件下不再成立而需要修改时，则往往意味着理论体系的升级换代。以牛顿力学为例，爱因斯坦发现牛顿力学在以太漂移实验中不再成立，于是将光速不变作为基本公理引入物理学体系，从而使牛顿力学发展到更具一般性的相对论理论，这样就有了后面的狭义相对论和广义相对论。当牛顿力学在面对双缝干涉实验带来的波动性和粒子性“并存”，而使得牛顿力学的“确定性原则”无能为力以后，人们提出和发展了更具一般性的量子理论，也才有了后面的量子力学理论。这正体现了辩证唯物主义认识论所揭示的认识随实践螺旋上升的过程，即实践、认识、再实践、再认识，每一次循环都相对地达到了高一级或深一层的程度。

可见，由牛顿开创的、后来被广泛采用的创立现代自然科学理论的方法论和辩证唯物主义认识论关于认识过程的论断在思想上高度吻合。创立现代自然科学理论的方法论不仅在创立牛顿力学上被证明是成功的，而且在其他一些现代自然科学理论创立的过程中也被认为是成功的。由此验证了辩证唯物主义认识论关于认识过程的论断的正确性和科学性。

4.3.2 经典力学在认识论上的螺旋上升发展事例

下面我们从经典力学的几个主要部分，即质量、运动变化和牛顿第二定律，能量守恒定律和动量守恒定律，万有引力和万有引力定律，分别回顾它们的实践、认识、再实践、再认识的螺旋上升的发展过程。

1. 质量、运动变化和牛顿第二定律

牛顿第二定律是牛顿力学的核心，它描述了外力作用和物体运

动状态的改变及其与质量的关系。如图 4-11 所示，牛顿第二定律的形成和发展就是实践、认识、再实践、再认识不断发展的过程。

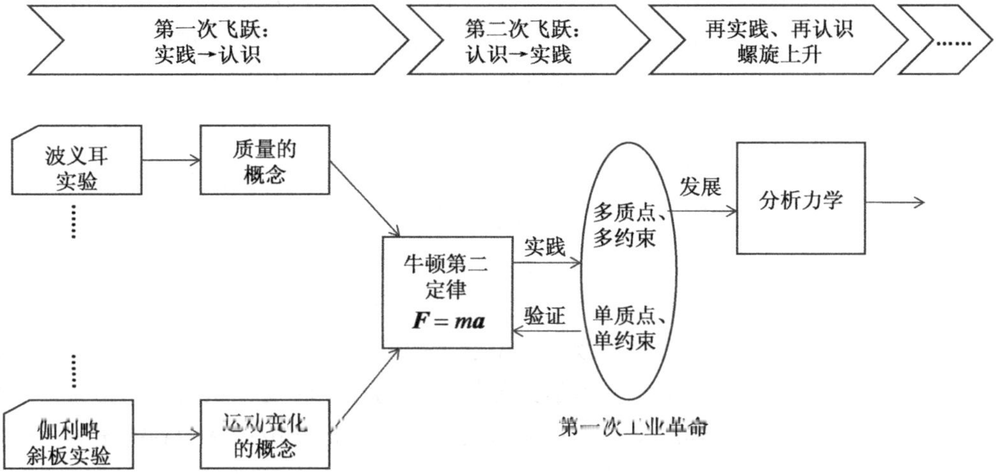

图 4-11　牛顿第二定律体现的认识过程

牛顿第二定律中包括三个基本概念：力、质量、运动及运动的改变。在社会实践中，早在古希腊时期，人们就已经提出了力和运动的概念。不过，在伽利略之前，关于力和运动的关系，人们采用的是被亚里士多德扭曲的力和运动的关系。伽利略通过斜板实验和理想斜板实验提出了惯性的概念，提出惯性是维持物体运动状态的原因，这样就隐含着力是改变物体运动状态的原因的逻辑，为牛顿提出牛顿第二定律提供了一个条件。不仅如此，伽利略在斜板实验中还引入了对物体下落距离与所用时间关系的定量测量，发现物体下落距离与所用时间的平方成正比。相比而言，质量的概念形成晚一些。在伽利略的研究成果中，我们可以隐约地感觉到他把惯性赋予了物质，区分了重量和质量是不一样的概念。后来在巴利安尼的著作中，他区分了质和重。后来，牛顿以波义耳有关空气容积和压力的实验为依据，从密度的角度提出了质量的概念。他认为，既然压力和体积在一定量的空气中正反比，那么它们的乘积就是一个常数。于是，牛顿就定义质量为“借助物体的密度和体积的乘积来称量这一物体中所包含的物质的量”，而把力定义为“一个物体所遭受的，可以或者倾向于可以让该物体的静止状态或等速直线运动状态被改变的作用”[17]。

可以说，牛顿对前人的实验和观察进行了总结，完善了质量和力的定义，并且在此基础上参考伽利略落体实验所得到的实验数据，提出了牛顿第二定律：“运动的变化与外力成正比，且沿着外力作用的直线方向进行改变。”[18] 以上就是一个典型的从实践到认识，即认识的第一次飞跃的过程。

17　[英]W. C. 丹皮尔：《科学简史》，柏林译，160 页，北京，中国华侨出版社，2021。

18　[英]艾萨克·牛顿：《自然哲学的数学原理》，曾琼瑶，王莹，王美霞译，14 页，南京，江苏人民出版社，2011。

牛顿第二定律提出以后，即成为牛顿力学的核心，它和牛顿力学的其他定律一起被用于指导人们的实践活动，在第一次工业革命中发挥了巨大作用，其正确性也得到了证明。即使在今天，对于单质点宏观低速物体的运动，牛顿第二定律仍然适用。这就是一个典型的从认识到实践，即认识的第二次飞跃的过程。

不过从 18 世纪起，人类在第一次工业革命中碰到的实际力学问题比牛顿力学讨论的自由质点要复杂得多，多是有相互联系的多质点、多约束问题，从而单纯的单质点牛顿力学就无能为力了。于是，以达朗贝尔、拉格朗日和拉普拉斯为代表的一批物理学家、数学家依靠更多的数学成果开辟出另一条解决复杂力学问题的路子，以解决牛顿力学不能解决的问题，这就是分析力学。首先，需要完成从牛顿力学到分析力学的几个转变：从矢量到标量；从直角坐标到广义坐标；从瞬时分析到过程分析；从力到能量等。这是为了满足在关联的多质点、多约束的条件下进行过程处理的需要。随后，引入数学上的“变元法”和物理上的“虚功”等概念，通过最小作用量原理，解决了多质点、多约束力学问题。分析力学不仅在实际应用和指导力学实践上得到了验证，并取得了巨大成功，而且还为后续现代物理学理论的发展提供了强大的理论工具。

从牛顿力学到分析力学，充分体现了再实践、再认识，后一个理论超过前一个理论，螺旋上升的发展过程。

2. 能量守恒定律和动量守恒定律

在基础物理学中，能量守恒定律和动量守恒定律都是重要的守恒定律。人们对它们的认识也是在实践和实验基础上的一个不断完善的过程。

如图 4-12 所示，在牛顿时代，人们已经开始进行碰撞实验，研究小球的碰撞问题。其中最著名的是笛卡儿碰撞实验和惠更斯碰撞实验。在笛卡儿碰撞实验中，笛卡儿提出了运动量守恒原理，他将运动量定义为质量与速率的乘积。由于笛卡儿定义的运动量是一个标量，而物体的运动是有方向的，所以笛卡儿的运动量守恒原理不能完全解决两物体碰撞后的速率问题，特别是在完全非弹性碰撞时失效。在惠更斯碰撞实验中，惠更斯进一步研究了碰撞问题。他将动量的定义修正为物体的质量和速度的乘积，这样动量就成为矢量，具有了方向性，于是惠更斯得出了正确的动量守恒原理。重新确立的动量守恒原理在任何实际碰撞情况下都成立。但惠更斯发现，单靠动量守恒原理依然不能完全确定碰撞后两物体的速度，或许还存在另外一个守恒原理。随后，惠更斯在研究完全弹性碰撞实验时，发现除了动量守恒外还有一个量也是守恒的，这个量是质量与速度平方的乘积，他把这个量称为“活力”，把相应的守恒称为“活力”守恒原理，活力守恒原理就是后来能量守恒定律的雏形。再后来，经过进一步的补充和完善，人们形成了对于动量守恒的一个完整的描述，称其为动量守恒定律，它是指一个系统不受外力或所受外力之和为零时，这个系统的总动量保持不变。而对于能量守恒问题，在“活力”守恒原理的基础上，随着人们逐渐认识动能、势能、内能等不同形式的能量形式，发现在力学过程中能量可以在不同形式间转化，但能量总是守恒的，于是就形成了完整的能量守恒定律：能量既不会凭空产生，也不会凭空消失，它只会从一种形式转化为另一种形式，或者从一个物体转移到其他物体，而能量的总量保持不变。显然，能量守恒定律和动量守恒定律的发现就是一个从实践到认识的过程，即认识的第一次飞跃过程。

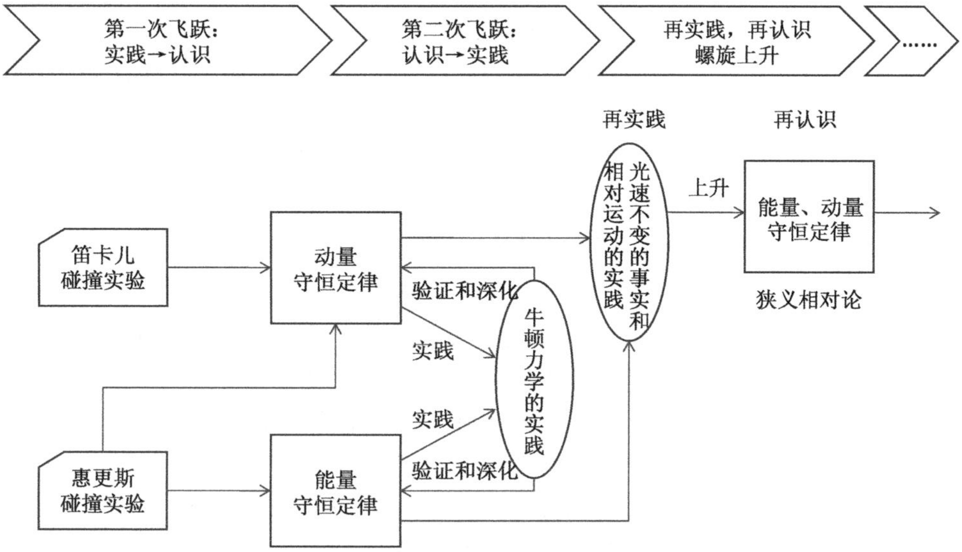

图 4-12　能量守恒定律和动量守恒定律发展中体现的认识过程

在能量守恒定律和动量守恒定律发现之后，人们把它们作为两个独立的守恒定律用于各类力学问题的分析与应用中，服务人类的实践活动。由于利用能量守恒定律和动量守恒定律解决力学问题时，只需知道物体的始末状态，而不必去管它在运动过程中的加速度，这样使解决力学问题的方法大为简化，因此能量守恒定律[19]和动量守恒定律成为解决实际问题和理论问题的强有力的工具。这是一个从认识到实践的过程，即认识的第二次飞跃过程。

再后来，人们在实验中发现了光速不变的事实，爱因斯坦把它定义为光速不变原理，并结合相对性不变原理提出了狭义相对论。在狭义相对论中，人们发现牛顿力学中原来两个独立的能量守恒定

19　需要说明的是，牛顿力学中常用的机械能守恒定律也是能量守恒定律的特例。它是指任何物体系统当无外力做功，系统内又只有保守力（势能）做功时，则系统的机械能（动能与势能之和）保持不变。机械能守恒定律只在惯性系下成立。

律和动量守恒定律不再成立了，它们变成了一个统一的守恒定律[20]。这就是一个再实践、再认识的过程。

20 具体可参见赵建:《写给未来工程师的物理书》，178页，天津，天津大学出版社，2021。

综上，人们对能量守恒定律和动量守恒定律的认识过程，又一次验证了辩证唯物主义的认识过程，即实践、认识、再实践、再认识，认识水平不断地螺旋上升。

3. 万有引力和万有引力定律

在实际中，多个认识的发展过程往往是交织在一起并相互影响的。因此，其中一个认识的发展过程可能不是直线式的，而是曲折和螺旋式的。这也和前面介绍的唯物辩证法中的事物的发展过程是前进性和曲折性的统一相一致。在一个认识发展的过程中，在某个环节可能出现一些错位，表现为在这些环节是先有理论，而后有实践验证。不过，由于这些“超前”于实践的理论是来自其他理论的推论，而其他理论仍遵循实践、认识、再实践、再认识的认识过程的规律，因此在总体上这并不违反辩证唯物主义认识论关于认识过程的规律。例如，对于万有引力和万有引力定律的认识过程就是这样一个过程。

如图 4-13 所示，牛顿依据前人已经积累的来自实践的一些成果，如开普勒通过天文观测总结的开普勒三大定律，还有牛顿自己的生活观察，如苹果树上落下的苹果是落向地面而不是落向空中，并发挥自身的数学才华和“天才”的创造性，把实践中获得的感性认识上升到理性认识，提出了万有引力的概念以及万有引力定律。这是关于万有引力和万有引力定律认识上的第一次飞跃过程。随后，万有引力和万有引力定律应用于实践之中，成功预测了海王星的发现和哈雷彗星的回归，从而在实践中得到了检验。这是从认识到实践的过程，是关于万有引力和万有引力定律认识上的第二次飞跃过程。不过，在实践中，也发现了万有引力和万有引力定律尚不能完全解决的问题，即水星进动偏差问题。人们利用万有引力和万有引力定律尝试了各种试图解释水星进动偏差的机制，但都没有成功，这说明万有引力和万有引力定律可能存在着局限性。在牛顿时代，万有引力和万有引力定律的发现是划时代的伟大成就，但无法解释引力的实质是什么。正如牛顿在《原理》一书中的最后一章——总释中所说：“迄今，我们已经解释了天空和海洋的现象是引力的作用，但是还没有找到该作用的原因……我也不设任何假说……假说在实验哲学中都是没有位置的……对我们来说，了解引力的确是存在的，并且根据我们前面解释过的原因能充分认识天体和地球海洋的所有运动，这就已经足够了。”[21]

21 [英]艾萨克·牛顿:《自然哲学的数学原理》，曾琼瑶，王莹，王美霞译，450页，南京，江苏人民出版社，2011。

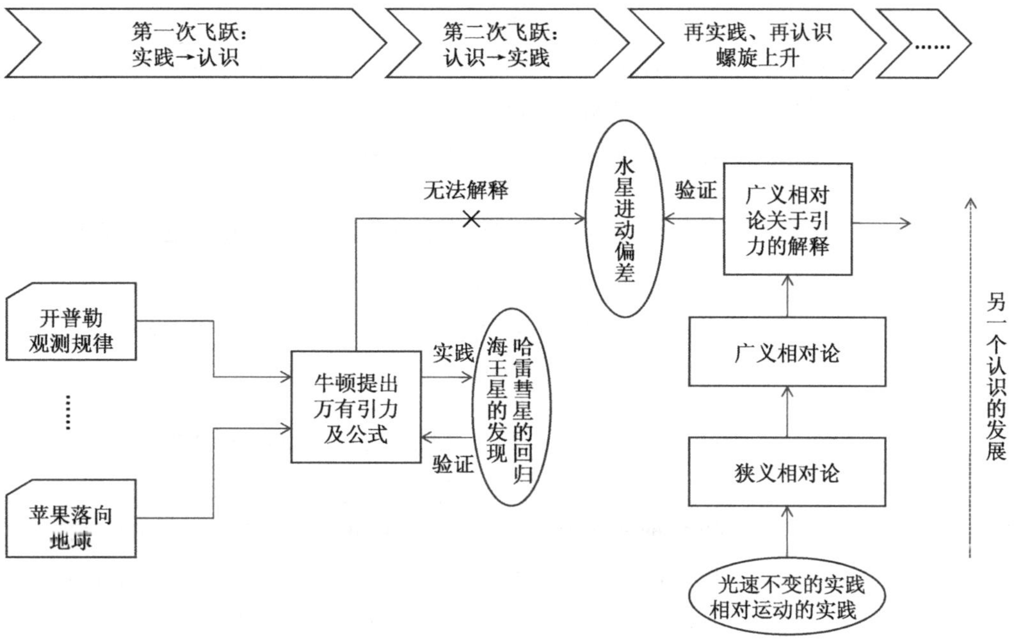

图 4-13　万有引力认识中再认识、再实践的“错位”仍然符合认识论的认识过程规律

在另一个认识方向上，爱因斯坦通过光速不变和狭义相对性原理提出了狭义相对论，即空间和时间相关联的一种新的时空观，并且通过广义协变和广义相对性原理把它发展为广义相对论，指出物质的存在产生时空的弯曲，引力是由物质产生的。从广义相对论来看，其实是不需要引力的，因为引力作用等同于物质的存在，物质的存在等同于时空弯曲。因此，在一个已经考虑了物质影响带来的弯曲的时空里，引力也就不存在了。取而代之的是物质产生的时空的弯曲，在这个弯曲的时空里，物体将自发地沿测地线运动，亦即按照最小作用量原理以最小的代价运动，例如地球围绕太阳运动的椭圆轨道就是这样的测地线。于是，在另一个认识方向上，就“先”产生了关于万有引力和万有引力定律的再认识。爱因斯坦把这种再认识应用于水星进动偏差的解释，结果获得成功，通过曲折路线完成了再实践。因为在另一个认识方向上，广义相对论体现的是实践、认识、再实践、再认识的认识规律，广义相对论关于引力的解释可以看作广义相对论的一个推论。因此，对万有引力的认识在总体上仍然符合实践、认识、再实践、再认识的认识规律，只是多了一点波折而已。广义相对论关于万有引力的认识要比牛顿万有引力的概念和万有引力定律公式深刻得多，爱因斯坦抓住了引力实际上是由物质引起的，并将物质的这种影响定量化地引入引力场方程中，从而使其适用于各种质量巨大的天体时空；而牛顿万有引力的概念和万有引力定律公式只在质量较小的天体（如地球）的时空

22 因为在一些需要精确计算的场合，例如全球定位系统中，需要采用广义相对论的计算，而不能采用牛顿万有引力定律的计算。

中成立，而且是近似成立[22]。

因此，人们对万有引力的概念和万有引力定律的认识过程，同样验证了辩证唯物主义认识论的认识规律，即实践、认识、再实践、再认识，认识水平不断地螺旋上升。

4.3.3 经典电磁学理论在认识论上的螺旋上升发展事例

经典电磁学理论主要包括两个部分：麦克斯韦方程组相关的电磁场理论和洛伦兹力公式相关的电磁力作用理论。下面我们分别以它们为例说明经典电磁学理论在认识论上的螺旋发展。

1. 麦克斯韦方程组相关的电磁场理论的螺旋发展

如图 4-14 所示，自 17 世纪以来，人们不断开展了关于电和磁的各种实验和实践活动。18 世纪，人们开始设计实验对静止电荷相互作用规律进行定量研究，其中最著名的是库仑的扭秤实验，从实验中还得出了著名的库仑定律；基于库仑定律，高斯得到了静电学的高斯电场定律，即电荷产生电场，电场通过任意闭合曲面的通量正比于曲面所包围的电荷总量。其间，人们通过实践活动，发现在现实中磁场的两极是无法分割开的，在这个基础上人们总结得到了高斯磁场定律，即穿过任意闭合曲面的总磁通量为零。19 世纪 20 年代，奥斯特通过著名的奥斯特实验发现了电流的磁效应，即长直载流导线使平行放置的磁针受力偏转，揭示了电现象和磁现象的联系。安培通过载流直螺线管与磁棒等效性的实验，指出磁现象的本质是电流，物质的磁性来源于其中的“分子电流”。经过麦克斯韦的补充，后来成为反映电流或变化的电场产生磁场的规律——安培-麦克斯韦定律，即穿过曲面的电流或变化的电通量会产生沿曲面边界的环绕磁场。19 世纪 30 年代，法拉第通过导线切割电力线的实验发现了电磁感应现象，楞次也给出了确定感应电流方向的方法——楞次定律，后来把电磁感应现象总结称为法拉第定律，即穿过一个曲面的磁通量的变化会在该曲面的任意边界路径上感生出电动势。这样，到 19 世纪中期，基于各类实验和实践活动，人们逐步总结形成了多个独立的关于电场和磁场的定律，包括高斯电场定律、高斯磁场定律、法拉第定律、安培-麦克斯韦定律。这些定律都来自实验的总结，因此这个过程是人们关于电磁场认识从实践到认识的第一次飞跃过程。

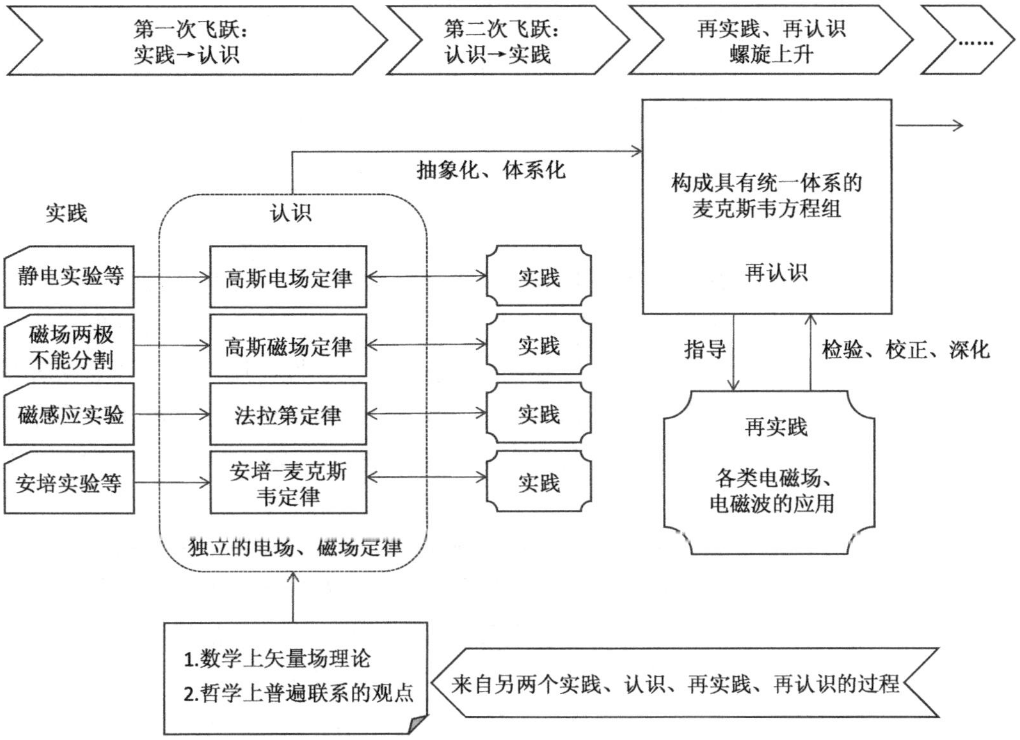

图 4-14　麦克斯韦方程组体现的认识过程

随后，这些定律又被应用于人们的实验和实践活动中，并分别得到了检验。例如，高斯电场定律进一步推动了静电学的发展与应用；人们在实践中截至目前也没有发现磁荷的存在，进一步证实了高斯磁场定律；安培-麦克斯韦定律在磁场产生和应用中得到了验证；而法拉第更是依据法拉第定律发明了圆盘发电机。这个过程是人们关于电磁场认识从认识到实践的第二次飞跃过程。不过截至这个阶段，关于电磁场的各个定律基本都是相对独立的，不是一个有机的、完整的体系。

从 1855 年麦克斯韦开始研究电磁理论，思考如何使分散独立的电磁场定律体系化，到 1873 年麦克斯韦把他的理论和许多电磁现象综合在《关于电磁理论》的两卷书中，共经历了约 20 年的时间。后来，后人对麦克斯韦在书中提出的关于电磁场理论的方程做了进一步的合并整理，最后体现为四个方程，这就是麦克斯韦方程组。麦克斯韦方程组使得原来分散、独立的各个定律形成了一个有机的理论整体，各自独立的方程形成了统一的方程组，在微分方式下才有统一的算符实现了表达，从而使得方程间可以联合求解。而也正是得益于定律的联合应用和方程的联合求解，麦克斯韦预言了电磁波的存在。后来，赫兹利用实验发现并测试了电磁波的各种波的特性，测量了电磁波的波长，证实了电磁波的存在，验证了麦克斯韦方程组理论的正确性。麦克斯韦方程组理论使得人们对于电磁场的认识得到极大的提升，随后它也成为指导人们开展各种复杂的电磁场、电磁波研究和应用的理论，并得到广泛应用，也因此获得了广泛的验证。

如果单纯从电磁场理论的发展进程来看，在再实践、再认识的关系上，出现了一些“错位”，即先有再认识（电磁波的预言），后有再实践（电磁波的验证和应用）。但如果我们全面梳理麦克斯韦从分散独立的多个定律提出整体协调的麦克斯韦方程组的过程，可以看出有以下两个因素起到了关键性作用：一个是麦克斯韦借助了数学上的矢量场理论，另一个是借助了哲学上辩证法的普遍联系的观念。而以上两点其实来自两个实践、认识、再实践、再认识的过程。

就数学上的矢量场理论而言，麦克斯韦主要用到了关于场变化量（通量及对应的散度，环量及对应的旋度，方向导数及对应的梯度）的描述、算符表达和计算等。而这些描述场变化的量都来自生活和实践活动，例如在水流场中水流通过一个闭合曲面的流量称为通量；在水流形成的旋涡场中沿一条闭合曲线流过的量称为环量；不同的地形下水流总是能在各个方位处找到最短的路径向下流动，水流在各点向下流动的方向就是地势在各点上方向导数最大的方向，也就是各点的梯度方向。通量在微分上（每个点上）对应的是散度，环量在微分上（每个点上）对应的是旋度，在每个点上方向导数取最大值时对应的是梯度。用通量、环量表示的式子便于理解，但在实践中不便于计算和化简，于是数学家在通量、环量的基础上，导出了采用同一个算符（哈密顿算符）表示的散度、旋度和梯度表达式。所以，关于场变化量的描述、算符表达和计算过程大致是一个实践、认识、再实践、再认识的过程。而麦克斯韦在发现并提出麦克斯韦方程组时正是借助了矢量场理论中关于场变化量的定义和计算这个有力的武器。麦克斯韦方程组有两种表达形式：一种是定义式，采用通量、环量表示，便于理解，但不便于计算；另一种是微分式，采用散度、旋度表示，即用哈密顿算符表示，便于计算、化简和联合求解。因此，麦克斯韦方程组是建立在数学上场变化量的发展这个螺旋过程之上的。尽管在物理上麦克斯韦方程组是先有电磁波的理论预言，再有电磁波的发现和应用的实践，但综合物理学和数学两个角度，仍然符合实践、认识、再实践、再认识的认识过程。麦克斯韦方程组的成果和物理学历史上一些伟大的成果一样，都是在实践（全部的实践）基础上，人的认识的巨大能动性得到充分显著发挥的表现。

对麦克斯韦方程组的提出有重大促进作用的还有哲学上辩证法的普遍联系的观念。在麦克斯韦之前，法拉第已经持有这样的观点。他认为他在研究并讲解一件大事，即自然界所有事物之间的相互联系。他曾说："我们说不准它们的因果关系，认定一个是另一个的因；但是仅能认定所有事物是相互联系的，由于它们有共同的来源。"而麦克斯韦深受法拉第思想的影响，因此联系的观点在麦克斯韦总结工作中应该发挥了重要作用。麦克斯韦方程组可以看作用数学的方式表示出电场与磁场是如何相互联系的[23]。而从哲学的角度来看，辩证法的普遍联系的观念本身也是一个来自实践、认识、再实践、再认识的认识过程的成果。因此，综合物理学和哲学两者的贡献，麦克斯韦方程组的发展过程仍然还是符合实践、认识、再实践、再认识的认识过程。

23　[美]威廉 · H. 克劳普尔：《伟大的物理学家：从伽利略到霍金 物理学泰斗们的生平和时代》，137 页，北京，当代世界出版社，2007。

另外，还有一点需要指出，麦克斯韦根据麦克斯韦方程组预言了电磁波的存在，但他的这个预言结论是正确的，而物理解释却是错误的，因为在解释电磁波产生的物理原因时，麦克斯韦采用了以太介质的观点，并且认为以太介质是绝对静止不动的。后来，迈克尔逊-莫雷实验证明这样的以太是不存在的。直到 20 世纪 40 年代，电动量子力学产生后，才在微观层面对电磁波的产生有了一个合理的物理解释。这点也再次印证了实践的基础性作用，任何的认识最终都要经历实践的检验。

2. 洛伦兹力公式相关的电磁力作用理论的螺旋发展

经典电磁学基本围绕电磁场运动变化和电磁场中带电粒子受力两大问题，形成麦克斯韦方程组和洛伦兹力公式两大理论支柱。电磁场对带电粒子的作用，包括电场对带电粒子的作用、磁场对带电粒子的作用、电磁场对带电粒子的作用。带电粒子因受电磁作用在各种特定条件下的运动，形成了后来的电工学、电子学、等粒子体物理学和磁流体力学等许多分支学科，在实现机电控制和自动化、信息传递以及各种电磁测量等方面具有重要意义。

如图 4-15 所示，围绕电磁场中带电粒子受力问题，即围绕洛伦兹力公式相关的电磁力作用理论的认识过程的发展，同样是一个螺旋发展的过程。由于时间跨度大、过程比较复杂，这里为说明主要问题，采用了一个简要的示意图。

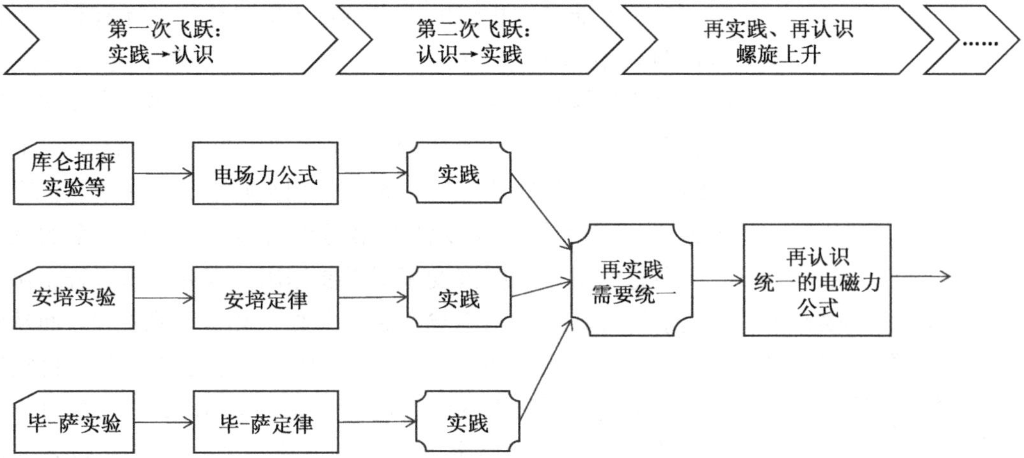

图 4-15 洛伦兹力公式中体现的认识过程

在电场力作用方面，根据库仑电荷扭秤实验，库仑总结得到库仑定律 $F = k\frac{q_1 q_2}{r^2}$，在引入电场强度 E 的概念后，就得到静电场中电场力公式 $F = Eq$，后来成为通用的带电粒子受到的电场力公式。在磁场力作用方面，则经历了一个更长的过程。人们首先在实验中发现电流与电流间、电流与磁极间有相互作用。安培总结了电流与电流间的作用规律，得到安培定律。毕奥和萨伐尔总结了电流与磁极间的作用规律，得到毕-萨定律。以上的三个定律又被应用于实践中，并被证明在各自领域内是有效的。上述的过程可以看作电磁力作用认识过程中的第一次飞跃和第二次飞跃。

在随后的再实践中，人们发现电场力和电磁力有各自为力的三个定律，使用不方便，而且在解决复杂问题时难以形成合力，这就开启了关于统一的电磁力作用的再认识过程。由于安培已经提出电流物质的磁性来源于其中的分子电流，即磁现象的本质是电流的观点，这样电流与电流、电流与磁极两种相互作用的情况就统一为电流与电流相互作用的一种情况，即安培定律和毕-萨定律可以统一到安培定律。随后洛伦兹就从安培定律出发，开始了电磁力和电场力的统一过程。洛伦兹认为，安培关于两个电流元相互作用的公式应理解为一个电流元产生的磁场对另一个电流元或者说是运动带电粒子的作用。再考虑把安培力公式中的“宏观量” $I \cdot \mathrm{d}l$ 转化为微观的粒子量，考虑到[24] $\mathrm{d}l = v\mathrm{d}t$，于是 $I\mathrm{d}l = Iv\mathrm{d}t = (I\mathrm{d}t)v$，考虑电流的定义，即 I 是单位时间里通过导体任一横截面的电量，于是 $I\mathrm{d}t = Q$。如果利用微分思想，当 $\mathrm{d}l$ 足够小时，Q 就可以认为是带电粒子的带电量 q。再利用数学上矢量外积完成方向上的定义，就可以归纳出磁场对磁场中运动的带电粒子的磁力作用公式为 $F = qv \times B$。将

24 这里采用了导体中的电子流模型，认为电流是连续的电子的流动，电流元的长度 $\mathrm{d}l$ 是电流中电子移动的距离，即 $\mathrm{d}l = v\mathrm{d}t$。

电场、磁场对带电粒子的作用力公式合并在一起，就得到

$$F = qE + qv \times B = q(E + v \times B)$$

这就是著名的洛伦兹力公式。以上就是关于统一的电磁力作用的再实践和再认识过程。

4.3.4　经典热力学在认识论上的螺旋上升发展事例

热力学第一定律和热力学第二定律是热力学理论的核心。下面我们就分别以热力学第一定律和热力学第二定律的形成和发展为例说明经典热力学理论在认识论上所表现出的螺旋上升的过程。

1. 热力学第一定律的螺旋发展过程

如图 4-16 所示，热力学第一定律是描述热交换过程中能量守恒的定律，后来发展成为包含各种能量形式的更为广泛意义上的能量守恒定律。人们通过实验和实践发现通过加热提高温度或者通过外部做功（如钻木取火）都能使物体的内能增加，而著名的焦耳实验则在定量层面证明了功和热可以等效，提出了热功当量的概念。于是，人们将功和热影响内能的两种因素合并，提出了包含以上两种因素的热交换过程的能量守恒规则，即热力学第一定律。它是能量守恒定律在涉及热现象的宏观过程中的具体描述。如果系统经历一个过程，从外界吸收的热量为 Q，系统对外界做功为 A，系统的内能增加为 ΔU，那么 $Q = A + \Delta U$，即系统从外界吸收的热量等于系统对外做的功和系统内能增量之和，或者说一个系统总能量的变化等于功热交互作用的总和。以上的过程显然是从实践到认识的第一次飞跃过程。

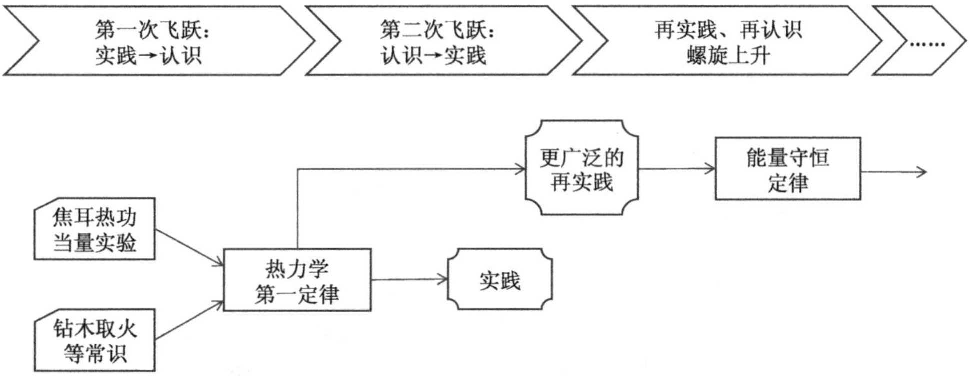

图 4-16　热力学第一定律的认识过程

热力学第一定律提出以后，被用于指导人们的生产和实践活动，在全球第一次工业革命中发挥了巨大作用，热力学第一定律本身也得到了验证。这实际上是从认识到实践的第二次飞跃过程。

再后来，人们在更为广泛的再实践过程中发现，不仅涉及热现象、热能和内能的过程遵循能量守恒定律，包含化学能、生物能、风能、电能等其他能量形式的过程中，能量守恒定律依然成立。这样，就形成了更为广泛的能量守恒定律。一般可以表述为能量既不会凭空产生，也不会凭空消失，它只会从一种形式转化为另一种形式，或者从一个物体转移到其他物体，而能量的总量保持不变。

可见，热力学第一定律的认识过程生动体现了认识论中实践、认识、再实践、再认识的螺旋上升过程。

2. 热力学第二定律的螺旋发展过程

如图 4-17 所示，人们很早就在生活和生产实践中发现了以下现象：在自发条件下热量只能从高温热源传递到低温热源，滴在水中的墨滴会自发地均匀扩散开。从这些实践中，人们总结提出了热力学第二定律，它有几种表述方式。克劳修斯的表述为“热不能自发地从较冷的物体传到较热的物体”。开尔文则是从另外一个角度，即抓住热机中热转化为功时存在能量损耗的关键性问题，将其具体表述为“不可能从单一热源吸取热量，使之完全变为有用功而不产生其他影响”。在克劳修斯发现熵的概念以后，又提出了用熵表示的热力学第二定律，即著名的熵增原理：在一个孤立系统中，$\Delta S>0$，即孤立系统发生的自然过程总是沿着熵增加的方向进行。上述过程体现了对热力学第二定律认识从实践到认识的第一次飞跃过程。

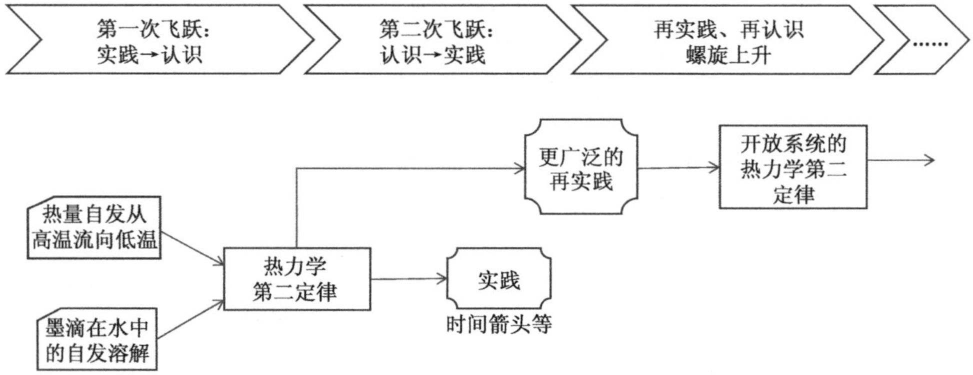

图 4-17　热力学第二定律的认识过程

熵增形式的热力学第二定律提出以后，被用于实践中，很好地解释了气体的自由膨胀等现象。不仅如此，它还为时间的单向性，或者说“时间之箭”提供了一个解释。在经典力学和量子力学中，时间原则上可以取正，也可以取负。但如果把宇宙看作一个孤立的系统，根据热力学第二定律，宇宙会按照熵增加的规则运行，系统熵自发增加的方向性决定了时间的方向性。这样就解释了“时间一去不复返”的单向性问题。上述过程体现了对热力学第二定律认识从认识到实践的第二次飞跃过程。

不过，在实践中，人们也发现了和热力学第二定律预测相反的现象。例如，地球上生物的演化不是从熵小的高级形式向熵大的低级形式演化，而恰恰相反，其是由熵大的低级形式向熵小的高级形式演化，这样热力学第二定律就不成立了。再实践对热力学第二定律提出了挑战。经过研究，人们发展了原来的只适合孤立系统的热力学第二定律，提出了更广泛的可以适用于开放系统的热力学第二定律，指出对于一个具体的开放系统，熵的变化 $\mathrm{d}S$ 可以认为由两项组成，第一项 $\mathrm{d_e}S$ 是通过系统边界传输的熵，第二项 $\mathrm{d_i}S$ 是系统内部产生的熵，有 $\mathrm{d}S = \mathrm{d_e}S + \mathrm{d_i}S$，且 $\mathrm{d_i}S \geqslant 0$。例如，生命有机体不是孤立系统，由于自身的 $\mathrm{d_i}S \geqslant 0$，因此其需要不断从外界吸收低熵态（有序度高）的养料，排泄高熵态（有序度低）的废物，即不断从外界汲取负熵，从而促使自身新陈代谢、生长发育、摆脱死亡和维持生命。如果 $|\mathrm{d_e}S| \geqslant |\mathrm{d_i}S|$，则有机体得以健康地生存，负熵在抵消自身的熵增；如果有一天不再有负熵 $\mathrm{d_e}S$ 流入，有机体的熵 S 将逐步达到最大值，生命过程也就终结了。不仅如此，在开放系统的热力学第二定律基础上，物理学家还提出了耗散结构理论，指出外界输入的负熵 $|\mathrm{d_e}S| > |\mathrm{d_i}S|$，即 $\mathrm{d}S < 0$ 时，系统可能走上愈益有序化的进程，或可形成特殊的时空结构，这种“自组织结构”，以能量（和物质）耗散为代价，故称为耗散结构。自然界中的系统几乎都是开放系统，如地球环境系统。在持续吸收来自太阳的能量，获得巨大负熵的条件下，地球上的生物呈现出从低级到高级、从简单到复杂的演进过程。以上过程体现出热力学第二定律认识发展中再实践、再认识的过程。

4.3.5　物质结构组成在认识论上的螺旋上升发展事例

对于物质结构组成，我们在 1.5 节中有过较为详细的介绍。这里我们从认识论的角度，总结一下物质结构组成在认识论上的螺旋上升发展的过程。

如图 4-18 所示，19 世纪初英国化学家道尔顿在实验的基础上，建立起近代原子论，认为原子是组成物质的最小单元，既不能创造，也不能毁灭，还不能分割。道尔顿原子论对 19 世纪化学的发展起到了重大作用，在上述的实践中也得到了验证。19 世纪末 20 世纪初，J. J. 汤姆孙在阴极射线实验中发现了电子，伦琴在实验中发现了 X 射线，卢瑟福在 α 散射实验中发现了原子核，由此人们通过实验得出结论：原子不是组成物质的最小单元，原子是可分的，它由原子核和核外电子构成，随着量子力学理论的出现，这种对物质结构划分的认识可以合理解释元素周期表、元素周期律。元素周期表、元素周期律是普通化学的理论基础，于是上述对物质结构划分的认识在化学实践中得到了验证。1932 年，詹姆斯·查德威克的 α 粒子轰击实验，证实了电中性的中子的存在。1932 年，海森堡提出原子核由质子和中子组成，不过他认为质子和中子之间靠交换电子维系在一起。1936 年，默尔·图夫、海登伯格、霍夫斯塔特进行的质子对质子的散射实验表明质子与质子间的作用力和质子与中子间的作用力恰好一样强大，说明原子核中的质子和中子由一种强相互作用结合在一起，不需要电子的介入。这样，原子核由质子和中子组成的观点被广泛接受。在粒子加速器发明以后，大量的强子在各种碰撞实验中被发现，人们开始尝试把质子和中子作为不可分割的、组成其他强子的基本单元去解释强子的组成。但随着奇异粒子和奇异性的发现，上述关于质子、中子不可分并作为基本粒子的观点在实践中又不可行了。1961 年，美国物理学家盖尔曼等人提出了用 SU（3）群对强子进行分类的"八正道"方案（或称为八重法）。依据这种分类方法，盖尔曼提出三种夸克的概念，它们是组成质子、中子和其他强子的基本粒子。后来不同类型的夸克粒子在一系列高能实验中被发现，验证了夸克的存在。借助夸克模型和现代粒子物理的其他一系列成果，形成了代表目前人们对物质结构组成认识的最高成果——粒子物理标准模型。正如在前面 2.6.4 节中分析的那样，由于标准模型本身大概也只是一种有效的量子场论，是某种更为基础的理论的近似，因此标准模型中的基本粒子目前不可分可能是暂时的，主要原因是它们内部结构的结合能非常高，而人类目前在高能粒子实验能力上遇到了巨大的困难，造成对物质结构组成更深层次的认识遭遇到瓶颈[25]。相信未来随着人类在高能粒子实验能力上的突破，我们对物质结构组成的认识也会进一步深入。

从上述的过程不难看出，人类对于物质结构组成的认识同样也是经过实践、认识、再实践、再认识，反反复复、不断螺旋上升发展的。

25 人类目前最大的粒子加速器能实现的最高能量大致在 TeV 量级，这个量级远远小于宇宙之初大爆炸时的能级，如在普朗克时间（10^{-43} s）宇宙的能级大致在 10^{16} TeV 量级，因此可以说二者不具有可比性。

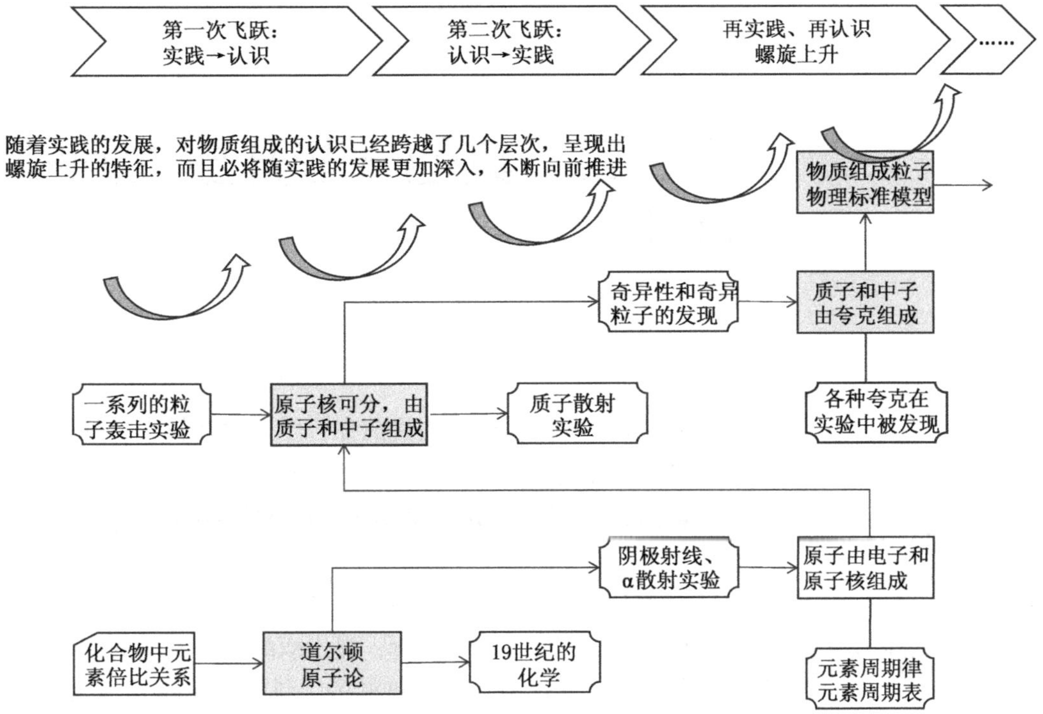

图 4-18　物质组成结构的认识过程

第 5 章　其他一些开放性问题的思考

在本章，我们列出一些目前在哲学上存在较大争议的基础物理学议题，进行讨论，并给出一些思考。这些议题包括双缝干涉实验、量子测量、量子纠缠、薛定谔的“猫”实验。

5.1 “辩证的”科学决定论：来自双缝干涉实验的思考

本节从介绍光子、电子双缝干涉实验入手，利用多层次的、多重物理学定律进行具体的分析，提出双缝干涉实验的结果仍然符合科学决定论，不过需要从“机械的”科学决定论发展为“辩证的”科学决定论。

5.1.1　双缝干涉实验的介绍

自 1801 年托马斯·杨完成著名的杨氏双缝干涉实验至今，围绕双缝干涉实验的改进、拓展已经超过了 200 年。站在现在的角度来看，有以下两个原因使得双缝干涉实验具有如此强的生命力。其一，双缝干涉实验和物质的基本性质——波粒二象性相关，而对波粒二象性的认识是随着人类对微观世界领域的探索一步一步深化的过程，人类从当初的人眼观测发展到纳米级（10^{-9} m）的实验和观测，从光的纹理观测发展到逐个电子的观测。尽管在 200 多年间已经取得了巨大进展，但与微观世界潜在的尺度相比，如普朗克尺度级别（10^{-35} m），未来可以深化的空间还非常大，因此双缝干涉实验还会继续发展下去。其二，双缝干涉现象具有十分鲜明和标志性的特征，是一种非常便于人们观测的实验现象，在物理测量中的应用十分广泛，例如引力波的观测设备采用的就是被放大了的波的干涉原理。因此，这也就不难理解为什么各种改进的双缝干涉实验持续了这么长时间，并且可以预测双缝干涉实验作为一个重要而有效的实验手段和载体，必然会在实践、认识、再实践、再认识的过程中发展下去。下面我们就简要回顾双缝干涉实验从最初的托马斯·杨光学双缝干涉实验到最近的电子双缝干涉实验的实验设计。

1. 杨氏双缝干涉实验

托马斯·杨是英国物理学家，他是波动光学的创始人之一。他通过对比声与光的性质，批评 17、18 世纪关于光的主流理论——牛顿的光的微粒说。1801 年，他做了物理学上著名的杨氏双缝干涉实验。

如图 5-1 所示，用日光照射带有一个针孔 S 的屏 A，作为点光源，发射球面波；在距屏 A 一定距离处放置另一个带有小孔 S_1 和 S_2 的不透明屏 B。这样，由 S 射出的点光源经过小孔 S_1 和 S_2 以后，就构成一对相干光源。在距小孔 S_1 和 S_2 一定距离的地方设置观测屏 C，在观测屏 C 上可以观察到一系列稳定的明暗相间的条纹。这是来自小孔 S_1 和 S_2 的一对相干光源在观测屏 C 处发生干涉以后出现的结果。托马斯·杨用这个实验证明光的叠加可以如同水波、声波那样发生干涉，而干涉是波具有的特性，由此证明光是一种波。

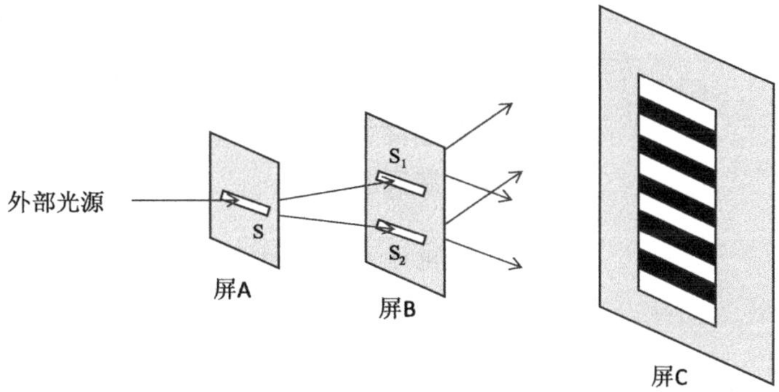

图 5-1 杨氏双缝干涉实验示意图

杨氏双缝干涉实验促使光波动说被广泛接受，也导致光微粒说渐趋式微。不过，后来爱因斯坦利用光量子说成功解释了光电效应，并提出光具有波粒二象性，因此又促使人们对光的双缝干涉实验做了进一步探索。光量子概念提出以后，人们认识到杨氏双缝干涉实验中采用的尚未特别加以处理的光束是由极大数量的光子组成的[1]，要想进一步了解双缝干涉实验的物理行为，就需要控制光源发送光子的方式，这样就产生了弱光的双缝干涉实验。

1 以现在的激光笔为例，它每秒发出大概 10^{18} 个单光子。

2. 弱光的双缝干涉实验

在杨氏双缝干涉实验 100 多年以后，1909 年杰弗里·泰勒爵士设计并且完成了一个很精致的双缝实验。他在光源后加了一层烟熏玻璃，使得光的强度非常低，在任何时间间隔内，平均最多只有一个光子被发射出来，以至于可以把到达双缝的光看作一个个光子。仍然采用一束光照射，不过这时这束光每个时刻可以认为只包含一个光子，该光子在底版上被某个感光单元接收。不断把光子一个一个地发送出来，起初在底版上是星星点点、杂乱无章，继而干涉条纹渐露端倪。随着光子数的积累，完整的干涉图样最终呈现出来。

到目前，随着激光技术的发展，“单光子”实验逐步成熟。人们开始研究光子在通过双缝时的行为问题。例如，一个光子是否只通过双缝之一，如何知道光子具体所通过的缝等。而为确定光子具体所通过的缝，就需要做观测，人们在引入观测设备后又发现它似乎会影响光子的行为，因为这时光的干涉条纹会消失。也就是说，人们为研究双缝干涉实验中光子的行为，又引入了一个新的问题——量子测量问题。它和原来的光子的干涉行为交织在一起，使得光的双缝干涉实验进一步复杂化了。为解决这样的问题，不仅需要一个一个地发送单个光子，而且还需要具体观测单个光子从发出到打在底版上通过双缝时的具体行为。由于光子速度太快，而且单光子行为难以观测，因此人们想到了可以利用电子进行双缝干涉实验。这不仅可以进一步验证任何粒子都有波粒二象性，而且由于电子相对速度低，且对单个电子的行为更容易观测，于是就有了电子双缝干涉实验。

3. 电子双缝干涉实验

1961 年，物理学家费曼提出了用电子来做双缝干涉实验，让电子枪一个一个地发射电子，通过双缝后，观察屏幕上是否得到干涉条纹。克劳斯·约恩松也创先地用双缝干涉实验来检试电子的物理行为，他发现电子也会发生干涉现象。

电子双缝干涉实验的设计思想如下：用一个电子枪向开有双缝的屏发射电子，电子只有通过双缝才能穿过屏，在屏的后面放置一个可以接收电子的后障，在后障上安装检测器（如盖革计数器），每当电子到来时，检测器发出“咔哒”的声响，并记录电子的位置，如图 5-2（a）所示。控制电子枪发出的电子流，保证当前一个电子从电子枪出发通过双缝屏到达后障后，下一个电子再出发。经过一段时间的发射，观测落在后障上电子的分布特征，验证是否有干涉的发生。如果经过足够多电子的积累以后，后障上电子亮度的分布如图 5-2（b）中 P_{12} 所示，出现一个圆弧，说明没有电子干涉的发生。如果经过足够多电子的积累以后，后障上电子亮度的分布如图 5-2（c）中 P_{12} 所示，即呈现明暗相间的特征，则说明有电子干涉的发生。除此之外，在上面的过程中，还可以监听每一个电子发射以后触发检测器发出“咔哒”声的特征，以判断该电子是一次只穿过一条缝，还是同时穿过两条缝。如果每次只有一个检测器发出“咔哒”声，而且所有的“咔哒”声也一样强，就说明电子从一个缝穿过；如果有两个或两个以上的检测器同时发出哪怕是较弱的“咔哒”声，就说明电子是从两个缝穿过。[2]

2　赵凯华，罗蔚茵:《新概念物理教程：量子物理》，第2版，22-24页，北京，高等教育出版社，2008。

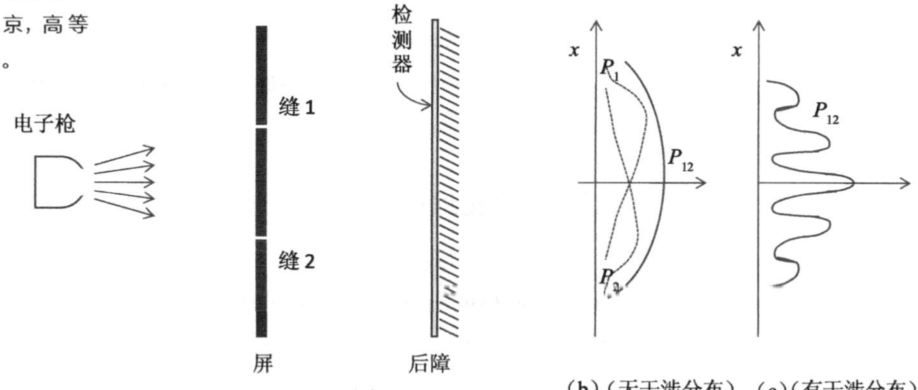

图5-2　电子双缝干涉实验的设计思想

1974年，皮尔·梅利成功地完成了一次电子双缝干涉实验。不过，由于当时技术条件的限制，他在实验中采用电子双棱镜干涉以达到与双缝干涉等价的效果。实验的结果如下：起初电子在后障上呈现出点状的、零散的、无序的分布；随着电子数的不断增加，后障上积累起来的电子图样从离散随机斑点过渡到连续分布的干涉图纹，即符合图5-2（c）所示的情况。而如果遮挡缝2，只保留缝1，积累起来的电子图样符合图5-2（b）所示的P_1情形；如果遮挡缝1，只保留缝2，积累起来的电子图样符合图5-2（b）所示的P_2情形。从而说明，在两条缝同时打开的时候，电子会发生干涉现象；如果只打开其中一条缝，则不发生干涉现象，只是由于缝的碰撞使电子发生一些散射。2012年，内布拉斯加大学林肯分校的物理系研究团队实现了费曼所描述的双缝思想实验。将电子一个一个地发射出来，并且通过使用最新仪器可以随意控制每一条真正狭缝的关闭与开放。实验测试了电子在以下三种状况所出现的物理行为：第一条狭缝开放与第二条狭缝关闭、第一条狭缝关闭与第二条狭缝开放、两条狭缝都开放。在两条狭缝都开放的时候，电子的分布特征如图5-2（c）所示，结论和皮尔·梅利实验是相同的：当电子数达到一定数目时，电子的分布符合发生电子干涉的特征，演示出电子的波动性。同时，该实验还探测到电子是一个一个地抵达探测屏的，演示出电子的粒子性。

围绕电子干涉还有其他一些实验。在围绕电子干涉的实验中，人们还希望了解电子从发出到打到显示屏上的过程中的一些行为细节，例如某一个电子具体是通过哪个缝的。这样就需要引入额外的实验观察设备，结果发现每当引入额外的实验观察设备观测时，原来可以形成的干涉条纹就会消失。如前所述，这实际上是引入了量子理论中另一个独特的现象——测量设备对测量对象的影响，这种现象在对宏观物体测量时一般可以认为基本没有影响，而在对微观粒子测量时，测量设备对测量对象一定有影响。为简化分析过程，本节我们重点分析电子干涉是如何发生的，而把由于观测对电子测量的影响放在后面一节再讨论。

5.1.2 多重物理规律下双缝干涉实验的分析

在量子力学理论提出以后，人们对微观粒子（光子、电子等）双缝干涉实验的分析主要是依据量子力学理论。其实，我们认为在分析物理学问题时，往往是基于多层面的多个物理学基本规律的共同作用。因此，对于光子、电子的双缝干涉问题，同样也应该采取多层面、多重物理规律共同作用下的分析。例如，热力学第二定律（熵增原理）、最小作用量原理都是具有极其广泛适用范围的定律，不仅适用于宏观物体，也适用于微观粒子。同时，量子力学理论诞生也已经接近 100 年，在其后发展起来的一些新的成果，例如现代粒子物理方面的成果，也同样可以并且应该成为分析电子、光子干涉现象的共同依据和遵循。对于电子而言，由于已经具有明显的粒子性特征，电子枪发射的电子在经过缝隙的时候还会和缝隙发生碰撞，由此还应用到经典力学的一些知识。只有把上述多重、多层面的规律综合起来，才能正确认识和解释光子、电子的干涉现象。

下面我们就从熵增原理、最小作用量原理、现代粒子物理的一些相关成果和量子力学理论以及一些力学规律出发，展开对光子、电子的干涉实验现象的综合分析。因为光子和电子的情况有所不同，还需要对光子、电子的干涉实验现象的分析分别进行描述。

1. 光子干涉实验现象的分析

如图 5-3 所示，在光子干涉实验现象的分析中，会涉及熵增原理、最小作用量原理、现代粒子物理的一些相关成果等内容。

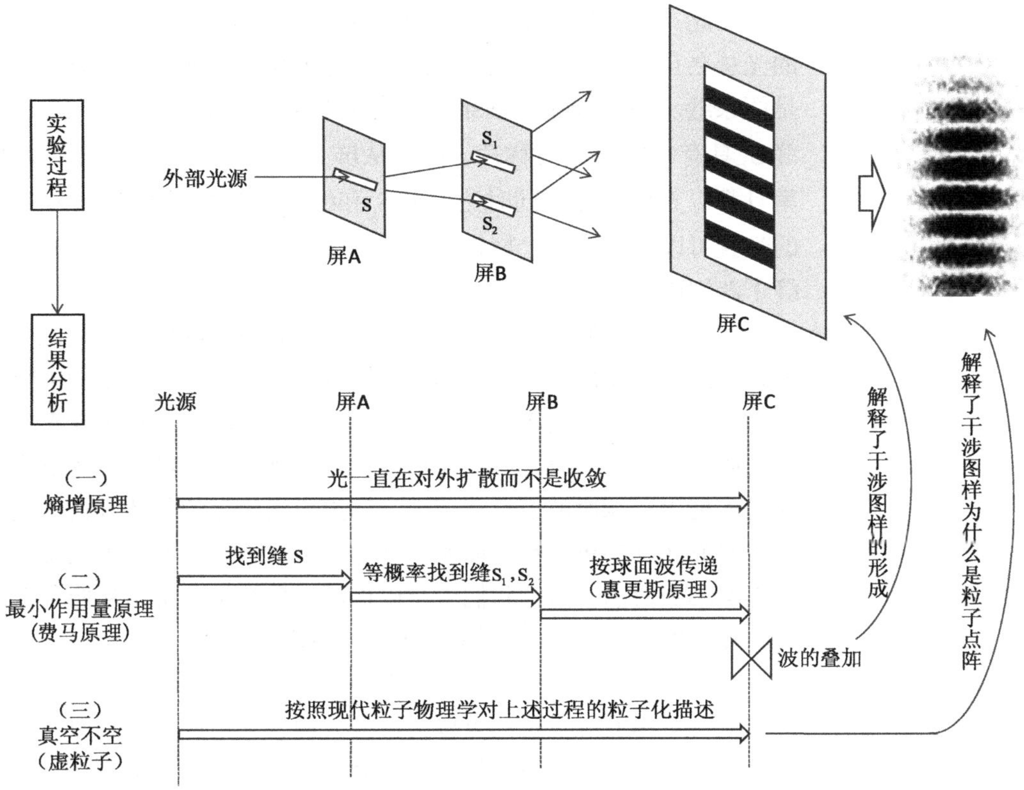

图 5-3　光子干涉实验现象的分析

1）熵增原理提供光扩散的“源动力”

在前面我们已经介绍过熵增原理，它是指一个系统会自发地向熵增加的方向发展。按照熵在微观层面的定义，它是物体可能存在的状态的对数值。物体可能存在的状态可以有多种表现，扩散是其中的一种。因此，一束光在自发状态下一定会向其周围扩散。这就是光子干涉实验现象中，从光源发出的光会发射到缝并通过缝继续向外扩散的“源动力”。这可以看作第一层面的分析。

2）最小作用量原理得到连续的干涉图样

在熵增形成扩散第一层面问题的基础上，就进入第二层面的问题，即如何扩散的问题，最小作用量原理开始发挥作用。

在前面我们已经介绍过最小作用量原理，它是物理学中的一个基本原理，它反映的基本要求可能是物质世界中最基本的一个要求。按照 18 世纪莫佩尔蒂的表述，最小作用量原理就是对于所有的自然现象，作用量趋向于最小值。其中，作用量是抽象的概念，可以有不同的含义。如果用通俗的话来解释最小作用量原理，就是自然界总是趋于用最经济的途径实现自己的目的。最小作用量原理最早、最形象的表现形式是费马原理，又称为“最短时间原理”，即光线移动的路径是需时最少的路径。

因此，根据最小作用量原理，在光子干涉实验中，从光源发出的光总会自主地以“直线”方式找到缝的位置，无论是一条缝，还是两条缝。而且如果是两条缝，由于屏 A 上缝 S 与屏 B 上缝 S_1 和缝 S_2 具有空间上的对称性，因此从屏 A 上缝 S 发出的光可以等概率且都以直线的方式同时达到缝 S_1 和缝 S_2 。这样缝 S_1 和缝 S_2 发出的光就可以认为是两个属性相同的同步光源。这为后面产生光子双缝干涉创造了条件。

如果联系我们后面介绍的真空中充满虚粒子的概念，我们可以大致看到光子发散时的最小作用量原理应用是通过真空中的虚粒子感知的，是一种客观实在的实现，不是什么神秘说不清的事情。

而在光通过双缝之后，在到达屏 C 之前，这时最小作用量原理使光表现为以球面波的形式传播，即惠更斯原理的传播方式，也就是球面波面上的每一点（面源）都是一个次级球面波的子波源。如图 5-4（a）所示，这样我们就可以借用经典光学分析出从两条缝发出的光在屏 C 上形成干涉图样的过程。图中只画出了两个点作为次级波源发出球面波的情况，其实由于是两条对称的缝，因此在每条缝上都有对称的等数量的点作为次级波源，它们都发出和原波源一样的光波。由于这两条对称的缝上对称的点发出的球面波到达屏 C 相对于中心位置不对称的位置所用时间不同，从而造成这些球面波相位不同，在一些位置这些球面波合并以后振幅减小（在一些极端的位置当球面波相位相反时振幅为零），这就形成屏 C 的暗纹；在一些位置这些球面波合并以后振幅增大（在一些极端的位置球面波振幅达到最大合并后依然最大），这就形成屏 C 的明纹。

因为在后面的讨论中，除了上面定性过程的描述外，还需要用到一些简单的定量分析，所以我们这里对以上的干涉过程做简单的定量分析[3]。

3 基本只涉及高中的数学知识。

从上面的描述可以看出，对光子干涉结果影响最大的因素是相位，以下就围绕相位展开分析。如图 5-4（b）所示，设外部光源到达屏 A 上缝 S 的初相位是 φ_0 ，自缝 S 发出的两束光波到达屏 B 上缝 S_1 和缝 S_2 处的相位分别是 φ_{10} 和 φ_{20} ，来自缝 S_1 和 S_2 的两束光波到达屏 C 上点 P 时的相位差是 $\Delta\varphi_P$ 。设所用单色光的波长为 λ ，缝 S 到缝 S_1 和 S_2 的距离分别是 R_1 、R_2 ，缝 S_1 和 S_2 到点 P 的距离分别是 r_1 、r_2 。根据简单的物理和数学关系，得到[4]

4 赵凯华:《新概念物理教程：光 学》，105-106 页，北京，高等教育出版社，2004。

$$\varphi_{10}=\varphi_0+\frac{2\pi}{\lambda}R_1,\varphi_{20}=\varphi_0+\frac{2\pi}{\lambda}R_2$$

从而有

$$\varphi_{10}-\varphi_{20}=\frac{2\pi}{\lambda}(R_1-R_2)$$

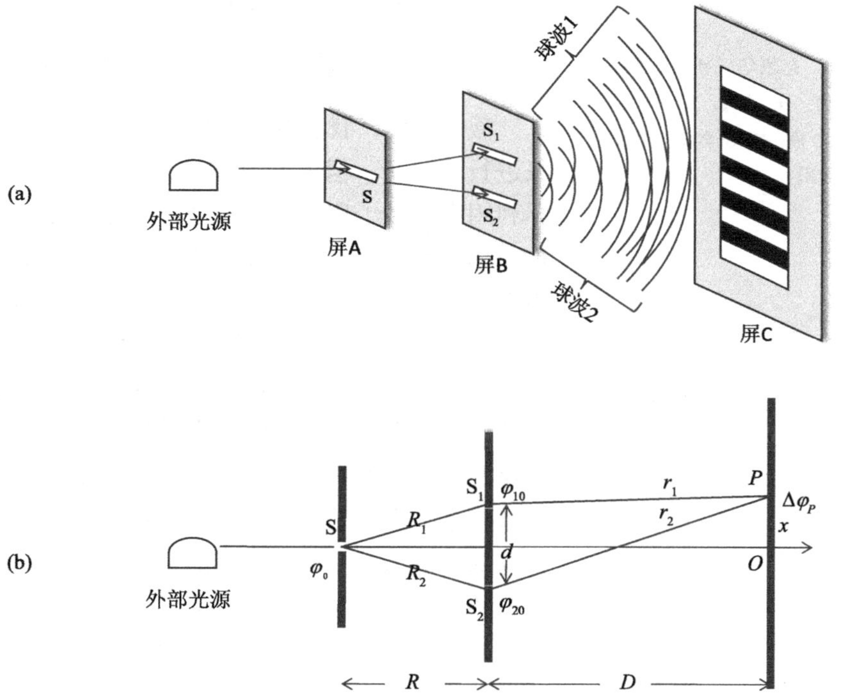

图 5-4　光子干涉实验中干涉机理的分析

从上面这个关系可以看出，光波在缝 S_1 和 S_2 处的相位差与光波的初相位 φ_0 没有关系，但与 R_1 和 R_2 有关系，只有保证几何上的对称性，才能使在缝 S_1 和 S_2 处的相位差为零，这样才有两束光到达屏 C 时，在屏 C 上由于规则的路径差产生规则的相位差，从而合并出规则的明暗干涉条纹，一般称这时从缝 S_1 和 S_2 处发出的两束光是“相干的”。这个相干的条件非常重要，一旦这个相干的条件被破坏，一个“额外的”相位差值会被代入后面光在屏 C 上的干涉过程，那么屏 C 上原来有规则的干涉条纹就可能被破坏。这一点我们在后面的分析中会用到。

设点 P 到屏 C 中心位置 O 点的距离为 x，即 $OP=x$。当 $D>>d$ 时，可以得到缝 S_1 和 S_2 处发出的两束光在点 P 的相位差为

$$\Delta\varphi_P=\frac{2\pi(r_1+r_2)}{\lambda}\approx-\frac{2\pi d}{\lambda D}x$$

由于实验装置一经固定，d、D 就是常数；单色光源一旦选定，λ 也是常数。于是，缝 S_1 和 S_2 处发出的两束光在屏 C 上不同位置处的相位差不仅取决于位置信息 x，而且做周期性变化，即依据相位差合并后的等强度的条纹线是一组纵向的平行直线，并且强

度随相位差 $\Delta\varphi$ 做周期性变化，形成规则的干涉条纹。一般把干涉条纹的间距定义为两条相邻亮纹（强度极大）或两条相邻暗纹（强度极小）之间的距离，可以知道两条相邻条纹之间的光程差为 λ，相位差为 2π，根据上式就可以得到条纹间隔 $\Delta x=\dfrac{D\lambda}{d}$。[5]

5 赵凯华:《新概念物理教程: 光 学》, 105-106 页, 北京, 高等教育出版社, 2004。

截至目前，我们利用经典的物理学基本原理对光子干涉实验现象进行了分析，但还没有结束，以下就进入最为关键的最后环节，即利用现代量子理论的观点把通过经典理论得到的连续的干涉图样粒子化、离散化。可以大致认为这种粒子化、离散化的过程叠加在前面经典分析得出的连续结果之上。

3）现代粒子物理成果将连续的干涉图样粒子化、离散化

现代粒子物理是在量子力学理论基础上发展起来的。量子力学理论（波动力学理论、矩阵力学理论）没有考虑相对论的要求。狄拉克在薛定谔方程的基础上引入狭义相对论，提出狄拉克方程。在此基础上，提出的真空不空和反粒子的概念，成为现代粒子物理理论的基本概念。狄拉克预言的正电子也被发现，而量子电动理论中提出的虚光子也在实验中被证明存在。于是我们就可以站在真空不空和虚光子这些现代粒子物理理论的概念之上，将前面两个经典物理学基本原理作用产生的连续的干涉图样粒子化、离散化。在这个过程中，我们也可以认为这个过程本身已经包含量子力学理论的分析，只是进入了更深一层的分析。

如图 5-5 所示，为清晰起见，我们进行分段描述。

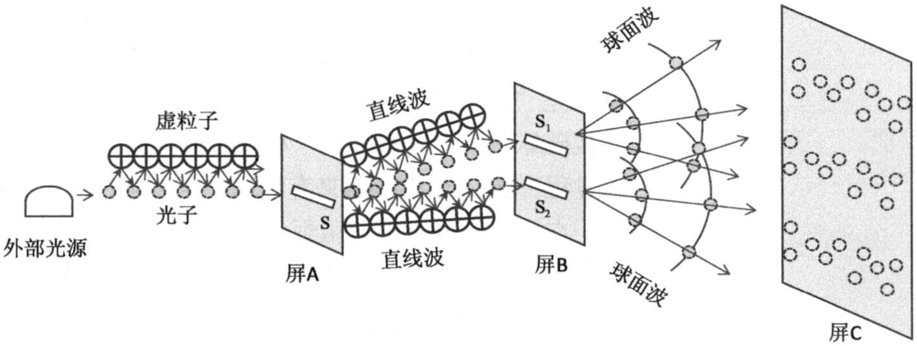

图 5-5 现代粒子理论视角下光的干涉实验

先看外部光源到屏 A 缝 S 的阶段。在熵增原理和最小作用量原理作用下，外部的一束光线从光源到达屏 A 缝 S 处。依据电动量子力学的观点，光束是由一个一个的离散的光子构成的，其中每个光子在真空中沿直线传播的过程如下：光源周围的真空中充满了虚粒子（虚电子和虚正电子）[6]，光子先是和前方相邻的一个虚粒子结合，然后立即分开，之后再和前方相邻的一个虚粒子结合，然

6 图中以虚正电子为示。

后又立即分开，循环往复，不断向前。这个过程非常快，可以达到光的速度。

再看光从屏A缝S到屏B缝S_1和S_2的阶段。在熵增原理和最小作用量原理作用下，来自屏A缝S的光将沿直线传递到屏B缝S_1和S_2。[7]这个过程中光子直线传递的原理和上面介绍的原理相同，也是光子沿直线快速和真空中虚粒子结合又分离的过程。关于光子具体通过缝S_1和S_2的问题，可以以两种方式来看。一种方式是以光束来看，一束光束实际上是一列光子流[8]，可以认为来自屏A缝S的一列光子流均匀分成了等数量的两列光子流分别通过了缝S_1和S_2，来自屏A缝S的这列光子流中具体某个光子被随机地分配到前往缝S_1和S_2的两列光子流中。另一种方式是以单个光子来看，来自屏A缝S的一列光子流中的每一个光子被随机、等概率地分配到前往缝S_1和S_2的两个方向，具体通过哪个缝是随机的，不是事先确定的。同时，无论是上面的哪种方式，来自屏A缝S的光子一次只能通过一个缝，即在前进过程中一个光子始终保持为一个整体，不会出现光子分成两部分，以"分身"方式同时通过两条缝的情况。

要实际测试一个光子是通过缝S_1还是通过缝S_2是有难度的。一是因为要测试就要引入测试设备，而一旦引入测试设备就会破坏两个光源的相干性，从而破坏干涉图样，这样就使测试失去了意义，这就带来了双缝干涉实验中的另一个问题——测量的影响问题，我们在下一节中再具体讨论。二是对单光子的测量即使现在也有很大的技术困难。而电子就相对容易实现了，这个问题在后来人们改用电子做双缝干涉实验时得到了解决，并获得了答案，证明了一个电子每次只能完整地通过一条缝，没有出现一个电子"分身"同时通过两条缝的情况，我们在电子双缝实验的分析中再具体介绍。

最后看光从屏B缝S_1和S_2到屏C的阶段。由于屏C上没有缝隙，按照熵增原理和最小作用量原理，缝S_1和S_2发出的光是球面波。它的传递过程如下：光子在每个方向上沿球面等概率分布，每个方向上的光子沿与球面垂直的直线向外传递，过程仍然是沿直线快速和真空中虚粒子结合又分离的过程。也就是说，在这个过程中，屏B缝S_1和S_2发出的光子都按球面波的分布到达屏C。因此，尽管到达屏C的是单独的一个一个的光子，但这些光子的总体分布和前面按经典理论分析得到的结果是一致的。因为相位差的差异，在整体上形成了明暗相间的干涉条纹。所以，如果打个比方，把前

7 这里是一个简化，因为按照电动量子力学观点，光子从屏A缝S到屏B缝S_1和S_2的路径可能有无限多条，但依据最小作用量原理，光子最可能选择的路径是从屏A缝S到屏B缝S_1和S_2的直线路径。所有路径的概率之和为1。

8 数目极大，例如一个激光笔每秒发出的光子约有10^{18}个，而全球总人口约是7×10^9，可见数量之大。

面根据经典理论分析得到的光子双缝干涉图样看作电视图样的效果，那么在引入现代粒子理论的观点后，就是把电视图样进行了放大，看到了微观粒子层面，即看到连续的电视图样原来是由一个一个的点通过点阵构成的。从这个角度来看，现代粒子物理成果不过是将经典理论分析的连续的干涉图样粒子化、离散化了。

另外，需要说明的一点是，最小作用量原理在光的双缝干涉实验分析中起到了重要作用。但最小作用量原理在物理学上是一条公理，即来自实验和实践的观察和总结，无法进行证明。因此，在现代量子理论出现前，光通过最小作用量原理就能“感知”缝的存在，并就此选择最优路线曾被认为有些“玄幻”。在现代量子理论出现后，这个问题就相对容易理解了，原来光对缝的这种“感知”是有物质基础的，它是建立在真空不空，并且真空中存在各种虚粒子的基础物质之上的，这种机制就为光通过粒子作用进行“感知”，进而选择最优路径传播提供了物质条件。

2. 电子干涉实验现象的分析

如前所述，在双缝干涉实验中人们不满足于产生一种双缝干涉现象，而且还希望进一步了解在双缝干涉实验的整个过程中粒子的具体行为，例如它是以什么方式通过双缝的。于是，人们将眼光转向了电子，并在 20 世纪 60 年代完成了第一个关于电子的双缝干涉实验，在后续又进行了一系列的改进实验。

从理论上讲，电子有质量、有大小，更显著地表现出粒子性的一面。不过，根据量子力学理论，可以简单估算一个电子具有的物质波的波长。

例如，假设从电子枪中发射的电子的速度是 600 km/s，该电子的动量为

$$p = m_{\mathrm{e}} \times v_{\mathrm{e}} = (9.10956\times10^{-31}\,\mathrm{kg})\times(6\times10^{5}\,\mathrm{m/s}) \approx 5.5\times10^{-25}\,\mathrm{kg\cdot m/s}$$

根据物质波公式，即 $波长 = \dfrac{h}{动量}$，可以计算出其对应的波长大约是 10^{-10} m。相比可见，光的波长范围是 4×10^{-7}~7.6×10^{-7} m，这个波长是很短的，大概是可见光波长的数千分之一。依照形成干涉图样的条纹间隔公式 $\Delta x = \dfrac{D\lambda}{d}$ 可知，在其他条件保持不变的情况下，对干涉图样条纹的分辨率就提高数千倍。到了现代，人们已经具备了对这种分辨率的观测能力。

由于电子表现出更强的粒子性，而光（特别是可见光）表现出

更多的波动性，因此电子的双缝干涉实验既有和光的双缝干涉实验相同的方面，也有不同的方面，我们仍然按照实验过程中三个不同的阶段进行分析。

如图 5-6 所示，首先是电子枪向各个方向发射出具有一定速度的电子。由于具有初速度，可以认为电子沿直线前进，并且根据物质波的概念，具有非常小的波动（例如波长是前面计算的 10^{-10}m）。由于电子枪在各个方向上均匀发射，可以认为在实验的时间段内有相同数量的电子对称地到达缝 1 和缝 2。这个阶段的运动可以用牛顿力学简单处理。从统一的角度来看，这时所依据的牛顿力学规律主要是惯性定律和匀速直线运动的规律，它们可以看作前面介绍的熵增原理和最小作用量原理的最简单情况：具有初速度的电子自然具有向外扩散的趋势，这是熵增原理决定的；而不受力的具有初速度的电子最省力的运动就是沿直线向前运动，这是最小作用量原理决定的。

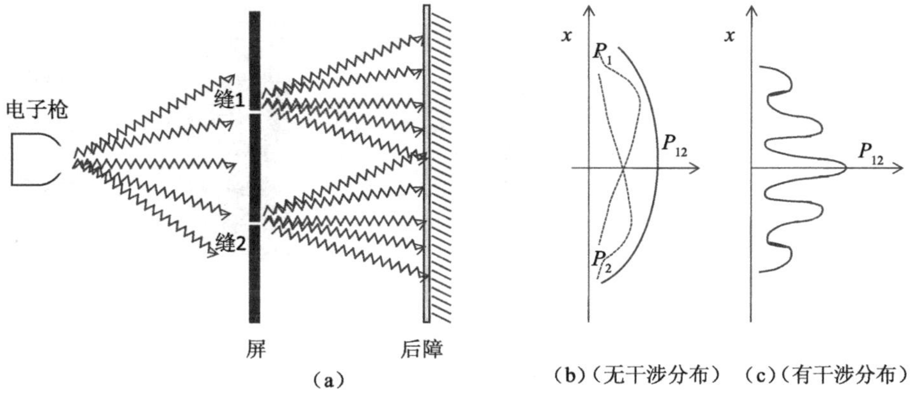

图 5-6　电子干涉实验现象的分析

到达缝 1 和缝 2 的电子会和缝隙发生碰撞，由于缝隙是一个截面，碰撞的结果是在一定角度内形成连续分布的散射。这些经过散射以后的电子打在后障上留下一个一个的痕迹。除直线运动外，这些电子还具有波动性，尽管波长非常短。考虑到电子枪到缝 1 和缝 2 的直线距离相等，缝 1 和缝 2 的条件完全相同，从统计角度来看，可以认为电子在经过缝 1 和缝 2 时形成了两个相同的相干源。由于波长非常短，可以知道对上面的实验条件的要求是非常苛刻的，一个微小的差异就会带来一个初相位上的差异，破坏源的相干性。

最后，通过缝 1 和缝 2，经过碰撞散射以后的电子打在后障显示屏上。如果不考虑电子物质波的微小波动性，通过缝 1 的电子将形成图 5-6（b）中 P_1 所示的连续分布痕迹，通过缝 2 的电子将形成

图 5-6（b）中 P_2 所示的连续分布痕迹，合成以后形成图 5-6（b）中 P_{12} 所示的连续分布痕迹。但是因为电子物质波的微小波动性，来自缝 1 和缝 2 的电子的物质波在后障显示屏不同纵向位置上同样会形成不同相位差的均匀分布，每个点上的总振幅由来自缝 1 和缝 2 两处的电子的物质波按照波的性质进行合成。原则上，在前面光子双缝干涉分析中提到的相位差公式和条纹间隔公式也成立，即形成的干涉图样的条纹间隔为 $\Delta x = \dfrac{D\lambda}{d}$。考虑到 λ 非常小，电子双缝干涉形成的条纹大小远比光（可见光）双缝干涉形成的条纹小得多。图 5-7 是 1961 年德国科学家琼森完成的电子双缝干涉实验的结果。在实验中，琼森将一束电子加速到 50 keV，让其通过缝宽 $a=5\times10^{-5}$ m、间隔 $d=2\times10^{-6}$ m 的双缝，当电子束通过双缝撞击到荧光屏时，出现了干涉条纹，干涉条纹的间隔在 0.001 mm 量级。

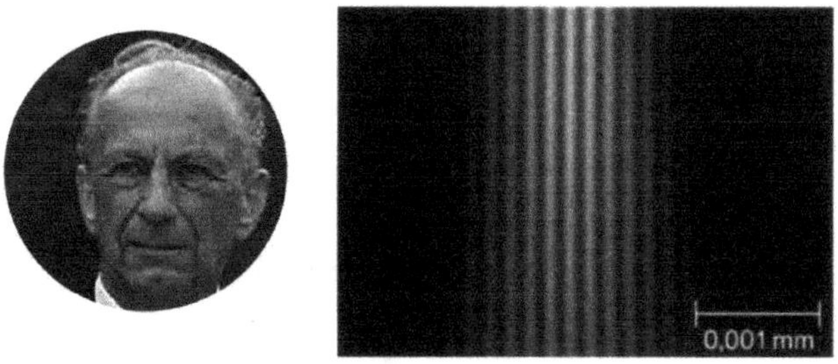

图 5-7　琼森完成的电子双缝干涉实验的结果

可见，多层面综合应用物理学的多重基本原理，无论是光双缝干涉实验，还是电子双缝干涉实验，都是可以得到合理解释的。

5.1.3　由“机械的”科学决定论走向“辩证的”科学决定论

如果要分析双缝干涉实验对哲学的影响，特别是在科学发展中占主导地位的科学决定论的影响，我们需要从科学决定论的发展过程分析看待。

科学决定论是指世界的运转是由自然规律决定的，世界的一切现象不能超越自然规律的约束。这是一种唯物主义者的观点。如同任何事物一样，科学决定论也有一个产生和发展的过程。

自牛顿创立牛顿力学以后，自然科学对哲学的贡献之一是开始产生科学决定论的观念。知道一个物体（包括天体）的运动规律和当前状态就可以准确计算出下一任意时刻物体的运动状态。但因为牛顿力学自身的限制和牛顿自身的限制，牛顿提出了还需要上帝做第一推动力，因此这时的科学决定论是不彻底的。

18 世纪的拉普拉斯是清楚地提出科学决定论的第一人，他认为给出宇宙在一个时刻的状态定律的完备集合，就能完全确定其未来和过去，这就摒除了神迹或者上帝主动作用的可能性。这也就是为什么当拿破仑问拉普拉斯如何把上帝嵌入他的这个世界图像时，拉普拉斯回答说“阁下，我不需要那个假设”的原因。[9] 也正是因为科学决定论这种完全的因决定果的特点，它和完全因果论联系在一起，成为一种认为自然界和人类社会普遍存在客观规律和因果联系的理论和学说。不过，现在我们可以认为拉普拉斯的科学决定论原则是正确的，但在形式上仅仅体现了客观规律和因果联系的一种最简单的形式，即连续、线性、绝对，因而也是机械的。这时的科学决定论可以称为机械的科学决定论。

9 [英]斯蒂芬·霍金，列纳德·蒙洛迪诺:《大设计》，吴忠超译，24 页，长沙，湖南科学技术出版社，2011。

后来，随着科学认识，特别是物理学中经典热力学的发展，科学决定论又表现出一些其他的形式。例如，统计物理学表明对于大数系统，如热力学系统，研究其中一个个体的行为是没有意义的，而是需要研究这个系统中所有个体的平均表现和总体表现，这样得到的规律才有意义，才能反映总体上的因果关系。有人把这样的科学决定论的表现形式称为统计的科学决定论。它同时具有确定性和不确定性两面。其确定性是指大数系统中所有个体的平均表现和总体表现是确定的。其不确定性是指在目前这种粗略性、整体性的认识层面上，系统中每一个个体的表现是不确定的，对它们的单个的认识也没有意义。

量子力学发展以后，人们发现微观粒子的表现也突破了机械的科学决定论的形式，它们的表现需要用态叠加原理的形式，即用状态和概率组合的方式才能表示。典型的示例就是上面的双缝干涉实验，我们可以肯定一个光子或电子是以一个整体通过两条缝中的某一个，但具体通过哪条缝事先是不能确定的，也就是事先能确定的是这个光子或电子有 50%的概率通过缝 1，有 50%的概率通过缝 2。这样传统的机械的科学决定论不再成立。

现代热力学发展起来以后，人们认识到事物的发展演进过程，表现出的更多是一种非线性、非一一对应的，在方向选择上具有随机性的耗散结构发展模式。这样传统的机械的科学决定论也不再成立。现代热力学的耗散结构理论在唯物辩证法另一个基本特征——运动变化上，反映出事物变化发展中的确定性和不确定性的辩证统一。其确定性是指在具体条件下事物从一个稳定的态到下一个稳定的态的趋势是确定的，不过这时下一个稳定的态有多个，也可以确定。不确定性是指从一个稳定的态到下一个稳定的态的选择不是事先能确定的，是一组一对多的关系，具体发展到下面哪一个稳定的态具有很大的随机性。

综上我们认为，可以把后面出现的几种科学决定论统一为确定性和不确定性（随机性）辩证统一的科学决定论，简称为“辩证的”科学决定论。本节重点讨论双缝干涉实验中确定性和不确定性辩证统一而形成的“辩证的”科学决定论的含义和表现。

首先，我们应该看到物质世界里产生不确定性的根源来自世界的普遍联系和运动变化。真实世界中的物体都不是完全孤立的，都处于和周围世界的普遍联系之中。根据现代粒子物理的观点，物质世界中所有物质本质上是不同基本粒子通过一级一级的组合结合而成的粒子组合体，物质与物质间的相互作用通过交换各种粒子实现，物质处于空间之间，由于真空不空，充满了各种虚粒子，所以即便是一个处于真空中的物体，其实也是在各种虚粒子的汪洋大海之中。这样，物质世界就可以看作一个具有普遍联系的粒子世界，无数个粒子就处于普遍联系和运动变化之上的相互作用中。这些无数个微观粒子的相互作用就产生了不确定性。

其次，我们还应看到上述构成物质及物质间相互作用的粒子世界又都是有规可循的。粒子间的作用目前被归纳为四种基本相互作用，它们也还受到一系列的客观规律，如我们前面介绍的熵增原理、最小作用量原理等的约束。在宏观视角下，更多地关注物质群体粒子的宏观表现和整体表现，更多地体现出确定性的一面，微观上单个粒子的不确定性的一面因为对群体表现几乎没有影响而往往被“忽略”。在微观视角即量子视角下，粒子的宏观表现和整体表现仍然存在，即确定性的一面仍然存在，同时原来在宏观视角下被“忽略”的在微观作用上的不确定性的一面也表现出来，而且有时成为问题的主要方面，结果只能是确定性和不确定性的辩证统一。这是对原来事物运动只有确定性，没有不确定性模式的一种发展。而这其实也才符合没有矛盾就构不成事物的辩证唯物主义的基本观点。而无论对物质运动中确定性一面的描述，还是对物质运动中不确定性一面的描述都有相应的规律，都是有规可循的，因而都符合科学决定论的要求，只不过科学决定论变换了一种表现形式。

解释双缝干涉实验的量子理论主要有两个：波函数和“玻恩概率诠释”；费曼路径积分理论。下面我们具体讨论双缝干涉实验是如何体现确定性和不确定性辩证统一的科学决定论的。我们这里仅做基本思想上的描述和讨论，不讨论与它们相关的复杂的数学知识。

1. 波函数和“玻恩概率诠释”

1926年，薛定谔提出的微观粒子运动满足的波动方程，在用于解决氢原子问题时获得成功，成为波动量子力学理论的基础。1926年，玻恩发表了一篇题为《散射过程的量子力学》的论文，提出了著名的“玻恩概率诠释”，使得薛定谔方程描述的波函数具有了和经典波函数不同的物理意义。玻恩认为，薛定谔方程对应的波动不是某种实在的物理量的波动（如密度波、压强波等），而是概率波，其波函数模的平方（波的强度）代表粒子在某一时刻出现在空间某处的概率，这样就将微观粒子的“粒子性”和“波动性”统一起来，既体现了粒子的完整性，又体现了粒子在空间出现的概率性，是一种波粒二象性要求的最为简单的合理解释。对于单个粒子而言，波函数模的平方给出了该粒子在空间和时间上的概率分布密度；而对于N个粒子而言，波函数模的平方给出了粒子数在空间和时间上的概率分布。

玻恩提出的概率波更像是一种能够预测某些实验结果的数学构造。把它用于双缝干涉实验，物理学家可以计算出光子或电子抵达探测屏任意位置的概率，计算出来自两条缝的光子或电子在屏上任意位置的干涉结果，并取得理论计算和实验的一致。另外，用概率波的概念可很容易地预测光子或电子通过两条缝时的表现：光子或电子以一个整体通过某一条缝，对应的各自的概率是50%，但光子或电子在两条缝的选择上是随机的，无法事先确定。这种预测也正符合光子或电子通过两条缝时的实验结果。

以双缝干涉实验为代表的量子物理现象确实表现出和以往经典力学那种传统的科学决定论不同的地方。霍金在其著名的著作《大设计》中写道：“量子物理似乎会削弱自然受定律制约的观念，但事实并非如此。它反而引导我们去接受决定论的新形式：给定系统在某一瞬间的态，自然定律确定各种将来和过去的概率，而非肯定地确定将来和过去。”[10]

10 [英]斯蒂芬·霍金，列纳德·蒙洛迪诺：《大设计》，吴忠超译，61页，长沙，湖南科学技术出版社，2011。

如果借用辩证唯物主义矛盾才能构成事物的思想，我们认为在普遍联系的实际条件下，百分之百的绝对确定性其实是不存在的，因为满足百分之百的绝对确定性的条件不存在。例如按照宏观的视角，宏观物体间只存在极少数的力的作用，利用牛顿力学定律或万有引力定律，在给定初始条件后可以计算得到一个唯一的、确定的结果。而实际上，根据现代粒子物理，在微观视角下，宏观物体都是由无数个微观粒子构成的，这些构成一个宏观物体的微观粒子之间、构成一个宏观物体的微观粒子与周围真空环境中的虚粒子之间、构成一个宏观物体的微观粒子和构成另一个宏观物体的微观粒子之间都存在相互作用，而且处于不断的运动变化中，这本身也体现了哲学上普遍联系与运动变化的基本特征，上述因素都会带来不确定性，这些不确定性叠加在确定性上，而在宏观视角下不确定性因为力量实在太小而表现不出来。但在微观条件下，原来宏观环境下表现不出来的不确定性开始表现出来。于是，我们开始同时看到确定性和不确定性两方面的因素。

在双缝干涉实验中，我们可以看到以下的确定性因素：光子或电子射向两条缝的结果是确定的，这是熵增原理和最小作用量原理作用得到的确定的成分；光子或电子以一个整体的方式通过两条缝中的某一条是确定的，这是薛定谔方程和概率波“一半”——粒子性的要求。同时，也能看到其中存在的不确定性成分：光子或电子具体选择通过哪条缝是不确定的，这是薛定谔方程和概率波“另一半”——波动性的要求。但需要强调的是，无论是确定性因素还是不确定性因素都是由客观物理规律决定的，这就是霍金所说的量子物理没有削弱自然受定律制约的观点，依旧都体现了科学决定论的要求。因此，我们认为量子理论代表的是科学决定论的一种新形式：确定性和不确定性辩证统一的、“辩证的”科学决定论，它不是一种中庸式的媾和，它符合辩证法，也符合辩证唯物主义矛盾构成事物的观点。

不过，概率波的概念有些抽象，缺乏一些物质层面的基础。20世纪70年代以后，一种新的量子力学理论快速崛起并在后续量子场论发展中占据了主导位置，这就是费曼路径积分理论，它提供了更为直观的描述。

2. 费曼路径积分理论

路径积分理论是费曼在狄拉克前期思想基础上于1942年提出的。路径积分理论认为，粒子在某一时刻的运动状态完全由过去某一时刻到现在时刻的所有可能的运动状态决定，并定义了传播函数和作用量。费曼从概率幅的叠加原理出发，利用作用量量子化方法建立了路径积分理论。其核心思想是从一个时空点到另一个时空点的总概率幅是所有可能路径的概率幅之和，每一条路径的概率幅与该路径的经典力学作用量相对应，系统沿着作用量最小的方向演化。换句话说，从一个时空点到另一个时空点存在着各种可能的路径，符合最小作用量原理的那条路径的概率最大。

具体到前面的光子双缝干涉实验，从光源发出的光子开始可能会沿各种可能的路径发出（熵增原理），光子通过与真空中虚粒子的结合和分离向前传播，瞬间以后通过最小作用量原理光子就会发现从光源到屏 A 上缝 S 间直线传播的路径最优，后续的光子就会主要沿这条路径进行传播。同样的道理，通过屏 A 上缝 S 的光子又会发现从屏 A 上缝 S 到屏 B 上缝 S_1 和 S_2 的直线路径是两条平等的按熵增原理向前扩散的最优路径，后续的光子就会主要沿这两条路径等概率传播。通过屏 B 上缝 S_1 和 S_2 的光子，在熵增原理下继续向前扩散时，由于屏 C 上没有缝，这时光子在各个方向上等概率地向前扩散成为最优路径，也就是主要以球面波方式向前扩散，当然前进的方式仍然是通过光子与真空中虚粒子的结合和分离实现的。这样，光源发出的光子沿最优路径一个一个地以直线的方式通过缝 S，随后随机而等概率地选择缝 S_1 和 S_2 中的一个通过，然后在各个方向上等概率地选择一个方向向前打到屏 C 上，留下一个一个的"斑点"。开始这些"斑点"是随机的，没有什么规律，但随着光子数的增加，来自缝 S_1 和 S_2 的沿各个方向上等概率地到达屏 C 的大量光子（可大致等效为从缝 S_1 和 S_2 发出的两个相干球面波）在屏 C 上落下的"斑点"逐步形成干涉条纹的分布。

具体到电子的双缝干涉实验，具有质量和速度的电子首先表现出粒子性。但电子在真空中沿速度方向前进的过程中，也会和真空中的虚粒子发生碰撞、结合再分离等作用，按照费曼路径积分理论，电子从一个时空点到另一个时空点的总概率幅是所有可能路径的概率幅之和，总的效果使得电子在粒子性运动的基础上叠加了一个很小的波动。由于这个波动很小，因此电子枪发出的电子在到达缝 1 和缝 2、通过缝 1 和缝 2（与缝 1 和缝 2 发生碰撞）的过程中，基本可以忽略不计，只需按经典力学理论考虑粒子性的运动和碰撞。但在通过缝 1 和缝 2 以后，屏 C 具有足够高的显示精度（如 0.001 mm），这时叠加在电子粒子性运动基础上的那个很弱的波动就显示出来了。于是，一个一个具有粒子性和波动性的电子打到后障显示屏上，留下一个一个的"斑点"。开始这些"斑点"也是随机的，没有什么规律，但随着电子数的增加，来自缝 1 和缝 2 的两个波动使得电子留下的"斑点"逐步形成干涉条纹的分布。当然，与前面光子双缝干涉条纹相比，这些电子干涉形成的条纹非常细小。

总之，在光子和电子双缝干涉实验中，我们可以看到这种自然现象仍然完全由自然规律决定，不存在任何超越自然规律的约束的地方。因此，它们仍然符合科学决定论。只是，在微观世界中呈现出和宏观经典世界不同的地方，即在原来绝对、完全确定的科学决定论上，增加了概率性，这些概率性可以认为是事物的普遍联系所带来的。在宏观经典世界中，无数的普遍联系要么被归结成为一种或有限的几种宏观作用，要么由于作用太小被忽略不计，于是在宏观经典世界的处理上，表现为绝对、完全确定的结论，即绝对、完全确定的科学决定论。而在微观世界中，无数的普遍联系中一部分可以归结成为一种或有限的几种作用，但大部分表现为随机的影响，而这些随机性在考虑微观世界问题时往往不能忽略。因此，微观世界更多地表现出确定性和随机性同时存在的情况。但无论是确定性还是随机性的因素，又都是由客观规律所决定和制约的，因此还是科学决定论，可以认为它是科学决定论的一种新形式，我们把它称为确定性和随机性对立统一的“辩证的”科学决定论。其实，如我们前面提到的，即使在宏观世界中，随着人们的认识从线性系统到非线性系统的深入，人们也已经发现在宏观世界的发展进程中，也存在发展方向从原来认为的“线性”“单一”“完全确定”的选择发展到“非线性”“多个”“存在不确定”的选择，即非线性系统中的发展方向和模式也是确定性和随机性的对立统一。因此，我们认为，随着人们对自然世界认识的深入，科学决定论从确定性和随机性完全对立的形式走向确定性和随机性对立统一的形式，从绝对、机械的形式走向相对、辩证的形式。这既符合自然世界的事实，是事物间具有的广泛的普遍联系的必然结果，也更加符合辩证法的要求，符合唯物辩证法的矛盾观点：确定性和随机性是一对矛盾，首先二者是对立的，其次二者又是相互依存的，在一定条件下还可以相互转化，原来只能按照随机性规律处理的事情随着认识的深入，也可能变成可以按照确定性规律处理的事情。因此，“辩证的”科学决定论不是对确定性和随机性的一种简单的“媾和”，而是一种真实的存在，确定性和随机性同时存在，不过在不同情况下会有一方成为矛盾的主要方面而决定事物或事件的属性，无论是确定性还是随机性都具有各自不同的应用场合，具有不同的意义，表现出不同的特征。

最后，还应说明的是，关于光和电子在真空中传播的真正的微观机制，目前我们具有理论上的认识，但由于人类目前技术水平的限制，对于光子、电子和真空中虚粒子具体是如何作用的问题，实验上还无法最终验证。相信随着人类认识和技术、实验水平的提高，人们对光子和电子的双缝干涉实验还会有更高的新的认识。

5.2 物质与意识的关系更加紧密：对量子测量的思考

量子测量也是基础物理学发展中带来的一个“新”问题。实践表明，对微观粒子的量子测量不同于以往人们熟悉的对宏观物体的经典测量。我们从分析量子测量和经典测量的不同入手，指出量子测量仍然符合物质第一性原则。不过由于量子世界的特殊性，物质与意识的关系更加紧密，人的意识可以借助测量手段和测量仪器进入测量体系中，意识和物质不再是完全“孤立”存在，而是出现在一个测量整体中，这时意识的作用除了“复写、摄影和反映”外，还可能是通过测量手段和测量仪器成为测量系统的一部分，并且通过带来的新的测量系统的客观实在性对测量结果产生影响。

5.2.1　量子测量和经典测量的不同

量子测量和传统测量具有不同的特点，这也是由量子微观粒子的特点带来的。在传统的宏观测量中，测量设备对被测物体的影响很多时候可以认为没有影响。如图 5-8 所示，假设用一把尺子去测量一个宏观物体的长度，如我们前面介绍，按照现代量子理论，空间中（即使真空中）充满了各种微观粒子对，但它们这时对宏观的尺子和被测物体几乎是没有影响的，因此它们的存在可以认为不影响测量的精度。

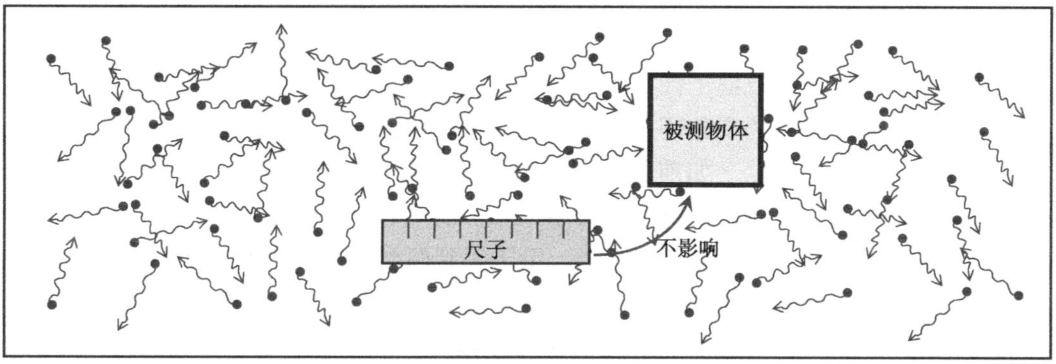

图 5-8　经典测量的特点

现在我们把被测对象换作一个微观粒子。如图 5-9 所示，假设用一把精度足够高的尺子去测量这个微观粒子的大小，这时情况就不同了。首先尺子微观上是由粒子构成的，由于空间中（即使真空中）充满了各种微观粒子对，此时构成尺子的粒子通过空间中粒子的作用将对被测粒子产生影响，而且这种影响已经不能忽略。也就是说，测量设备对被测的量子微观粒子的影响是不可避免的。这是量子条件下的量子测量和宏观条件下的经典测量最大的不同。

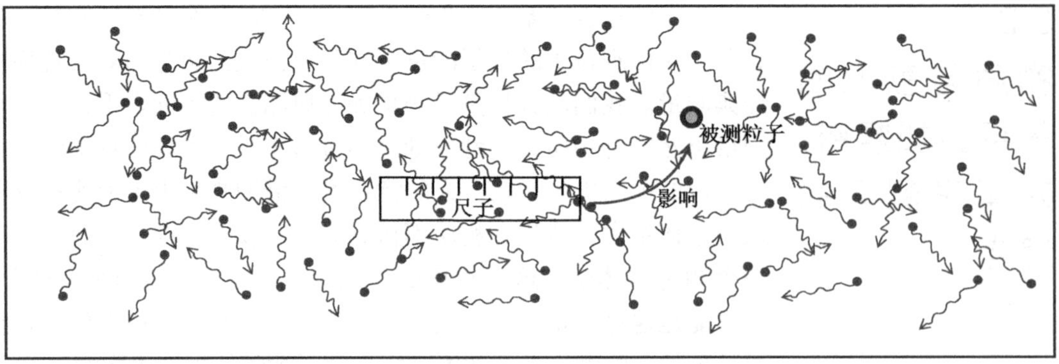

图 5-9 量子测量的特点

测量设备对测量对象的影响不仅在量子测量中有典型表现，而且在一些敏感度很高的宏观测量中也能表现出来，光子、电子双缝干涉实验就是典型的例子。在双缝干涉实验中，人们为了解光子或电子的行为，例如为确定一个光子或电子具体是通过哪条缝，在靠近一侧缝的位置设置一个测量设备，则会发现原来形成的干涉条纹瞬间消失了。这种现象造成了人们很大的困惑，甚至形成了一些错误认识，例如错误地认为干涉实验中这种干涉条纹瞬间消失的现象超出了物质第一性原则。其实事实不是如此。

5.2.2 量子测量仍然符合物质第一性原则

我们认为，在正确认识量子和量子测量特点的情况下，再结合双缝干涉实验的具体分析，就可以说明在测量条件下干涉条纹消失的现象还是一种客观的物理现象，没有超出物质第一性原则。

如前所述，波的干涉现象既是特征明显、易于观察的物理现象，同时又是对条件非常敏感的物理现象。在前面的分析中我们已经提到，光子源、电子源到两缝间需要遵循严格的对称性，只有这样才能保证从两缝间发出的波（光子的波和电子的波）具有相同的初相位，形成两个相干波，从而才能保证在显示屏上形成干涉图样。而一旦原来形成的对称性条件被破坏，从两缝间发出的波初相位不再相同，即不再是相干波，干涉条件被破坏，干涉现象就会消失。从前面的分析中，我们也可以知道从两缝间发出的两个波的初相位 φ_{10}、φ_{20} 具有以下关系：

$$\varphi_{10}-\varphi_{20}=2\pi\frac{R_1-R_2}{\lambda}$$

其中，R_1、R_2 是源到两条缝间的路径距离。只有 $R_1=R_2$ 时，从两缝间发出的两个波的初相位才相等。

下面我们分析在一侧引入测量设备带来的影响。对于光而言，假定我们使用可见光，其对应的波长 λ 在 400×10^{-9}~760×10^{-9} m，

这意味着 R_1 与 R_2 之差只要和 $400\times10^{-9}\sim760\times10^{-9}$ m 具有可比性，就会产生一个大的初相位之差，干涉条件就被破坏，干涉现象就会消失。由于测量设备是由微观粒子构成的，测量设备的进入就意味着一个大的粒子集合增加到原来对称的实验体系中。再考虑这个粒子体通过真空的虚粒子对实验产生的作用，原来对称的实验体系就被破坏了，光子在源到两缝间的路径距离 R_1、R_2 不再相等，带来一个明显的初相位之差，于是干涉条件就被破坏了，干涉现象就消失了。所以，这种消失恰恰符合客观规律。

对于电子而言，测量设备的引入也带来了对称性的破坏，考虑到电子具有质量和动能，对称性的破坏对 R_1、R_2 的绝对影响会远远小于对光子的影响，即初相位差公式中分子 (R_1-R_2) 会比光子的情况小很多，但由于分母上电子的波长也会小几个数量级（10^{-12} m），因此二者相除以后的效果大致相当，由于测量设备的引入使得原来对称的实验体系被破坏了，带来了一个明显的初相位差，于是干涉条件就被破坏了，电子干涉现象就消失了。所以，这种消失也符合客观规律。

因此，无论是光子双缝干涉实验还是电子双缝干涉实验，形成干涉现象的过程符合客观规律的要求，受客观规律的制约，体现了物质第一性原则。而在引入测量设备后，造成干涉现象消失的过程，仍然也是客观规律作用的结果，依然受客观规律的制约，同样也没有破坏物质第一性原则。

5.2.3　量子测量中物质与意识的关系更加紧密

量子测量作为人类改造自然的实践活动发展到一定程度才被认识的一种新的、不同于传统测量方式的事物，由于微观量子系统下的特殊性，还是给我们带来了一些哲学上的思考。我们认为在量子测量中所体现的物质与意识的关系根本上没有改变，但具体表现形式上更加紧密了。

辩证唯物主义总结了哲学和科学长期发展的成果，对物质概念做出了科学的规定。它指出，人们通过感官接触到的种种事物千差万别，具有无限多样的特殊性质，然而有一种性质是它们共有的，那就是它们都是存在于人的意识之外，又为人所感觉的客观实在。列宁对物质下了一个著名的定义："物质是标志客观实在的哲学范畴，这种客观实在是人通过感觉感知的，它不依赖于我们的感觉而存在，为我们的感觉所复写、摄影和反映。"物质的这个定义深刻体现了唯物论与辩证法的统一。它与唯心主义以及二元论划清了界

11 陶德麟，汪信砚:《马克思主义哲学原理》，32页，北京，人民出版社，2010。

限，与不可知论划清了界限，克服了旧唯物主义的缺陷。[11] 因此，物质的这个定义所确立的基本精神和原则无疑是完全正确的。

当然，辩证唯物主义也从不否认，并且一贯认为辩证唯物主义本身也是随着人们实践活动的发展而不断发展的。量子测量作为在上述物质定义给出之后才被认识的一种不同于之前的实践活动，对于验证和发展物质的这个概念可能有意义。

仍然以光子、电子的双缝干涉实验为例，形成干涉和由于引入测量设备造成干涉消失都是物质现象，都体现了物质的客观实在性。在形成干涉的过程中，它是由客观规律决定的，干涉现象的存在不依赖我们的感觉而存在，当然也是我们能感知的（通过显示屏显示和照相方式），前提是不引入对干涉条件的破坏。在引入测量设备造成干涉消失的过程中，它也是由客观规律决定的，干涉消失是因为形成干涉所依赖的条件被破坏了，这时干涉消失的现象同样不依赖于我们的感觉而存在，当然也是我们能感知的（通过显示屏显示和照相方式）。因此，我们认为在列宁给出的定义中核心部分“物质是标志客观实在的哲学范畴，这种客观实在是人通过感觉感知的，它不依赖于我们的感觉而存在”仍然是完全成立的，而其中的最后一句“为我们的感觉所复写、摄影和反映”可以认为是物质和意识在前面根本关系确定以后，关于物质和意识间关系的具体表现形式的描述，这里可以考虑做一些扩充。

因为在量子测量中，人的意识可以借助测量手段和测量仪器进入测量体系中，也就是意识和物质不再是完全“孤立”的存在，可能出现在一个整体实验系统中，尽管认识对物质的作用仍然需要通过物质来实现，但这时作用的具体表现形式除了“复写、摄影和反映”外，还体现为测量设备是整个物质系统的一部分，并且通过形成不同于原来系统的客观实在性改变原来的物质系统，影响测量结果。

因此，我们认为，量子测量这种新实践使得物质与意识的关系更加紧密了，从而可以帮助我们在坚持原来辩证唯物主义物质概念基本原则和内容的前提下，对原来物质的定义做一些补充，例如在原来物质的定义的最后加一个注脚：“物质是标志客观实在的哲学范畴，这种客观实在是人通过感觉感知的，它不依赖于我们的感觉而存在，为我们的感觉所复写、摄影和反映。注：有时人的意识还可以借助测量手段和测量仪器进入客观系统中，通过形成不同于原来系统的客观实在性改变原来的物质系统，影响测量结果。”

5.3 量子纠缠是客观实在不是玄幻，但物理本质的解释呼唤新理论

量子纠缠是目前量子理论中还不能完全解释的物理现象。我们从量子态入手，结合一种量子纠缠的典型实现方式，在概念上讨论量子纠缠的“数学”机理，指出它仍然是一种客观实在，不是玄幻。不过对量子纠缠更深入的解释需要等待基础物理学的新理论。

5.3.1 量子纠缠的概念

下面我们从通俗和半学术两个角度给出量子纠缠的概念。

通俗地讲，量子纠缠就是量子粒子之间存在某种相关关系，而且这种关系一旦建立，无论它们相距多远，一个粒子状态的变化立即会带来另一个粒子状态的变化。例如，一对建立了纠缠的电子对，如果把它们分别放置在地球和月球上，当地球上的一个电子的自旋状态发生改变时，月球上的另一个电子的自旋状态也会瞬间发生改变，不需要任何的传送时间；如果把它们分别放置在地球和更遥远的太空深处，也会发生同样的事情。所以，人们之所以感到量子纠缠现象神奇、难以理解，首先是它突破了人们日常的常识范畴。

在学术上，量子纠缠具有严格的数学定义形式[12]，不过这里我们采取一个定性化描述方式，即把两个或两个以上系统存在的量子非局域性关联称为量子纠缠。非定域性是对定域性的否定性解释。因此，我们可以从定域性入手，了解非定域性的含义。

定域性又称局域性，是指一个对象在某一时刻在空间中占有明确位置的事实或性质。爱因斯坦给出的定域性假设：如果两个体系没有相互作用，其中一个体系发生的任何变化，不会导致另一个体系发生变化。或者说，作用和位置相关。按照定域性的要求，任何物理效应（包括信息传递）都不可能以大于光速的速度传递[13]。

按照量子理论，量子可以具有非定域性。量子的非定域性是指属于一个系统中的两个粒子，即使把它们分开，把其中的一个粒子放在距离另一个粒子非常遥远的地方，如果对任意一个粒子进行扰动，那么另一个粒子会立刻知道，并做出相应的反应。这种反应是瞬时的，超越了我们的四维时空，也就是非定域性的。

按照上述的定义，发生量子纠缠的粒子就具有量子的非定域性，即使把它们分开，放置在距离非常遥远的地方，如果对任意一个粒子进行扰动，那么另一个粒子会立刻知道，并做出相应的反应。不过，如果没有经典信息的传递（不会超过光速），量子纠缠的反应是不能传递信息的，也就是说量子纠缠现象并没有违背信息传递不能以大于光速的速度进行的基本准则，但是它和爱因斯坦提出的定域性假设发生了矛盾。由于在量子物理之前，物理学定律都

12 设定子系统A、B的量子态分别为$|\alpha\rangle_A$和$|\beta\rangle_B$，假若复合系统的量子态$|\psi_{AB}\rangle$不能写为张量积（直积）$|\alpha\rangle_A \otimes |\beta\rangle_B$，则称这个复合系统为子系统A、B的纠缠系统，两个子系统A、B相互纠缠。

13 吴今培:《量子概论》，48-49页，北京，清华大学出版社，2019。

是符合定域性假设的，因此这就突破了原有的理论范畴。

无论在常识还是理论上，量子纠缠都造成了和原有认识不一致，所以量子纠缠不易理解，甚至被认为带有一些神秘的色彩。但是如果我们做一些分析，就会发现量子纠缠是一种基于波粒二象性和量子态叠加原理的客观实在，并不玄幻。

5.3.2 量子纠缠是客观实在，并非玄幻得无法解释

要认识量子纠缠，就要先认识一下量子态叠加原理。

1. 量子态叠加原理

量子态叠加原理是指若一个量子力学体系可以处在一系列互异的态 $\{\psi_1,\psi_2,\psi_3,\cdots\}$ 上，则态 $\psi = C_1\psi_1 + C_2\psi_2 + C_3\psi_3 + \cdots = \sum_i C_i\psi_i$ 也是该体系的一个可能态，其中 $C_1,C_2,C_3,\cdots,C_n$ 为一组有限复数。

上面这些互异的态又称“本征态”或“定态”，一个量子力学体系的“本征态”或“定态”可以由薛定谔方程求解得到。

量子态叠加原理是量子力学的一条基本公设。从根源来讲，量子态叠加原理是微观粒子波粒二象性的一种必然要求。按照量子的波粒二象性的观点，“粒子性”是指微观粒子的“颗粒性”“原子性”，即粒子始终是整体的；“波动性”是指波动现象最本质的要素——波的相干叠加性，在量子力学中，这种波动不是某种实在的物理量的波动（如密度波、压强波等），而是概率波，该波函数模的平方（波的强度）代表粒子（以完整的波形式）在某一时刻出现在空间某一位置处的概率。量子态即一组量子表征，用来表示一个量子力学孤立体系的状态，量子态可以认为是体现“粒子始终是整体的、粒子的要求”的表现。而按照波粒二象性的要求，某一时刻、某一位置下粒子的出现又是概率的，于是粒子在某一时刻、某一位置下的状态只能是以量子态与概率的组合出现，最简单的形式就是量子态叠加原理所体现的线性叠加关系。也可以说，量子态的叠加原理就隐含了不确定度关系，它们都是微观粒子波动-粒子两象性的表现[14]。

14 曾谨言:《量子力学》（卷Ⅱ），第 3 版，2-3 页，北京，科学出版社，2000。

由此我们进一步推想，当空间存在两个以上的粒子体系时，它们的量子态在同一时间和同一位置就可能出现重叠，形成新的组合，从而产生量子态之间的关联和约束，这就是量子态纠缠。因此，量子态纠缠不过是多个具有波粒二象性的微观粒子的量子态在空间发生重叠时可能出现的要求和现象。在数学上，有些类似条件概率的概念，不过更加复杂，因为量子纠缠是两个量子体系的两组

量子态和对应出现的概率组合放在一起进行“混合乘积”，而不是单纯的概率乘积。不管怎么说，利用数学上的条件概率的概念，再结合量子态叠加，会有助于我们对量子纠缠的形象认识，与条件概率一样，量子纠缠形成的“混合乘积”也是一种对两个量子体系的“共同约束”，当一个体系的状态发生改变时，自然会通过“共同约束”影响另一个体系的状态。

2. 一种经典的量子纠缠的产生

为更好地理解上面介绍的、从波粒二象性出发、利用时空叠加形成量子纠缠的机制，我们来看一种经典的量子纠缠的产生。

光子的偏振态在实际中最容易操纵和处理。目前，人们已经比较成功地利用 BBO 晶体来产生光子偏振纠缠态。如图 5-10 所示，BBO 晶体是一种非线性双折射晶体，它可以将角频率为 2ω 的泵波转化为两束角频率为 ω 的出射波（所谓下转换）。其中一束为寻常光（o 光），另一束为非常光（e 光），二者的偏转方向互相垂直，这可以看作两个量子体系。这两束出射光都是空心的光锥。在一定条件下，两光锥相交于 A、B 两处，这可以看作两个量子体系在同一时间、同一空间上发生了“交叉”。结果是从这两处“交叉”的地方射出的光子就处于纠缠态[15]。

15 赵凯华，罗蔚茵:《新概念物理教程：量子物理》，第 2 版，395 页，北京，高等教育出版社，2008。

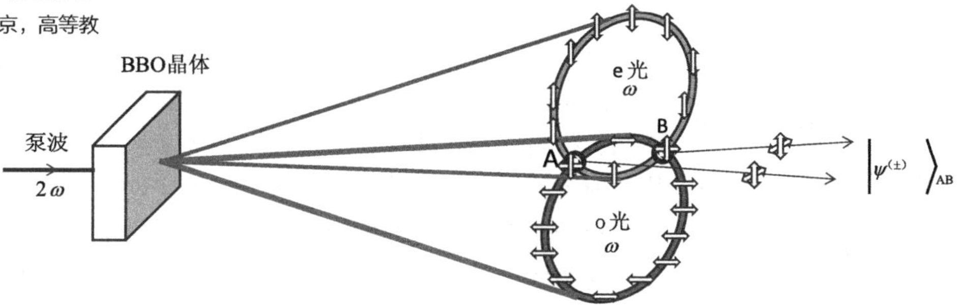

图 5-10 利用 BBO 晶体产生光子偏振纠缠态

3. 量子纠缠是客观实在，并非玄幻得无法解释

依据以上的分析，我们可以看到量子纠缠是多个微观粒子体系在同一时间、同一空间上发生“交叉”时自然产生的。

在实验和实践中已经验证，在多粒子体系或多自由度体系中，纠缠态是普遍存在的一种状态。例如，上面给出的光子偏振纠缠态的例子。再例如，占据同一轨道量子态的两个电子，它们的自旋态就构成了纠缠态，这对电子就构成了量子纠缠对：它们的自旋必须一个向上、一个向下。但又不能明确指出哪个向上、哪个向下。当经过测量确认一个电子的自旋态，如向上的时候，就可以马上确认另外一个电子的自旋态为向下，反之亦然。从数学上看，这种结果是一种自然的结果：两组或多组量子系统由于纠缠形成的两组或多组量子态与对应的概率的“混合乘积”作为共同约束，当一组量子态结果确认后，根据共同约束，必然可以计算出其他量子系统此刻的量子态。这是一种客观的结果。

所以，量子纠缠是微观条件下由微观物理学规律所形成的一种客观实在，是量子力学客观规律的必然结果和客观要求，并非玄幻得无法解释。当然，由于当前物理学理论的局限，还无法在物理本质上解释处于量子纠缠中的粒子在状态改变时为什么会出现非局域性的表现，尽管我们似乎可以从数学上解释其合理性。

5.3.3 对量子纠缠物理本质的解释呼唤物理学新理论

量子纠缠和爱因斯坦提出的定域性假设发生了矛盾，对现有的基础物理学理论的重要假设提出了挑战，引发了物理学界长达一个世纪的争论，目前还难有定论。事实上，作为现代物理学两大支柱的广义相对论和量子理论在现阶段也还不兼容，这或许是造成目前无法对量子纠缠物理本质做出解释的重要原因。

对量子纠缠物理本质的解释可能需要等待新的物理学理论的到来。

5.4 关于薛定谔的“猫”实验再讨论：不应被误解

薛定谔的“猫”实验是量子力学中的一个理想实验。我们首先给出薛定谔的“猫”实验的由来。通过对比宏观系统和微观系统的不同，指出宏观物体和单个微观粒子的状态分别遵循两类不同的规律，前者遵循的是大数统计结果下的确定性的规律，后者遵循的是单个量子态叠加下的不确定性的规律。在应用的时候需要根据对象是宏观物体还是单个微观粒子分别对待。既不能简单地以宏观物体下大数统计结果下的确定性的规律代替单个微观粒子量子态下的不确定性的规律，反之也不能以单个微观粒子量子态下的不确定性的规律代替宏观物体下大数统计结果下的确定性的规律。在不区分两类规律的情况下，一些观点对薛定谔的“猫”实验的解释存在着误解和误读。通过客观的分析，这些误解和误读应该被纠正和克服。

5.4.1 薛定谔的“猫”实验的由来

薛定谔的“猫”是一个想象实验，它来自约一个世纪前的关于量子理论的一场旷世论战。由于这场论证的复杂性、长远性[16]，我们这里无意去具体涉及这场讨论，而仅针对薛定谔的“猫”实验展开一些分析。

16 目前也很难有一个共识性的结论。

1935 年 8 月，薛定谔在与爱因斯坦的信件中提出了他的“猫”实验的构想：“在一个钢制箱子内，放置一个盖革计数器。计数器配有非常少量的铀，铀的数量要少到在接下来的 1 h 内，最多只能发生一次原子衰变。原子衰变会触发一个联动装置，打碎一个盛有氢氰酸（一种剧毒酸）的小瓶。而且残忍的是，箱子里还关着一只猫。根据整个系统的 ψ 函数，1 h 后，可以这么说，猫既是死的，也是活的。”这就是著名的薛定谔的“猫”实验的悖论。

5.4.2　对薛定谔的“猫”实验的一种解释

在薛定谔的“猫”思想实验中，既涉及宏观物体，如猫、联动装置、1 小瓶氢氰酸，也涉及一个微观粒子（1 h 内发生一次原子衰变的铀原子）。因此，在讨论薛定谔的“猫”之前，我们先讨论一下宏观物体和单个微观粒子及其状态描述间的差别。

宏观物体实际上是由极大数量的微观粒子构成的一个体系，例如 1 g 水含有 3.344×10^{22} 个水分子[17]。宏观物体状态是由组成它的无数个微观粒子的状态共同确定的，因此宏观物体状态通常表现出的是一个统计结果，即由组成它的极大数量的微观粒子呈现的统计结果。按照概率论的含义，这个统计结果往往是一个确定的值。例如，对于实验中所提到的猫，即使以比原子更大的细胞来看，也会有万亿以上的细胞，当前猫是死是活的状态是由这万亿以上的细胞共同“投票”决定的。如果这万亿以上的细胞绝大多数是“活”的状态，即便极个别的细胞是“死”的状态，猫整体上也是“活”的状态。反之，如果这万亿以上的细胞绝大多数是“死”的状态，即便极个别的细胞是“活”的状态，猫整体上也是“死”的状态。也就是说，对于一个宏观物体，由于它本身已经构成了一个“大数”系统，那么它的状态是一个确定值。如实验中的猫，在一个确定的时刻，它要么是活，要么是死，不会是又活又死，这也符合我们日常的常识。这可以按照前面我们提出的确定性和随机性辩证统一的科学决定论的观点和辩证唯物主义的矛盾有主次方面之分的观点来解释。对于一个宏观物体，本身已经构成一个“大数”系统，在统计规律作用下，它的状态体现出来的是确定性占了矛盾的主要方面。

17　1 g 水就是 1 mL 水，18 mL 即 18 g 水。因为 1 mol 水有 6.02×10^{23} 个水分子，所以 1 mL 的水就有 $6.02 \times 10^{23}/18=3.344 \times 10^{22}$ 个水分子。

对于单个微观粒子而言，由于无法像宏观物体那样构成一个“大数”系统，因此它的状态符合在概率作用下叠加的量子态的规律，体现出来的是不确定性占了矛盾的主要方面。

因此，宏观物体和单个微观粒子的状态分别遵循两类不同的规律，前者遵循的是大数统计结果下的确定性的规律，后者遵循的是单个量子态叠加下的不确定性的规律。

我们应该客观承认针对两类不同的对象，两类规律都是存在的，在应用的时候需要根据对象是宏观物体还是单个微观粒子分别对待。既不能简单地以宏观物体下大数统计结果下的确定性的规律代替单个微观粒子量子态下的不确定性的规律，反之也不能以单个微观粒子量子态下的不确定性的规律代替宏观物体下大数统计结果下的确定性的规律。否则就会张冠李戴，造成啼笑皆非的结果。下面我们利用上面的原则，看一下薛定谔的"猫"实验的分析。

按照薛定谔的设计，薛定谔的"猫"实验中，从盖革计数器控制下的放射源到联动装置（含打破装有氢氰酸小瓶的锤子）到猫是一个微观粒子—宏观物体—宏观物体的系列体系。在实践中，这是一个无法真实运转的系列体系。因为 1 h 内盖革计数器控制下的放射源放出的一个铀原子是无法控制万万亿个原子构成的联动装置的。1 h 内盖革计数器控制下的放射源是一个微观粒子体系，遵循量子态叠加原理。联动装置是宏观体系，至少遵循大数统计规律，如联动装置动起来并带动小锤打破装有氢氰酸的小瓶，这是万万亿个原子协同后的行为结果，不是极少数原子协同后的行为结果。1 h 内放射源发出的一个衰变的铀原子可能只能影响联动装置中极少数原子的行为，无法形成联动装置中万万亿个原子的协同行为，因此薛定谔的"猫"实验中一个铀原子控制万万亿个原子构成的联动装置的逻辑链条是走不通的。或者说，一个铀微观粒子操纵少量微观粒子，对猫起不到实质性作用，改变不了猫当前的状态，如果原来的猫是活的，现在依然是活的，如果原来的猫是死的，现在依然还是死的。除非硬性强加，才会形成前面分析的啼笑皆非的结果，即这种不合理的逻辑再经过打破装有氢氰酸的小瓶传递到猫，从而出现又死又活的猫这样不合实际的结果。

在物理学上，所有原子的量子态都束聚于一个单一的量子态的状态被称为玻色凝聚或玻色-爱因斯坦凝聚。在这种情况下，一个微观粒子量子态的改变会带来体系中所有原子量子态的改变，如果从盖革计数器控制下的放射源到联动装置（含打破装有氢氰酸小瓶的锤子）到猫都构成玻色-爱因斯坦凝聚，那么一个铀原子衰变下量子态的改变可能带来猫状态的改变，但这也只能是一个假设，因为玻色-爱因斯坦凝聚的条件非常苛刻，只能在极端的情况下（如接近绝对零度的极低温度）才可能出现，而在这种情况下，完全不可能有生命，猫事先已死，也早已是一个固定的死亡状态，改不改变已经无所谓了。

5.4.3　薛定谔的“猫”实验不应被误解

我们认为，薛定谔设计的“猫”实验是一个不能实现的实验，对于它不应该有误解或曲解。特别是不能借助一种不合理的逻辑，夸大只有针对一个或极少数量的微观粒子体系才存在的量子态叠加性，并且把量子态叠加性的不确定性和主观意识相联系，从而否定物质世界的客观存在性，否定物质第一性原则，走入“我思故我在”或者意识决定物质的歧途。